数字化可视艺术与
文物保护研究

周龙涛 ◎ 著

中国华侨出版社

·北京·

图书在版编目（CIP）数据

数字化可视艺术与文物保护研究 / 周龙涛著. -- 北
京 ： 中国华侨出版社，2023.5
ISBN 978-7-5113-8818-6

Ⅰ．①数… Ⅱ．①周… Ⅲ．①数字技术－应用－文物
保护－研究 Ⅳ．①G26

中国版本图书馆 CIP 数据核字(2022)第 163579 号

数字化可视艺术与文物保护研究

著　　者：周龙涛

责任编辑：刘晓静

封面设计：北京万瑞铭图文化传媒有限公司

经　　销：新华书店

开　　本：787 毫米×1092 毫米　1/16 开　印张：22.5　字数：397 千字

印　　刷：北京天正元印务有限公司

版　　次：2023 年 5 月第 1 版

印　　次：2023 年 5 月第 1 次印刷

书　　号：ISBN 978-7-5113-8818-6

定　　价：79.00 元

中国华侨出版社　北京市朝阳区西坝河东里 77 号楼底商 5 号　邮编：100028

发行部：(010)69363410　　　传　真：(010)69363410

网　址：www.oveaschin.com　E-mail：oveaschin@sina.com

如发现印装质量问题，影响阅读，请与印刷厂联系调换。

前言

中国作为历史悠久的文明古国，历史上遗留下来的艺术与文物异常丰富，但由于艺术与文物自身制成材料和时间的原因，这些文物大多遭到程度轻重不等的损坏，运用科学的技术方法对它们进行保护既是一项十分紧迫的任务，也是广大文物科技工作者义不容辞的责任。

文运同国运相牵，文脉同国脉相连。文运兴国运兴，文化强民族强。习近平新时代中国特色社会主义思想包含着系统而深刻的文化思想，对传承弘扬中华优秀传统文化作出了深刻论述。中华优秀传统文化积淀着中华民族最深沉的精神追求，代表着中华民族独特的精神标识，是中华民族生生不息、发展壮大的丰厚滋养。要科学对待中华优秀传统文化，在去粗取精、去伪存真的基础上，坚持古为今用、推陈出新，有鉴别地加以对待，有扬弃地予以继承；要讲清楚中华优秀传统文化的历史渊源、发展脉络、基本走向，讲清楚中华文化的独特创造、价值理念、鲜明特色；要系统梳理传统文化资源，让收藏在禁宫里的文物、陈列在大地上的遗产、书写在古籍里的文字都活起来；要切实加大文物保护力度，推进文物合理适度利用，使文物保护成果更多惠及人民群众。这些重要思想是开展文化遗产保护利用工作思想指导和行动指南。

目录

第一章 文物的概念与价值

第一节 文物的基本概念

一、我国可移动文物的基本概况

可移动文物是指馆藏文物（可收藏文物），即历史上各时代重要实物、艺术品、文献、手稿、图书资料、代表性实物等，可分为珍贵文物和一般文物，其中珍贵文物又分为国家一级文物、二级文物、三级文物。"可移动文物"的保护单位以博物馆、纪念馆、图书馆或民间收藏馆为主。

国务院文物行政部门在省、自治区、直辖市、县级文物保护单位中，选择具有重大历史、艺术、科学价值的确定为全国重点文物保护单位，报国务院核定公布。

"文物保护单位"是指在中国境内由各级政府列入名单、明令保护的不可移动的一组群体或单位文物，由文物本体、附属物、历史风貌及人文环境等要素有机组成，且相互印证、不可分割；其种类有古文化遗址（包括古窑址、冶炼遗址、古战场、古城遗址等）、古墓葬、古建筑、石窟寺、石刻、壁画、近现代重要史迹和代表性建筑物，可分为国家级、省市级、县区级三个级别。在文物保护单位的保护范围内不得进行其他建设工程或者爆破、钻探、挖掘等作业。因特殊情况需要在文物保护单位的保护范围内进行其他建设工程或者爆破、钻探、挖掘等作业的，必须保证文物保护单位的安全，并经核定公布该文物保护单位的人民政府批准，在批准前应当征得上一级人民政府文物行政部门同意；在全国重点文物保护单位的保护范围内进行其他建设工程或者爆破、钻探、挖掘等作业的，必须经省、自治区、直辖市人民政府批准，在批准前应当征得国务院文物行政部门同意。

文物保护单位的保护范围，是指对文物保护单位本体及周围一定范围实施重点保护的区域。文物保护单位的保护范围，应当根据文物保护单位的类别、规模、内容以及周围环境的历史和现实情况合理划定，并在文物保护单位本体之外保持一定的安全距离，确保文物保护单位的真实性和完整性。

文物保护单位的保护范围是一个地理概念，它是在文物保护单位的周围划出的一定区域，旨在保护该文物保护单位的安全和周围的历史与自然环境不受破坏。在保护范围内，不得在地面、地下或空中从事危害文物保护单位安全的活动。保护范围的大小应当根据文物保护单位的类别、规模、内容以及周围环境的历史和现实等情况并结合当地实际情况合理划定。全国重点文物保护单位占地面积较大或者情况复杂的，可以根据实际需要在保护范围内划分重点保护区和一般保护区。重点保护区也称安全保护区，是为了确保文物保护单位的安全而划定的。一般保护区也称影响范围，是为了保留文物保护单位的历史、环境风貌以及重点保护区以外的文化史迹。

国家保护文物的范围也就是文物所包括的内容。

由此，我们可以明确以下几点。

第一，文物一般具有历史、艺术和科学三个方面的价值。具体到每一件文物时，不一定都具有这三个方面的价值，但至少要具有其中一个，否则就不能称其为文物。

第二，文物应是重要的、有代表性的实物。不具备这一点的也不宜作为文物被保护。

第三，国家保护的文物具有广泛性，应是反映历代社会制度、社会生产、社会生活、文化艺术、科学技术等方面的有代表性的实物。各个方面的文物之间具有广泛和密切的联系，只有全面保护各个方面的文物才能使文物的价值不受损害。

二、文物的基本概念

（一）文物的定义

代文化，是世界文明史的重要组成部分。在漫长的历史进程中，中华民族创造了丰富的科学文明，留下了许多珍贵的文化遗产，如中国古代的四大发明，即火药、指南针、造纸术和印刷术，对世界文明的发展做出了巨大的贡献。除四大发明外，中国古代还有许多重要的发明，如木构古建筑、瓷器制造、丝绸织造和漆器制作等。这些珍贵的文化遗产是中国古代劳动人民的伟大创造和智慧结晶，是研究中国古代历史、文化艺术和科学技术发展的极其重要的实物资料，是国家的宝贵财富，是人类文明发展史的重要见证，是人类历史遗留下来的珍贵财产，是证明古代人民勤劳智慧的有力证据。

古代所说的文物与现代的含义不同，旧为礼乐、典章制度的统称。

《辞海》中对"文物"的解释是遗存在社会上或埋藏在地下的历史文化遗物，一般包括：①与重大历史事件、革命运动和重要人物有关的、具有纪念意义和历史价值的建筑物、遗址、纪念物等；②具有历史、艺术、科学价值的古文化遗址、古墓群、古建筑、石窟寺、石刻等；③各时代有价值的艺术品、工艺美术品；④革命文献资料以及具有历史、艺术和科学价值的古旧图书资料；⑤反映各时代社会制度、社会生产、社会生活的代表性实物。

文化遗产这一术语包含了以下几种类别的遗产。

物质文化遗产：可移动文物（雕塑、钱币、手稿等）、不可移动文物（纪念碑、考古遗址等）、水下文物（沉船、水下遗迹等）。

非物质文化遗产：口述的传统、行为艺术、仪式等。

自然遗产：具有文化内涵的自然遗址，如文化景观、地质形态等。

（二）文物的分类

1. 文物分类的目的和意义

文物分类既是文物研究的重要内容，也是文物研究的主要方法，其本身也是一门学科。它是按照一定标准对各种类型文物进行科学分类，以便对文物从个体到群体、从微观到宏观，进行深入的科学研究，探讨它的发展规律，认识它的价值，充分发挥它的作用。由于文物种类繁多，不同种类的文物相互排斥，互不相容、彼此混杂，若不对其进行分类，则难以进行保护、保管与科学研究。

20世纪80年代，随着我国第二次博物馆建设高潮的来临，博物馆学界也掀起了分类学研究的热潮，许多学者把建立全国范围内统一的文物分类体系作为努力目标。

在西方，各博物馆采用的分类并未完全统一，而是按照博物馆自身文物的种类和特点，因地制宜地制定分类标准和方法，并采用不同的分类软件对文物进行管理。目前，西方博物馆文物管理和分类中应用较多的软件主要有 Past perfect 软件、Spectrum 文物管理软件、Jnfo-muse 文物分类软件等。但无论采用哪种方法或软件，西方博物馆在文物分类上都严格遵循使用规范性术语的原则，并建立了包括主题词表（thesauri）、权威词表（authorities）和分类体系（classification system）在内的词汇标准（term standard）。

对文物进行分类的目的主要包含以下几点。

（1）便于文物的科学管理

首先，未分类的文物处于一种无序状态，对文物进行科学的分类可以加强对文物的区分和认知；其次，不同文物具有不同特点，需要采用不同的方法、措施进行管理；最后，这也是实行计算机管理的客观需要。

（2）便于文物的整理研究和利用

这有助于诠释、理解文物的内涵和追踪藏品的生命周期。

（3）便于更好地保存文物

组成文物的材质不同，其理化性质有明显差异，因而对存放环境的要求和所采用的保护方法、措施也不同。只有在对文物进行合理分类的基础上，才能针对不同材质的文物构建适宜的保存环境。

（4）便于建立数字化博物馆，更好地为观众服务

例如，观众可以通过互联网查询文物的信息、理解文物的内涵，并且找到类似属性的其他文物，增加对藏品的了解。文物分类对文物研究的重要性自不待言，其对文物保管也具有十分重要的意义。

①有利于馆藏文物的科学保护和保管

因文物质地不同，其物理性能和化学成分亦不相同，所以对温度、湿度、光照、生物（微生物）的反应和要求也各不相同，从而给文物保管工作带来很大困难。但馆藏文物按质地分类后，就可以根据文物质地对保管的要求，设置专门的文物库房，然后将同一质地的文物保存于同一库房内，按需要对温度、湿度进行必要的调控。反之，把不同质地的文物混放于同一库房内，就无法做到这一点。此外，按质地对馆藏文物进行分类，还可以对某些具有较高研究价值和经济价值的文物进行专库、专柜保存。

②有利于分级保管

按文物的等级进行分类，针对不同等级的文物采取相应的措施，有利于对文物加强保护和管理，如一级文物须配备文物专柜进行保管。文物史迹

则分为全国文物保护单位、省（自治区、直辖市）级和县（市）级文物保护单位，分别由国务院和省、县级人民政府核定公布。这既说明它们的价值有高低之分，又说明对它们的保护管理须采取不同的办法。关于保护管理方面的重大问题，则分别由公布文物保护单位的人民政府及其主管部门决定，常规的保护工作均由其所在地人民政府负责。

当代西方博物馆将文物分类归属于文物管理的一个重要分支——文物编目（cataloguing）中的一项工作。由经过培训的专业人员根据分类的原则开展文物的区分和管理工作。

因此，只有对庞杂的文物进行科学分类，才能便于管理，这样既能确保文物的安全，又能方便文物的查找、整理、研究和合理利用。

2. 文物分类的原则

在对文物进行分类时，首先需要制定文物分类的标准，进而选择相应的分类方法，而后遵循一定的分类原则进行分类。文物分类的原则有四点：①遵循同一标准；②按一定标准将同类型文物归为一类；③一种分类法只能有一个统一的标准；④对复合体文物进行分类，以约定俗成为原则。

3. 文物分类的方法

文物是人类的历史文化遗存。在不同的历史时期，人类社会生产和社会生活各个方面的物体或物品以不同的形式保存和留传至今，品类庞杂，内容极其丰富，可谓无所不包、无所不有，这就导致了文物具有复杂性。文物的复杂性表现为：时代或年代不同，质地不一，种类众多，功能各异。仅就质地而言，就有石器、玉器、陶器、铜器、铁器、瓷器、骨角牙器等。

文物虽然种类复杂繁多，但像世间其他物品一样，仍然可以对其进行分类，其原因在于：第一，文物有其产生的时代或具体年代，即历史性；第二，文物有其产生的地点或地域；第三，文物由一定的物质构成，即由不同的物质材料制作而成；第四，文物在它产生的时代，都是为了一定目的而创造的，也就是具有各自的功用；第五，文物是有形的，以一定的形态出现，这与文物的物质性和功用密切相关。

把复杂的文物按照一定的标准进行分类，有利于进一步的研究、保护和宣传。对文物进行分类或归类时，首先要确定针对具体的文物对象应以什么作为分类的标准。标准是衡量事物的准则。有了明确的准则，对事物的衡量才能有出发点和要求。凡是符合同一标准的文物，就可以归为一类。取舍均从标准出发，归类的标准不仅具有可行性，还具有较强的科学性。确定一种分类标准之后，按标准去筛选文物、集合文物，不属于该标准规定范围之内的文物，都要清理出来。在历史遗物中，有用多种物质材料制作而成的文物个体，也体现了文物的复杂性。用不同材料制作的文物，一般称为复合体文物（不包括文物史迹，即不可移动文物）。对复合体文物进行分类的一条重要原则就是约定俗成，它是在文物分类的长期实践中形成的，具有一定的科学依据，即视器物的主要质地而定，或视复合材料中某种材料对器物功能所起的决定性作用而定。

目前常用的文物分类方法主要有时代分类法、区域分类法、存在形态分类法、质地分类法、功用分类法、属性（性质）分类法、来源分类法、价值分类法等。此外，还有其他分类法，如收藏方式分类法、存在形式分类法、历史事件分类法、地域国别分类法、人物分类法、组织阶级（层）分类法、形状分类法、制作技术分类法等。

（1）时代分类法

时代分类法是以文物制作的时代为标准，对文物进行分类的方法。任何文物都产生于一定的时代，这是对文物按时代进行分类的依据。把同一时代的文物集合到一起，进行归类，可为进一步研究各个时代的文物打下基础。

古代文物，是指古代历史发展进程中遗留下来的遗迹和遗物，也称古代物质文化和精神文化遗存，范围十分广泛。古代文物分为两部分，一是文物史迹，即古文化遗址、古墓葬、古建筑、石窟寺、石刻等；二是文化遗物，其包含的内容很多，主要是各种古器物、古书画和古文献。就古器物而言，包括石器、玉器、陶器、骨角牙器、铜器、铁器、金器、银器、铅锌器、瓷器、漆器、竹木器、纺织品、工艺品等，而每一类器物中又包括若干种器物。这些文物反映着社会发展、社会生产、社会生活、社会文化等各方面的情况，是科学研究的重要实物资料，也是博物馆等文物收藏机构的主要藏品。

近现代文物，相比"古代文物"来说，存在时间较短。虽然种类多，但由于这些文物产生于我们生活的时代，分类相对要直观、理性一些。近现代文物主要有革命文物、民族文物和民俗文物等。

革命文物是中国人民革命斗争中遗留下来的具有重要纪念意义、教育意义和史料价值的建筑物、遗址和纪念物。它是在特定历史条件下形成的具有特殊内涵的文物，是革命斗争最生动、最真实的记录，是革命历史的见证，是对广大人民群众进行爱国主义教育和革命传统教育的好素材。

民族文物是反映一个民族物质文化和精神文化的遗迹和遗物，具有本民族的特色。它们从不同侧面反映了一个民族近现代的社会发展、社会生产和社会生活，是研究民族历史，特别是研究少数民族历史的实物资料。有些少数民族由于历史原因，没有本民族的文字或关于本民族历史的文字记载。在这种情况下，一个民族的遗迹和遗物就成了研究该民族历史可依据的唯一资料，具有极其重要的价值。民族文物还具有重要的教育意义，能够帮助各族人民认识自己民族的历史和创造力，提高和增强民族自信心和自豪感，激发各族人民的爱国主义精神，有利于各民族的团结和祖国的统一，有利于社会主义现代化事业的发展。

民俗文物是反映民间风俗、习惯等民俗现象的遗迹和遗物，是文物的文化诠释，文物是民俗文化的物证载体。民俗文物对于反映一定时空的民俗文化具有特殊的实证作用，其涉及范围很广，包括衣食住行、生产、信仰、节日活动等各个方面，涉及全部的社会生活和文化领域，既反映了经济活动和相应的社会关系，又反映了上层建筑的各种制度和意识形态。民俗文物作为不同风俗的代表性实物，可使人们了解到一个民族或本民族某个地区风俗文化的发展和变化，以及这些民俗现象是怎样规范、促进和改变人类的社会与生活的。民俗文物中时空、人、物三元素结合得十分紧密，有的需要经过演绎才能使人认识其文物价值。脱离了时空和人的背景，往往很难了解文物的内涵，甚至无法判断其是否为文物，因为它看上去与日常生活中的物件没有太大区别。因此，民俗文物的展现一定离不开场景（时空和人）。同样，对于民俗文物的分类，必须将场景要素考虑进去。例如，婚礼类民俗文物，在分类时可以把婚礼进行的过程分为若干个场景，将每一个场景中相关的时空、人和物件作为一个整体收录。这就是民俗文物的场景化分类方法。

（2）区域分类法

区域分类法是以文物所在地点为标准，对文物进行分类的方法。文物有产生地点、出土地点、收藏地点、埋藏与发掘地点。总的来说，文物都有它所在的位置，离开了具体的地点，文物就无法存在。区域分类法，就是以此为根据的，按照文物所在的区域进行分类的优点是，可使人们对某个区域的文物有比较全面的了解，为研究该地区的历史提供比较全面的资料，尤其有利于加强对文物实行分区域的管理。

以区域分类法对文物进行归类，首先要对区域进行范围界定。通常有的以行政区进行划分，即国家权力机关或行政机关批准的行政区域，这些区域有严格的划分界线；还有的以自然地理位置进行区域划分，即地理（自然）区域，这个区域的界线是模糊的。

从行政区域来看，全国有 32 个省、自治区、直辖市，再划分地（市）、县级行政区，以此来对文物进行归类。只要是某省、自治区、直辖市范围内的文物史迹和馆藏文物及流散文物，都应分别归入该省、自治区、直辖市，即一般所称的北京文物、河北文物、山西文物、内蒙古文物等。再进一步区分文物史迹与馆藏文物，可分为北京文物史迹、北京馆藏文物、河北文物史迹、河北馆藏文物等，以此类推。

这种区域分类法在文物调查、保护、管理、研究工作中早已存在，如省、、自治区、直辖市以及市、县级文物部门编写文物志时，通常就是根据该行政区域的文物史迹和馆藏文物等资料来编写，称为某省（自治区、直辖市）文物志，某市（县）文物志等。

还有一种方法是以自然地理的相对位置来划分区域，如中原与边疆，因此过去有中原文物和边疆文物的说法。由于没有明确的界线，在实际归类中难以操作，除了在文物研究或考古学研究中用于对比外，一般不使用此方法。

（3）存在形态分类法

历史上遗留至今的文物都以一定的形态存在于某个地方。这里的"存在形态"是指文物体量的动与静、直观的存在与隐蔽的存在、存于收藏处所与散存于社会。以文物体量的动与静分类，一般分为不可移动文物和可移动文物。

不可移动文物基本上都是文物史迹，古建筑、纪念建筑、石窟寺、石刻、古遗址、古墓葬、近现代重要建筑、纪念地等都属于此类。这些史迹一般体量大，不能或不宜整体移动，不能像馆藏文物那样收藏于馆内并可轻易移动。文物史迹不能或不宜整体移动，是从文物史迹整体的角度来说的。至于个别文物史迹，若有特殊情况，可考虑迁移。例如，一座石碑，原处已无其他建筑，其又与周围环境无关，且不便保护，迁移之后不影响它的价值，又利于保护，经批准可以移动，则可迁往他处。在基本建设工程范围内，因工程建设的特殊需要，而必须把一处文物史迹迁走时，经过法定程序，获批准后，可采用科学的办法进行拆迁，按原状复原。山西省芮城县永乐宫、河北省平山县西柏坡中共中央旧址，都是依照这样的方式迁移的。

可移动文物主要是指馆藏文物和流散文物，有石器、陶器、铜器、金银器、瓷器、漆器、玉器、工艺品、书画、古文献等。它们体量小、种类多，可根据其体量的大小和珍贵程度，分别收藏于文物库房，甚至文物囊匣内，并可根据保管、研究、陈列的需要移动，变换地点，这对其本身的价值不仅没有影响，反而能够更好地使其发挥功用。

（4）质地分类法

质地分类法是以制作文物的材料为标准，对文物进行归类。文物是由一定的物质材料制作而成的文化遗物，由于所用物质材料具有多样性，因此根据材质的不同对文物进行归类，是文物质地分类法的出发点。

质地分类法主要用于对古器物进行归类，这种方法有着悠久的历史。在馆藏文物的分类法中，此方法的运用较为普遍。按质地对文物进行分类有利于文物的保管，一般可将器物分为石器、玉器、骨器（含骨器、牙器）、木器、竹器、铜器、铁器、金器、银器、铅锌器、锡器、瓷器、漆器、玻璃器、珐琅器、纺织品、纸质文物等。博物馆的文物库房一般也是按文物的不同质地来分区。

质地分类法也有其不足之处，即器物的制作材料有时并非一种，有的主体与附件分别采用两种材料，有的本身就是由复合材料制作而成，这就需要按照约定俗成的办法加以区分。同时也须指出，通常所说的某种材料质地是相对而言的，是指主要材料，至于材料的物理化学成分的复杂性在此不做考虑。

（5）功用分类法

功用分类法是以文物的功用作为标准进行分类的方法。文物作为社会生产和社会生活的遗存，都曾在人类活动的历史中起过或多或少的作用，人类在制作它们的时候，都具有一定的目的。任何一种文物，都有它的用途。

在对文物进行分类时，可通过对其功用的研究，把功用相同或相近的文物归为一类，形成不同的类别。但文物的功用与其形制、种类是分不开的。形制是文物的外在，较为形象、具体，看得见、摸得着；功用是其内涵，通过其外在的形制发挥作用。

功用相同的文物，产生的历史时期、质地未必完全相同。例如，农具中既有石质农具、木质农具，又有青铜质农具和铁质农具；兵器也有石制、骨制、铜制、铁制等。这些质地不同的农具和兵器，其产生的历史时期也不完全相同。

此种分类法可把不同时期某一功用的不同质地的文物聚集到一起，对研究其产生、发展、变化，以及在不同的历史时期所处的地位和所起的作用十分有利，并且对研究专门史具有重要意义。

（6）属性分类法

属性分类法是以文物的社会属性以及科学文化属性作为标准对文物进行归类的方法。在运用此种方法对文物进行分类时，首先要研究文物的用途及其深层含义。

（7）来源分类法

来源分类法是以馆藏文物的来源为标准对文物进行归类的方法。该分类法只适用于博物馆、纪念馆和其他文物收藏单位。这些单位藏品的来源主要包括拨交、征集、拣选、交换、捐赠、发掘。

①拨交

在一个单位建立伊始，收集藏品是件大事。拨交的文物是其藏品的重要来源之一。不论是老馆、新馆，在建馆之初，或多或少都接收了拨交的文物。所谓的"旧藏"，严格来说是不存在的。至于拨交文物的来源，具体情况往往十分复杂，只能在具体文物的档案与卡片上有所反映。

②征集

包括收购，是文物收藏单位丰富馆藏的主要渠道之一。许多单位为了增加、丰富馆藏，而加强征集工作，并设立了征集机构。

③拣选

在废旧物资和金银器中常掺杂有许多文物。文物部门与银行、冶炼厂、造纸厂和废旧物资回收部门等共同负责拣选，为文物收藏单位提供文物。

④交换

文物收藏单位可依据国家文物法规，开展馆际之间的文物藏品交换，是调节余缺，丰富藏品的办法之一。

⑤捐赠

文物收藏单位接受文物鉴藏家或文物收藏者的捐赠。

⑥发掘

考古发掘获得的大批文物，为博物馆等文物收藏单位提供了丰富的出土文物，是增加、丰富历史类博物馆馆藏的重要途径。

在实际分类中，来源分类法并不常用。文物的各种来源多在文物的档案或卡片上加以记载。

（8）价值分类法

价值分类法是以文物价值为标准对文物进行归类，主要根据文物价值的高低来区分。根据中国文物法规规定，文物史迹，即古建筑、石窟寺、石刻、古遗址、古墓葬、纪念遗址或建筑物等，依据其价值的高低，由各级人民政府公布为全国重点文物保护单位、省（自治区、直辖市）和县（市）级文物保护单位。馆藏文物，即石器、玉器、陶器、铜器、铁器、金银器、瓷器、漆器、工艺品、书画等，依其价值高低，分为珍贵文物（一级文物、二级文物、三级文物）和一般文物。

（三）文物的来源

文物藏品是博物馆存在的基础，藏品征集是增加博物馆藏品的重要途径，不断丰富文物藏品是博物馆得以可持续发展的重要保证，更是管理国家文物资源的一种重要手段。

博物馆等国有收藏机构征购藏品的主要来源有考古发掘、田野采集、民族学调查征集、社会征集、收购、捐赠、交换、调拨、移交等。

1. 考古发掘

考古发掘是通过科学的方法，发掘埋藏在地下（如古墓葬、古遗址、灰坑等）或水下的文物遗存和古生物化石。一切考古发掘工作，都必须履行报批手续。出土的文物和标本，除根据需要交给科学研究部门进行科学研究以外，应由当地文物行政主管部门指定的单位保管，任何单位和个人不得侵占。

2. 田野采集

田野采集主要是指自然历史博物馆或地方志博物馆在田野进行的岩石、土壤、矿物、动物和植物等标本的采集活动。

3. 民族学调查征集

民族学调查征集主要是指博物馆为收集民族文物而进行的工作。其主要工作方法是深入民族地区，进行实地调查和文物征集。

4. 社会征集

在我国，私人收藏文物的历史十分悠久，民间流散着众多文物珍宝，特别是近现代文物，更是广泛散存在个人和机关团体手中。由于社会生活的变革使大量的近现代文物不断被淘汰，近而消失，又因这些文物中有许多正被当代人使用，因司空见惯而不被重视，从而很容易造成损毁。因此，社会征集就是本着"为未来而征集"的思想，收集当代文物。

5. 收购

博物馆通过付出一定的经济代价，换取私人收藏或文物商店中的传世文物和标本。收购的原则是属于国家所有（国家机关、部队、国有企事业单位）的文物和受国家保护的动、植物标本不得买卖，包括考古出土物、石窟寺、石刻、壁画等。

6. 捐赠

博物馆可以接受机关单位和私人的捐赠，并应根据捐赠文物的价值给予适当的精神和物质奖励，重要的捐献还应报请政府部门，由国家给予嘉奖。相关捐赠信息应在藏品档案中详细注明，公开展出时，应向观众说明是由某人捐赠，这也是一种表彰方式。

7. 交换

交换是博物馆之间在自愿互利的原则下，以本馆藏品中的复品或与本馆性质不符合者，去换取本馆所需要的藏品。

8. 调拨

主要有两种情况，一是由上级主管部门按各馆的性质与需要，有计划地拨给；二是博物馆之间一方支援另一方，拨给对方所需的藏品。当然，馆际交换和调拨必须具备合法手续，依规呈报上级文物行政主管部门；如果是一级品的交换、调拨，则需呈报国家文物行政主管部门。

9. 移交

博物馆接收公安、海关、法院、工商管理等部门依法没收的文物，并在一定条件下进行移交。

第二节 文物的价值与特点

一、文物的价值

文物是具有历史、艺术和科学价值的文化遗存，文物的价值是客观存在、不可否定的。

人类社会历代遗存很多，距今年代愈近，遗存愈丰富。在创造它的那个时代，文物的价值是凝结在历史遗迹遗物（包括精神和物质的遗物）中的一般人类劳动，是人类智慧的结晶和历史进步的标志。文物有无价值，需要把遗迹、遗物放到产生它的那个历史时期去分析研究，历史上遗留下来的遗迹、遗物，作为历史的产物，被打上了时代的烙印，因此，具有历史价值。当然，此处所说的遗迹、遗物的时代（年代）是指历史上第一次产生、制作它的时代（年代），绝不是其仿制品或复制品诞生的历史时期。但就某处遗迹、某件遗物而言，不一定都具备历史、艺术、科学价值。一般来说，它应具有历史价值和科学价值或艺术价值，后二者不能脱离前者而独立存在，三者作为一个不可分割的整体存在于物质遗存中，它们相互渗透，相互制约。

（一）历史价值

文物的价值内涵丰富，在文物所具有的三个价值中，历史价值最为重要。

因为任何历史遗迹、遗物都是某个时代人类社会活动的遗存，是由产生它的那个时代的一定人群，根据当时的政治、经济、军事、文化等需要，运用当时所能获得的材料和所掌握的技术创造出来的。因此，它能从不同的侧面，反映出当时的政治、经济、军事、科学技术、文化艺术、宗教信仰、风情习俗等发展情况，这些也是构成文物时代特点的主要内容。这些时代特点决定了文物是不可再生的，它的使用价值是客观存在的，是不以后代人的意志为转移的。正是由于文物具有时代特点，所以能帮助人们去具体、形象地认识历史，从而了解历史的本来面貌。

（二）艺术价值

文物的艺术价值内涵十分丰富，主要包括审美、欣赏、愉悦、借鉴以及美术史料等，它们之间既相互渗透，又相互制约。审美价值主要是从美学的深层次给人以艺术启迪和美的享受；欣赏价值主要是从观赏角度给人以精神作用，陶冶人的情操；愉悦价值主要是给人以娱乐、消遣；借鉴价值主要是从文物中提取其精华，学习和借鉴其表现形式、手法技巧等，并加以创新；而美术史料价值，主要是指文物可以作为研究美术史的资料。

文物中，具有艺术价值的历史遗迹、遗物主要分为三大类：第一类是实用的遗迹和遗物，建造、制作的目的是为人们所使用；第二类是美术品、工艺品等创作类的艺术品，此类文物的艺术价值一般很高，具备艺术价值内涵的各主要方面；第三类是专为死者随葬而制作的部分冥器，如人、家畜、鸟兽形状的器物，以及车船、建筑物等模型，还有仿礼器、生活器皿的器物等。

（三）科学价值

科学价值的内涵主要包括知识、科学、技术等。古代各种遗迹、遗物本身都蕴藏着其产生的那个时代的科学技术信息，并从不同的角度和侧面反映了当时的科学技术水平和生产力水平，以及社会经济、军事、文化的发展情况，可以为发展新的科学技术和文化艺术所借鉴。它蕴含的科学技术水平信息需通过实物比较研究才能确定，其中可能包括体现新发明的科学技术水平、稳定发展阶段的技术水平，乃至该种技术衰落阶段的水平。例如，陶器的出现代表着生产力发展到了一定的水平，这在旧石器时代生产力水平极为低下的情况下是不可能制造出来的。

由于文物价值内涵的复杂性和人们价值观念的不同，因此，评估文物价值往往会面临很大的困难。人们价值观的不同决定了他们对文物评价的标准不同，从而对文物价值的评估结果也不同。此外，人们对文物价值的认识还受科学技术发展水平的制约。随着历史的推进，科学技术的迅速发展所带来的技术手段越多，人们对文物价值的深层次认识也会越丰富。所以，在对文物价值认识和评价的过程中，不能只求一锤定音，或以一次决定对文物保护与否。

文物作为人类历史发展的见证，不仅具有较高的艺术价值，还包含着各个历史阶段的经济、文化等信息，在社会经济文化研究方面具有极高的价值。大量文化因素蕴含于文物社会价值内，研究人员应在逐步研究、开发其主体的同时，将文物的社会价值通过文字等形式传递给社会大众。文化遗产所体现的以各种形式向多数或少数群体表达精神的、政治的、民族的或其他的文化情绪，标志着一个群体的精神认同，同时也体现了人类历史与文化的多样性。

文物社会价值的实现可以分为以下三个阶段。

第一，文物研究的专业人员以价值主体的身份去进行文物价值的研究，从而为之后的主客体之间的价值交换提供一定的依据。

第二，博物馆方面对文物开展一系列保护和管理工作，以展现文物的社会价值。这个过程可以吸引更多的人进入文物社会价值的交换当中，有利于文物价值的提升。

第三，让观众成为价值主体。通过博物馆讲解，让观众不断对文物社会价值进行认识和探究，知识水平得到相应的提升，加深受众对我国历史文明的认识。社会教育是博物馆工作的主要组成部分，在这个过程中，文物的社会价值可以得到体现。

此外，文物还具有一定的经济价值，这取决于它的时空性以及社会经济水平。文物的经济价值不是恒定的，而是变化的。一件文物在某一特定历史时期，可能价值连城，但在另一特定历史时期或许一文不值，如战乱时期。

二、文物的特点

文物是不可再生的文化资源，不可再生是文物的重要特性之一。除此之外，文物还有很多其他重要特点，进一步研究和认识文物的特点，对揭示文物博大精深的内涵，以及文物学科建设和文物保护、收藏等工作的健康发展，都具有十分重要的意义。

概括而言，文物的特性主要有物质（资源）性、时代性（或称为历史性）、不可再生性、不可替代性、个体差异性、客观性、永续性等。

（一）文物的物质（资源）性

文物是有形的历史文化载体，是人类历史发展的见证，内容丰富。先人留下的这些宝贵的物质遗产，是古代劳动人民用一定的物质材料，采用一定的技术手段建造或制作而成的，如青铜器、金银器、玉石器、竹木漆器等。文物的物质性又以一定的形态（形制、形式）存在。文物都是有形的，并且形态是多种多样的。文物的形态，是由人们建造、制作、生产的用途、目的与所用物质材料和科技水平所决定的，其最终形态则是由社会发展，以及政治、经济、文化的发展所决定的。用途、目的在不同的时代和地区不尽相同，随着社会的发展，文化和科学技术又在不断进步，文物的形态或风格也随之不断发展、变化或者消亡，所有这一切，在各类文物中都有所反映。

（二）文物的时代性

文物是特定历史时期的产物，是由它产生的那个时代的一定人群，根据当时的政治、经济、军事、文化等需要，运用当时所能得到的物质材料和掌握的技术创造出来的。每个历史遗迹或遗物无不被打上了时代的烙印，蕴含着当时的政治、经济、文化、科学技术等诸多方面的内容和信息，因此没有时代（或年代）的遗迹和遗存是不存在的。文物的时代特点是文物时代性和时代内容在历史遗迹和遗物上的体现，我们可以从时代特点中看出，文物在其产生的时代所处的位置，以及它的地位和作用。每个遗迹或遗物从不同的侧面，反映了当时的政治、经济、军事、文化、风情习俗等，这些都是构成文物时代性的主要内容。这种时代特点，亦即历史性，也是文物最重要的特点。

（三）文物的不可再生性

文物的时代特点决定了文物不能被再生产、制作和建造。在它产生的时代，其地位是客观存在的，不以后人的意志为转移。即使是十分逼真的复制品也不能替代文物的作用，虽然所用的材料、色彩和纹饰基本相同，但也只能反映制作复制品时代的社会条件、技术水平和工艺，与文物所包含的、它产生的那个时代的文化内涵和历史信息仍有区别，复制品不是历史的见证物。文物所具备的可永续利用的价值取决于其所凝聚的文化内涵，因而具有不可再生性，哪怕是轻微的改动，都会破坏其文化内涵，进而破坏其永久的价值。

历史遗存具有不可再生性，重建、新建的仿古建筑并非历史建筑。

在历史文化积淀较深的欧洲是几乎看不到重建、新建的仿古建筑的，欧洲保留下来的古建筑都具有原汁原味的历史面貌。我国有关文物保护方面的法律也明确规定，纪念建筑物、古建筑等文物在遭到全部毁坏之后，不得重新修建。

（四）文物的不可替代性

文物的不可替代性是文物时代性和不可再生性逻辑发展的结果。文物是历史文化遗产，是一定时代的产物。每一件文物或每一处文物，都有它在历史上的地位和作用，都包含自己所处时代的文化内涵和历史信息，不可被其他物品所替代。

不同历史时期制作或建造的各种类型的文物，其历史内涵和信息是它产生的那个时代（或年代）的历史的各个方面的实物见证。毁坏一件或一处，就永远失去了一件或一处历史见证物和象征物，也就减少了一个独特的历史符号。

（五）文物的个体差异性

文物的不可再生性、多样性、时代性、地域性和不可替代性特点，决定了其保护技术需遵循审慎的原则，而所采用的技术方案也存在差异性。即便是同一地点出土的同类、同质文物，在保存现状、损坏程度方面也会有所区别，这便是文物的个体差异性，是由古代工艺技术水平、非标准化生产方式，以及文物经历的环境差异造成的。因此，不可能只采用单一的保护技术解决所有的问题。

（六）文物价值的客观性

文物是历史文化遗产，具有历史、艺术和科学价值，包含政治、经济、军事、艺术等丰富的内涵，博大精深。它的价值是凝结在历史文化遗迹和遗物（包括精神的和物质的遗物）中的一般人类劳动，是人类智慧的结晶，是历史发展、进步的标志。它具有双重特性，即有形价值和无形价值。文物既是有形的物质形体，又是隐形的，即无形的文化或文明内涵的载体，具有历史、艺术和科学价值。

文物的价值是客观存在的，但表达方式是主观的，如数据、图片、语言表述等。人们对文物价值的认识则是不断深化的，对文物博大精深内涵的认识和获取它内涵的各种手段，既要靠知识的积累和深入研究，又要靠知识的更新和科技的进步。在认识和评价文物价值的具体过程中，人们会受到科学文化知识、研究水平和科学技术发展水平的限制或制约，因此对文物文化内涵和信息的揭示与对其价值的认识，不是一次（或一时）可以完成的。随着研究的深入，科学技术迅速发展所提供的技术手段越多，人们对文物价值深层次的认识也就会越深入，获得的历史信息也就越多，这就需要一代又一代人的不断努力和坚持。

（七）文物作用的永续性

文物是不同历史时期产生的物质文化遗存，是研究不同历史时期政治、经济、军事、科学技术、文化艺术等的实物史料。它是历史的见证，可以证实文献记载的历史；可以校正古籍记载之谬误，订正史传，纠正错讹；对于有文字记载的历史，可用于弥补文献记载的缺失。文物是研究历史及专门史的重要实物史料，对史学的研究，特别是对重建上古史有着特殊、重要的价值和作用。

人类社会的发展，科学技术和文化艺术的发展、进步，都需要借鉴历史，而文物则是最好的实物教材，它有自己独特的特点，它是一种文化载体，同时也是一种精神文明的表现。它作为历史见证，真实性强，具有很强的说服力，它以具体、形象、生动的物质形态展现在人们面前，具有极强的感染力，是任何其他教育手段所不能替代的。因此，文物对研究者和大众，对一代又一代人，对民族和国家以至于全人类，对已往的历史和未来，都将发挥永续的作用。

第二章 文物的作用、管理与鉴定

第一节 文物的作用

文物的作用是由文物的价值所决定的。文物价值内涵丰富，决定了文物有多种作用。其主要作用可归纳为文物的史料作用、教育作用和借鉴作用。

一、文物的史料作用

文物的作用首推史料作用，是无任何东西可以替代的，再加上文物本身具有不能再生的特点，因而文物的史料作用更有其独特性。其主要表现在文物具有证实史籍记载，纠正史籍谬误，补充文献记载的缺失和为史前史研究提供实物史料等功能。

（一）文物的证史作用

文物的证史作用，主要表现在对史籍的证实。

人们撰写的世界史、国史、断代史，一般都是依文献资料撰就的。不过，文献对历史的记载是否符合史实则有待考证，而考证只有依靠文物。就国史而言，我国有正史，即二十五史，它们产生于不同的历史时期，是我国几千年社会发展的记录，尤其是记载了各个封建王朝的历史，从未间断，充分表明中国历史发展的连续性，这在世界上是绝无仅有的。而且中国历史的连续性，业已被中国历史文物演变发展关系的延续性所证实。在这里需要进一步指出的是，对史前史的研究，只凭一些传说记载和对史前社会面貌的追忆、描述和记载的资料是不行或不够的，这就更需依靠文物加以佐证。所以文物起证史作用是显而易见的。我们相信，将文物与文献、民族学、民俗学资料密切结合，对社会历史特别是史前史的研究，将会更加深入、更加接近史实。事实上，文物与文献、民族学、民俗学资料结合研究历史，文物虽起着验证文献的作用，但文物和文献也是相互印证的，如中国史籍中，有符瑞志、郊祀志、礼志、刑法志、地理志等，在有关文物中，特别是各种石刻资料可对史籍记载加以印证。而民族学、民俗学资料则有助于我们对文物的探讨和诠释。

总之，历史研究离不开文物，这是文物的史料作用所决定的，而通过文物与文献、民族学、民俗学资料结合研究历史，不仅是历史研究所必须，对于文物自身的研究也大有裨益。

随着考古事业的发展和发现，文物日益增多，为历史研究提供的实物资料也愈加丰富。

（二）文物的正史作用

文物的正史作用，主要是校正史籍中的语误，以订正史传。

自人类社会步入文明社会门槛，就开始有文字记载历史。但在阶级社会里，由于文化为统治阶级和御用文人所垄断，所以当时所产生的史籍带有阶级偏见，往往出现记载与史实不符的现象。此外，有些史籍因被后人篡改或者有些残缺不全者经后人整理而失实，等等。因此要究其正误就得依靠"记载"着历史本来面目的文物。文物的正史作用就是纠正史籍记载之谬误，订正史传，防止以讹传讹。

（三）文物的补史作用

文物的补史作用，主要表现为研究无文字可考的史前史提供实物资料及填补史籍失载的历史。

在人类社会发展过程中，人们是生活在漫长的无文字的社会里。

我们要研究无文字可考的史前史，只有仰仗于"记载"史前史的文物，即通过研究史前人类创造的文化遗存来恢复无文字的社会，即我们通常所说的原始社会。

从埃塞俄比亚的阿瓦什河岸发现一具距今400多万年的猿人遗骸，表明人猿相揖别至晚起始于400多万年前（有的专家认为起始于500多万年前，甚至有人认为更早，这有待考古新发现予以验证）。以此暂为人类社会开端计算，而以在埃及尼罗河三角洲地区发现距今约7000年的象形文字（镌刻于墓内出土的陶器上）算起，人类文明史开始距今约7000年。这表明无文字社会所占时间长达393万年。这段漫长的原始社会史无文字记载，只"记载"于史前人类创造的物质文化遗存（即史前文物）中。因之，要研究、恢复原始社会的真实面貌，撰写原始社会史，只有依靠于文物。

以我国为例，其史籍之丰富堪称世界第一。正史二十五史及野史和其他古文献，都是研究中国史、断代史的珍贵史料，但由于正史及其他史籍，受阶级局限和当时条件、水平的限制，有大量史实（尤其是反映广大人民创造性的史实）未被载入史册而失传，还有不少史籍因种种原因而散失或被湮没。凡此，都必须依靠文物予以修正和补充。

众所周知，人类社会是一个极为复杂的整体，从社会生产和社会生活，从经济基础到上层建筑，从衣、食、住、行到民间习俗等，无所不包，极为庞杂。史籍记载的内容，年代越早记载越简略，造成很多能说明社会问题的史迹未被记载。在此情况下，只有依靠各个历史时期的文物（含有记载文字的文物）予以弥补充实。文物自身储存着多方面信息，其中有记载文字的文物（如中国所见甲骨文、金文、竹木简牍、帛书、石刻、写本或刻板印刷品及善本书等），更是直接记载历史的不同方面，保存了大量珍贵的历史资料，因此，文物具有重要的补史功能。这方面，我国表现尤为突出。

在湖南长沙子弹库一楚墓，1942年被盗出一幅帛书（以白丝帛为载体而得名），后流失美国，私人收藏。1973年对该墓进行科学发掘，又出土大量文物，据其伴存物判明其年代，系属战国中晚期之间的作品。这幅楚帛书长47cm，宽38.7cm，墨书楚国文字900多字，饰彩绘图像。帛书四周绘12个神像，各神像旁题记神名，并附注文字说明。对该帛书的内容和性质的诠释，学者们的见解尚不一，有的学者认为其中第8行有一段文字提到"天楣"（一种彗星）、"侧匿"（月初而月见东方）等天象灾异；第13行有一段文字有伏羲、炎帝、祝融、共工等名。有的学者认为还有女娲、帝舜、禹、契等名并涉及四时、昼夜形成的神话。经对四周十二神名与《尔雅·释天》十二月名对照研究，发现两者相合，图像旁附记，是记载十二个月的宜忌。

1977年，在河北平山战国时期中山王厝墓出土的大量文物中，最值得一提的是"中山三器"（王厝时所制的铜鼎、方壶及嗣王籽姿所制的铜圆壶）。"三器"均有长篇铭文。其中铁足铜鼎，最大径65.8cm，通高51.5cm，腹壁刻铸铭文多达496字，是已知战国时期字数最多且保存较完好的一篇铭文。内容梗概是：要以燕国国君哙，受其相邦子之的迷惑，把王位让于子之而遭到国破身亡为教训，颂扬自己的相邦辅佐国君，谦恭忠信的美德；告诫子嗣吸取吴败越、越又败吴的教训，不要忘记敌国时刻威胁着自己的安全。铜方壶，直径 35cm，通高 36cm，盖饰云形纽，局部饰四条夔龙。腹部四周刻铭 450 字；内容大意与鼎名同，是"警嗣王"的。铭文中有"皇祖文武，桓祖成考"。铜圆壶，腹径 32cm，通高 44.5cm。该器为王厝十三年制，厝崩后，嗣王籽姿加刻一篇悼词，以悼念先王，共 182 字。其中心内容是颂扬先王的慈爱贤明，表彰相邦伐燕的战果。此外，于器足上还有 22 字，记载了制器时间、单位、负责官吏、工匠和该器的重量。在史籍中，有关中山国的记载很少，且十分零碎。"中山三器"的出土，"三器"中记载中山国历史的长篇铭文的发现，为研究战国时期中山国的历史提供了极为珍贵的实物资料。特别是有关中山伐燕，夺地占城的史料以及中山王系的资料，未见于史籍，而补充了史籍的缺失。在史籍中常有关于燕王哙让位之事，齐国伐燕的记载，却未见关于中山伐燕的记载。从鼎、壶铭文中方知中山相邦也率师参加了这次伐燕。又中山王系，从铭文有关于"皇祖文武，桓祖成考"四位先王庙号的记载，加上制作铜鼎、方壶者王罾和制作圆壶者，使先后六代中山王的世系衔接起来，这对史籍所载武公前后的历史又作了重要补充。

1974 年，于湖北云梦县睡虎地 11 号墓出土一批秦简，经专家整理编纂，分《编年记》《语书》《秦律十八种》《效律》《秦律杂抄》《法律答问》《封诊式》《为吏之道》《日书》九种。简文内容极为丰富，记载了战国晚期至秦始皇时期的政治、经济、军事、文化、法律资料等实况（如林耀华主编的《原始社会史》）等。即使有文字记载以来，也因条件所限，导致记载简略乃至疏漏，抑或因记载已佚，而需用文物史料补充之。文物作为有形的实体，为一些专门史的研究提供更形象、生动的实物资料。如艺术史中的建筑史、雕塑史、绘画史、服饰史等的研究，文物所发挥的史料作用是文献资料所发挥的作用无法相比的。

此外，在研究各国传统文化的民族形式方面，文物同样有其特殊作用。如若在研究中只凭文献资料，会受很大局限。再说即便在著作中只作文字描述，尽管文献丰富、可信，且描述精细、翔实，也不易给人一个形象概念，难为人们所理解和认识。如果增加文物史料，图文并茂，人们便可一目了然。

二、文物的教育作用

中国被誉为礼仪之邦。中华民族素以善良诚实、讲究礼仪、勤劳勇敢、富有创造性和革命传统的伟大民族而著称于世。遍布于华夏大地上的大量历史文物，是中华祖先和各族人民智慧的结晶。许多近、现代的革命文物，凝聚着先辈们艰苦奋斗、不怕牺牲的崇高精神。如在对人们进行爱国主义教育时，人们可通过参观丰富多彩的历史文物（如新石器时代、夏商周三代的陶器、陶塑、玉雕、青铜器以及新石器时代的聚落遗址和历代古建筑、石窟寺、古石刻等），直观地感受到中国是世界文明古国之一，有着悠久的历史和璀璨的文化。

下面就文物教育的特点、形式、作用作梗概性的介绍。

（一）文物教育的特点

文物，作为教材，独具特色，其主要特点表现为以下几方面。

首先，文物本身不仅是物质文化实体，同时也是含有精神文化的实体。因之，以历史见证的文物作为教材，具有真实性强、说服力强等特点。俗话说"百闻不如一见"，它以形象的实体展现在人们面前，确实比仅用文字的、书面的教育作用更大。

其次，文物作为教材，既具有形象、直观、生动等特点，又具有说服力和感染力强等特点，因而是其他任何教材都无法替代的。

最后，文物具有最具民族性的特点，因而以文物作为教材也最具有民族凝聚力。如我国历史文物，蕴含着中华民族在形成和发展过程中凝聚起来的民族思想感情和共同的心理素质。我国有 56 个民族，每个民族都是中华民族的一员，他们在生产、生活中所体现出来的心理素质和民族文物中所表现出来的心理素质是共通的。如饮食、建筑、语言、文字、音乐、舞蹈、戏曲、服饰以及节日、习俗等，这在民族性格、情操和爱好上都有所表现。这种意识具有很强的稳定性和生命力，并成为凝聚中华民族的重要因素。如生活在海内外的中华儿女，共同为我国的四大发明（纸、火药、印刷术、指南针）、丝绸之路、长城、秦始皇陵兵马俑等感到自豪。在这里，很显然文物成了团结全民族广大人民的重要纽带。

众所周知，任何一个民族的共同心理素质，往往与该民族历史的产生、发展、遭遇和所处的地位有密切的关系。同时，随着各民族经济的发展、文化的提高，民族间经济、文化交流日益频繁和发展，民族的传统和生活习俗等也随之发生变化，即使是民族性格、情操、爱好也是如此，这在民族文物上也有所反映。

（二）文物教育的场所

文物教育的场所有多种，主要有博物馆、纪念馆及不可移动的文物单位。可移动的文物大都分别收藏于博物院、博物馆、纪念馆、图书馆、研究机构、石窟、寺庙等。如我国的博物馆、博物院，依博物院的性质和任务不同又分为故宫博物院（主要珍藏宫廷国宝）、南京博物院（主要珍藏历史文物）、华侨博物院（主要珍藏华侨文物、华侨礼品和华侨所居住国的文物或工艺品）。博物馆又有历史博物馆（如中国历史博物馆）、革命博物馆（如中国革命博物馆、中国革命军事博物馆）和专题博物馆（如中国农业博物馆、天津艺术博物馆、浙江省纺织品博物馆、江西景德镇瓷器馆、福建泉州海外交通史馆）之分。纪念馆又有民族英雄纪念馆（如厦门郑成功纪念馆）、革命烈士纪念馆（如红岩革命烈士纪念馆）和名人纪念馆（如鲁迅纪念馆）之别。各类博物馆既是收藏可移动文物的机构，也是研究和宣传机构。目前我国已有各类各级（国家级、省级、市县级、私人）博物馆、纪念馆2000多个。这些博物馆、纪念馆收藏各类文物多达数百万件。这些博物馆、纪念馆不仅是文物的主要收藏研究场所，而且是进行文物教育的主要场所。不可移动的文物单位有古遗址（如北京房山北京猿人遗址、山顶洞人遗址、陕西临潼姜寨遗址、西安半坡遗址、河南郑州大河村遗址、浙江余姚河姆渡遗址等）、古墓葬（如山东泰安大汶口新石器时代墓地、青海柳湾新石器时代墓地等）、古建筑（北京故宫、沈阳故宫、河南洛阳白马寺、甘肃敦煌石窟寺等）等，各类各级文物保护单位和古遗址、古墓葬的发掘现场，也是对人们进行教育的重要场所。在我国众多的各类、各级文物保护单位中，仅经国务院批准公布的四批全国重点文物保护单位就多达750处（第一批180处，第二批62处，第三批258处，第四批250处），其中北京猿人遗址、临潼秦始皇陵兵马俑、万里长城、敦煌石窟、北京故宫、避暑山庄等多处文物保护单位还被联合国教科文组织列入世界文化遗产名录。这些文物单位更是对人们进行教育的场所。

上述表明，文物种类复杂多样，其形态和所在场所不同，因而利用文物开展教育，选择教育场所应根据教育对象和内容而定。如，对人们进行历史唯物主义、辩证唯物主义教育，可选择参观历史博物馆。

对人们进行爱国主义教育，可组织参观历史博物馆、民族英雄纪念馆、革命博物馆、华侨博物馆（院）等。

对青少年进行科学技术知识教育，要选择自然博物馆、科学馆等。

为增长人们的天文知识，可组织参观天文馆等。

为提高人们的艺术欣赏水平，增强人们的审美能力，可组织参观历史博物馆、艺术博物馆、古代建筑、绘画展览。

总之，博物馆是开展文物教育的主要机构。教育是博物馆的重要职能之一，教材就是文物。

（三）文物教育的形式

文物教育作用很大，如何更好地发挥作用，形式就显得很重要，教育形式不同，教育效果也不一样。所以文物教育形式具有多样化的特点。其主要教育形式大致可归纳为以下几点。

第一，博物馆、纪念馆陈列展览供人们参观，陈列方式可采用固定式或流动式，陈列内容可选通史陈列或专题陈列。

第二，开放文物保护单位供人们游览参观。这不仅可收到宣传教育效果，还可促进旅游事业的发展。如在我国的各旅游线上或旅游城市，几乎都有著名文物单位，都是国内外旅游者参观的热点。仅 1987 年一年，故宫就接待游客多达 200 万人次，外国游人占三分之一。这些文物单位开放供人们参观，人们可以通过直观的、形象的观赏，了解我国在世界文明中的地位与贡献，学习和借鉴自己所需的有关知识，并从中接受美育等。

第三，组织参观考古发掘现场，使考古发掘现场也成为一个生动的课堂。在一般情况下，每一个发掘现场都应热情接待当地群众、中小学生参观，并认真给参观者讲解出土文物所反映的问题。

第四，出版图文并茂的文物书刊，如考古发掘简报、报告、文物图录、文物研究专著。从 20 世纪 50 年代初至今，我国已出版了大量文物书刊，比较全面地介绍了我国悠久的历史和丰富多彩的文化遗产，反映了我国文物考古界的研究成果，促进了各国人民的文化交流。文物书刊所发挥的宣传教育作用要比博物馆、纪念馆、文物单位所发挥的宣传教育作用更大，因其宣传范围更广泛。能参观博物馆、纪念馆和文物单位的人毕竟有限，且陈列展览的文物也很有限（只占文物藏品中的极少数），而文物书刊对文物的介绍不仅更多，而且更全面、更翔实。这不仅有利于国内外广大读者了解文物，也有利于国内外学者研究，同时，也对文物考古教学有利。

第五，拍摄文物影（视）、录像片。这类形式具有形象、生动和寓教于乐等特色，其宣传范围也十分广泛。但这种方式的运用比出版文物书刊晚，现尚处于逐步发展阶段，需要加强这方面的工作，多拍摄些专题。

第六，制作模型、仿制或复制文物，以供展览和教学用，或供国内外文物爱好者收藏、欣赏、借鉴。

第七，举办文物年活动。如咨询委员会、"法定古迹展""文物六千年展"，组织师生古迹旅游团等文物教育活动。

第八，召开"文物与教育"国际学术研讨会，从而促进各国各地区文物教育活动的开展。

（四）文物的教育功能

1. 传播科学文化知识

文物具有传播科学文化知识的作用，主要是通过博物馆收藏、保管、研究、陈列和举办各类文物展览。博物馆有多种类型。凡以研究、教育和欣赏为目的，收藏、保管具有文化或科学价值的藏品并进行展出的一切常设机构，均应视为博物馆。其基本职责是：将文物"公之于众，提供学习、教育、欣赏的机会"，因而博物馆是征集、保藏、研究、陈列、展览文物，向公众提供知识、教育、欣赏的文化教育机构，也是一所公众的社会大学。

博物馆陈列的文物，是人类智慧的结晶，是记载人类社会前进足迹的载体，它储存着社会经济、文化、艺术、医学、科学技术、工艺美术等各种知识和信息。以文物为教材，其内容丰富多彩，且能引人入胜，沉浸在知识海洋之中，从中吸取各种历史知识及其他科学文化知识。文物直观生动，所反映的科学文化知识，易于被人接受和理解，是对公众普及科学文化知识的最理想的教材。

2. 传播精神文明

文物不仅是传播知识的教材，也是对公众，尤其是对广大青少年进行思想道德教育、传播精神文明的特殊教材。

在不同社会制度的国家，运用文物对公众的思想教育和影响有所不同，这是由不同社会制度下不同阶级的意志和意愿所决定的，但运用文物对公众进行爱劳动、爱科学、遵守社会公德等教育则是相同的。

3. 树立爱国主义思想

文物是对公众进行爱国主义教育的特殊教材，也是最重要的教材。

世界各国，尽管社会制度不同，但运用文物作为爱国主义教材则是相同的，即通过文物展览，让国民参观，树立爱国主义思想，热爱自己的祖国。

4. 增强民族凝聚力和自信心

文物蕴含着精神文化，所以文物也是民族的思想情感和共同心理的载体。

20世纪90年代中叶于辽宁阜新查海聚落遗址发现一石摆塑巨龙图，系选用几乎大小均等的石块堆塑而成。巨龙昂首张口，弯身弓背，龙尾后伸。全长19.7m，宽1.8～2m，蜿蜒于查海文化遗址中央的基岩脉上。这条巨龙距今达8000多年。这一龙像的发现，为中国人对龙的崇拜找到了渊源。而历史时期的中国龙文物更是丰富多彩，依载体和表现手法可分圆雕土龙、木龙、金龙、银龙、瓷龙、石龙、陶画龙、瓷画龙、纸画龙、剪纸龙、石刻龙、砖雕龙……历代各种龙像的发现，表明中国人把自己视为龙的传人历代相延，连绵不断，因而"龙文物"也成了中华民族最具有凝聚力的文物之一。此外，我国新石器时代的玉雕作品、新石器时代及三代（夏、商、周）的青铜器（铜镜、礼器、兵器及装饰品）、秦兵马俑、我国的四大发明等遗物及长城、运河、丝绸之路等遗迹，都是中华民族的骄傲。文物不仅能激发人们的爱国主义感情，同时也成了团结全国各族人民的凝聚剂。

5. 美育以陶冶情操

在文物中属于艺术类的文物所占比例很高，且门类繁多，题材广泛。人们通过对艺术类文物的观赏、分析、研究，能唤起某种特殊的审美感情。因为这些文物所具有的艺术美是人们对现实美的理解和熔铸，也是人们对现实审美的集中体现。人们通过鉴赏这些艺术文物可从中得到精神的享受、思想感情的陶冶。

三、文物与文化生活及借鉴作用

（一）文物与人们的文化生活

随着人类社会的逐步发展，人们生活水平的不断提高，思想意识和精神状态也逐渐发生变化，求知欲、审美要求及文化娱乐等精神生活的需求也在不断提高。在紧张工作之余，人们除到娱乐场所去之外，也会到富有文化气息的博物馆去参观展览；在旅游中参观文物古迹更是蔚然成风。

（二）文物的借鉴作用

任何一个国家和民族的文化艺术创作，只有继承自己的文化艺术传统，创造出具有民族形式的文化艺术，才能被人民群众所接受。在我国丰富的古代文物中，有大宗巧夺天工、绚丽多姿的艺术珍品，是人们认识和了解中华民族文化艺术传统的重要实物资料。这些艺术珍品，尽管有的有文献记载，但它一般都没有具体的形象。只有文物方能具体地把各种传统艺术珍品形象而生动地展示出来。若没有各个时代遗留的绘画、雕塑和古建筑，我们就无从真正认识这些古代艺术。因之，这些文物可以为今天进行艺术创作活动提供有益的借鉴。充分发挥文物在这方面的作用，是今天承继优秀历史文化遗产，创造民族的新文化的必要条件之一。

第二节　文物的管理

当代世界，保护人类共同创造的文化遗产，保持各民族文化特性，已成为国际社会的共同愿望和要求。为此，许多国家都根据自己的国情制定了保护文物的法律和法规，从而加强了文物的保护和管理。

文物保护与管理，是国家文物行政管理部门的基本职能。国家通过法律、行政、经济、教育和科学技术等手段，协调、处理文物保护与国家各部门、各社会团体及全体国民的关系，并通过全面规划、综合治理，制止和防止人为因素与自然力对文物的破坏与损害，以达到保护文物的目的。

我国对文物的保护与管理，制定了"保护为主，抢救第一"的方针，并提出"有效保护，合理利用，加强管理"的指导思想。这对新时期文物保护与管理工作具有重要的指导意义。其他各国也都有自己的保护方针。

一、文物管理的内容

文物管理是一项复杂的系统工程。如何搞好文物管理，是各国政府的任务，是文化（文物）行政管理部门的基本职责，是文物工作者的职责，此外，国民也应积极参与。从宏观控制到微观保护，不仅包括的内容多，而且涉及的面广。现就文物管理的主要内容和措施介绍如下。

法规管理运用文物法规保护管理文物，是文物保护与管理的重要内容之一，是文物管理走向法制管理的必由之路。它主要包括国家权力机关制定的法律、省级权力机关制定的地方性文物法规、各级政府和文化行政管理部门制定的保护管理文物的法规，以及文化（文物）行政管理部门制定的重要规章、制度。

计划管理是文物管理的又一重要内容，也是对文物进行宏观管理的手段之一。它包括制订文物保护与管理的各项计划。如文物事业发展计划和近期与长远规划、文物调查计划（普查或单项调查）、古建筑的保护与维修计划、配合基本建设或带着课题进行考古发掘计划、文物宣传计划、文物保护技术发展计划、文物人才培养计划，等等。

技术管理是文物管理的另一项重要内容。它包括制定文物保护技术方针、政策，确定文物保护技术发展方向，组织文物保护技术力量（机构、人员）和国内外文物保护技术合作与交流等。技术管理是利用现代科学技术检测、维修和保护文物，也是防止文物免遭自然因素损坏，延长文物"寿命"的重要管理手段之一。

专项管理系指对大的类别的文物，实施有计划的系统管理。如文物保护单位、历史文化名城、考古调查与发掘、文物藏品、流散文物、文物市场等各个单项的管理。

人才管理文物是靠人管理和保护的，因而文物人才的管理也应是文物管理的内容之一。它包括文物专门人才的组织管理和明确职责。进行专门人才的培养与在职人员的再教育，以提高人才的素质和职业道德素养，充分调动和发挥他们的积极性，搞好本职工作。

二、文物保护管理措施

为了使文物管理内容付诸实施，达到保护好文物及充分发挥文物作用的目的，就必须采取相应的管理措施。尽管各国都是根据自己的国情制定文物保护管理措施，但基本措施是大同小异的。如我国的文物管理措施主要有行政、教育、经济、法制、技术措施等。

行政措施在文物保护管理中，采用行政干预是其重要措施之一。如研究制定文物保护政策、计划及检查贯彻落实情况；运用行政权力审批、公布文物保护单位及其保护范围，提出保护要求；审批、公布历史文化名城，审批保护规划；审批考古发掘单位和领队资格；审批文物建筑维修设计单位和主持人资格；审批考古发掘计划、文物建筑维修方案与设计，统筹安排文物经费等。

教育措施是文物管理的重要措施之一。一般采用的措施主要有：利用书报、刊物、布告、电影、电视、幻灯、广播、展览、讲座等多种宣传方式，向公众宣传文物法规、文物知识、文物保护知识、保护文物的意义，提高公民的文物保护意识；在高等学校及科研部门培养文物专门人才；在中小学教材中增加文物常识的内容；对各级文物管理部门的在职干部进行继续再教育，以不断地提高他们的素质等。

经济奖惩是文物管理的又一重要措施。这一措施的具体实施是：一方面对考古发掘获重大发现（如中国从1990年开始每年评出十大考古新发现）和重点维修项目及重大科研成果、重要文物收购、有识之士捐赠文物的物质奖励；另一方面是对破坏文物、损坏文物的单位或个人的经济制裁。对破坏文物、损坏文物者，依情节轻重予以警告、罚款，或令其赔偿等惩罚。

法制措施是强化文物管理的重要手段，即以法制管理文物。对严重破坏文物、损坏文物的单位或个人进行法办。如对贪污文物、盗窃文物、文物走私、盗掘古遗址和古墓葬、故意破坏国家保护的珍贵文物等违法犯罪行为追究其刑事责任，依情节轻重予以判刑，轻者判蹲监坐牢（有期徒刑），重者判极刑（死刑）。

技术措施是把现代科学技术运用于文物保护，是文物管理的重要任务。这方面工作，既要充分推广文物保护技术的应用，又要严格控制违背保持文物原状的新材料和新工艺的使用。同时要及时推广卓有成效的文物保护技术成果和管理经验，积极开展国际文物保护技术的交流和合作等。如近期柬埔寨吴哥石窟的保护与维修，就有包括中国在内的多国文物保护专家参加。

三、文物的管理

（一）文物管理原则与方式

文物的管理原则与方式，各国也是依各自的国情而定。如我国是采取分级管理为其原则和主要方式。这是由我国历史悠久，保存在地上地下的各类文物极为丰富，且我国幅员广阔，文物分布地域极为广泛，不可能均由国家直接管理而定的。依这一原则，把文物按价值的高低进行等级分类，文物藏品和文物保护单位均划分为三个等级。一级文物的管理权归属国家，而地方各级人民政府是一级政权机构，对管辖下的行政区域的文物负有直接的保护管理职责。

此外，考古调查、考古发掘、文物调拨、交换均需履行报批手续等。

（二）文物的法制管理

对文物进行法制管理，系以文物法律、法规及具有法律效力的条例、通知、公告等为依据，这是文物保护的重要手段之一。

第三节 文物的鉴定

一、文物鉴定的必要性

（一）真伪辨识

文物中混有赝品，必须辨识真伪。文物作伪风行世界，它是伴随着文物经济价值的出现而产生、发展的，尤其是在古董买卖市场出现以后，文物作伪更是日益兴盛。在中国，文物作伪始于宋代，盛行于明代。当时主要是伪造铜器和书画，并已见于著录。古代铜器作伪，除在着色方面狠下功夫外，还在造型、纹饰和铭文等方面下足了功夫，有的作品堪称达到以假乱真水平，而给真伪辨识增加了难度，需认真鉴别。

此外，文物仿制也风行世界。它是随着赏赐、赠送、观赏、纪念、展览需要应运而生并逐渐发展的，而非以牟利为目的的仿制某一文物。如博物馆固定或流动展览，抑或国外举办文物展览，为确保文物的安全，某些文物以仿制品（或称复制品）代替。

古代文物作伪或仿制，有的工艺制作水平很高，可达以假乱真程度。不过，由于文物是在一定历史背景下的产物，是不能再生产的。

任何时期制作的假文物，即使做得十分逼真，也不具备文物所具有的时代特征、神韵。而且在造型、纹饰、色泽、铭文（有铭文的文物）、工艺方面也会露出破绽，因而尽管假文物的混入给文物鉴定真伪增加了难度，但认真鉴定，还是可以把假文物辨识出来的。

（二）文物断代

文物是某一年代或时期的作品，每一件（单位）文物都有其明确的制作或出现年代。文物年代的确定对揭示文物价值的高低有密切关系。因而判明文物年代，是文物鉴定的重要内容之一。

文物是人类创造而遗留下来的物质文化遗存，在漫长的历史长河中，由于自然和人为等多种因素，造成大量文物年代不明，特别是无文字记载的史前文物及传世文物，往往没有明确的年代。文物年代不明，就无法了解它产生的背景，也无法了解它在那个时代所处的地位及所发挥的作用，即难以揭示它所具有的真正价值。所以，鉴定文物，鉴定其年代是首要任务。

中国金石学家和书画鉴赏家，在考订、判明文物年代方面曾做过努力，也取得了一定成果，但当时仅凭经验予以鉴定，难免出现疏漏和误判。当时受条件限制，没有科学的考古发掘，没有明确有地层关系的出土文物作为标准器，以供比较鉴别，更没有现代科学技术引入文物的年代鉴定，出现文物年代误断的现象是不足为怪的。就是当代已有科学考古发掘出土的标准器为标尺和借助某些现代科学技术手段，也还会偶尔出现误断。

（三）文物价值的评估

文物的价值具有客观性。而价值有高低也是客观存在的。然而，文物作为人类创造出来的而又成为历史文化的载体，其价值并非都是直观的。其中有不少文物的价值隐藏于自身的深层结构之中。因之，要较全面客观地揭示出文物的真正价值，对文物的研究和鉴定是其重要手段之一。

对文物价值的鉴定与评估，中国古代金石学家和书画鉴藏家也业已做过努力和取得一定成果。不过，鉴于受时代和条件的限制，他们所持对文物价值的评估标准，也难免存在不当之处。但仍有值得我们借鉴的地方，其中有些评价，如文物具有证史、补史作用的评价，对今天评估文物的价值仍然是适用的。为更好地发挥文物的作用，必须用历史唯物主义观点对文物的价值做出客观的评估。

（四）文物保管研究的要求

文物保管需要科学研究，因之，为更好地研究文物的科学保管，必须先行对文物进行鉴定。

文物藏品的等级划分，系以判明文物年代和评估文物价值为前提，这就需经鉴定方可确定其级别。中国确定把文物藏品划分为三级，并确定以分级保管文物为原则。因而只有通过鉴定确定文物的等级，方可采取相应的保管措施和制定相应的保管制度。

文物史迹十分丰富，能确定为保护单位者只是其中的一部分。我国的文物史迹尤为丰富，能列入保护单位名单的只占其中的少数。这就需经过鉴定予以筛选。列入保护单位名单者，其价值又有高低之分，所以又需进一步鉴定以划分等级。我国对文物史迹也是划分为三级，并实行分级管理。

（五）文物出境需经鉴定

文物，是世界各国的重要文化财产。除各国文物法规规定的可以出境的以外，严禁出境。那么，何年代的文物、何种类的文物可以出境，何年代的文物、何种类的文物严禁出境，都需经过鉴定方可确定。而各国的鉴定标准是不一致的，其标准是以保护本国文化遗产为原则的。

（六）文物市场管理的要求

文物具有收藏价值，所以各国有专设文物市场供交流。一方面，为防有些不法商贩用赝品冒充真品，这就需要鉴定，以免上当。另一方面，为防不允许进入文物市场的文物流入市场需鉴定。总之，文物鉴定为对不法文物商贩、文物走私犯的打击提供了科学根据。

二、文物鉴定的内容与方法

文物鉴定的主要目的是判明文物年代，评估文物价值，诠释文物用途，揭示文物蕴含，进行文物真伪辨识。由此可见，凡属文物均需鉴定。这就构成文物鉴定学，即鉴定文物为其研究对象的学科，这是文物学的又一分支学科。对文物进行鉴定，由于文物种类繁多，鉴定的具体对象有多种，鉴定内容有所不同，鉴定手段也不尽相同。现又出现专项文物鉴定，如石器鉴定、玉器鉴定、骨角牙器鉴定、蚌器鉴定、木器鉴定、铜器鉴定、铁器鉴定、金银器鉴定、陶瓷器鉴定、珠宝器鉴定、玻璃器鉴定、书画鉴定、货币鉴定、古代建筑鉴定，等等。

（一）文物鉴定的主要内容

文物鉴定的内容十分丰富，现将其主要内容归纳于下。

1. 质地鉴定

文物载体多种多样，因此必须对其进行质地鉴定，为文物藏品的分类保管提供科学的鉴定资料。

2. 辨识真伪

一般来说，史前发掘的文物都是真品，不存在辨伪问题。伪造后无利可图的文物，一般不会有伪造品，也不存在辨伪问题。但经伪造可牟取暴利的文物，就可能混杂赝品，就需要辨伪。

特别是珍贵文物，在传世品、流散文物中往往混有赝品，有些作伪技术甚高，可达到以假乱真，以致有些甚至被收藏、收购。所以在研究、保管、展览、收购时，需认真鉴别真伪，以防以讹传讹，或造成不必要的经济损失。另外文物藏品中，往往还混入一些仿制品，虽非以牟利而仿制，但也属赝品之列。此外，有些不可移动的文物，也需进行真伪鉴定。如依某名碑（碑自身可移而归入不可移动类是就整体而言）造假碑，以假冒名家书法，捶拓后高价出售，这种伪碑文流传下来，就需进行真伪辨别。又如古建筑中有修葺、重建或乙地仿建甲地某一建筑物，需鉴别其修建、重建年代。而当今仿建者均不属文物范畴。因而辨识文物真伪是文物鉴定的又一重要内容。

3. 文物断代

凡属文物，均有它自身产生的年代，并是产生它的那个时代的见证物。因而判明其产生年代，方可将其置于当时的时空环境中进行研究，才能揭示其真正的文化背景和内涵。所以文物断代是文物研究的前提。如果文物时代判错了，其研究结果也必然是错的。文物断代除了一些赝品造成一些文物年代混乱需鉴定辨别外，主要是大量文物本身无纪年、无文献记载可考，而需经鉴定，予以判明年代。另对文物史迹中无文字记载的古遗址、古墓葬，也要经过调查或试掘，对其年代做出初步判断。概而言之，文物断代的鉴定，是对所有文物而言，而非仅指某一类文物，更不仅指辨别赝品。由此可见，文物断代是文物鉴定的主要内容之一，在文物鉴定中占有十分重要的地位。

4. 评估文物价值

文物是具有历史、艺术、科学、纪念价值的物质文化遗存，那么哪些物质文化遗存属于文物，这就需要进行鉴定，对其进行是否具有文物价值的评估，以确定是否属于文物。一旦确定属于文物，还要进一步研究其价值的高低。这是文物鉴定的又一重要内容。

5. 评定文物等级

文物鉴定的最后一个内容。文物价值有高低，因而应根据其价值高低进一步将文物划分出等级。如中国把文物藏品划分为一级、二级、三级文物；把文物史迹划分为全国重点文物保护单位，省、自治区、直辖市文物保护单位，县（市）级文物保护单位，这都需经鉴定，并报经各级人民政府核定、公布。

（二）文物鉴定的主要方法

文物鉴定方法，是在鉴定文物的实践中不断总结出来的，且针对不同鉴定对象而采取不同鉴定方法。所以文物鉴定方法已有多种，但就其基本方法而言，可归纳为传统鉴定法和现代科学技术鉴定法两大类。

1. 传统鉴定法

文物传统鉴定法，是自古以来人们在研究、鉴定文物中不断探索、总结、发展、再总结的科学成果。其基本内容，是在文物分类的基础上，对同类文物进行比较辨识和综合考察。

比较法，俗话说："凡事需有比较才有鉴别。"文物鉴定也不例外。采用比较的方法鉴别文物，如对真伪、年代、价值、工艺未作鉴定的文物藏品，鉴定时，选取已知真伪、年代的同类文物作标准器来加以比较，通过观察，寻找两者间在质地、造型、纹饰和制作工艺诸方面的异同点，分析两者间的矛盾与联系。在比较、分析的研究过程中，做出科学的判断，得出正确的鉴定结论。

综合考察通过对文物本身的调查、查阅文献加以考证和对鉴定同类文物一般规律的总结运用，以及自己累积的鉴定经验，对鉴定对象进行综合考察、分析、判断，以达正确鉴定文物的目的。此法对鉴定文物史迹尤为适用。一般而言，文物史迹体量大、内容多、涉及面广，采用综合分析法鉴定较易奏效，并可取得较满意的科学的鉴定结果。

运用传统方法鉴定文物，除上述两种通用的基本方法外，质地不同的鉴定对象（如陶器、青铜器、瓷器、玉器、漆器、书画、石刻、古建筑、文房四宝……）还必须采用各自适用的一些具体方法。这是由不同种类文物的性质所决定的。而从事文物鉴定人员，或文物考古人员、文物爱好者，除掌握文物鉴定的基本方法和具体方法外，还要掌握各类文物鉴定的相关知识，并在文物鉴定实践过程中不断总结经验、不断吸收新的鉴定知识，以充实和提高自己的鉴定水平。

2. 现代科学技术鉴定法

鉴定文物，有些仅用传统鉴定法难以奏效，这就需要借助某些现代科学技术方法进行鉴定。如在进行陶、瓷器的年代鉴定时，若遇到无纪年或无确定年代的标准器可作比较，又无文化层或窑口（已确定年代）作依据，那么就需要运用热释光的方法加以测定。又如要对铜器的产地、冶铸工艺、矿产来源进行鉴定，这是无法用传统方法进行鉴定的，而需采用金相分析法对其所含成分加以分析。再如要鉴定陶、瓷器的产地、真伪，需对陶、瓷器进行成分分析，等等。

截至目前，采用现代科学技术方法进行文物鉴定尚仅以文物的成分分析和年代测定较为常见。我们相信随着现代科学技术的日益发展，今后运用现代科学技术鉴定文物将会越来越广泛。

三、文物鉴定的意义与要求

文物鉴定工作十分重要。本节就来谈谈文物鉴定的意义和要求。

（一）文物鉴定的意义

文物鉴定具有重要意义，主要表现在以下几方面。

1. 学术意义

文物鉴定有着重要的学术价值。首先，文物的鉴定工作是文物研究的基础与前提。对文物进行研究及所做的结论是否科学，是否有学术价值，其前提条件就是文物必须是真品，而要弄清文物的真伪就要依靠对文物的鉴定。其次，对文物藏品科学鉴定和正确的评定级别，是博物馆等文物收藏单位分级管理文物的依据。如博物馆中一级文物管理，要求建专档，设专柜，上报国家文物局备案。一级文物展出、借调、仿制等，需报请国家文物局批准。一级文物展出时，要采取特殊的安全保卫措施等。再次，文物经鉴定，方能为文物学、考古学、人类学、历史学及其他需要利用文物研究的学科提供可靠的、科学的实物资料。如若未经鉴定，把赝品当作真品来研究，那就必然得出错误的结论，甚至闹出笑话来。最后，为探讨国际经济文化交流提供可信的、科学的实物资料。这方面，我国对国外出土和打捞海底沉船发现的外销瓷器的鉴定成果最显著。特别是在埃及的福斯塔特遗址中，发现许多中国陶、瓷器碎片，日本学者小山富士夫鉴定出其中有大量唐代越窑青瓷、唐代白瓷和三彩陶器。从而有力证明了我国同非洲的经济文化交往，在唐代即已具相当规模。

2. 经济意义

文物鉴定具有重要的经济价值。首先，文物保护、管理，需投入大量资金。经对文物鉴定，评定文物价值、文物等级，采取分级管理，可以节约资金。其次，国家文物经营部门，如文物商店在经营流散文物的收购、销售业务时，文物定价标准是依对其鉴定意见而定的。西方拍卖市场拍卖文物时，要附权威机构、专家的鉴定意见书作为所拍卖文物真伪的凭据。由此可见，鉴定意见是决定文物经济价值高低的关键。假如文物商店收购文物时，鉴定有误，就会给国家造成重大经济损失。销售时，若鉴定失误，就会造成国宝流失他国，而给国家造成不可估量的文化财富损失。再次，为国家提供向国家捐献文物者的物质奖励标准。因物质奖励的数量，是根据鉴定捐献文物的价值而定的。如香港著名收藏家杨永德先生慷慨捐赠给国家的稀世珍品——"天顺年"款青花筒炉、南宋"永历年制"款褐釉炉。最后，文物鉴定还有重要的司法经济意义。如依法打击惩处盗劫文物、文物走私犯罪时，系依罪犯所盗劫、走私文物的价值予以量刑处理。法律的量刑"罚款或判刑"等，就是以文物鉴定意见为依据的。由此可见文物鉴定还关系到国家、法律的尊严，并关系到一个人的命运。

3. 防止国宝流失

文物的销售、出口，各国都有自己的标准。哪些文物可以销售、出口，需经依销售、出口标准进行鉴定来确定。此外，还需有文物出口把关人员，这类国家把关人员需由能正确鉴定文物的人来承担，以防止国宝外流。

4. 提高全民文物保护意识，提高全民的文化素养

上述文物鉴定的意义，主要是对专门从事文物鉴定工作者而言。事实上，不以文物鉴定为职业的人，学习、掌握一些文物鉴定知识，同样十分有意义。一方面可以提高全民文物保护意识，另一方面可以提高自己的文化修养，充

实自己的文化生活，并在精神上得以升华。

（二）文物鉴定的要求

文物鉴定是一项很严肃且科学性很强的工作，这是文物鉴定必须科学、准确所决定的；文物鉴定又是一项既复杂又细致的工作，这是由文物种类繁多、内涵丰富及真伪难辨所决定的。它要为文物学、考古学、人类学、历史学及其他需要利用文物研究的人文科学、社会科学、自然科学和技术工程学等相关科学提供可靠的、科学的文物资料。因此，鉴定需力求准确无误（实际上错误不可能完全避免），因一旦鉴定错误，其研究结论也必然是错的，就会出现误导。此外，文物鉴定还是一项政策性很强的工作，这是由文物法规所决定的。再加上鉴定的对象是载体不同、时代不同、形态各异的各种各样的文物，这就决定了文物鉴定具有自己的特点和要求：具体、细致、严密和求实。

现将文物鉴定的基本要求归纳如下：①要运用辩证唯物主义和历史唯物主义的观点、方法指导文物鉴定工作。对文物进行认真分析研究，去粗取精，去伪存真，实事求是地、科学地给文物做出正确的鉴定。②要以严肃的科学态度进行文物鉴定，力求准确地辨识文物的真伪，判明其年代，阐明其作用。③要认真细致地观察分析，揭示文物的形式与内涵，力求对文物价值的高低做出正确的评估，为文物等级的划分奠定科学的基础。④要求文物鉴定者具有广博的历史知识、文物知识、文物鉴定知识、自然科学知识、现代科学技术知识，了解文物作伪的手段，掌握传统的文物鉴定方法和了解现代科学技术分析鉴定方法，力求对文物做出准确性高的鉴定。⑤要求文物鉴定者要实事求是地对待文物鉴定工作，一丝不苟地完成好交给自己的鉴定任务，不能马虎或感情用事。如在海关负责文物出口把关，不能马马虎虎地把真品当作赝品放行。特别要警惕不法分子的行贿而导致感情用事，让祖国的珍贵文物流失。⑥要求文物鉴定者具有高度的法制观念，树立对国家文化财产高度负责的崇高品德。⑦要求认真做好文物鉴定的各项资料工作，写出正确的鉴定意见书。⑧要求不断深造自己，逐步提高自己的鉴定水平。

四、文物鉴定的主要对象

文物鉴定，系指以文物为研究对象和鉴定对象。就总体而言，凡属于文物都是鉴定对象。不过，由于文物种类十分庞杂，有些文物在一定的环境下是无法鉴定的。如古遗址的鉴定，考古调查发现的古文化遗址。

特别是旧石器时代遗址和新石器时代遗址，虽然在地面或断崖上可以发现遗物或遗迹，或者通过钻探，可以初步判断其时代及文化内涵，但在进行较大规模正式发掘之前，对其时代的判断和价值的评估，往往因受资料缺乏的限制而难于评定，或评定欠准确，甚至有误。因此，正式发掘之前，对古遗址的鉴定只是初步的、相对的，其真正可靠的鉴定需经正式发掘后进行。又如古墓葬的鉴定。一般来说，史前的墓葬无文字记载，历史时期的古墓葬，有文献记载或碑刻记载的也是极少数，而大多数没有著录。其中有文献记载的墓有的与实际不符，有的记载不详。如秦始皇陵墓虽《史记·秦始皇本纪》对其规模有记载，但对墓内的结构、随葬品、随葬兵马俑的地下坑道建筑等情况则未见著录。经对 3 号俑坑的全部发掘和 1 号、2 号俑坑的部分发掘方进一步较全面地了解，而要全面了解还有待进行全面发掘。而无文献记载的墓，无论是地面无封土还是地面有封土，无论是竖穴墓还是横穴（洞式）墓，在未进行科学的考古发掘清理之前，对其墓的结构、年代、性质、内涵都是无法判明的，这也就无法评估其价值。如河北平山县战国晚期中山国王陵未见文献记载。连对中山国历史的记载都是支离破碎的。1974—1978 年，河北省文管处才在平山县城北的灵山下发现了中山国晚期都城灵寿坟址，并发掘了两座王陵，从而对这两墓的墓室、形制、结构、规模、葬具、墓主身份及随葬品有所了解。这两墓出土的随葬品多达 1 万 9000 多件。其中 1 号墓出土的"中山三器"（中山王厝鼎、方壶和嗣子圆壶），共镌刻铭文 1101 字，内容不仅确切表明墓主为中山王厝，而且证明中山王的世系及有关史实。又据铭文提及公元前 316 年燕王哙让位于相邦子之的事件，而中山国又亡于公元前 301 年，从而可知该墓的年代为公元前 310 年左右。再据 1 号墓出土的中山王陵地域图铜版，可了解当时王陵的形制与规模等。总之，这两墓的发掘，为研究中山国历史提供了极为珍贵的实物史料，也为对这两墓价值的鉴定和评估提供了科学的、可靠的依据。

文物鉴定，一般来说，其对象是所有的文物。但如前所举例子又表明，对某些文物的鉴定，因受水平（含技术）和其他条件的限制，有些暂时未能鉴定，有些鉴定只能是局部的，有些鉴定是相对的。凡此，都表明有些文物有待鉴定水平（含技术）的提高或提供更多的科学的鉴定依据方可进一步鉴定。由此看来，文物鉴定的主要对象，实际上是可移动文物（包括文物藏品和流散文物中的绝大部分）及部分不可移动文物，而不可能是所有的文物。

在文物鉴定的实践中，一般是根据文物的体量和存在的形态，把文物划分为不可移动文物和可移动文物两大类，再分别进行鉴定。

第三章 影响文物保存的环境因素

第一节 温度、湿度和光线

从根本上讲，文物寿命主要取决于两方面，一方面是文物制成材料本身的耐久性，即载体材料各种理化性能的稳定性，如力学稳定性、热学稳定性、电磁稳定性、化学稳定性等，而这又取决于材料分子的化学组成成分与结构。另一方面是保存文物的外界环境，同样载体材料的文物，不同的保存环境下，文物寿命有着很大差异，有时甚至呈现完全相反的结果。

一般而言，凡为文物，不论是出土文物还是传世文物，均有数十年、数百年或上千年乃至数千年的历史，于今人来说，其质地材料是已经固化了的，不可能重新再来做一遍，否则，也不再是文物了。因此，从某种意义上说，今人所能做的工作主要是在进行必要的修复之后为其创造和提供一个良好的保存环境。要做到这一点，就要明了：影响文物保存的因素有哪些？影响机理是什么？采取何种有效措施？因此，探讨、分析和研究影响文物保存的因素不仅十分重要，而且十分必要。当然在影响文物保存的因素中，除了环境因素外，还有人为因素，如文物保护法律、法规的制定及其贯彻执行，文物管理规章制度的制定与落实，文物工作者特别库房管理工作人员的日常工作状况等，都会对文物寿命产生大小不等、程度不同的影响，但由于人为因素属于文物保护的研究内容而不属于文物保护技术的研究范围，故本章不对这部分内容进行论述。当然，这并不是说人为因素不重要，恰恰相反，于文物寿命而言，其重要性甚至超过自然环境因素，因为任何保护最终都要靠人去落实。在这里，管理学界流行的"三分技术，七分管理"同样是适用的。

影响文物保存的环境因素很多，但归纳起来，最主要的有温度、湿度、光线、空气污染物、地质环境和有害微生物及有害昆虫等。

一、温度、湿度

温、湿度是影响文物保存的首要因素，在文物保存环境的诸因素中，最基本、经常起作用的因素就是温度和湿度，不适宜的温、湿度不仅会对文物材质的耐久性造成直接的影响，而且会加速其他不利因素对文物材质的破坏作用。

（一）温度、湿度的概念

1. 温度

温度是衡量物体冷热程度的物理量，严格的、科学的温度定义，是建立在热力学第零定律基础上的。

根据热力学第零定律，处于同一平衡状态的所有热力学系统都具有共同的宏观性质，这个决定系统热平衡的宏观性质就定义为温度，温度的特征就在于一切互为热平衡的系统都具有相同的温度。从微观上看，温度实质上是物体内部大量分子无规则运动剧烈程度的反映，温度越高说明物体内部分子热运动越剧烈，反之亦然。因此，温度是统计意义上的一个物理状态参数，是大量分子热运动的集体表现，是大量分子的平均平动动能的量度，对于单个的分子，说它有温度是没有意义的。

上述关于温度的定义仍是定性的、不完全的。完全的定义还应包括温度的数值表示法，即温标。建立一种温标需要包含三个要素：①选择测温物质和测温属性；②对测温属性随温度变化的函数关系做出规定，这种规定具有人为性，在尚未确定温度的单位时，什么叫"一度"可以人为规定；③选取固定点，规定其温度数值。目前常用的温标有三种，即绝对温标（又称热力学温标）、摄氏温标和华氏温标。第一种是一种理想温标，用于科学研究，第二种和第三种属经验温标，用于日常生活。

影响文物寿命的温度主要决定于周围空气的温度，因为文物通常处于周围空气之中。

2. 湿度

湿度是表示空气的干湿程度的物理量，它有多种表示方式，如绝对湿度、相对湿度、露点等。

（1）绝对湿度

绝对湿度是指单位体积空气中所含水蒸气的质量，通常用1m³空气中所含水蒸气的克数来表示，即单位为g/m³,。绝对湿度不能直接测量得到，而是间接测量其他量通过计算求得。

（2）相对湿度

相对湿度是指空气的绝对湿度与同温度下的绝对饱和湿度（该温度下所能容纳水汽质量的最大值）的比值，通常用百分数表示。

相对湿度表示空气中实际绝对湿度接近饱和绝对湿度的程度，即相对湿度的大小直接反映了空气距离饱和的程度，因此，相对湿度概念的引入克服了从绝对湿度不能直接看出空气干湿程度的缺点，是衡量空气潮湿程度的一个重要指标。

温度、绝对湿度和相对湿度三者存在密切关系：一定温度下，绝对湿度越高，相对湿度就越高，空气就越潮湿；反之亦然。在密闭空间内，若绝对湿度不变，温度升高时相对湿度减小，温度降低时相对湿度增大。

（3）露点

当空气中水汽含量和气压不变时，降低温度使空气刚好达到饱和状态，此时的温度称为露点。

露点是空气中水蒸气开始凝结时的温度，在露点时空气的相对湿度为100%，但尚无水珠凝结。当温度低于露点时，空气中的水蒸气就会因超过饱和绝对湿度而凝结成水珠，这种现象叫结露。

由于空气一般是未饱和的，故露点常低于气温，只有当空气达到饱和时，二者才相等，故根据露点可判断空气饱和程度。二者差值越大，表明空气相对湿度越低，反之相对湿度越高。

（二）温度、湿度对文物的影响

任何材料的文物都有自己的适宜温、湿度范围，一旦超过这个范围，文物材料就要发生病变，如：大多数古籍、字画、档案等纸类文物，当纸张的含水量维持在7%左右时，纸张的强度最好，而要使纸张含水量维持在7%左右，就要求周围环境的湿度在50%～65%；若湿度经常处于50%以下，纤维素就容易损坏，产生干裂、翘曲等现象。

1. 不适宜温度对文物的影响

（1）温度作用于文物的机理

温度主要通过以下两条途径影响文物制成材料，使其耐久性降低、寿命缩短。

①促使文物制成材料分子相转变

构成物质的分子（原子）无时无刻不处在振动之中，其振动频率与环境温度密切相关，温度升高，分子振动频率加快，振幅加大；当温度升高到一定程度时，分子可能会发生裂解，导致物质结构变化，其性能也相应发生变化。

②改变化学反应活化能

活化能是指活化状态分子与反应物状态分子各自平均能量的差值，是一个依赖于温度的量。随着温度的升高，活化分子数增加，导致有效碰撞次数增多，反应速度加快。

（2）温度作用于文物的表现

温度对文物的影响主要表现在两个方面：一是温度因素直接产生的破坏作用，主要是对于由不同材质构成的复合文物，由于不同材料热胀冷缩时的体积变化不同，变化速度也各异，导致文物开裂。二是由于温度变化引起其他因素的改变而对文物产生的间接破坏作用，如据研究，温度每升高10℃，化学反应速度增加 1～3 倍；温度的急剧升高，引起文物的过分干燥或高温造成文物的损坏等。又如常见的锡为白锡，其化学性质比较稳定，常温下与空气不发生化学反应，但若环境温度低于13.2℃，白锡将转化成粉末状的灰锡，而且随着温度的降低，转变速度显著加快。对纤维质文物，高温将加速纤维素水解反应，加速蒸发，使纤维变脆而易于折断。

2. 不适宜湿度对文物的影响

（1）湿度作用于文物的机理

①直接途径

在一定的温度下，环境湿度增高，文物制成材料含水量增大，表现为吸湿；环境湿度降低，文物制成材料含水量减少，表现为解吸。这样，湿度的变化直接引起文物制成材料结构的变化并导致其性质发生变化。

②间接途径

水是各种有害化学反应的媒介，随着环境湿度的升高，文物制成材料含水量增加，有害化学反应随之增加；同时，空气中的有害气体对文物制成材料破坏作用增强；有害微生物得到适宜的繁殖、生长条件，破坏力也增强。

（2）湿度作用于文物的表现

①湿度与化学反应

湿度与"青铜病"。青铜器潜伏的"粉状锈"，其保存的临界相对湿度为42%～46%。而在相对湿度为35%环境中，氯化物是非常稳定的。

湿度与铁及其他金属。铁器文物在干燥的环境中是稳定的，但潮湿将使其锈蚀。如多数黄铁矿的化石在55%RH（Relative Humidity，相对湿度）是安全的，其理想的相对湿度上限是50%。

铅在空气环境相对湿度较高，二氧化碳浓度较大时，可以发生反应生成碱式碳酸铅，而这种物质通常不稳定，在空气中可进一步被腐蚀。

银在高湿环境下可以被缓慢氧化，70%RH以上会加速失去光泽。

②湿度产生物理形变对文物的损害

湿度变化会引发物理变化，造成文物材料扭曲变形、开裂错位、断裂分离等。其原因主要在于吸湿材料高湿时膨胀、低湿时收缩的反复机械作用。如：竹木器属吸水性材料，一般含有12%～15%的水分，由于干燥使含水量低于这一数值时，就会翘曲、开裂。对于石窟壁画，只要未达饱和状态，不论相对湿度高低，都会产生酥碱病害，且湿度越低，病变程度越严重，原因在于壁画中的可溶性盐分随外界湿度变化总是处在溶解—结晶—再溶解—再结晶的不断反复的过程中，造成壁画侵蚀，导致壁画最终酥松脱落。岩石表面的水会对岩石形成外多内少的渗透分布，引起岩石体积膨胀，所产生的内应力由外向内明显下降，使得石质文物价值最高的表层成为受水分侵入影响最大的部位。

湿度变化对材质体积胀缩的影响远远大于温度变化的影响。如：象牙，温度相差30℃，其体积变化小于0.2%；而RH波动10%，其体积就变化0.3%～0.4%。纸张也是如此，典型的绘图纸在RH变化10%时，其横向变化为0.3%，纵向为0.05%。而木材受RH波动的影响最为显著，RH上升10%（50%～60%）其切线方向的变化为0.45%～0.9%（因树种不同而存在差异）。

③湿度造成文物的生物腐蚀

湿度是微生物、昆虫生长繁殖的必要条件，较高的湿度条件（70%以上）最适宜它们的繁衍。虫蛀、霉变对文物材质造成的腐蚀作用是文物保存中经常遇到的十分严重的问题，特别是我国南方地区。如：中国古代石窟寺壁画的制作，一般是在无机矿物颜料中加入一定量的胶结材料，它们均会有丰富的蛋白质，在高湿环境下，这些蛋白质是微生物的良好营养基体，而微生物在其代谢过程中产生的草酸等有机酸又能与颜料中的石青、石绿等含铜或石膏等含钙物质发生反应而生成草酸铜或草酸钙，加速胶结材料的老化，导致颜料层强度降低，最终脱落。

从总体上看，湿度对文物材料的影响比温度的影响要大。

（三）温度、湿度的控制

鉴于温、湿度对文物材料危害的严重性，对其实施有效控制不仅十分必要，同时十分重要。要控制好温、湿度，应主要做好以下几个方面的工作。

1. 研究温度、湿度变化的规律

这里主要是指文物库房内外温、湿度变化的规律，只有将这种规律研究清楚了，才能为制订调控库房温、湿度的方案提供科学依据。目前，在这方面已经取得了一些初步研究成果。如库外温度日变化一般规律是凌晨日出前温度最低，日出后温度逐渐升高，至13：00～15：00（夏季14:00～15:00，冬季13：00～14：00）达到最高值，再缓慢降低，直到次日日出前温度又降至最低值；9：00前后气温上升较快，19：00前后气温下降较快。年变化一般规律是我国内陆大部分地区1月最冷，7月最热；沿海地区则一般分别在2月和8月。而库外相对湿度日变化规律与气温变化相反。年变化规律则有两种不同类型：一种是内陆干燥而全年绝对湿度变化不大的地区，冬季高而夏季低；另一种是冬季低、夏季高，我国大部分地区属后者。库内温、湿度变化规律与库外变化基本一致，但时间通常较库外为迟，幅度为小。总体看来，这方面的研究与实际需要还有较大差距，急需加强。

2. 制定文物库房温度、湿度标准

标准的制定非常重要，它对实际工作具有直接的指导意义，并具有约束力。但要制定标准，首先要研究清楚不同质地的文物随温、湿度变化损坏的规律性，确定其最适宜温、湿度范围，目前这方面的科学研究还是相当初步的；同时，问题的复杂性、艰巨性还在于标准的制定必须要考虑现实中的各方面条件限制，如财力、物力、地区差异等，使其具有实际可行性。因此，文物库房温、湿度标准的制定是科学性与可行性相统一的结果。

3. 文物库房建筑的建设

文物库房建筑对温、湿度的调控至关重要，它是中长期起作用的基本因素，应通过科学选址、合理设计达到控制温、湿度的目标，做到防热、防潮，保持库内温、湿度的稳定。

4. 具体措施的采取

日常工作中，主要还是通过采取各种不同的具体措施来达到调控温、湿度的目的，常用主要措施有密闭、通风、增温、降温、加湿、减湿等，这些措施需根据不同的具体情况需要，运用适当的手段分别有选择地进行。

二、光线

光与温、湿度一样，是文物保存和利用中最基本的、最常遇到的外界环境因素。光主要来自太阳的光辐射，其次是人工光源。光对文物材料的危害主要有三个方面：光对文物材料具有热效应、使有关化学反应加速和产生光化学反应。研究表明，光对所有有机材料文物具有破坏作用，引起它们表面变质并加速这种变质反应；而对无机材料文物，如金属、玻璃、陶瓷、石质文物等没有明显的直接破坏作用。

（一）光的基础知识

光是由发光体发射出的辐射线、电磁波。光在本质上是一种频率很高的电磁波，具有波粒二象性。自然界中所有电磁波按波长或频率大小进行排列，可以组成一条很宽的谱带。这条谱带被称为光谱，可见光是光谱中很小的一部分，其对应波长范围为：红色 760 ~ 620nm，橙色 620 ~ 590nm，黄色 590 ~ 560nm，黄绿色 560 ~ 530nm，绿色 530 ~ 500nm，青色 500 ~ 470nm，蓝色 470 ~ 430nm，紫色 430 ~ 400nm。这种划分只是给出一个大致的范围，实际上单色光的颜色是连续渐变的，不存在严格的界限。

太阳作为最主要的光的来源，其发出的光波波长范围为200 ~ 10000nm，但当穿过大气层时，波长短于290nm的短波长紫外光和长于3000nm的长波长红外光被大气层吸收了，只有波长介于290nm与

3000nm 之间的光能够到达地球表面，我们防光也是针对这部分光而言的。

（二）光化学反应致害文物的机理

光对文物材料的破坏作用主要是引发化学变质反应，导致文物材料老化，由光辐射引发的文物材料光老化反应一般主要有光裂解反应和光氧化反应两种类型。

1. 光裂解反应

光裂解反应是指高分子材料吸收光能而直接产生裂解的光化学反应，反应过程无需氧的参与。其反应速度可用链断裂量子产率表示，即单位时间内，断裂的聚合物分子数与吸收的光子数之比。

2. 光氧化反应

光氧化反应是指高分子材料受光辐射时，在氧的参与下发生的光化学反应。它是导致材料变质、老化的主导反应。

在光氧化反应过程中，文物材料中存在的重金属离子杂质会起到催化光氧化反应的作用。

（三）光化学反应致害文物的一般特点

1. 光化学反应是激发态分子的反应

物质的分子或原子在其各种运动状态中，能量处于最低的状态称为基态，基态是最稳定状态。分子吸收光能后，分子或原子中的核电子将获得能量而跃迁到能量较高的轨道上运动，此时能量高于基态，称为激发态。激发态很不稳定，会通过各种理化过程返回基态。

在光化学反应中，往往是一个被激发分子和同一个品种或不同品种的没被激发分子之间的反应，这是光化学反应有别于其他类型化学反应的一个显著特点。

2. 材料对光的吸收具有选择性

文物材料受光辐射发生光化学反应的前提是必须有一个对光的吸收过程。而材料对光的吸收，是以光子为单位进行的，其选择性决定于材料分子终态与初态之间的能量差，只有当某种波长或频率的光子的能量正好等于两能级之差时，光才能被材料吸收。

3. 光化学反应具有后效性

光裂解反应使材料裂解成自由基、分解成小分子等，一旦生成自由基，即使不再受光辐射作用，光化学反应仍能够继续下去。如材料基态分子与自由基的反应、自由基与空气中的氧或液态氧的反应，这就是光化学反应的后效性。

4. 部分光化学反应具有光敏性

吸收光的物质叫光敏剂。敏化剂分子将激发态时的超额能量在碰撞中全部转移给周围的另一分子而发生的化学反应称为敏化作用。高分子材料在制作过程中不可避免地要残留某些重金属离子或混入一定的杂质，它们均是光敏剂。如在纸质文物的制造过程或保管过程中，存留的铁、锰等重金属元素和施胶剂、木素、游离氯、染料等物质都是重要的光敏剂。由于光敏剂的作用，能使文物材料对光的敏感范围向长波方向扩展，并进而引发光化学反应。

（四）光的防控

1. 合理确定库房照度标准

照度是指物体表面得到的光通量与被照射表面的面积之比，单位为勒克司。

照度标准是指一定环境所要求的最低照度，其标准制定既要能满足实际工作需要，有益于库房工作人员的视力健康，又要能最大限度地减少光对文物材料的危害。

2. 限制光的照度值

可以通过合理设计窗户的位置和结构达到目的，如东西方向不宜开窗，南北向窗户要小而窄；也可以通过设置遮阳措施达到目的，如加设窗帘或百叶窗，使用毛玻璃、花纹玻璃或双层玻璃等。

3. 滤紫外线

紫外线由于其波长短、能量大，对文物材料危害大，一定要设法过滤。方法可以使用窗帘、百叶窗，在窗帘上涂刷紫外线吸收剂，库内光源使用白炽灯等。

4. 避光保存

文物在保管期间除提供利用、展览等用处外，应尽量做到避光保存，特别是贵重、受光影响大的文物应放置于柜、箱、盒、袋等中保存。

此外，文物在利用过程中也应减少光的辐射强度与作用时间；文物被淋湿或受潮时，不能放在烈日下曝晒，应置于阴凉通风处晾干，珍贵文物避免或减少拍照次数，容易褪色的文物不宜长期在柜中陈放，等等。

第二节 空气污染物

空气污染物是影响文物寿命的因素之一，特别是近年来随着环境污染的日趋严重，空气污染物对文物的危害也日趋突出，因此，空气污染物对文物的影响引起了人们的普遍高度关注。

一、空气污染

（一）空气的组成

自然状态的空气是由多种气体及固液微粒组成的混合气体，其组成包括恒定组成成分、可变组成成分和不定组成成分三部分。

恒定组成成分指空气中的氧气、氮气及微量的稀有气体，这些组成成分在近地层空气中的含量是恒定不变的。

可变组成成分指空气中的二氧化碳、水蒸气等，其含量随地区、季节、气候的变化及人类活动等而变化。正常状态下，CO_2 含量约为 $0.02\% \sim 0.04\%$，水蒸气含量约在 4% 以下。

不定组成成分指空气中的有害气体及大气中的颗粒物质。空气污染就是由于空气中不定组成成分增多而造成的。

由恒定组成成分及正常状态下的可变组成成分组成的空气叫洁净空气。当洁净空气中含有的不定组成成分的数量达到一定程度时，洁净空气受到了污染，就会成为污染空气。

（二）空气污染和空气污染物

1.空气污染

大气一般具有自净能力，当空气中不定组成成分的量低于大气容许的本底值时，空气仍为洁净空气，只有当有害物质积累的数量超过了大气自净能力容许的本底值时，才会形成污染空气。

国际标准化组织（ISO）对空气污染的定义是：空气污染通常系指由于人类活动和自然过程引起某种物质进入大气中，呈现出足够的浓度，达到足够的时间，并因此而危害了人体健康、舒适感或环境。

2. 空气污染物及其来源

空气污染物按其是否直接由污染源排出，存在一次污染物和二次污染物之分。按其成分和形成，空气污染物一般可分为有害气体、气溶胶物质、灰尘和光化学烟雾等。

空气污染物的来源主要有两大类：一是自然污染源，如火山爆发、材料失火、地震等。二是人工污染源，主要有工业污染源、农业污染源、生活污染源等。

二、有害气体的危害

（一）二氧化硫及硫化氢的危害

1. 二氧化硫

二氧化硫，又名亚硫酸酐，是一种无色、具有剧烈窒息性臭味的气体，比重 2.26；易溶于水，性质活泼，吸水成为亚硫酸后会腐蚀文物材料。是大气中分布很广、危害性大的一种酸性气体。二氧化硫在大气中随着反应条件的不同，其产物也不相同，但最终产物是硫酸盐。

（1）对石质文物的危害

石质文物的主要成分是石灰质，SO_2 接触任何一种含有 $CaCO_3$ 物质的文物材料，对其腐蚀都是相当严重的。

一方面所生成的硫酸钙破坏了文物材料的结构；另一方面硫酸钙由于随湿度变化不断放水、吸水，在此反复作用下而剥落，石质文物在此一层层剥落中逐渐破坏殆尽。

（2）对金属文物的危害

SO_2 对金属危害相当严重，硫酸及硫酸盐是电解质，具有吸湿性，使铁器锈蚀。SO_2 对室外青铜器的腐蚀往往是通过与铜器中的铅反应来进行，当酸性降水落在室外青铜器表面上时，雨水中的硫酸与青铜器中的铅反应生成硫酸铅。

生成的硫酸铅很容易被雨水冲洗而消失，导致青铜器表面形成凹凸不平的斑点。

金器和银器一般不受 SO_2 的侵蚀作用。

（3）对有机质文物的损害

按其材料构成，有机质文物分为植物纤维文物（纸、棉、麻布等）和动物纤维文物（丝织品、毛织品、皮革等），SO_2 对这两种纤维质文物都有破坏作用。

SO_2 对植物纤维的侵蚀机理主要是植物纤维对酸类物质的抵抗能力较弱，遇酸后发生酸性水解反应，使纤维素的机械强度下降；同时，木质素与 SO_2 强烈亲合时，能够裂解成各种化合物。SO_2 对动物纤维质文物的侵蚀机理仍有待揭示，但侵蚀作用是存在的，侵蚀严重的丝绸、皮革等文物材料只要用手轻轻一搓，立即会变成红色粉末。

（4）对古代玻璃制品的危害

SO_2 产生的 H_2SO_4 本身并不腐蚀玻璃，但若处于高湿环境中，少量水分会使玻璃中的碱性氢氧化物析出，它与空气中的二氧化碳化合，生成碳酸盐。

（5）对壁画的危害

这是由于壁画中含有 $CaCO_3$。如著名石窟敦煌莫高窟的某些洞窟中的壁画表面形成许多灰白色小圆点产物，经分析是硫酸钙。

2. 硫化氢

硫化氢是一种酸性还原性气体，极易与重金属盐类反应生成重金属硫化物。由于我国古代所使用的颜料大部分都是重金属矿物盐类，因此，极微量硫化氢气体的存在都会使绘画艺术品产生变色反应。尤其是纸质绘画艺术品，不仅颜料会变色，而且底基材料的强度也会极大地降低。

由于硫化氢的还原腐蚀性，它能够对除金器以外的任何金属文物产生腐蚀作用。尤其是银器文物制品受腐蚀后，其表面会形成一层黑色硫化银薄层。

硫化氢气体也是危害照相底片材料最严重的气体，与银反应生成黄色的硫化银，使胶片泛黄。

（二）氮氧化物对文物的危害

由于二氧化氮溶于水后最终形成的硝酸与硫酸一样同为强酸，并且是一种氧化剂。因此，二氧化氮对文物材料的危害与上述二氧化硫对文物危害作用的全部过程相同。同时，作为强氧化剂，它还对文物有着几种直接的危害作用，如直接腐蚀金属、使植物纤维素水解，以及对石刻雕像和石窟壁画的侵蚀等。

（三）氯及氯化物对文物的危害

1.氯

氯为黄绿色气体，是具有剧烈窒息性臭味的有毒气体。氯易溶于水，生成盐酸和次氯酸，次氯酸又易分解成盐酸及氧化性的原子氧。

因此，氯气既是酸性有害气体，又是氧化性有害气体，对织物、纸张和皮革等都具有破坏作用。同时，氯化氢（盐酸）也对文物材料有较强的腐蚀作用。

2.氯化物

氯化物是金属文物材料最危险的污染物，因为氯离子是腐蚀金属特别活跃的因素。氯离子极易溶解在吸附水中，并具有很强的穿透力和盐吸湿性。"青铜病"就是氯化物腐蚀产生的；钢和铁即使涂了防锈漆，也会在氯化物的作用下生锈。此外，氯化物对石窟壁画也有严重的腐蚀作用。研究证明，壁画酥碱风化是因为壁画中的可溶性盐类在水分的作用下迁移、富集的结果。

（四）臭氧对文物的危害

臭氧是一种强烈的氧化剂，能够打断有机物碳链上的双键，几乎能毁坏所有的有机化合物，如纺织品、档案材料、油画、家具、生物标本、皮革、毛皮等等；它还能增加银、铁的氧化速度和银、铜的硫化速度。臭氧破坏纤维素的机理可能是与水反应生成过氧化氢。

此外，还有一些其他气体对文物具有危害作用，如二氧化碳由于其酸性对石质文物造成损害；甲醛对无机材料中的玻璃、陶瓷釉彩、金属等具有潜在的危险作用；有机酸（甲酸、乙酸、丹宁酸）能使铅转化为碳酸铅等。

三、灰尘的危害

（一）灰尘的种类

灰尘是悬浮在空气中的矿物质和有机物质的微粒，是大气尘的一部分。大气尘包括固态的粉尘、烟尘和雾尘以及液态的云和雾，是灰尘与气溶胶的总和；其粒径大到 $200\mu m$，小至 $0.1\mu m$，有的更小，与空气形成不同分散度的气溶胶，以及气溶胶态的总悬浮微粒。

（二）灰尘的性状

1. 物理性状

灰尘是一种固体杂质，形态不规则，大多数是有棱角的颗粒。

2. 化学性状

灰尘成分较为复杂，具有一定酸碱性，一般由 60% 的无机物和 40% 的有机物组成。。

3. 生物性状

灰尘中含有有害生物，包括细菌、霉菌、原生动物等。

（三）灰尘对文物的危害

1. 造成与文物材料间的机械磨损

由于灰尘颗粒不规则，表面带有棱角，沉降在文物上，会造成尘粒与文物材料间的摩擦，而导致文物损坏，如使纸质文物纸张起毛并影响字迹的清晰度，造成石窟壁画颜料的褪色。

2. 增加酸、碱对文物的影响

一方面有一些灰尘本身具有酸碱性；另一方面由于灰尘粒径小、比表面积大、吸附能力强，可将空气中的酸、碱有害物质吸附在其表面。当这些灰尘降落在文物材料表面时，就会发生腐蚀和降解作用。

3. 向文物传播霉菌孢子

由于霉菌孢子与灰尘皆体小量轻，孢子往往附在灰尘上随空气流动而四处飘落，因此，灰尘常常成为真菌传播的媒介。此外，由于灰尘对水蒸气的凝聚能力，也为真菌生长创造了条件，使其成为真菌繁殖的滋生地。总之，微生物对文物的侵蚀往往通过灰尘来完成。

4. 灰尘黏附在文物表面造成污染损害

由于灰尘的黏附性，它与文物表面往往黏结得比较牢固，形成污垢，损伤文物，如造成纸质文物字迹模糊不清。特别是有些灰尘黏附于文物表面后，至今仍无完善的清除方法，如烟熏壁画，以致大量精美的壁画无法完全清晰展现。

四、气溶胶的危害

气溶胶是指以液体或固体为分散相，以气体为分散介质的空气污染物。它包括硝酸雾和硝酸盐形成的气溶胶、硫酸雾和二氧化硫形成的气溶胶，以及烟尘、灰尘、金属过氧化物和卤化物形成的气溶胶。

机械过程中产生的烟、灰尘、金属过氧化物和卤化物等微粒物质进入大气后也能形成气体分散胶体，并能吸附空气中的有害气体和烟雾。

由于气溶胶的主体成分是酸类、盐类及重金属粉尘等微粒，因此它们对文物的危害主要是提供酸性水解的催化剂和光氧化反应的氧化剂与引发剂；同时，其黏连作用还会使某些文物材料出现一定程度的黏结。

五、光化学烟雾的危害

光化学烟雾有两种，一种是硫酸烟雾，另一种是在特定条件下，由汽车尾气中的一次污染物在强烈日光辐射下经过光化学反应而形成的混合物，包括臭氧、醛类、过氧乙酰硝酸酯等。

由于光化学烟雾中 90% 以上是臭氧成分，因此光化学烟雾对文物材料的破坏作用是显而易见的；同时，如前所述，硫酸雾是酸性水解的催化剂和光氧化反应的氧化剂与引发剂。

六、空气污染物的防治

（一）对空气进行监测

了解空气污染的状况及变化规律、空气污染物种类构成及变动是制定科学防治对策和采取有效防治措施的前提和基础，十分重要。对空气的监测涉及空气样品的采集及空气污染物的测定，必须在科学理论指导下，运用科学的方法、程序进行。

（二）优化文物保护区周围环境

1. 提高文物保护区周围绿化覆盖率

原因是：①绿色植物具有吸收有害气体的功能。②植物体对大气尘有滞尘、过滤、吸附作用。

2. 合理选择文物建筑地址

应建造在远离污染源的地方，工矿区、居民集中区及交通主要干道等，都是空气污染较为严重的地方，库房建筑应远离这些环境。同时，应避免建在下风地带。

（三）进行空气净化和过滤

对空气的净化主要是除去空气中的有害气体，为此可以采取让有害气体通过具有碱性的材料，使用喷水器、活性碳过滤器等。

对空气的过滤主要是除去空气中的颗粒污染物，为此主要是使用各种不同的过滤器，如滤纸过滤器、纤维层过滤器、发泡材料过滤器及静电自净器等。

（四）减少文物库房与室外空气的自由流通

减少文物库房与室外空气的自由流通也就是提高库房和文物存放的密闭程度。提高库房的封闭性主要是注意门、窗的结构与设计，如采用旋转门，门窗缝隙用硅橡胶条、聚氨酯、海绵橡胶等填料填塞密闭，将单层窗改为双层窗等。提高文物有效的封密性可以采用相对密闭或多层密闭的方法，如用柜、箱、盒等。

此外，还有其他一些措施，如做好库房内的清洁卫生工作、地面及墙面的防尘处理，建立健全的管理规章制度等。

第三节 地质环境因素

众所周知，地球表面的构造可以分为大气圈、水圈、岩石圈和生物圈，影响文物保存的地质环境因素主要是指其中的水圈和岩石圈部分。它们对文物的破坏作用依据文物处于地表上或埋藏于地下可大致分为两类：风化作用和土壤腐蚀作用。风化作用的对象主要是石质文物，包括物理风化、化学风化和生物风化等，这部分内容将在第六章中进行论述。本节主要探讨土壤对文物的腐蚀作用。

一、土壤的特征

土壤是地壳的表层部分，经长期风化作用，较为松软，它构成地下文物的外界环境。由于土壤的组成和性质均十分复杂多变，土壤的腐蚀性也相差很大，但作为腐蚀介质，土壤一般具有以下主要特点。

（一）多相性

土壤由土粒、水和空气组成，具有复杂的多相结构。土粒中包含有多种无机矿物及有机物质；不同土壤的粒径大小各不相同，不同土壤的粘连性也存在较大差异。

（二）多孔性

由于土壤通常是由几种不同土粒按一定比例组合而成，在不同的土粒之间就形成了大量毛细管微孔或孔隙，孔隙中又充满了空气和水。其中，水的存在形态多种多样，既可直接渗进孔隙或在孔壁上形成水膜，也可以形成水化物或以胶体水状态存在。

水分的存在使土壤成为离子导体，因而实质上土壤是一种腐蚀性电解质。又由于水的胶体形成作用，土壤不是分散孤立的颗粒，而是各种无机物、有机物的胶凝物质颗粒的聚集体，但其间又存在多种孔隙。

（三）不均匀性

土壤的结构和性质具有极大的不均匀性。在小的范围内，构成土壤的土粒、空气、水分的含量以及它们之间结构的紧密程度存在差异；在大的范围内，由于各种地质运动以及土壤成分本身的流动，不同性质的土壤会存在交替更换。其不均匀性表现在多个方面，如土壤的密度大小、黏性大小、酸碱性大小，等等。

（四）相对固定性

从以上叙述可以看出，土壤至少存在固相、液相、气相三相结构，一般情况下，其固体部分可以认为是固定不动的，但液相或气相部分会有限地运动，如土壤孔隙中空气的对流或定向流动以及地下水的移动等。当然，在特殊情况下，如地震、火山爆发等，固体部分也会发生较大变化。因此，土壤具有相对固定性。

二、土壤的腐蚀机理

水溶液、大气和土壤都对文物具有腐蚀作用。它们之间的一个很重要的区别在于氧的传递机制不同：在水溶液中是通过溶液本体输送，在大气腐蚀时是通过电解液薄膜，而在土壤腐蚀时则是通过土壤的微孔输送，其输送速度主要取决于土壤的结构和湿度，在不同的土壤中，氧的渗透速率变化幅度可达 3 ~ 5 个数量级。下面以金属文物在土壤中的腐蚀为例阐述土壤腐蚀的机理。

土壤对金属文物的腐蚀属电化学腐蚀。电池的阳极反应是金属的溶解。电池的阴极反应相对较为复杂，在一般情况下是氧在阴极的去极化。但在酸性土壤中，发生的是氢的去极化。

需要指出的是，在土壤腐蚀情况下，除了形成上述与金属组织不均性有关的腐蚀微电池以外，还有可能形成由于土壤结构不均匀性引起的腐蚀宏电池。如埋藏于地下的大型金属文物，由于体积庞大，其构件的不同部分就有可能埋藏深度不同、所处黏土与沙土结构不同、氧的渗透率不同等，由此会形成氧浓差电池和盐分浓差电池等宏观电池，这时主要发生的是局部腐蚀，使某些阳极产生较深的孔蚀。归纳起来，土壤对金属文物的腐蚀所构成的电化学电池主要有以下几类。

（一）长距离宏电池腐蚀

对于埋藏于地下的大件金属文物来说，其表面就可能发生此类腐蚀，它是由于金属文物的不同部分所处土壤的组成、结构不同而形成的电池腐蚀。如果由上述原因造成的是氧浓差电池，则埋在密实、潮湿土壤中的金属部分就倾向于作为阳极而受到腐蚀；如果造成的是盐分浓差电池，则处于高含盐量土壤中的金属部分倾向于作为阳极而受到腐蚀。

（二）埋没深度不同及边缘效应所引起的腐蚀电池

即使金属体埋在均匀的土壤中，由于埋没深度不同，也能形成氧浓差电池。此时，离地面较深的金属体由于处于氧浓度较小一端而成为阳极区受到腐蚀。实际情况也的确如此，在地下埋藏的金属物体上，可以看到离地面较深的部位其局部腐蚀更严重。

（三）因土壤的局部不均匀形成的腐蚀电池

在土壤中石块等杂物下面的金属，如果夹杂物的透气性比土壤本体差，该区域就成为腐蚀电池的阳极，而土壤本体区域接触的金属就成为阴极。

1. 含水量的影响

当含水量很低时，土壤对金属的腐蚀性不大，随着含水量的增加，土壤中盐分溶解量也增加，对金属的腐蚀性也增加，直到可溶性盐全部溶解时，腐蚀速度达到最大。但当水分达到饱和时，会使土壤胶粒膨胀，堵塞孔隙，使氧的渗入受阻，从而降低了腐蚀速度。因此，含水量的多少对土壤腐蚀有很大影响。

2. 含氧量的影响

由于借助土壤颗粒的渗透作用，或者由于雨水中的溶解氧随雨水一起渗入地下，故土壤中总是存在着氧，它对土壤腐蚀影响很大，这是因为除少数强酸性土壤外，金属的腐蚀都是阴极的氢去极化过程，而氧则为阴极去极化剂。

3. 孔隙度的影响

较大的孔隙度有利于氧渗透和水分的保存，因此会促进腐蚀的发生。但与此同时，它也有利于生成具有保护能力的腐蚀产物层，阻碍金属的阳极溶解，使腐蚀速度减慢。

4. 土壤导电性的影响

土壤的导电性与土壤的孔隙度、含水量及含盐量等许多因素有关。一般认为导电性越好，土壤的腐蚀能力越强，但也并不是所有情况都符合这一点。

5. 温度

随着温度的升高，氧的渗透扩散速度加快，电解液的导电性也会提高，从而加速腐蚀。同时，当温度为25℃～30℃时，最适宜细菌的生长，也会加速腐蚀。

影响土壤腐蚀的因素是多方面的，上述仅仅是其中的几个主要因素；同时，土壤腐蚀又是各种因素综合作用的结果，具有错综复杂性。

第四节 有害微生物和有害昆虫

一、有害微生物

（一）微生物的基础知识

微生物是指一大群个体体积微小（一般直径小于1mm），结构简单，大多是单细胞，少数是多细胞，还有些没有细胞结构的低等生物。人们必须借助光学显微镜甚至电子显微镜才能看清其形态结构。

世界上所有生物大致可分为五大界：病毒界、原核生物界、真菌界、植物界和动物界，前三界属于微生物范畴，微生物的特点是体积小、分布广、种类多、繁殖快、代谢能力强、易发生变异、适应性强。此外，微生物也具有生命的一切基本特征，如新陈代谢、遗传变异、生长繁殖、应激性等。

1. 微生物的种类及形态结构

（1）细菌

细菌是低等的单细胞原核生物，只能吸取环境中的各类有机物为营养。根据形态的不同，细菌可分为三种：①杆菌。即杆状的细菌，宽度多为 $0.5 \sim 1 \mu m$，长度约为 $1 \sim 8 \mu m$。根据长度与宽度的比例关系，杆菌有长杆菌和短杆菌之分；依杆菌分裂后子细胞的排列状态，杆菌可以分为链状杆菌和分枝杆菌。②球菌。即球状的细菌，直径的大小约为 $0.5 \sim 2.0 \mu m$。根据分裂方向和分裂后各子细胞排列状态的不同，球菌可分为草球菌、双球菌、链球菌、四联球菌、八叠球菌和葡萄球菌等。③螺旋菌。即螺旋状的细菌，长度和宽度与杆菌相似。根据菌体的弯曲程度又分为弧菌、螺旋菌和螺旋体。

（2）霉菌

霉菌是一类丝状真菌的通称，凡生长在营养基质上形成绒毛状、蜘蛛网状或絮状菌落的真菌称为霉菌。

①霉菌的形态结构

霉菌菌丝是一种管状的细丝，直径为 $3 \sim 10 \mu m$。菌丝分枝，互相交织成菌丝体。根据霉菌种类的不同，菌丝分无隔菌丝和有隔菌丝两种。

②霉菌细胞的结构

霉菌细胞是真核细胞，由细胞壁、细胞膜、细胞质和细胞核四个部分组成。

③霉菌的繁殖

霉菌的繁殖分为无性繁殖和有性繁殖。绝大多数霉菌是无性繁殖，主要通过无性孢子来实现，如分生孢子、抱囊孢子、芽生孢子、节孢子和厚壁孢子。有性繁殖一般可分为质配、核配和减数分裂三个阶段。霉菌的繁殖能力很强，在很小面积的霉层上就有上千个孢子头，每个孢子头内又有成千上万个孢子。

（3）放线菌

放线菌是一类介于细菌和丝状真菌之间的单细胞原核微生物，在自然界中分布极广。

①放线菌的形态结构

菌体由分枝的菌丝组成，菌丝连续生长和分枝，形成网络状菌丝体结构。

菌丝直径通常为 $0.5 \sim 1.0 \mu m$，长度不定。菌丝体分为基内菌丝和气生菌丝两部分。

②放线菌的细胞结构

与细菌相似，细胞壁的主要成分是肽聚糖；细胞无核膜，只有核质；细胞质内有核糖体，无其他细胞器。

③放线菌的繁殖

主要通过形成无性孢子方式进行繁殖，孢子形成的方式有凝聚分裂和横隔分裂两种。

2. 微生物的生长条件

（1）营养物质

①碳源

碳素化合物是构成微生物机体内有机化合物的骨架，各类微生物细胞中含碳量比较稳定，约占细胞干重的50%；同时，碳素化合物也是大多数微生物的能源。

②氮源

氮素化合物是构成微生物细胞物质蛋白质和核酸的主要元素，蛋白质又是代谢反应催化剂——酶的成分，因此，氮素化合物在微生物的生长、繁殖、遗传、变异和代谢等生理活动中起着极重要的作用。

③矿质元素

除了碳、氮、氢、氧、硫，微生物还需要其他元素，包括主要元素和微量元素两类。主要元素有磷、镁、钾、钠等，它们参与细胞结构物质的组成、能量的转移、控制原生质胶态和细胞的渗透性等，微生物对它们的需要量较大。微量元素有铁、铜、锌、锰、硼、钴、钼、铬等，需求量极少；这些元素是酶的辅基成分或激活剂，缺少了它们，微生物就无法生长或生长不好。

④水

微生物细胞含水量较高，约占细胞重量的70% ~ 90%，水不仅是细胞原生质的主要组成成分，而且是体内物质良好的溶剂和细胞进行生化反应的良好介质，还能维持微生物细胞的膨压。

⑤生长素

微生物生长不可缺少的微量有机物，一般包括维生素、氨基酸、嘌呤、嘧啶等等。大多数维生素是酶的成分，与微生物生长和代谢关系极为密切，氨基酸是蛋白质的组成单位，嘌呤和嘧啶是核酸和辅酶的成分。

（2）环境条件

①温度

温度对微生物影响很大，因为微生物生长发育是一系列复杂的生化反应，需要在一定的温度范围内进行。文物库房内腐生型微生物大多属中温性嗜室温菌，最低生长温度为5℃～10℃，最适宜生长温度18℃～28℃，最高生长温度40℃～45℃，以上温度范围并非绝对。同时，微生物生长的温度与相对湿度存在很大关系，一般相对湿度越大，微生物最适宜生长温度越高，如对于真菌，相对湿度分别为70%、95%、100%时，最适宜温度分别为24℃～25℃、30℃、37.5℃。

②湿度

微生物在生命活动中，水是不可缺少的物质，湿润的环境有利于其生长发育。文物库房内的霉菌大多为中湿性，少数为干生性；细菌为喜湿性微生物，对水分要求较高。不同微生物抗干燥的能力不同，一般来说长形细胞对于干燥敏感而易死亡；小型细胞、厚壁细胞、圆形细胞和孢子较耐干燥，特别是细菌芽孢和霉菌孢子在干燥环境下可存活几年乃至几十年。

③酸碱度（pH 值）

酸碱度能影响微生物菌体细胞膜的带电荷性质、膜的渗透性及膜对物质的吸收能力，还能影响菌体内酶的合成和活性，以及原生质胶体的结构和性质，此外还影响氧化还原电位。大多数细菌的 pH 适应范围在 4.0 ～ 10.0，最适宜 pH 值为 6.5 ～ 7.5；放线菌一般适应微碱性的环境，最适宜值为 7.5 ～ 8.0；霉菌最适宜 pH 值为 5.0 ～ 6.0 的酸性环境，适应 pH 范围为 1.5 ～ 10.0。

④氧气

不同微生物对氧需要的耐受能力不同。按照它们和氧的关系，可将之分为好氧微生物、兼性好氧微生物和厌氧微生物三类。绝大多数有害微生物为好氧微生物，必须在有氧条件下生长。

（二）微生物对文物的危害

1. 微生物对纤维质文物（棉、麻、纸、木）的危害

微生物之所以能危害文物材料，主要是它们能以文物材料为培养基，分解或液化其他物质材料。纤维质文物材料多含有纤维素、淀粉、明胶等，微生物能够分泌出分解这些文物材料的酶，使其霉烂。其损害可归纳为以下几个方面。①造成材料结构破坏。微生物代谢过程中产生的各种酶，将纤维素、淀粉、木质素等有机大分子化合物降解为葡萄糖、二糖、芳香族小分子，导致纤维素柔软无力，机械强度大大下降，淀粉胶性失效等。这种物质分子结构的破坏是不可逆的。②形成霉斑。微生物的菌落和孢子大多有色，一般来说颜色较深；有些细菌和霉菌还分泌多种色素。③增加文物材料酸度。微生物细胞呼吸的代谢产物甲酸、乙酸、乳酸、琥珀酸等有机酸长期积累在纤维质文物上，作为催化剂加速纤维素的水解反应。纸张被霉菌作用后，酸度数月内即可增加 1～2 倍。④增加湿度。有些霉菌和细菌在代谢过程中会从空气中吸收一定的水分，使文物材料的含水量提高，有时还会出现水滴。这些水滴往往与材料中的胶类物质作用使文物粘连成浆状。

2. 微生物对蛋白质文物（丝、毛、皮革类）材料的破坏

（1）蛋白质纤维发生降解

在微生物分泌的蛋白酶作用下，蛋白质纤维发生水解生成氨基酸等物质。

对皮革来说，除上述作用过程外，皮革中的脂肪酶作用于油脂而发生水解，生成脂肪酸和甘油，甘油很不稳定，可直接被微生物水解。高级脂肪酸在有氧情况下，能被好氧微生物进一步分解成低分子酸（如乙酸）、酮（如甲基酮）等类物质。皮革中油脂遭破坏后，其强度、耐水性能、延展性都会显著下降，同时表面发黏。

（2）霉斑

与纤维质文物材料相似，蛋白质文物材料被微生物侵蚀后会引起霉变，霉变后的文物表面就会产生各种颜色的霉斑。

3. 微生物对金属文物的影响

目前，微生物对金属文物的腐蚀作用还未受到足够重视。微生物对金属文物的腐蚀由金属文物材料、微生物种类以及文物所处环境三个因素共同

决定。其中，金属与其腐蚀产物的能量状态的高低关系至为关键，若前者高后者低，则易被腐蚀；若前者低后者高，则不易被腐蚀。

（1）微生物对空气中的金属文物的侵蚀

主要表现为通过以下两条途径促进电化学腐蚀进行。

第一，当金属文物处于潮湿环境中时，由于其表面粗糙、多褶皱，易于吸附尘埃和水蒸气，滋生微生物会产生大量的有机酸代谢产物。

第二，有一些微生物自身具有接受电子的能力，如硫酸盐还原菌、厌氧菌等都能使硫酸盐还原而获得生长繁殖的能量。

（2）微生物对地下埋藏金属文物的腐蚀

主要表现为在地下缺氧的环境下发生微生物腐蚀。

硫酸盐还原菌在金属已经发生电化学腐蚀的阴极区能有效利用氢还原土壤中的硫酸盐为硫化物，造成金属腐蚀破坏。

在土壤中存在一种嗜硫菌，它在适宜条件下，可以氧化硫元素或硫化物、亚硫酸盐、硫代酸盐、四硫代酸盐及硫化氰酸盐，产生硫酸盐，为硫酸盐还原菌、铁细菌的腐蚀破坏提供方便条件。

4. 微生物对壁画材料变质及颜料变色的影响

壁画中的有机质材料（如动植物胶等蛋白质材料，草、麻、棉等纤维质材料）为异养微生物的生长繁殖提供了氮源和碳源，引起了壁画材料变质和颜料变色。有研究表明，铅丹的变色是在高湿度环境条件下，颜料中的蛋白质胶结材料在微生物作用下，分泌出强氧化剂过氧化氢，致使铅丹氧化为黑色二氧化铅。

（三）有害微生物的防治

1. 对有害微生物的预防

（1）减少污染菌接触文物

主要是要保持文物库房内外空气的清洁程度，具体手段和措施有：①绿化文物保护区周围环境。有些植物能分泌大量的抗生素，如橙树、柠檬树、圆柏、黑核桃树、法国梧桐等树木都有较强的杀菌作用。②使用空气净化过滤器。由于空气中微生物的大小一般为 $4 \sim 28 \mu m$，平均 $12 \mu m$，因此过滤器孔径越小越好；过滤器材料可用棉花、石棉、玻璃纤维等。③保持库内清洁卫生。一般来说，库内空气中的微生物比库外多，低层空气中的微生物比高层多，因而库内地面、四墙、天花板都滋生了许多菌类，必须经常扫除库内灰尘，特别是要保持墙和地面的光洁度，有条件的还应在墙面涂上防霉涂料。④保持工作人员的清洁卫生。人的皮肤、毛发、衣服都与外界相接触，能将大量污染菌带入库内，如人体的表皮上一般每平方厘米就有 102 ~ 105 个微生物，鞋子上的微生物更多。

（2）严格控制库内温度、湿度

库内温、湿度是微生物生长重要的环境因子，因而严格控制温、湿度是预防微生物生长的关键。

细菌有中温型和高温型两种。霉菌多为中温型的，所以，一般在 20℃ 以下，大部分有害微生物生长速度降低；10℃ 以下，发育更加迟缓，甚至处于休眠状态。因此采用低温保存文物的方法，有利于防止微生物侵蚀作用。但也必须指出，一般程度的低温只能抑菌而不能灭菌，有些低温型微生物，如灰曲霉的最低生长温度为 -8℃，青霉、镰刀菌、芽枝菌、荧光假单孢菌可在 -5℃ ~ -4℃ 下生存。同时，如前所述，适宜温度与相对湿度之间也存在密切关系。

在对纸、丝织物有危害作用的微生物中，几乎所有的细菌、放线菌、酵母菌以及霉菌中的毛霉、根霉都是湿生微生物，在相对湿度 65% ~ 70% 时就能繁殖生长，因此，将相对湿度控制在 65% 以下，就能抑制此类微生物的正常生长发育。

（3）采用安全有效的防霉剂

防霉剂的主要作用是影响微生物的形态构造、代谢过程和生理活动，从而达到抑制微生物大量繁殖的目的。高浓度的防霉剂也能杀菌。对防霉剂的要求是：抗菌效力高，即低浓度就有抑菌和杀菌作用；毒性小、安全性好，在使用浓度范围内不伤害人体；稳定性好，即有效期长，在较长时间内不易分解；无副作用，无色无臭无腐蚀性，不影响文物制成材料的强度、色泽和耐久性。能用于防霉的药剂有很多，在文物保护中应用较多的主要有香叶醇长效抗霉灵、五氯苯酚钠、麝香草酚等。

①香叶醇长效抗霉灵

香叶醇长效抗霉灵是一种具有玫瑰香并略带甜气息的含氧单萜类化合物，具有较强的广谱杀菌作用，无副作用，且易挥发，对人体无害。它对杂色曲霉、产黄青霉、黑曲霉、高大毛霉、黄曲霉等常见霉菌的气熏有效剂量为 60ppm，直接杀菌有效剂量为 78 ~ 312ppm。

②五氯苯酚钠

五氯苯酚钠是由五氯苯酚和氢氧化钠化合而成的白色粉末，易溶于水。使用时可将牛皮纸浸入 1% 五氯苯酚钠溶液中 15s，晾干后用于包装文物，具有毒性小、药效长、效果好的特点，且使用安全，对铜、铁等材质无腐蚀性。

③麝香草酚

为白色结晶粉末，熔点 48℃ ~ 51℃，沸点 233℃，微溶于水，溶于乙醇、氯仿、乙酰等。将吸墨纸放在 10% 麝香草酚乙醇溶液中浸透后，晾干即成防霉纸，可用于纸质、纺织品等文物的防霉。也常用于纺织品、纸张的熏蒸消毒，灭菌效果良好，霉菌孢子也能杀死。

可供选择的具有防霉作用的化学药品很多，选用任何一种药剂，均应先试验，然后才能作为文物材料的防霉剂。

2. 对有害微生物的杀灭

如果文物材料已被微生物侵染，则必须将其隔离，并采取果断的灭菌措施。所谓灭菌，就是应用理化方法，将物体上所有的微生物细菌体、细菌芽孢、放线菌和霉菌的孢子全部杀灭。

（1）物理灭菌法

物理灭菌法是利用物理因子对有害微生物的作用，使有害微生物死亡的方法。常用方法如下。

①冷冻真空干燥灭菌

虽然微生物忍受低温的能力很强，但如将温度逐渐降至冰点，菌体原生质内的水分就会形成许多小晶体，使原生质的胶体状态遭到破坏，机械地挤压或刺伤菌体细胞，造成菌体破裂死亡。干燥还能引起菌体脱水和盐类浓度增高，阻碍细菌生长或使其死亡。

②微波灭菌

微波是频率范围为 300MHz ~ 300GHz 的无线电波。微波灭菌主要是利用微波的加热作用，由于有害微生物自身的含水量比文物材料的含水量高，当它们同时受到微波辐射时，有害微生物自身的温度比文物材料的温度高得多，菌体就会脱水，从而造成蛋白质凝固而致其死亡。此外，微波还能直接作用于有害微生物的酶系统、染色体和细胞膜，使其结构分子发生改变而导致死亡。

③ γ 射线灭菌

γ 射线是一种波长短、能量大的电磁波，具有强烈的穿透力，并能使受照射的物质产生电离作用。高剂量的 γ 射线照射可使菌体表面的水分子电离，生成具有强氧化性的 H^+ 和强还原性的 OH^- 直接作用于菌体细胞本身；电离时产生的电子还可与环境中的氧结合，氧化菌体内酶的一些化学基因，使酶失去活性；γ 射线辐射出的高能量可导致微生物体内的 DNA 降解及其他物质分解。所以，γ 射线具有杀菌作用。

（2）化学灭菌法

化学灭菌法是利用化学药剂来杀灭有害微生物的方法，一般最适用的是熏蒸灭菌法。常用的灭菌剂有甲醛和环氧乙烷。

①甲醛（HCHO）

甲醛是具有刺激性气味的气体，沸点 –19.5℃，极易汽化。甲醛灭菌的效能主要在于它的还原作用，它与蛋白质的氨基结合使其变性，从而破坏了菌体细胞的膜和壁，也破坏了某些酶系统。

②环氧乙烷

环氧乙烷是一种简单的环醚，分子式为（CH_2）$_2O$，分子量为 44。低温时为无色透明液体，沸点 10.8℃。环氧乙烷杀菌广谱性好，对细菌及其芽孢、病毒、真菌及其孢子等都有较强的杀伤力。其杀菌机理是它的烷基的取代性质。菌体蛋白质中的氨基、羟基、酚基、巯基与环氧乙烷相结合后，会对菌体细胞代谢产生不可逆的破坏作用，还有抑制氧化酶和脱氢酶的作用。

使用环氧乙烷要求在温度 38℃～50℃ 的条件下进行，相对湿度维持在 30%～50%，用药量一般为 15～30g/m³，熏蒸时间根据浓度、温度而确定，一般要密闭 12～24h。且最好与二氧化碳按 1：7～10（以重量计）比例混合使用。

文物种类不同，其载体材料也不同，性能自然存在多种差异，因此在进行有害微生物的预防和杀灭时，必须针对不同文物的特点和要求，采取相应的方法、措施，以取得最好的效果。

二、有害昆虫

（一）昆虫的基础知识

昆虫是生物界种类最多的一个类群，现已记载的有 78 万种以上，占已知动物种类的 3/4 ～ 4/5。昆虫有极强的适应能力，即使在冰冷的北极、酷热的赤道都有昆虫的存在。对自然和人类有益的昆虫称益虫，对自然和人类有害的昆虫叫害虫，其中害虫又分为农业害虫、林业害虫、卫生害虫和仓库害虫。文物有害昆虫属于仓库害虫，是仓库害虫的一部分。文物有害昆虫简称文物害虫，是指能够在文物存放环境中完成其生活史或生活史的一个阶段，并对文物制成材料造成一定危害的一类昆虫。

通俗地讲，昆虫是一种微小、多足、爬行的节肢动物；科学地说，凡是身体分为头、胸、腹三个体段，胸部生三对足、两对翅，生活史中完成完全变态或不完全变态的动物皆为昆虫。昆虫的外部形态千奇百怪，各具特色，小的如尘埃，大的有几十厘米。

1.昆虫的外部形态

昆虫的体躯可以明显化分为三个体段：头、胸、腹。

（1）头部

头部是昆虫的第一体段，在身体的最前端，生有一对复眼、1 ～ 3 个单眼、一对触角和口器。头部是感觉和取食中心，其中触角是感觉器官，口器是取食器觉，复眼是主要的视觉器官。

（2）胸部

胸部是昆虫的第二体段，位于头部和腹部之间，是运动中心。它由前胸、中胸和后胸组成，每个胸节都各有一对足，分别称为前足、中足和后足，足由基节、转节、腿（股）节、胫节、跑节及一对爪组成，是行动的主要器官。大多数昆虫在前胸和后胸上还有一对翅，称为前翅和后翅，是昆虫飞翔的器官，翅的质地、形状因虫而异。

（3）腹部

腹部是昆虫的第三体段，紧连于胸部之后，为生殖和新陈代谢中心。腹部包藏着整个生殖、消化、排泄、呼吸、循环器官和系统。成虫的腹部一般由 9 ～ 11 节组成，腹节数常作为昆虫分类的依据。

（4）体壁

它是昆虫内部器官与外界环境之间的保护性屏障，是体躯和附肢最外面的一层组织，由表皮层、真皮细胞层和底膜（基膜）所组成。表皮层起着骨骼的支撑作用，能抵御外物的入侵；真皮细胞层是体壁最重要的部分，具有较强的分泌机能；基膜的主要成分是中性黏多糖。

体壁的主要化学成分包括几丁质、蛋白质、多元酚及其氧化酶、脂类、无机盐、色素等。正确认识害虫体壁的结构有助于杀虫药剂和杀虫方法的选择及应用，如：某些与几丁质有亲和力的杀虫剂能够透过外表皮进入体内；在杀虫剂中加入脂溶性成分，有助于破坏害虫体壁蜡层以增强药效。

2. 昆虫的内部结构

（1）消化系统

昆虫的消化道是一条从口腔到肛门纵贯于体躯中央的管状器官，依次分为前肠、中肠、后肠。前肠有口、咽喉、食道和前胃，主要功能是摄食、输送、暂时储存食物和局部进行消化。中肠又称胃，主要功能是消化食物、吸收营养。后肠一般分为回肠（小肠）、结肠（大肠）和直肠，主要功能是吸收水分、排出食物残渣。这种结构决定了杀虫剂能否进入中肠被吸收，是发挥胃毒剂药效的关键。

食物在消化道中的分解是在消化酶的作用下进行的，不同食性的昆虫消化道内存在不同的酶。同时，消化道保持一定的酸碱度。

（2）呼吸系统

昆虫的呼吸系统一般由气门和气管组成。气门在昆虫的呼吸过程中至关重要，其呼吸主要依靠气门的开闭，由气体的扩散作用和虫体运动的通风作用来完成；由于虫体内外氧气和二氧化碳的分压不同，体内因氧气的不断消耗而使分压降低时，空气中的氧就由气门进入气管向体内扩散。根据这一特点，可以采用气体熏蒸杀虫。

（3）神经系统

昆虫的一切生命活动，都受神经系统的支配，神经系统由神经元构成，每个神经元包括一个神经细胞和由它发出的神经纤维。昆虫的神经系统分为中枢神经系统、交感神经系统和周缘神经系统。中枢神经系统最为重要，它包括脑、咽喉、下腹和腹神经索。交感神经系统由口道神经系、中神经和复合神经节等器官组成。周缘神经系统实质是分布在周身的所有神经及神经纤维，相当于一个复杂的网络传导系统。

杀虫剂中不少是神经毒剂，其药理作用就是使害虫神经过度兴奋，因疲劳力竭而死。

3.昆虫的生长发育

昆虫为卵生，整个发育过程可以分为两个阶段：第一阶段是胚胎发育，即在卵内孵化出幼虫的阶段；第二阶段是胚后发育，即自幼虫从卵内孵化出来开始至成虫的性成熟为止的阶段。从幼虫到成虫要经过外部形态、内部构造上的一系列变化，这种现象称为变态。昆虫的变态过程有完全变态、不完全变态、过渡变态、无变态四类。有害昆虫没有过渡型变态虫种。

完全变态是指昆虫的幼虫与成虫在生活习性和结构上完全不同，发育过程需经历卵、幼虫、蛹和成虫四个完整阶段。对文物有害的昆虫多数是完全变态虫种。

不完全变态是指幼虫与成虫在生活习性和结构上大体相同，只是经过几次蜕皮逐渐长大，其间没有蛹期，也称渐进变态。

无变态类型昆虫的幼虫在形态上与成虫十分相似，从幼虫期到成虫期没有膀牙长成大翅膀的变化，只是由小到大。

（1）卵

卵是昆虫个体发育的开始，是一个大型细胞，一般呈圆球形、椭圆形、扇形等形状；结构上从外到里分别由卵壳、卵黄膜、卵黄、细胞核组成。卵有单个散产和聚集成块产两种，地点多选在隐蔽和营养充足的地方，不易被人或害虫天敌发现。

（2）幼虫

幼体从卵中破壳而出，叫孵化，从卵内孵化出来的幼体叫幼虫。幼虫生长到一定程度时，受体壁的限制，必须蜕皮，一般为4~5次，有的多达20次。每蜕一次皮，幼虫身体增大，食量随之增加，所以它既是危害文物材料的重要虫态，同时也是灭虫效果最显著的时期。

（3）蛹

蛹是完全变态虫种由幼虫到成虫的一个中间过渡虫态。幼虫成熟后，停止取食，身体缩短，最后变为不食不动的蛹。但蛹外表看来不食不动，其内部组织和器官却发生着剧烈的变化：幼虫期的组织和器官逐渐分解，成虫器官特别是性器官、生殖系统逐渐形成。

（4）成虫

蛹体内组织分解结束和新组织形成后，就成为成虫。成虫是昆虫个体发育过程中的最后一个虫态。它的主要任务是交配产卵以繁殖后代。

4. 昆虫生长发育的环境条件

（1）温度

根据温度对昆虫的影响，可将温度分为五个温区。

①致死高温区

致死高温区为昆虫经短期兴奋后即行死亡且不可逆的温度范围，一般在 45 ~ 60℃。

②亚致死高温区

亚致死高温区为昆虫是否死亡决定于高温的强度及持续时间的温度范围，一般在 40 ~ 45℃。

③适温区

适温区亦称"有效温度范围"，在该温区内，昆虫的生命活动可正常进行，一般为 8 ~ 40℃，其中，22 ~ 30℃为最适宜温区，30 ~ 40℃为高适温区，8 ~ 22℃为低适温区。

④亚致死低温区

该温区内，昆虫体内代谢率急剧下降，处于昏迷状态或体液开始结冰。若短时期内温度升至适宜温区，昆虫仍可恢复活动；若持续时间过长，则有致死作用。温度范围一般为 -10 ~ 8℃。

⑤致死低温区

致死低温区为昆虫死亡且不可逆的温度范围，为 -40 ~ -10℃。温度对昆虫的影响范围因虫种、虫态、生理状况、时间、地点不同而有差异，一般来说，昆虫忍受高温的能力小于忍受低温的能力。

（2）湿度

水是昆虫生命活动的基础，也是昆虫进行生理活动不可缺少的介质，一般昆虫体的含水量占其体重的 46% ~ 92%。昆虫获取水的途径主要有三条：一是食物的水，这是最主要的一条途径；二是体壁从空气中吸收水；三是新陈代谢水。

昆虫对湿度有一定的范围要求，有适宜湿度范围、不适宜湿度范围、致死干燥度及致死过湿度等。一般昆虫生长发育过程中，要求相对湿度在 70% ~ 90%，食物含水量在 12% 以上。

（3）食物

食物是昆虫生长发育必需的能量来源。按对食物的选择性，昆虫可分为单食性、多食性和杂食性昆虫；按取食对象可将昆虫分为植物性、动物性、腐食性昆虫。文物害虫大多属杂食性昆虫。

（4）空气

空气中的氧是昆虫新陈代谢不可缺少的物质。呼吸代谢是昆虫利用食物并在氧的参与下，产生供应生长发育以及进行生殖和变态所必需能量的生理过程，它是昆虫进行生命活动的基础。因此，改变空气中氧的含量会直接影响昆虫的呼吸作用。空气含氧量降低到一定程度时，对昆虫能起到抑制或致死作用，这就是缺氧治虫的原理。

（5）光

光可以直接影响到昆虫的生长发育、生殖、存活以及活动、取食等多个方面，大多数昆虫幼虫表现为负趋光性，即畏光、避光，只有少数虫种的成虫表现为正趋光性，它们无论是栖居还是取食，一般都在较阴暗的地方。利用这一点，改变光照条件，可以达到改变害虫自身活动规律，甚至引起害虫死亡的目的。

5. 文物害虫的一般特征

（1）耐干性

主要体现在虫体体壁的蒸腾作用和通透性等方面。由于其表皮具有不透水性，文物害虫具有惊人的抗干旱能力，它只需吸收空气和寄生物中的正常含水量，就能满足生存的需要。

因此，采取控制相对湿度的方法来预防和杀灭害虫，往往收效甚微，甚至适得其反，即昆虫仍然存活，而文物由于环境的干燥又出现新的损坏。

（2）耐热性与耐寒性

文物害虫是变温动物，其体温随外界环境变化而变化；同时，它的生长发育和新陈代谢速率也会随外界变化而改变。因此，耐高温与耐低温能力都很强，如：对木器文物危害极大的谷蠹在 35℃ ~ 40℃、RH 为 50% ~ 60% 的条件下能正常发育繁殖；黑皮蠹、裸蛛甲等能在 –10℃ ~ –6℃ 的低温下继续生活；烟草甲在 –14℃ 下经过 14 天才死亡；花斑皮蠹幼虫，在 –5℃ 左右可存活数月，–18℃ 可存活 3 天。

（3）耐饥力

文物害虫的耐饥能力是其他任何昆虫所不能比的，即使在完全无食的情况下，大多数虫种也能存活相当长时间；并且一旦有了食物，它们能迅速恢复正常活动。如：对纸质和皮革文物危害极大的花斑皮蠹的幼虫断食四年之久不致死亡；在断食三年半以后，体长由 7 ~ 8mm 缩到仅 1mm。个别虫种能缩到原来的 1/600，当供给食物后又能很快恢复原态。

（4）杂食性

文物害虫绝大多数属杂食昆虫，几乎所有的有机质文物材料都能被其咬食。如：花斑皮蠹能咬食皮革、丝绸、塑料、尼龙等 160 种仓储物；烟草甲能危害 40 多种储藏物品，甚至将整架的图书咬穿。更有甚者，有些害虫能咬食金属，如：药材甲能咬食锡箔，还能把很厚的铅板咬得千疮百孔；黄蛛甲能把涂在镜子背面的水银吃光。

（5）繁殖力

文物害虫的繁殖力很强，有些虫种的成虫期可达数年，繁殖期能维持三年之久；有些虫种的成虫期虽只有 1 ~ 2 个月，但一生能产卵百粒以上，且多数都能孵成幼虫。如烟草甲 25℃ 时，每只雌虫能产卵 103 ~ 126 粒，孵化率为 68% ~ 82%，一般一年可产卵 3 ~ 6 代；寒冷地区 1 ~ 2 代，炎热地区可达 7 ~ 8 代。裸蛛甲虽然一年只产卵一次，但一只雌虫可产卵 524 粒，孵化率 72%，幼虫成活率 76%。白蚁是繁殖能力最强的一种害虫，大白蚁的蚁后，一天就能产卵 6 000 ~ 7 000 粒。

（二）文物害虫的危害

1. 危害文物的害虫种类

能给文物造成危害的害虫种类很多，仅就我国档案保护研究工作者通过对全国档案馆库房所作的调查统计而言，档案害虫就有 54 种，分属于 6 目 19 科。当然，随着研究的不断深入，可能还会不断有新的种类发现。

受害虫危害最广泛的是纸、竹木、丝毛、皮革、棉、麻等文物材料。

2. 危害文物材料的机理

文物害虫危害文物材料的机理是害虫由于生长发育等生活活动的需要（补充营养和能量）而咬食文物材料。它至少会引起文物材料以下三种有害变化。一是改变了文物材料的结构，使文物材料的机械性能和理化性能下降，严重影响了文物的保存使用寿命。二是文物材料经咬食后，洞孔丛生，严重影响了文物的原貌。三是昆虫的排泄物不但严重影响文物的外观，而且成为微生物侵蚀文物的新的源泉。

（三）文物害虫的防治

1. 文物害虫的预防

（1）库房建筑防虫

具体措施是：库房建在地势较高而又干燥的地方，同时远离粮库、饭店和医院；库房的封闭性能要好；地基采用钢筋水泥或石质结构；地板、墙面、屋顶等处不留孔洞、缝隙。

（2）清洁卫生防虫

具体措施有：清除库房周围杂草、垃圾、下水沟杂物等；做好库内清洁卫生；建立健全库内外清洁卫生制度，并认真贯彻执行；进入库内的装具用品清洗杀虫；库房门窗应严密；库房周围最好铺设水泥或沥青地面，搞好环境绿化；库内严禁吸烟、饮食等。

（3）控制温度、湿度防虫

文物害虫喜温畏寒、喜湿畏干，一般温度应控制在 15℃ ~ 18℃，相对湿度 65% 以下。

（4）做好文物藏品入库前的检疫与处理

由于文物来源于社会各个方面，文物遭受虫害的可能性和大小程度均有差别，加之害虫及其卵、蛹均很小，不易发现，因此入库前的检疫和杀虫是十分必要的。

（5）对文物进行定期检查

通过定期检查可以达到两个目的：一是及时发现虫害，及时处理；二是破坏害虫的生态环境。

（6）药物（驱虫剂）防虫

常用的主要有：①萘，俗称"卫生球"。易挥发，具有强烈的气味，可防棉、麻、丝绸、毛、皮革、竹木器、纸张等上面的害虫。②樟脑，为双环萜酮类物质，白色结晶体，极易升华，其作用与卫生球相同。③防蠹纸，是具有驱虫功效的一类纸，常用的有黄柏纸、铅丹防蠹纸（万年红）。此外，还有芸香、麝香、莽草等天然药材也可用来防虫驱虫。

2. 文物害虫的杀灭

（1）化学杀虫法

化学杀虫法是使用化学药剂引起害虫生理机能严重障碍以致死亡的方法。它具有杀虫速度快、作用时间短、杀虫彻底、方法灵活、受客观环境因素影响小等优点，缺点是可能会造成环境污染、对人畜具有一定的危害性。

化学杀虫剂种类很多，按药剂的形态可分为固体、液体、气体三种，按化学性质可分为无机杀虫剂、有机杀虫剂和植物杀虫剂，按药剂侵入虫体的途径可分为胃毒剂、触杀剂和熏蒸剂，按毒杀的作用方式可分为原生质毒剂、呼吸毒剂和神经毒剂。

化学杀虫剂应用于文物材料必须具备以下三个条件。一是对文物无副作用，保证文物材料安全及不受不良影响。二是杀虫效率高，能杀死从卵到成虫的各个阶段虫态；同时，对环境污染小，对人畜毒性小。三是具有良好的渗透性，能够把隐藏在文物材料深处的害虫（包括卵、蛹）全部消灭。

目前应用于杀虫的熏蒸剂较多。呼吸毒剂有溴甲烷、氰化氢、二硫化碳等，神经毒剂有磷化氢、敌敌畏、硫酰氟等，原生质毒剂有甲醛和环氧乙烷等。

①溴甲烷

常温下无色、无味，属无警戒性气体。难溶于水，易溶于乙醇、乙醚、苯等有机溶剂。能溶解脂肪、树脂、橡胶、颜料及漆，对金属、棉布、丝毛织品、木材等没有影响。溴甲烷对文物害虫的各个发育阶段都有较强的毒性，侵入虫体后，因水解而产生麻酸性毒物，使害虫发生累积性中毒；亦可刺激害虫神经，使之兴奋致死。同时，溴甲烷会抑制害虫的呼吸酶，使其呼吸率受抑制减弱。需注意的是，由于溴甲烷无警戒性，中毒可潜伏和累积至 $2 \sim 3$ 天或数星期、数月才有反应，所以对人特别危险。

②硫酰氟

常温下是无色、无臭、不燃、无爆炸危险的气体。400℃以下时化学性质稳定，150℃以下几乎不水解，但在碱性溶液中则迅速水解。硫酰氟蒸气对金属、纸张、皮革、纺织品等无腐蚀性。

硫酰氟是一种惊厥剂，最小致死浓度为650ppm，毒性较溴甲烷低。

③环氧乙烷

环氧乙烷是杀虫力较强的一种熏蒸剂。它进入虫体后转变为甲醛，并与组织中蛋白质上的胺基结合，抑制体内去氧化酶、去氢酶的作用，使害虫中毒死亡。

化学杀虫法的杀虫效果会受到以下几方面因素影响。①熏蒸剂的理化性质，如挥发性、扩散性、渗透性、燃烧性及比重等。②熏蒸环境条件，如密闭程度、温度、湿度、物体的吸附性等。③害虫的不同虫种、虫态和生理状态等。如不同虫种对药剂的敏感程度存在很大差异，卵、蛹抵抗力较强，而幼虫、成虫抵抗力较弱；处于越冬期、休眠期的害虫抵抗力较强，而处于春、夏季节的害虫抵抗力较弱。④害虫对化学药剂的抗性。

（2）物理杀虫法

物理杀虫法是利用物理方法破坏害虫的生理机能，使之死亡或不育的方法。它具有方便简洁、无残毒、不污染环境等优点。物理杀虫法主要有高低温杀虫法、射线辐照杀虫法、缺氧杀虫法等。

①高低温杀虫法

高温杀虫的原理是：高温时，害虫体内水分蒸发，新陈代谢急剧加快，呼吸率不断提高，体内氧过度消耗；高温使虫体内酶的活性消失，蛋白质凝固。高温杀虫一般可采用红外线辐照或微波辐照。

低温杀虫的原理是：长时间的低温会中止害虫的新陈代谢活动，在低温致死区内，害虫细胞内的游离水会溢到细胞间隙而结冰，造成细胞膜受到机械破坏，原生质脱水浓缩以致凝固。

② γ射线辐照杀虫法

γ射线能杀灭害虫的主要原因是促使害虫的行为反常，破坏机体组织，导致畸形变异，破坏胃肠功能引起新陈代谢失调而致死亡；另外可以造成雄性不育。

③缺氧杀虫法

就是将空气中的各种气体的正常比例加以调整，使氧气减少，氮气或二氧化碳增加，从而使害虫的正常活动受到抑制，直至害虫窒息死亡。目前经常采用的方法有真空充氮、置换充氮、二氧化碳杀虫等。

最后，有两点必须强调指出：一是本章只论述了几种最主要影响文物的环境因素。实际上，影响文物的环境因素是十分广泛而众多的。二是所有环境因素是相互交织在一起共同作用于文物材料的，其作用结果具有协同效应。

第四章 文物检测与分析仪器

第一节 文物检测在文物保护中的作用

文物是人类文化的历史遗存，它是历史发展和传统文化的载体，体现着先民们认识世界、改造世界的足迹。它具有历史、艺术、科学价值，而文物的价值仅从直观来看，并不能完全展现它的全部价值。怎样才能将文物的价值尽量多地展示出来呢？非常有效的办法就是文物检测与鉴定。文物检测内容非常丰富。通常情况下，文物检测可分为无损检测和有损检测。所谓无损检测分析，就是指不对所检测的文物带来任何宏观上的物理变化和潜在危害的检测分析技术。通过对文物的无损检测分析能够获取文物产地、制作年代、制作工艺等相关信息。无损检测是近年来随着 X 射线、红外线、紫外线、激光等技术的产生而逐渐发展起来的。

目前，文物检测分析主要是依靠现代科技检测仪器进行检测分析，通过对检测所得的数据和图谱进行分析，判断文物的组成成分、锈蚀成分等，便于进行定性和定量的分析判断。

一、文物检测分析的目的

（一）去伪存真

随着科技的进步和社会的发展，文物越来越受到人们的重视，文物在市场上的价值也越来越高。许多人受到利益的驱使，开始制作大量的文物复制品，进行造假、卖假活动，使得这些假冒文物流通到市场。还有一些文物，在物换星移的漫长岁月中，其本来面目已被掩盖，人们对它难以正确地认识，因此，文物检测分析，首要的任务就是去伪存真。

（二）病害分析

由于文物长期埋藏在地下，受环境影响，它们都会受到不同程度的腐蚀。被腐蚀的文物，在文物表面都会有不同程度的病害存在。不同材质的文物会出现不同的病害，不同的病害要有不同的去除方法和不同的保护修复方案。准确确定文物表面的病害，对于保护文物来说是至关重要的。只有做出正确的病害分析，才能得出正确的文物保护修复方案。不同材质文物的病害种类各不相同，即使相同材质的文物，因保存环境、保存条件不同也会出现不同的病害特征。而有些病害，是无法用肉眼发现和分析的。但是，如果这些病害不进行分析和防治的话，就会对文物造成更大的损害。发现病害、分析病害、寻找病害的防治方法是文物保护工作者的工作职责。

鉴于此，无损检测分析能够帮助文物保护工作者发现病害、分析病害和寻找防治病害的方法。目前，我们常见的无损检测分析方法有：X射线衍射分析、X射线荧光光谱分析、扫描电子显微镜、X射线光电子能谱分析、红外吸收光谱分析、拉曼光谱分析和电子探伤技术等。目前，已有许多科研院所、研究机构以及博物馆都配备有文物检测分析仪器。如：激光拉曼光谱分析仪、红外光谱分析仪、三维视频显微镜、X射线荧光光谱分析仪、色差分析仪、电导率分析仪等。

二、不同的检测方法在文物检测中的分析比较

（一）元素分析法

X射线荧光光谱法（XRF）是确定物质中微量元素种类和含量的一种分析方法。本法是利用X射线光子或其他微观粒子激发待测物质中的原子，使之产生特征X射线而进行物质成分分析和化学态研究的方法。经X射线照射后，物质中的原子被激发，放射出特征X射线的能量不同，以及特征X射线的数目与元素的浓度成正比，由此来进行定性和定量分析。

X射线荧光光谱法（XRF）所需的样品可以是固体，也可以是液体。它主要应用于元素的定性分析和定量分析，但在定量分析过程中，由于原子序数小于5的元素无法识别，这种方法只适用于原子序数大于或等于5的元素分析，也就是说可以对元素周期表上从硼到铀的元素进行检测分析。对于同一样品，可进行微量元素分析（即 10^{-6} 量级），也可进行主要元素和次要元素的常量测定。X射线荧光光谱法（XRF）不需要进行样品制备，固体样品和液体样品都可直接进行检测分析。

（二）成分分析法

1. 显微红外吸收光谱分析法

显微红外吸收光谱是分子振动光谱。当样品受到红外光照射时，分子吸收了一定频率的辐射，促使分子振动和转动能级从基态到激发态跃迁，从而使相对应于吸收区域的透射光强度减弱。记录红外光的百分透射与波数或波长的关系曲线就能够得到该样品的红外光谱图。通常红外吸收光谱仪用来鉴定未知物的结构组成或确定其化学基团，而吸收光谱的强度与分子组成或化学基团的含量有关，所以说显微红外吸收光谱可进行样品定量分析和纯度测定。

2. 显微激光拉曼光谱分析法

显微激光拉曼光谱是一种散射光谱。拉曼散射是指入射线光子与物质分子发生非弹性碰撞，在光子运动方向改变的同时，发生能量增加或损失的散射，并在入射光谱线附近形成拉曼光谱。

拉曼光谱分析所需的样品可以是固体、液体和气体。样品制备非常简单、易行。主要用于定性分析，不适于定量分析。拉曼光谱谱图较简单，谱峰尖锐。固体样品可直接检测，且样品需要量是微量的。

（三）表面形态分析法

1. 光学显微镜分析法

光学显微镜分析法有实体显微镜分析、金相显微镜分析和偏光显微镜分析。其中实体显微镜放大倍数较低，但可直接进行观察文物表面的细部特征，这对文物分析鉴定和文物保护工作非常重要，也是最常用和最基本的分析方法。

2. 视频显微镜分析

视频显微镜分析是视频技术与光学显微镜结合的一种便携式显微镜的分析方法。它可以 360 度全方位观察样品，同时可以实现各个侧面的实时动态图像。

3. 扫描电镜分析

扫描电镜分析是利用扫描线圈的作用，使电子束扫查样品表面，并与显像管电子束的扫描同步，通过在扫查过程中产生的各种信号来调制显像管的光点亮度，从而产生图像的方法。通常扫描电子显微镜附有 X 射线能谱和波谱分析装置，可在观察的同时快速得出该区域的化学成分，扫描电镜用于研究样品表面结构及成分。扫描电镜还具有较高分辨率和较大景深，这样就可清晰显示出粗糙样品的表面形态，并给出所测微区的成分信息。

三、文物无损检测分析方法在文物保护中的发展趋势

（一）检测技术快速化

非接触性、大面积扫描和快速自动化是今后文物无损检测分析方法的发展趋势。在文物保护过程中，快速有效地对文物进行检测分析是文物保护的重要手段，也是文物鉴定的重要依据。

（二）检测技术自动化

目前，已有部分检测技术实现自动化。随着信息技术的不断发展，文物的无损检测技术全面实现自动化将成为可能。这样可以大大提高文物检测效率，同时还可避免人为因素带来的不利影响。

（三）检测技术综合化

文物的无损检测技术将不再是单一的检测结果，而是将检测技术与光纤、CCD 和微机数字图像处理等技术相结合，形成非接触远距离的仪器检测。

文物的检测分析是文物科学研究的一个非常重要的研究方向，也是文物实现科学保护的一个重要的不可或缺的前期分析工作，为文物制订科学有效的保护方案提供正确的依据。

第二节 文物检测与文物保护工作相结合

一、文物检测与文物保护工作相结合的必要性

文物是一种不可再生的珍贵文化资源，是古代的社会文明成果的实物留存，反映了当时社会、经济、文化的发展水平和状况，体现了当时社会的文明程度，具有很高的科学、艺术和历史价值。保护文物资源具有重大而深远的社会意义。

文物保护作为一个古老的行业，一直以来处于一个较低的发展水平，作为一个传统的技艺形式在传承和发展。随着人们对文物认识水平的不断提高，传统的文物保护技术手段和方法已不能完全满足和达到对于文物保护的

要求。一方面体现在对文物价值的认识存在局限，文物的一些潜在信息利用传统的方法无法得到确认，必须利用更科学、先进的技术手段，帮助人们实现对文物价值认识的迫切要求。另一方面，对文物保存状况的认识，是进行文物保护的前提，是对文物病害的一个诊断过程。过去主要是以"望闻问切"的方式来判断，这些方法长期以来对我国的文物保护事业做出了不可磨灭的贡献。但是这些"诊断"和调查方法，具有很强的主观性，不同的人在认知上存在较大的差异，导致文物保护方法的选择出现不同的差异。是否能够选择正确的文物保护方案，关系到文物保存的寿命。并且，传统方法的主观差异性对于文物保护工作人员的交流也存在着巨大的障碍，不利于文物保护行业的开放和发展。要想得到正确的文物保护方案，还必须借助现代文物检测分析方法。现代文物检测手段的应运而生，正符合了文物保护工作的需求。

二、文物检测分析与文物保护工作的可行性

文物检测分析，相对于传统的分析方法具有很大的优势，主要体现在以下几个方面。一是文物检测仪器分析方法数据准确客观，尽可能地减少了人为因素的干扰。二是文物检测分析方法对样品量的要求越来越小，符合文物保护中的最小干预原则，可以实现最小或者避免对文物的破坏，特别是现在随着无损检测分析仪器和便携式仪器的不断更新，可以更好地满足检测分析手段对文物保护的要求。更为重要的是文物检测分析方法能够实现传统分析方法所不能实现的功能，对于潜在的信息能够进行深入挖掘，从而拓宽了人们的视野，丰富了人们对文物更深层次的认识。

一方面，随着检测分析技术的发展，以及装备制造水平的提高，分析仪器的精确和准确性也不断提高，对于样品的需要量越来越小，甚至可以实现原位分析，不需要对文物进行取样，也就是说对文物进行无损检测，就可得到文物的准确信息。而传统的分析方法需要的样品量至少是克，甚至要求几十克、上百克，现代检测仪器分析技术仅需要几毫克甚至几微克的样品量就能达到分析的目的。例如，大腔体 X 射线荧光光谱仪，面探测器 X 射线衍射技术都能够实现文物的原位检测。另一方面，检测分析仪器也逐渐向小型轻便化方向发展，能够满足文物的现场检测要求。对于不可移动文物或者移动不方便的文物，分析检测则要求在现场实地进行，便携式的检测分析设备正好满足现场检测的要求。

三、文物检测分析方法与文物保护工作的结合前景

文物保护作为一个传统的行业，必须与文物检测分析方法进行结合，才能丰富和加深对文物的认知，才能更好地服务于文物保护事业，才能使文物保护工作更加科学规范地进行。另外，文物保护对文物检测分析手段的要求能促进仪器装备制造以及仪器分析方法的创新。两者的结合对于两者的发展都是一个新的契机，特别是文物保护领域，新技术、新方法的运用，必将会有一个更高水平的提升。

第三节 常用文物检测分析仪器

中国是有着 5000 年悠久历史的文明古国，我们的祖先用自己勤劳的双手创造了许多精美的艺术品，这些都是不可再生的，随着时间的推移，都已成为珍贵的历史文物。面对如此巨大的财富，我们这一代人有权利有义务把它们保护得更好。只有依靠科学技术、依靠现代科技检测手段对文物进行检测分析，才能制订合理的保护修复方案，才能使这些珍贵文物更持久地保存下去。现有文物种类较多，按材质分为三大类：第一类是与动、植物材质有关的木制品、纤维、纸张等有机质文物；第二类是金属制品、陶瓷、石器等无机质文物；第三类是混合材质。无论哪一种材质的文物都需要在实施保护前对材质与构造方面进行分析。但每一类材质的文物都要制定合理的检测分析方法，例如，对金属元素组成进行定性和定量分析时，要采用 X 射线荧光光谱仪进行分析；再用 X 射线衍射分析仪对元素的存在形式进行分析，同时对 X 射线荧光光谱仪的检测分析结果加以佐证，从而得出合理的检测分析结果，为制订合理的保护方案提供科学依据。

一、显微共焦激光拉曼光谱仪

激光拉曼光谱仪是用来分析物质组分、结构等的一种有效光谱分析手段，其原理是入射激光会引起分子（或晶格）产生振动而损失（或获得）部分能量，致使散射光频率发生变化，而对散射光进行分析，即是拉曼光谱分析，它可以探知分子的组分、结构及相对含量等。

拉曼光谱的优点是快速、准确、便捷，通常对检测样品（固体、半固体、液体或气体）的需求量非常少，样品制备简单甚至不需样品制备。光谱信号

往往处在可见光或近红外光范围，这就意味着样品可以包封在任何激光透明的介质内，如玻璃、塑料。拉曼光谱与其他分析技术联合使用，检测的准确率更加准确。

（一）显微共焦激光拉曼光谱仪的构成

显微共焦激光拉曼光谱仪由几部分组成：主机、激光器、共焦显微镜、CCD 探测器、共焦附件及软件控制、计算机、XYZ 三维手动平台。

主机：主机包括主机机箱、机架、风冷内控式点光源等。其中机箱是由显微镜、光路光学元件及 CCD 探测器等主要部件组成，它们都坚固地整合到热膨胀系数几乎为零的特殊合金材料做成的机架上，构成一个整体，不需要外加任何衬板与显微镜和光谱仪连在一起。机箱内有一系列的光学元件支持激光反射到显微镜的聚焦平台上。

激光器：激光是由激光器发出的，目前使用最多的激光器有 532nm 激光器和 785nm 激光器。532nm 激光器，50mW，要求点光源，没有边带峰；785nm 激光器，80mW，到达样品表面的功率不小于 30mW。532nm 激光器激发的拉曼频移范围是 $100 \sim 9\,000\mathrm{cm}^{-1}$，785nm 激光器激发的拉曼频移范围是 $200 \sim 3\,100\mathrm{cm}^{-1}$。

目前，国内使用最多的显微共焦激光拉曼光谱仪都是用激光作为光源。显微共焦激光拉曼光谱仪的结构较简单，主要由激光器、反射镜、透镜、样品池、单色器、检测和记录系统等组成。

激光是拉曼光谱仪最理想的光源，它具有单色性好、方向准直性好、能量大、相干性好等优点。同时，由于激光的发散度极小，所以可传输很长的距离而保持原有光斑的大小基本不变。因此，激光光源可以放在距离样品很远的地方，这样可消除因光源靠近样品而导致的热效应。

显微共焦激光拉曼光谱仪可用的激光器种类繁多，目前已有数百种材料可用于制造激光器。根据所用的材料不同，激光器分为气体激光器、固体激光器、半导体激光器和染料激光器四大类。气体激光器又分为原子气体激光器（包括各种惰性气体激光器和金属蒸气激光器，目前常用的是氦—氖激光器）、离子气体激光器（氩、氪、氙、氯、氖、氧、碘、汞等离子气体激光器）、分子气体激光器和准分子激光器。固体激光器主要是红宝石激光器，在 20 世纪 60 年代主要用红宝石激光器，由于红宝石价格昂贵，目前较少使

用。半导体激光器是用半导体材料做的激光器，这种激光器效率高、体积小。染料激光器是用染料

作为激活介质的可调激光器，也是目前最常用的激光器，其输出的激光可在较宽的波长范围内连续平稳地调节，染料激光器可以覆盖整个可见光。

共焦显微镜：共焦显微镜通常使用一体化整合的高稳定性、研究级、开放式显微镜，显微镜具有可拆卸的平台底座，配有 $10 \times$、$20 \times$、$50 \times$、$100 \times$ 等常规物镜，反射和透射照明系统，彩色摄像头，XYZ 手动样品台。因此，它适应各种体积样品的检测。它的聚焦方式采用调节显微镜的物镜，不需调节样品台。

共焦附件及软件控制是指支持共焦技术的光学部件，不依靠电学选择 CCD 区域就可实现光学上的真正共聚焦。软件控制共焦孔径，在 $10 \sim 100 \mu m$ 内连续可调，能达到最好的空间分辨率和最佳信号水平。在使用 100 倍物镜时，空间分辨率可达到 $1 \mu m$。

CCD 探测器：CCD 探测器是一种硅基多通道阵列探测器，可以探测紫外光、可见光和近红外光。因为它是高感光度半导体器件，适合分析微弱的拉曼信号。

计算机：可实现快速采集、连续扫描的采集模式。

XYZ 三维手动平台：可实现样品的三维移动。

（二）显微共焦激光拉曼光谱仪的工作原理

因拉曼光谱是与分子振动和转动能级有关的光谱，所以研究拉曼光谱可以得到分子的结构信息，是研究分子结构的主要手段。在拉曼散射被发现后的数年时间内，拉曼光谱在分子结构研究领域发挥了巨大的作用。激光作为拉曼光谱仪的激发光源，具有输出功率大并且能量集中、单色性和相干性好等优点。强而细的激光束入射到样品表面，即可获得信号较强的拉曼散射光谱。拉曼光谱具有制样简单、单次扫描范围广、可用水作为溶剂而不会对拉曼散射造成影响等优点。分子振动时，若分子偶极矩改变，则产生红外光谱而不产生拉曼光谱；若分子极化率改变，则产生拉曼光谱而不产生红外光谱。因此，红外光谱和拉曼光谱是分子结构研究领域内不可缺少的两种测试分析手段。

拉曼散射峰和瑞利散射峰的频率是不同的，它对称地分布在瑞利散射

峰的两侧。拉曼散射光相对于入射光频率即瑞利散射光频率的改变量称为拉曼频率位移，简称拉曼位移。频率发生变化的这种散射效应称为拉曼效应。在散射光中，频率发生变化的谱线称为拉曼光谱线，这些谱线的整体称为拉曼光谱。以拉曼散射为基础发展起来的光谱学，称为拉曼光谱学；用激光作为光源的拉曼光谱称为激光拉曼光谱。

拉曼散射光谱具有一些特点：①每一种物质（分子）有自己的特征拉曼光谱，因此，拉曼光谱可以用来表征这一物质。②拉曼位移（即入射光频率与散射光频率之差）与散射物质有关，与入射光频率无关。③拉曼谱线的峰宽一般较窄，并且成对出现，即具有数值相同的正负频率差。在大于入射光波长（即波数小）一边的拉曼线称为斯托克斯线；在小于入射光波长（即波数大）一边的拉曼线称为反斯托克斯线。斯托克斯线与反斯托克斯线成对地出现。④拉曼频率位移的数值可从几个波数到 3 800 波数。⑤一般拉曼光谱频率（或波数）的范围，与红外吸收光谱的范围相同，是分子内部振动和转动频率。⑥拉曼谱线的强度和偏振性质，对于各条谱线是不同的。⑦成对的反斯托克斯线与斯托克斯线的强度比值小于 1，并且此比值和拉曼位移有关。温度越低，反斯托克斯线越弱，比值越小；拉曼频率位移越大，此比值越小。⑧在分子做拉曼散射的同时，还有比拉曼散射强几个数量级的瑞利散射，其波长与入射光的波长相同。⑨拉曼效应普遍存在于物质的分子中，无论是气体、液体还是固体。

拉曼光谱是分子振动光谱，从本质上讲分子振动光谱讨论的是电磁辐射与分子体系相互作用的过程。分子中不对称分布的电子能形成永久偶极矩，而对称的电子分布在平衡态，没有永久偶极矩。在外电场的作用下，分子会产生电偶极矩。按照经典电磁理论，光就是电磁波。单色入射光辐射到样品时，使分子产生振荡的电偶极矩。这个振荡的电偶极矩又可视为一个辐射源，发射出瑞利散射和拉曼散射光。

（三）显微共焦激光拉曼光谱仪的操作规程

1. 开机

打开总电源。

打开计算机。

打开主机机箱开关。

打开计算机显示屏桌面上的拉曼软件。

打开 532 nm、785 nm 激光器电源。

2. 校准

激光拉曼光谱仪使用标准硅片进行校准，按以下操作步骤进行校准。

用鼠标双击 WiRE 2.0 图标，进入仪器工作软件环境。

检查激光光斑是否正常：把标准硅片放置在载物台上，用 50 倍物镜，将计算机显示器屏幕上的图像调整至清晰，关掉灯光，打开激光观察按钮，检查激光光斑是否在十字中心位置。如果不在，则需要进行光斑的调节，直到光斑处于十字中心位置为止。

从显示器屏幕主菜单中依次选择 Measurement—New—New Acquisition 设置实验条件。然后进行静态取谱（Static），中心 520 Raman Shift cm1，Advanced—Pinhole，设为 in。

用 50 倍的物镜、1s 曝光时间，100% 激光功率进行采谱。取得标准硅片的光谱后，需对它进行拟合与校准。使用曲线拟合（Curve fit）命令检查峰位。

拟合。

3. 测试

将待测样品放在载玻片上置于载物台上。

打开灯光和观察开关，先粗调再微调，直到被测样品图像清晰为止。

设置测试条件。点击设置按钮，设置静态或连续扫描，设置主峰中心位置或扫描范围，选择光栅：（532nm 对应 1800 Line/mm，785nm 对应 1200 Line/mm），选择激发光源，设置共焦程度（分常规和高共焦两种选择），在 Acquisition 界面设置曝光时间的累积次数、激光功率。

在 Advanced 界面中设置是否使用针孔。选 In 为使用，Out 为不使用。

选择完成后，按 Apply 键，应用当前设置条件，点击 OK，关闭设置窗口。

测试条件设置完成后，则准备测试。点击采谱按钮进行采谱，即执行 Measurement—Run 命令。采谱完成后，如谱图信噪比小，应进行峰强度的调整。调整峰强度有两种方法：方法一，增加扫描次数和扫描时间；方法二，点击测试所得的谱图，找出最大峰的位置，把它调整使之变大，再点击采谱按钮进行采谱，得到较为真实的谱图。

4. 谱图处理

得到测试样品的谱图后，并不能直接使用，因为在测得的谱图中含有一些杂质峰，必须予以去除，否则会导致对其他材质的错误判断。

去除宇宙射线杂峰：点击 Zap 去除宇宙射线等已知的杂峰。

进行算术运算：对当前谱图进行数学运算处理。如加、减、乘、除、对数等。

平滑处理：对测试所得的谱图进行平滑处理。

基线校正：它是在不影响谱峰的情况下，把倾斜的基线处理为水平。具体做法是：在测得的谱线中，执行 Subtract Baseline 功能，在光谱基线点击鼠标左键设置多点；点击鼠标右键可进入属性对话框，在 Baseline Type 选项框可设置校正基线多次曲线类型；调整每一个校正点使得曲线连续光滑，并符合原始数据的基线趋势；点击 Apply 键应用当前操作。基线校正的原则是校正数据点的连线平行于实际基线，使校正后的谱线不产生假峰、不隐藏真峰。

5. 谱图信息栏的设置

凡是以 wxd 为扩展名的光谱文件都保存了光谱采集时的仪器设置参数，这些参数可从 Analysis—Information Viewer 显示。在保持光谱打开状态下点击此命令，在光谱画面中的下半部分会出现新的窗口，显示默认的参数项，显示内容可参照下面的流程进行定制。

在"Information Viewer"窗口空白处点击鼠标右键，进入"属性—设置"。

在"Information Viewer"属性—设置中 Layout 栏输入自定义的视图名称，然后点击右侧的"Add"按钮添加。

选择需要显示的信息名称，然后点上面的"Add"按钮添加。每一个信息项点击一次添加。

所有信息项添加完成后，从这里可查看或去除不需要使用的信息项。注意：Creation Time 显示的是不正确时间，而 File Created 显示的才是正确时间。

设置完成后，点击"应用"按钮。

6. 谱图分析

点击谱图库图标，在谱图库中查找与已测样品相似的谱图，找到与已测样品最相近的谱图，查找该样品名称，即可得到样品分子成分。在谱图库中，如果未发现与已测样品相匹配的谱图，谱图分析则相对复杂，只能进行资料查找或上网查找已有的谱图库进行比对，最后得到样品分子组成。

7. 关机

关闭 532 nm、785 nm 激光器电源。

关闭计算机显示器上的软件。

关闭主机开关。

关闭计算机电源。

关闭总电源。

8. 注意事项

必须严格遵守操作规程，进行测试工作，严格按照开关机顺序进行开关机操作。

严禁样品碰触显微镜镜头。

严禁除操作人员以外的任何人员倚靠仪器以及仪器台面。

二、X 射线荧光光谱仪

X 射线荧光光谱仪是利用 X 射线荧光光谱分析技术确认样品表面所含的元素百分比例。它可以根据 X 射线的发射波长及能量确定具体元素，并通过测量相应射线的密度确定此元素的百分含量。因此，X 射线荧光光谱仪可以测定样品的元素构成。在仪器进入分析模式时则可以对合金元素组成做全面的分析，它采用基本参数的数学分析方法以及基于最小与最大等级标准的匹配，确定各个成分的百分含量。样品中金属元素的百分含量由仪器自动校准生成，不需要操作者额外提供其他标准。操作者除了可以使用 X 射线荧光光谱仪本身具备的数据库外，还可以自行添加另外的数据标准。

（一）X 射线荧光光谱仪的构成

X 射线荧光光谱仪通常由激发光源、分光系统、探测器、仪器控制部分和数据处理系统等构成。

1. 激发光源

激发光源通常用 X 射线管作为 X 射线荧光光谱仪的光源，X 射线管是由一个高电压下工作的二极管组成，它包括一个发射电子的阴极灯丝和一个收集电子的阳极靶等组成。X 射线管中的灯丝和靶极密封在真空罩内。激发源的功率在 4W ~ 1 600W，靶型有侧窗和端窗，靶材有 Rh、Cr、W、Au、

Cu、Ag等，便携式X射线荧光光谱仪主要用放射性核素源。

2. 分光系统

分光系统是由晶体分光器组成。

3. 探测器

探测器是将X射线荧光光量子转变为一定形状和数量的电脉冲。

（二）X射线荧光光谱仪的工作原理

当用X射线照射到样品表面时，样品可以被激发出不同波长或者不同能量的X射线荧光。这就要求把不同波长或不同能量的X射线区分开，并分别进行测量不同波长、不同能量X射线的强度，从而进行定性和定量分析。

从原子的内部结构进行分析，当原子受到X射线光子（原级X射线）或其他微观粒子的激发使原子内层电子电离而出现空位，原子内层电子重新配位，较外层的电子跃迁到内层电子空位，并同时放射出次级X射线光子，此即X射线荧光。较外层电子跃迁到内层电子空位所释放的能量等于两电子能级的能量差。X射线荧光的波长对不同元素有不同的特征，特征光谱满足莫塞莱定律。

所激发出的X射线既有一定的波长，又带有一定的能量。因此，X射线荧光光谱仪分为两种基本类型：波长色散型和能量色散型。

无论是波长型色散光谱仪还是能量型色散光谱仪，它们都需要用X射线管作为激发光源。

X射线管中的灯丝和靶极密封在抽成真空的金属罩内，灯丝和靶极之间加到40V的高压后，灯丝发射的电子经高压电场加速撞击到靶极上，产生X射线。X射线管产生的一次X射线，作为激发X射线荧光的辐射源。只有当一次X射线的波长短于受激发元素的吸收限时，才能激发出X射线荧光。

X射线管的靶材和工作电压决定了可有效激发受激元素的一次X射线的强度。管工作电压升高，短波长一次X射线比例增加，所产生的X射线荧光的强度也会增加。

X射线管产生的X射线照射到样品上时，激发出样品元素的特征X射线。X射线管消耗一部分功率转变成热能使X射线管升温，因此，在正常工作过程中，必须对靶极进行不断冷却。

X射线照射到晶体表面后可产生光，再由光电倍增管放大后，得到脉冲信号。这种脉冲信号被仪器的记录系统记录下来，记录后的数据用于分析其元素组成。

X 射线荧光光谱分析具有以下特点。第一是分析速度快，只需要几十秒至几分钟就可同时分析样品中的多个元素。第二是分析准确度高，用于物质成分分析一般可达 $10^{-3} \sim 10^{-6}$ g/g；用质子激发时检出限可达 $10 \sim 12$ g/g。第三是无损检测，这对于文物样品分析至关重要。第四是分析范围广，可测定包括原子序数 $Z \geqslant 3$ 的所有元素。第五是制样简单，对于固体、粉末、液体甚至气体样品都可进行分析。第六是除用于物质成分的定性、定量分析外，X 射线荧光分析还可用于原子的基本性质如氧化数、离子电荷、电负性和化学键等的研究。

（三）X 射线荧光光谱仪的操作规程

1. 开机

接通总电源。

打开主机上的电源按钮，这时主机上的电源指示灯亮。

打开掌上计算机的电源开关。

用手写笔点开掌上计算机屏幕左上角的"Start"。

2. 仪器初始化、标准化

在"Start"下拉菜单中，找到"Innov-X"，并用手写笔点击。

出现一个选择语言界面，用手写笔选择"Chinese"。

再用手写笔点击这个界面中的"Start"。

这时屏幕中出现合金分析模式，用手写笔点击合金分析模式下的"分析"。

这时仪器会要求进行"初始化"，用手写笔点击，等待初始化完成。

初始化完成后，屏幕上出现要求进行"标准化"，用手写笔点击，等待标准化完成。

标准化完成后，屏幕中出现一个标准化数值，这个数值在 200 ~ 300 范围内，说明仪器正常；如果不在这个范围，说明仪器不正常，需要重新调试到这个范围方可使用。

3. 合金分析测试

"标准化"完成后，用手写笔点击"OK"。

这时掌上计算机屏幕中出现"准备测试"。

打开发射孔上的盖子。

将发射孔对准待测样品上的待测点。

用手写笔点击掌上计算机屏幕上的"准备测试"或用食指扣动测试扳机。

这时仪器上的红灯在闪烁，说明仪器正在测试状态，仪器和待测样品保持不动，直到测试完成。

测试完成后，仪器上的红灯不再闪烁；掌上计算机屏幕上显示"测试完成"，之后会显示"正在计算"。

待计算完成后，会在屏幕上显示出测试结果。

测试结果通常有"元素组成""谱线图"等，这时可根据需要选择确定。

保存测试结果。

4. 数据输出

将掌上计算机从仪器上取下，用数据线与计算机连接。

打开计算机中的"我的电脑"，找到"掌中电脑"图标，并双击。

找到"存储卡"文件夹，并双击。

再找到"2577"文件夹，并双击，然后找到保存的文件名。

打开这个文件，并保存在指定位置。

5. 关机

用手写笔点击掌上计算机屏幕左下角的第一个图标，在下拉菜单中找到"退出"并点击，直到完全退出为止。

关闭掌上计算机的开关。

关闭仪器上的电源按钮。

拔掉总电源开关。

6. 注意事项

严禁将激光发射孔偏斜或对准人体。

当发射孔前方的膜损坏时，请及时更换，不得用破损的膜进行测试。

及时保存检测数据。

三、红外光谱仪

红外光谱仪是鉴别分析物质结构的一种检测手段，目前已广泛应用在各种物质的鉴别中。它扫描速度快、分辨率强。更重要的是携带方便、精度高，适合在不同的环境下进行精确测量。

（一）红外光谱仪的构成

红外光谱仪由光源、吸收池、单色器、检测器及记录显示装置构成。

（二）红外光谱仪的工作原理

所谓红外光谱就是指分子振动转动光谱，红外光谱的波长在可见区和微波区之间，即波长在 $0.75 \sim 1\,000\,\mu m$ 范围内产生的电磁辐射，根据波长范围的不同，红外光谱可分为三个区域。

红外光谱的产生是有一定条件的，当一定频率的红外光照射分子时，如果分子中某个基团的振动频度与它相同，则二者会发生共振现象，光的能量通过分子偶极距的变化传递给分子，这个基团就吸收了一定频率的红外光。当分子吸收了红外光后，分子会从中获得能量，使分子的振动加剧，从而使分子振幅增大，分子从原来的基态振动能级跃迁到较高的振动能级，这样就得到了该物质的红外光谱。但是，如果红外光的振动频率与物质的分子基团的振动不相同，则红外光不被该物质所吸收，相应地分子的振动能级也不会增大，其结果是不会得到红外光谱。因此，如果连续用不同频率的红外光照射同一物质时，红外光在通过该物质时，其中一些区域较弱，另外一些区域则较强，在较强的区域内，则会把分子吸收的红外光记录下来，形成该物质的红外光谱图。

在红外光谱中，基团的振动形式通常可分为两类：伸缩振动和弯曲振动。伸缩振动又分为对称伸缩振动和不对称伸缩振动；弯曲振动又分为面内伸缩振动和面外伸缩振动，但每一种振动形式都有它特定的振动频率。分子的振动类型和强度，与组成分子的原子质量、形成分子的化学键类型以及分子的空间结构有着密切的关系。对于有机化合物而言，通常是由多原子组成，所以它的红外吸收光谱的谱带较多，有的可达到 30 个吸收谱峰。

影响基团振动频率变化的直接因素是原子的质量和化学键的力常数。原子的质量越小，则振动频率越高。当红外光照射到样品表面时，在满足红外辐射光量子的能量等于分子振动能级的能量差和分子振动时，偶极距的大小和方向必须有一定变化，当两个条件同时满足时，物质吸收红外光才能发生振动和转动能级的跃迁。当一个红外光子作用于分子时，由于红外光子的波长远远大于分子的体积，可以视为分子处于均匀的电场中。

样品中分子的振动形式有：双原子分子的振动和多原子分子的振动。

首先，双原子分子的振动。它的振动与连接两个小球的弹簧相同，其振动类似于简谐振动。

发生振动能级跃迁所需能量的大小取决于键两端原子的折合质量和键的力常数，也就是说取决于样品分子的结构特征。

化学键越强，则伸缩力常数也越强（即键的力常数越大），原子的折合质量越小，化学键的振动频率越大，吸收峰则会出现在高波数区域。

其次，多原子分子的振动。多原子分子的振动较为复杂，其中包括多原子、多化学键、多原子空间结构，但多原子分子的振动可以分解成多个简谐振动的组合来分析研究。该分子的任何振动都可视为简谐振动的线性组合。通常情况下，振动分为两种：伸缩振动和弯曲振动。所谓伸缩振动就是原子沿化学键轴方向伸缩，在振动过程中，键长发生变化而键角不变的振动。而弯曲振动则是键角发生变化，而键长不变的振动。

但是，往往同一个基团的不同振动形式会产生一组同时存在的相关峰。比如，羧基的相关峰包括羰基伸缩峰、羟基伸缩峰、碳氢伸缩峰、羟基面内弯曲峰和羟基面外弯曲峰共五个相关吸收峰。当五个相关峰同时存在时，才能确定样品中有羟基的存在。特征吸收峰可用于鉴定官能团的存在，但必须由一组相关峰作为旁证加以说明。

常见的有机化合物基团频率经常出现在 $4\,000\ cm^{-1} \sim 400cm^{-1}$。其中 $4\,000\ cm^{-1} \sim 1\,300\ cm^{-1}$ 是高波段官能团区，$1\,300\ cm^{-1}$ 以下属于低波段指纹区。官能团区所产生的吸收峰是由伸缩振动产生的，基团的特征峰通常情况下出现在该区域，容易分辨。而指纹区包含了不含氢的单键伸缩振动、各键的弯曲振动及分子的骨架振动。指纹区的特点是振动频率相差不大，振动耦合作用较强，容易受邻近基团的影响。分子结构稍有不同，该区的吸收峰就会有细微差别，这个区域称作指纹区。

依据基团的振动形式，官能团可分为以下四个区。

$4\,000cm^{-1} \sim 2\,500cm^{-1}$ X—H 键伸缩振动区

$2\,500cm^{-1} \sim 2\,000cm^{-1}$ 三键、累积双键伸缩振动区

$2\,000cm^{-1} \sim 1\,500cm^{-1}$ 双键伸缩振动区

$1\,500cm^{-1} \sim 1\,300cm^{-1}$ C—H 键弯曲振动区

基团频率也就是说红外光谱谱峰的位置是由化学键的力常数决定的。同时，分子结构和样品所处的外部环境也对其频率有一定影响，相同基团的吸收峰位置并不总发生在固定的频率。这主要是由于受样品的内部因素和外部因素的影响，内部因素主要有电子效应、氢键效应。电子效应就是引起化学键电子分布变化的效应，它可再细分为诱导效应、共轭效应、中介效应。氢键效应是指形成氢键使电子云密度平均化，使体系能量下降，基团伸缩振动频率降低，其强度增加但峰形会变宽，使伸缩振动频率向低波数方向移动。外部因素主要有样品状态及制样方法、溶剂效应。样品状态由固态向气态变化，其波数将增加，因此，某一种物质在不同状态下的红外光谱是不同的。溶剂效应是指极性基团的伸缩振动频率通常随着溶剂极性增加而降低。

红外光谱在测试已知样品时，可直接与标准图谱对比进行验证。

（三）红外光谱仪的操作规程

1. 样品准备

要建立定性分析模型，首先需要准备待测样品，一般每个样品在不同位置检测 3 ~ 5 个点，得到相应的红外光谱数据，再进行比对。

2.Set Group IDs

通过计算机设置：首先将仪器用 USB 线连接计算机，打开 X：pHAZIR（X）\Config\ 目录下的"Group IDs.csv"文件（X 是 pHAZIR 的盘符），在第一栏"〈O〉"这一项下面依次输入需要的 ID 保存即可。

3. 数据采集

打开仪器进入主界面，在"Application Select"下选择"Collect"应用集，然后按照仪器提示校证背景。在检测每一个样品之前首先要选择相应的 Group ID，按"Config"键进入仪器主界面，然后进入"Set group ID"，选择相应 ID 之后会跳回仪器主界面，这时按"Exit"键返回数据采集界面。如果你选择的 ID 出现在界面左上方则表示选择成功，接下来就可以进行样品测量，通常每个样品测量 3 ~ 5 次。重复以上操作完成所有样品的测量。

4. 数据传输

数据采集完毕重新将仪器连接到计算机上，打开 X："pHAZIR（X）"根目录，采集的数据保存在"Collect-data.csv"文件中。

5. 建立和存储定性模型

打开 pHazir MG 软件，点击"Read pHzr"打开"Collect-data.csv"文件，右边可视界面中会显示数据的谱图，找到并选择所采集的数据，将其与数据删除。如果之前没有设置 Group ID 可通过"Edit Group ID"选项进行设置，然后通过"Edit Y-Value"为每一组数据指定 Y 值。

数据处理，在 Prsrprocess 区域选择需要的数据处理方法之后按"Pre-Process"即可完成。

点击"Perform"进行直线拟合，从右上方的可视界面中可直观观察直线的实际效果，通过"Plot"右面的下拉菜单可选择作图。

点击"Create PLS Application"，创建模型文件，在跳出的窗口中填写或更改相关信息（例如 Title 等），之后点击"OK"按钮即可保存模型文件，模型文件必须保存在"pHAZIR"根目录下的"Application"文件夹中。

四、X 射线衍射光谱仪

特征 X 射线及其衍射 X 射线是一种波长很短（0.06 ~ 20nm）的电磁波，能穿透一定厚度的物质，并能使荧光物质发光、照相机乳胶感光、气体电离。用高能电子束轰击金属靶产生 X 射线，它具有靶中元素相对应的特定波长，称为特征 X 射线。X 射线衍射光谱仪是用于矿物种类的鉴别和测定。X 射线衍射分析 X 射线的波长为 10 ~ 3 nm 数量级的电磁辐射，介于紫外线和 γ 射线之间。在 X 射线照射下，每种结晶质矿物都能产生具有各自特征的衍射光谱。

（一）X 射线衍射光谱仪的构成

1. X 射线源

提供检测分析所需稳定的 X 射线。通过改变 X 射线管阳极靶材质可改变 X 射线的波长，达到调节阳极电压可控制 X 射线源的强度。

2. 调整机构系统

提供样品及样品的位置取向。值得注意的是被测样品必须是单晶、粉末、多晶或微晶的固体块。

3. X 射线检测器

提供检测所需 X 射线的衍射强度和衍射方向。

4.测量记录系统

通过测量记录系统可以得到被测样品的X射线衍射图谱和检测数据。

5.衍射光谱图的分析处理系统

通过X射线衍射光谱图的分析处理系统，运用分析处理软件，可获得所测样品的定性、定量分析。

通常情况下，X射线衍射光谱仪主要由X射线发生器、衍射测角仪、辐射探测器、测量记录系统、控制操作和运行软件的电子计算机系统构成。

（二）X射线衍射光谱仪的工作原理

X射线衍射光谱仪是利用晶体形成的X射线衍射对物质内部原子在空间分布状况的结构进行分析的方法。当具有一定波长的X射线照射到结晶性物质上时，X射线因在结晶内遇到规则排列的原子或离子而发生散射，散射的X射线在某些方向上相位得到加强，从而显示与结晶结构相对应的特有的衍射现象。

衍射是波在传播过程中经过障碍物边缘或孔隙时所发生的传播方向弯曲现象。衍射现象是波特有的现象，所有的波都会发生衍射现象。

X射线和可见光一样属于电磁辐射，但其波长与可见光相比要短得多，介于紫外线与γ射线之间。X射线通过物质时，一部分光被散射，一部分被吸收，另一部分透过物质继续沿原来的方向传播。只有相干散射才能产生衍射。对于任何一种结晶物质，其内部质点总是在三维空间呈周期性地重复排列，重复周期与X射线的波长属于同一数量级，因此当X射线经过晶体时，晶体便作为一个三维光栅而产生衍射效应。

衍射图谱中的每一个衍射峰都满足布拉格方程。

不同物相的多晶衍射光谱，在衍射峰的数量、位置及强度等方面都会存在不同的现象，也就是物相特征，于是在衍射现象与晶体结构之间建立起定性和定量的关系。

五、真空充氮消毒机

真空充氮消毒机用于对博物馆、档案馆等的藏品进行杀虫、灭菌、消毒处理。

（一）真空充氮消毒机的构成

真空充氮消毒机是由真空室、空气压缩机、冷冻干燥机、制氮机、真空泵和 PLC 控制系统组成。

整个设备的工作由 PLC 编程处理器完成自动监测、自动控制。同时备有自动、手动两套操作程序。总电源开启后，设备进入自动工作状态，即自动完成关门、锁门、抽真空、制氮气、充氮气、充氮置换、自动保压、自动放气等，所有参数均可通过触摸显示屏显示出来。手动操作时可实现单项操作，即开门、关门、开锁、关锁、抽真空、制氮气、充氮气、放气中的任意一项。手动操作，可以满足不同的需求。整套控制系统由西门子电器组成。

（二）真空充氮消毒机的功能

隔氧功能：保证该设备在工作状态下的氧气含量 ≤ 2%。

蒸发功能：消毒过程中能使虫体内液体蒸发，破坏成虫、幼虫、虫卵、虫蛹的蛋白质。

低温功能：随着消毒过程能使虫体内的水分大量蒸发，虫体表面的温度急剧下降。

灭虫功能：能 100% 杀灭藏品中的成虫、幼虫、虫卵、虫蛹。

杀菌功能：对于耗氧性菌能 100% 杀灭，对于厌氧性菌及丝状霉菌能阻断其生长、滋生、繁殖。

自动加湿功能：氮气在注入消毒室内时，通过自动加湿器加湿，保证消毒室内的湿度在 35% ~ 60% 之间，湿度值可自行设定。

制氮机内装有内置式安全阀，在气体超压时自动排压。

空气储气罐装有安全阀，在气压超过 0.8MPa 时，安全阀自动打开，保证储气罐内气体压力在 0.8MPa 以内。

真空消毒室装有安全阀和自动程序控制排压系统，真空消毒室内的压力保证在 0.13MPa 以下，安全系数提高两个等级。

主要设备故障报警显示可通过程序自动切断总电源，显示报警，并精确显示故障项目。

（三）真空充氮消毒机的工作原理

任何生物都必须在有氧状态下才能生存，在缺氧或无氧环境中不能存活。真空充氮消毒机利用这一规律通过变压吸附空气中的氧气来分离出氮气，使样品周围及样品内部充满高浓度的氮气，虫卵以及其他微生物因缺氧而无法存活，从而达到了消毒杀菌的目的。

真空充氮消毒机由变压吸附制氮系统和吸附塔等组成。变压吸附制氮系统由空压机、后冷却器、冷干机、空气缓冲罐、三级过滤器组成。空压机是用来提高空气的压力，为变压吸附制氮提供稳定压力的空气源。后冷却器是用来降低压缩空气温度，并除去压缩空气中的大部分水分。冷干机是用来进一步降低空气中的温度和空气中油的含量，使进入变压吸附的压缩空气具有较低的露点。三级过滤器是在压缩空气进入吸附塔管道上，装有三级过滤器，主要用来彻底清除进入吸附塔的压缩空气中油、水和悬浮固体颗粒。

怎样才能实现产生氮气呢？真空充氮消毒机的关键环节是制氮。它采用碳分子筛吸附进行制氮。碳分子筛是一种碳素吸附剂，是由碳组成的多孔隙物质，孔隙结构是无序堆积的碳素结构。碳分子筛是非计量化合物，它的重要性质是基于它的微孔结构。碳分子筛分离空气的能力，取决于空气中各种气体在碳分子筛微孔中的不同扩散速度，或者说是碳分子筛对不同气体的吸附能力。在平衡条件下，碳分子筛对氧和氮的吸附量是非常接近的。但氧分子通过碳分子筛微孔系统的狭窄空隙时，其扩散速度远远比氮分子快得多。基于这一原理，在远离平衡条件下，使氮分子在气相条件下得到富集。

变压吸附是无热源吸附过程，碳分子筛对被吸附的氧分子因其压力升高而增加，因压力下降而减少。碳分子筛加压时吸附，减压时放出被吸附的组分，促使碳分子筛再生，形成循环操作。

碳分子筛制作氮气的工艺流程是当空气经过空气压缩机、后冷却器、冷干机、过滤器去除油、水后，进入空气缓冲罐，然后再进入由二塔并联组成的变压吸附制氮机内，塔内装有分子筛。在短时间内氧分子被碳分子筛大量吸附，而氮分子吸附很少，这样，在气相中就富集了大量的氮气，产生的氮气进入缓冲罐，而氧分子则留在分子筛中。被吸附的氧分子则从碳分子筛中逸出，经消音器排空，使分子筛得到再生。重复上述步骤，如此循环不断产生氮气，氮气缓冲罐中的氮气经减压阀、出口截止阀至样品仓内直至样品仓充满氮气。

（四）真空充氮消毒机的操作规程

开机前的准备工作，主要检查各元器件是否完好，各连接件是否紧固，各油路是否有渗漏现象。

接通总电源，接通空压机、冷干机、制氮机的电源。

设定好压缩空气出口压力，通常为 0.85 MPa。

打开冷却水，启动空压机、冷干机，打开管道上的空气入口阀。

待空气缓冲罐压力升高至 0.7 ~ 0.8 MPa 后，启动变压吸附制氮机。观察制氮系统是否切换（可根据压力表的指示变化情况及工作流程动作指示确定）。

打开氮气出口阀，调节减压阀至出口压力，打开取样阀，调节流量为 400 mL/min，观察测氧仪氧含量指标，注意取样流量不能过大，压力为 0.1 ~ 0.2MPa，大约半小时后，进入稳定状态，调节氮气出口流量调节阀，可对氮气纯度进行一定调节。

如此循环往复操作 3 ~ 4 次，微生物会因缺氧而失去生命力，从而达到消毒的目的。

停机。断开空压机、冷干机的电源；关闭压缩空气出口阀，待排气管充分排气后，切断制氮机的电源；将压缩空气缓冲罐的排污阀打开，排出储罐内的积水或积油；切断总电源，关闭所有阀门。

真空充氮消毒机利用碳分子筛制氮的方法来进行消毒杀菌，消毒杀菌效果良好。值得注意的是，由于真空充氮制成的是高纯度的氮气，氮气可以致生物和微生物死亡。同样，高纯度的氮气也不能支持人的生命，环境中如果含有 85% 或更多的氮气，人就会在短时间内因窒息而死亡。所以，在操作真空充氮消毒机时，必须注意，要确保环境中的氧气含量足以供应人的呼吸需要。如果是在封闭的空间，则必须进行适当的通风。

六、X 射线探伤机

X 射线探伤机是利用 X 射线能穿透物质和在物质中有衰减的特性来发现物质内部缺陷的一种无损探伤方法。X 射线可以检查金属与非金属材料及其制品的内部缺陷。例如陶瓷文物的内部裂缝以及金属焊缝中的气孔、夹渣、未焊透等体积性缺陷。

（一）X 射线探伤机的构成

X 射线探伤机主要由控制器、X 射线发生器、电源电缆、连接电缆及附件等组成。X 射线探伤机的穿透能力取决于 X 射线探伤机的容量，即 X 射线探伤机的管电压。管电压越高，X 射线越硬，能量越大，穿透能力就越强，穿透能力与管电压的平方成正比。另外，在相同的管电压下，还与被检验工件材质的密度等性质有关，也就是与被检验工件对 X 射线的衰减能力有关。对于钢铁等重金属以及较厚的工件，因其对 X 射线的衰减能力较强，故应选择管电压较高的 X 射线探伤机；而对于铝、镁等轻金属和较薄的工件，可以选择管电压较低的 X 射线探伤机。

XXG-2505 型 X 射线探伤机的特点是 X 射线发生器体积小，阳极接地，风扇强迫制冷，操作方便，重量轻，便于携带。

X 射线探伤机的主要技术参数：管电压、输入电源容量、X 射线管的焦点尺寸、辐射角度、X 射线发生器的尺寸 320mm × 320mm × 320mm、最大穿透厚度 40mm。

（二）X 射线探伤机的工作原理

X 射线具有穿透性，它能穿透可见光不能穿透的物质。它穿透能力的强弱与 X 射线的波长和被穿透物质的密度、厚度有关。X 射线波长越短，它的穿透力越强；被穿透物质的密度越低，厚度越小，则 X 射线穿透力越大。由于 X 射线具有穿透性，所以它还广泛用于检测样品内部的宏观几何缺陷。另外，X 射线还有一个性质，它能使胶片感光。当 X 射线照射胶片时，与普通光线一样，能使胶片乳剂层中的卤化银产生潜象中心，经过显影和定影后就会黑化，接收 X 射线越多的部位黑化程度越高，这是 X 射线的照相作用。因为 X 射线与普通光线比，普通光线对卤化银的感光作用更强。所以 X 射线探伤机就是通过 X 射线穿透试件，用胶片记录信息的检测方法。

X 射线探伤机的工作原理是从 X 射线管中产生 X 射线，X 射线管是二极电子管。它是将阴极灯丝通电使电子在真空中放出，如果在两极之间加几千伏甚至几百千伏的电压，电子就会从阴极向阳极方向加速飞行，从而获得极大的动能，并转换成 X 射线能。电子是从阴极移向阳极，而电流则是从阳极流向阴极，这个电流的调节是通过灯丝加热进行的。管电压是靠调节 X 射线装置的主变压器进行调节的。而 X 射线探伤机是通过整流后的电压经 LC 滤波回路滤波后变为平滑稳定的电压，这个电压经可控硅斩波后回路变成频率可变的单方向脉冲，送给高压脉冲变压器作为 X 射线发生器的电源，保证提供给 X 射线管电流电压的稳定。有了稳定电压，X 射线发生器就会发射出具有一定穿透力的 X 射线。发射出的 X 射线具有一定的穿透力，同时还具有电离作用，当 X 射线通过物质时，其中一部分射线被物质所吸收，吸收的这部分射线可使组成物质的分子分解成正负离子，离子的多少与物质吸收的 X 射线的多少成正比。

X 射线透过样品时，会产生吸收现象。例如，当金属铸件在压铸过程中，零件成型质量的优劣往往会因工艺参数、车床状况的不同而有很大差异。相应地成型后零件的厚度、致密性等也会不同。当 X 射线照射零件时，零件致密的地方和有缺陷的地方吸收和透过 X 射线的量的多少也会有很大差别。因此，零件质量致密度与缺陷都会在透视荧光屏上出现亮与暗的差别。

X 射线探伤机主要由控制器、X 射线发生器、电源电缆、连接电缆及附件等组成。X 射线发生器为组合式结构。它包括 X 射线管、高压变压器（包括灯丝绕组）、温度继电器、气体压力表、连接电缆插座、报警灯插座、X 射线管冷却风扇。高压变压器（包括 X 射线管灯丝绕组）与绝缘气体（SF_6）一起封装在桶状铝壳内。X 射线发生器一端装有风扇和散热器，作为冷却用。所有绝缘气体（SF_6）对于高压有良好的介电性能。报警灯用于报警，它若闪亮表示仪器正在产生 X 射线。其中 X 射线管是完全防电击式设计，X 射线管阳极接地，承受单向脉冲电压。X 射线发生器设有温度继电器，一旦出现温度过高的现象，能使控制台自动切断高压，以确保仪器的安全。X 射线发生器的两个端环可使其立放、卧放，在搬运及高空作业时可作搬抬用途。

X 射线探伤机属于无损检测，它应用非常广泛，可用于材料测试、食品检测、制造业、仪器仪表等的检测。在材料测试方面，主要用于合金铸件的收缩孔、缺料、多孔砂眼、裂缝、异型、夹杂物等的检测；可塑型材的呼吸孔、缺料、多孔砂眼、裂缝、异型、夹杂物等的检测；涡轮的百叶损坏、夹杂物、裂缝、阻塞等；管道的壁厚测量、裂缝、夹杂物、收缩孔、多孔砂眼、腐蚀状态等的检测；焊缝的裂缝、虚焊、结构缺陷、夹杂物等的检测；制造业的玩具异物、组装缺陷、缺少零件的检测；鞋的异物、脱线、脱胶、皮革断裂等的检测；电器、仪器、仪表自动开关电缆断裂、连接件缺陷、缺少零件、加热元件破裂的检测；加热元件电缆断裂、短路、焊点脱落等检测；热水器电线断裂、缺少零件、连接件缺陷的检测；节能灯灯丝缺陷、电线断裂、连接件缺陷、玻璃灯罩缺陷、缺少零件、组装不完整、小片断裂、焊点缺陷、焊接点位置错误等检测；汽车零部件中有夹杂物、断裂、有缺陷等的检测。

（三）X射线探伤机的操作规程

X射线是一种波长很短的电磁波，X射线探伤仪是利用X射线穿透物质和在物质中有衰减的特性来发现物质内部缺陷的一种无损探伤方法。X射线可以检查金属与非金属材料及其制品的内部缺陷。

1. 对操作人员的要求

X射线探伤仪操作人员必须接受专业培训，并取得国家质量技术监督局I级以上的射线检验人员资格证书方可进行X射线探伤仪的操作。操作人员必须严格按照仪器的操作规程操作X射线探伤仪。

2. 开机前的准备工作

检查X射线探伤仪的操作箱及各部件是否正常，是否有螺栓松动或脱落现象，各个线路是否有破损现象，检查各部件均正常后方可进行开机操作。另外，根据被检测样品的材料和厚度选取合适的曝光条件。

3. 开机顺序

将X射线出射窗口对准被检测样品，且集光罩与样品的被检测部位方向一致；用对焦器调整X光机的集光罩对准被测部位，固定好X射线探伤机。

打开控制器电源开关，电源灯亮，冷风机开始工作。

曝光过程。①设置好相应的参数后，按"开"键，此时"曝光开始"进入曝光状态。②如已设置延时，此时进入曝光延时状态，当延时倒计时到"0"时，自动进入曝光状态。③当曝光时间倒计时到"0"时，曝光结束。

4. 关机顺序

曝光时间结束后，X射线探伤仪自动切断高压输出。

关闭电源开关。

七、超声波清洗机

超声波清洗机的主要用途是利用超声波产生微小的振动达到对文物的清洗作用。超声波清洗机具有清洗效果好、清洗速度快、环保等特点，它能利用超声波的振动将文物表面上的污垢清洗干净。它可在8h内连续工作。超声波清洗机槽内采用优质不锈钢板焊接而成。

（一）超声波清洗机的构成

超声波清洗机主要由超声波发生器、换能器和辅助系统构成。超声波发生器是将工频电转变成28kHz以上的高频电信号，通过电缆输送到换能器上。超声波换能器固定在清洗槽的底板上，清洗槽内装满水，当换能器被加上高频电压后，陶瓷元件在电场作用下产生振动。

超声波换能器是将电能转换成强有力的超声波振动，在产生超声波振动时，振幅很小，只有几微米，但加速度非常大。水槽上装有许多个换能器，施加相同的频率和电能时，能形成较大能量的往复振动。这种振动可以将样品中的泥沙、污垢等清洗出来，达到清洗的目的。

（二）超声波清洗机的工作原理

超声波清洗机的工作原理是利用超声波发生器所发出的高频振荡信号，通过换能器转换成高频机械振荡而传播到清洗溶液中。超声波在清洗溶液中疏密相间地向前辐射，使液体流动而产生数以万计的微小气泡，这些气泡在超声波纵向传播的负压区形成、生长，而在正压区迅速闭合，在这种被称为"空化"效应的过程中，气泡就像一连串的小"爆炸"不断地冲击物件表面，使物件表面及缝隙中的污垢迅速剥落，从而达到物件表面净化的目的。用超声波清洗物件时不会对其材质和精度造成任何影响。

（三）超声波清洗机的操作规程

1. 开机

检查设备各部分是否完好。

接通主机电源。

2. 注水

按压主机前面的进水按钮，向水箱内加入适量的水，水位不得低于20cm。正常情况下以一半以上为适宜水位，再根据需要加入适量的清洗液。

将需要清洗的物品放入清洗网架上。

3. 超声清洗

接通超声波发生器电源。

打开超声波发生器开关。

旋开超声频率旋钮，调整到适宜的频率。

仪器开始超声清洗。

清洗时间根据被清洗物的污垢情况确定，一般以 20 ~ 30min 为宜。

4. 排水

清洗完成后，首先应关闭超声波发生器开关。

打开排污阀门，按主机前面的排水按钮，设备开始排水。

水排完后，再按下主机前面的排水按钮，排水结束，排水按钮恢复原状。

从网架上取出清洗好的物品。

用清水将水箱清洗干净。

保持水管畅通、水箱内干净。

5. 关机

关闭主机电源。

关闭总电源。

6. 注意事项

在使用该仪器时，电源必须有接地装置，否则易有漏电或其他不安全因素发生。

在清洗过程中，物件放入清洗槽内，切勿将物件直接放入清洗槽底部，也不得碰撞底部的换能器。

使用适当的清洗化学试剂，必须与不锈钢制造的超声波清洗机相适应，不得使用强酸、强碱以及挥发性、腐蚀性的化学药剂。

水溶液或其他各种有腐蚀性液体不得浸入清洗器内部。

在清洗过程中水溶液不慎误食或误入眼睛，须立即用大量清水冲洗并及时就医。

严禁在水位低于槽深的三分之一的位置时，打开超声旋钮。

槽内无水时，严禁开启电源及超声波发生器。

八、体视显微镜

体视显微镜，又称"实体显微镜"，是一种具有正像立体感的显微镜。广泛应用于样品表面观察、失效分析、断口分析等。

（一）体视显微镜的构成

体视显微镜由物镜、目镜、镜筒、载物台组成。

体视显微镜是文物分析和文物保护工作最常用的分析仪器之一。其结构简单、价格便宜、适用性强、操作简单，它能够将文物样品的实体放大，便于观察。它配备有 $0.7\times$、$0.8\times$、$1\times$、$1.25\times$、$1.6\times$、$2\times$、$2.5\times$、$3.2\times$、$4\times$、$5\times$、$6.3\times$、$8\times$、$10\times$、$11.5\times$ 共 14 个不同放大倍数的物镜。可以观察到从文物的本体轮廓到釉面的气泡排列等，同时可以由同步 CCD 在计算机上呈现出图像，便于分析。

（二）体视显微镜的工作原理

通过物镜，样品成像后的两束光被变焦镜分开，并组成一定的角度，称为体视角，一般为 12°～15°，再经各自的目镜成像。它的倍率变化是由改变中间镜组之间的距离而获得，利用双通道光路，双目镜筒中的左右两光束不是平行的，而是具有一定的夹角，为左右两眼提供一个具有立体感的图像。它实质上是两个单镜筒显微镜并列放置，两个镜筒的光轴构成相当于人们用双目观察一个物体时所形成的视角，形成三维空间立体视觉图像。

（三）体视显微镜的操作规程

打开电源开关，打开载物台上的灯光开关。

调节调焦旋钮的松紧度。

将样品放在样品台上。

旋转变焦手轮直到清晰。

调节瞳距，直到样品清晰为止。

关闭载物台上的灯光开关。

关闭总电源。

九、视频显微镜

视频显微镜属于观察文物样品表面细微特征的显微镜，它同时具有连续拍照和连续摄像的功能。

视频显微镜与普通显微镜之间的区别：视频显微镜具有显微摄像功能，能把观察到的显微效果保存下来，形成图文文件；普通显微镜只能通过目镜观察，不能进行显微摄像。

视频显微镜与计算机相接，可以实现多人同时观察；普通显微镜只能一人观察。

视频显微镜通过计算机屏幕预览，可以减少眼睛疲劳；普通显微镜则需要每时每刻通过目镜观察，容易造成眼睛过度疲劳。

视频显微镜的成像装置有测量、打印图文报告、录像等功能；普通显微镜只能单纯地进行显微观察。

视频显微镜是现代科学仪器、仪表发展的一个新时代，具有很多普通显微镜没有的功能，它在科学研究、产品检测、教学演示、考古等方面都有广泛的应用。

十、大视野显微镜

大视野显微镜是一种视场较大的新型显微镜，它呈现的图像清晰，观察舒适，操作方便，立体感强。

（一）大视野显微镜的构成

大视野显微镜由光源、物镜、目镜、万能支架等组成。

（二）大视野显微镜的性能

工作环境：室温 0℃ ~ 40℃，相对湿度 ≤ 85%，工作制为连续运行。

实体光学成像，并配备有 2×、4×、6×、8×、10×、15× 的 6 个不同放大倍数的物镜，可任意转换。它具备人性化设计，使得在长时间操作的情况下操作人员不会发生眼部疲劳，操作灵活自如，工作效率高。同时，它还具有超长工作距离、超大的景深和超宽的视野。它安装方便，可直接固定在桌面上，将观察头部自由转动，伸展范围可达 850mm，方便观察超大面积物体且支架稳重，滑动自如。

（三）注意事项

注意显微镜额定输入电压值，必须与当地供电电压相等。

不要拆卸显微镜上的零部件，避免触电或损坏显微镜。

不要将易燃物质靠近灯泡。

更换灯泡时，只能更换规定规格的带杯卤素灯泡（12V，20W）。

十一、金相显微镜

金相显微镜比大视野显微镜和实体显微镜的放大倍数要高得多，它可以放大几千倍，是专门用于观察金属和矿物等不透明物体金相组织的显微镜。

（一）金相显微镜的构成

金相显微镜主要由物镜、目镜、载物台、转换器、光源、传动系统等组成。

（二）金相显微镜的工作原理

金相显微镜和普通显微镜的主要差别在于前者是反射光，而后者是透射光照明。在金相显微镜中照明光束从物镜方向射到被观察物体表面，被物面反射后再返回物镜成像，这种反射照明方式也广泛用于集成电路硅片的检测工作。

（三）金相显微镜的操作规程

接通电源。

将样品放在载物台上。

用低倍物镜观察样品，直到调清晰。

记录观察到的样品信息。

观察完毕后，将样品从载物台上卸下。

关闭电源。

注意事项：①严禁自行拆卸光学元件；②严禁用手指直接接触显微镜镜头的玻璃部分；③严禁将显微镜的灯泡插头直接接在 220V 电源插座上；④在粗调转动手轮时，速度不得过快。

十二、金相试样切割机

在金相试样制备过程中，材料的切割是试样制备的第一道工序。为了保证切取最佳试样，切割机采用高速旋转的薄片增强砂轮来切取试样。为避免在切割过程中试样出现高热现象，切割机配有冷却系统，用来带走切割过程中产生的热量，从而保护了试样的安全。

（一）金相试样切割机的构成

金相试样切割机是由砂轮片、电机、锯架、支架、夹片等组成的。

（二）金相试样切割机的操作规程

1. 切割前的准备

将本机平置于稳固的工作台上，在安装时，前面应略高于后面以利于排水。

安装好进水管与排水管。

将排水管通向下水道，并注意排水处应低于机体排水口。

插头插入电源插座，并检查电源电压是否与电机规定电压相符，接地是否安全可靠。在启动电动机后，电动机轴转向应按顺时针方向转动（即切割火花向下），如转向不符应立即调整转向。

2. 砂轮片的拆卸与更换

先将固定罩壳的螺钉拆下，再将罩壳向后揭开。

先用一扳手嵌入轴套两平面将轴套卡住，再用另一扳手嵌入轴套前端螺母上，双手用力来拧紧或松开螺母，以实现装拆砂轮片的要求。因螺母是左旋螺纹，装拆时必须注意旋向。

对新装的砂轮片必须先空转几分钟，以保证操作安全。

3.试样的装夹

用支撑板支持锯架使其不落下。

将切割样件放在锯架钳口前面再顺时针旋转轧紧螺杆，将试样轧紧，如必要时可用板柄再进一步轧紧。

切割完毕后，将锯架抬起到一定高度，支撑板便自动将锯架支撑在一定位置，这时可取下样件。

十三、金相试样镶嵌机

试样的镶嵌是制作试样磨抛前的一道工序。为便于在金相显微镜下进行观察，对于微小或不规则的试样，必须进行镶嵌，才能进行磨抛操作。

（一）金相试样镶嵌机的构成

金相试样镶嵌机由加热器、温控器、上模、下模、手轮、底座等组成。

（二）金相试样镶嵌机的操作规程

接通电源开关。

放入待镶嵌样品并镶嵌：①将需镶嵌的试样放在下模上；②逆时针转动手轮，使下模下降到极限位置；③在钢模套腔内加入填料（电玉粉或胶木粉）；④放入上模，合上防护盖板，旋紧八角旋钮；⑤顺时针转动手轮，使下模上升，直到压力指示灯亮；⑥恒温一定时间，使试样成形，直到压力指示灯灭；⑦逆时针转动手轮使下模下降，松开八角旋钮及盖板；⑧顺时针转动手轮，下模上升，直到可取出试样的位置方可停止；⑨可在防护盖板的小窗口处观察上模和试样顶出的位置；⑩取出试样。

关机：①清扫钢模套腔体；②放入上模，逆时针转动手轮使下模下降，合上防护盖板，旋紧八角旋钮；③关闭电源。

（三）注意事项

试样压制加温，其成形压力主要靠压簧的蓄能来自动调整补偿，因此在加压时必须加压至压力指示灯亮，如在试样压制过程中加压力指示灯不亮，必须再加压到指示灯亮，以免造成试样由于压力不足而不能成形导致报废。在试样压制过程中，加热温度和恒温时间及压力与填料材质是压制好试样的关键，故一定要达到不同材料的热固温度和恒温时间。

十四、金相试样预磨机

在金相试样制备过程中，试样的预磨，是制作金属试样必不可少的工序。将试样预磨后，可以在很大程度上提高试样制备的效率。

（一）金相试样预磨机的构成

金相试样预磨机由电动机、机体、磨盘、砂纸等组成。

预磨机的电动机固定在机体上，通过三角皮带传动带动轴的转动。磨盘套在轴上，砂纸放在磨盘内，砂纸和磨盘通过螺钉的传递与轴一起转动。当接通电源后，磨盘即可平衡地转动。打开水阀旋钮，水即可通过水管流入盘中，以达到降低温度的目的。

（二）金相试样预磨机的操作规程

接通电源开关。

打开水阀旋钮。

接通磨盘旋转开关，进行试样的磨光工作。

磨光工作完成后，关闭磨盘旋转开关，关闭水阀旋钮，关闭电源开关。

注意事项：严禁使用普通砂纸，必须选用水砂纸。

十五、金相试样抛光机

在金相试样制备过程中，试样的抛光是非常重要的一道工序。经过抛光后的试样，可达到光亮如镜面的效果。

（一）金相试样抛光机的构成

金相试样抛光机由电动机、机座、抛光盘、水管、保护罩等构成。

电动机紧固在机座上，锥套用螺钉固定在电动机轴上，抛光盘安装在锥套上，抛光织物粘贴在盘面上，电动机通过锥套上的螺钉传递转矩。当接通电源时，抛盘就能平稳地转动，打开调节水阀门，水就会通过水管流在抛盘上。在抛光时被抛出的废液，就会沿着保护罩及盘的排水口排出。

（二）金相试样抛光机的操作规程

取下上盖、保护罩和套圈，做好清洁工作。

将抛光织物粘贴在抛光盘上，并在粘贴前先在盘上抹上少量机油。为保证使用安全，通常情况下呢绒类织物采用粘贴法，将织物牢固粘贴在盘面上，使用前将织物润湿。

将保护罩紧压在盘内，并在织物表面滴上适量的抛光液，接通电源后，即可进行抛光作业。

在不使用时应及时盖上塑料盖，避免污物落入抛光盘内。

注意事项：不允许使用破损的织物进行抛光作业。

十六、复合气体检测仪

复合气体检测仪用于检测一氧化碳（CO）、水蒸气（H_2O）、氧气（O_2）、二氧化硫气体（SO_2）、氨气（NH_3）、氯气（Cl_2）六种气体在空气中的含量是否符合标准要求。它带有内置吸气泵以及有数据记录功能的手持式气体检测仪，最多可同时携带五个不同的气体传感器。当远端采样管不小心卷曲或吸入液体时，内置的智能吸气泵会自动停止吸气并发出警报。

（一）复合气体检测仪的构成

复合气体检测仪由吸力泵、传感器、锂电池、LED 组成。

复合气体检测仪具有自动背光显示，便于在黑暗环境下使用，配备有可燃气 LEL/VOL 传感器，可进行双量程检测。它内置强力吸气泵，便于区分环境中的六种气体的浓度。它配备有大容量锂电池和碱性电池，工作时间加长。它还配备高亮度 LED 及响亮声音报警，可实现超过警戒浓度报警。高容量数据采集，可直接进入密闭空间进行检测。

（二）复合气体检测仪的操作规程

按电源开关键，听到"嘟"的声音后，复合气体检测仪启动。

先将仪器拿到清新的空气中进行自检。自检完成后，当显示屏中只有氧气有百分含量，其他气体百分含量都为零时，方可进行检测。

将仪器拿到待测的环境中开始检测。当有任何一种气体成分超过报警浓度时，复合气体检测仪背景灯会自动闪烁。

检测完成后，应到清新的空气中停留几分钟。

按电源开关，关闭电源。

注意事项：当检测的有害气体超标时，应尽快离开检测现场。

十七、色差仪

色差仪的应用较为广泛，适用于测量各领域的反射色和色差。它可以实现待测物表面不均匀的检测，如粒状物、织物、木材、石头、砖块等，它还具有独特的 50mm 特大孔径，用来测量各类样本。

（一）色差仪的构成

色差仪由探头、光导纤维电缆、微处理器、数据处理器组成。色差仪包含有数据处理机、大屏幕背光显示屏（可以数字或图形方式显示测量数据）及内置高速热敏打印机。

（二）色差仪的特点

按照色差基准色设定按钮名称，在设定操作程序和进行色差测量时简便易行。同时还可使用测量头单独测量，从数据处理机上取下测量头即可单独测量。另外，由于测量头单体可与计算机连接到一起，可代替数据处理机直接通过计算机操作。

（三）色差仪的操作规程

取下镜头盖。

打开电源至"ON"。

按样品目标键"Target"，屏幕显示 Target L、a、b。

将镜头口对准样品的被测部位，按下录入工作键，等听到"嘀"的声响后，方可移开镜头，此时显示样品的绝对值。

再将镜头对准需检测样品的被测部位，重复测试工作。

由 dL、da、db 判断两者的色差大小和偏色方向。

重复检测被测样品。

测试完成后，盖好镜头盖，关闭电源。

十八、电导率仪

电导率仪用于测量液体的电导率值。电导率仪是多量程仪器，能够满足从去离子水到海水等多种检测要求。电导率仪能够提供自动温度补偿，并能设置温度系数，因此能够用于测量温度系数与水不同的液体样品。

（一）电导率仪的构成

电导率仪由电导电极和电计（电子单元）组成。电计采用了适当频率的交流信号的方法，将信号放大处理后换算成电导率。电计中装有与传感器相匹配的温度测量系统，能补偿标准温度电导率的温度补偿系统、温度系数调节系统、电导池常数调节系统，以及自动换挡功能等；电导电极装有热敏元件。

（二）电导率仪的工作原理

电导率是物体传导电流的能力。电导率仪的测量原理是将两块平行的极板放到被测溶液中，在极板的两端加上一定的电势（通常为正弦波电压），然后测量极板间流过的电流。根据欧姆定律，电导率（G）是电阻（R）的倒数，由导体本身决定。因为电导池的几何形状影响电导率值，标准的测量中用单位电导率 S/cm 来表示，以补偿各种电极尺寸造成的差别。单位电导率（C）是所测电导率（G）与电导池常数（L/A）的乘积。

（三）电导率仪的操作规程

1. 开机前的准备工作

将多功能电极架插入多功能电极架插座中。

电导电极安装在电极架上。

用蒸馏水清洗电极。

2. 开机

电源线插入仪器电源插座。

按电源开关，接通电源，预热 30min 后，进行测量。

3. 电导率的测量

首先正确选择电极常数，正确选择电导电极常数对获得较高的测量精度是非常重要的。可配用电极常数为 0.01、0.1、1.0、10 共四种不同类型的电导电极。

仪器在使用前必须进行电极常数的设置。电极常数设置方法为：根据电极上所标的电极常数值调节仪器。按三次模式键，此时为常数设置状态，屏幕显示"常数"两个字，在温度显示数值的位置有数值闪烁显示，按"△"或"▽"，闪烁数值显示 10、1、0.1、0.01 的程序转换。

如果已知电导电极常数为 1.025，则选择"1"并按"确认"，此时在电导率、TDS 测量数值的位置有数值闪烁，按"△"或"▽"，闪烁数值显示在 1.200 ~ 0.800 的范围变化。

如果已知电导电极常数为 1.025，按"△"或"▽"键将闪烁数值显示为"1.025"并按"确认"键，仪器回到电导率测量模式，至此校准完成。

4. 温度补偿的设置

当仪器接上测试电极时，该温度显示数值为自动测量的温度值，即温度传感器反映的温度值，仪器根据自动测量的温度值进行自动温度补偿；在仪器没有接上温度电极时，该温度显示数值为手动设置的温度值，在温度值手动校准功能模式下（按"模式"键两次），可以按"△"或"▽"键手动调节温度数值上升、下降并按"确认"键，确认所选择的温度数值。当选择的温度数值为待测溶液的实际温度值时，测量得到的将是待测溶液经过温度补偿后折算为25℃下的电导率值；如果将温度补偿选择的温度数值设定为25℃，那么测量的将是待测溶液在该温度下未补偿的原始电导率值。

5. 常数、温度补偿设置完毕后，就可直接进行测量

在测量过程中，显示值为"1-"时，说明测量值超出量程范围，此时，就按"△"键，选择大一挡量程，最大量程为10ms/cm；在测量过程中，显示值为"0"时，说明测量值小于量程范围，此时应按"▽"键，选择小一挡量程，最小量程为 20 μs/cm。

6. 注意事项

为保证仪器的测量精度，必要时在仪器使用前，用该仪器对电极常数进行重新标定。同时，应进行电导电极常数标定。

在测量高纯水时应避免污染，正确选择电导电极的常数并最好采用密封、流动的测量方式。

因温度补偿是采用固定2%的温度系数补偿的，故对高纯水测量尽量采用不补偿方式进行测量。

仪器的 TDS 按电导率 1 ：2 的比例显示测量结果。

为确保测量精度，电极使用前应用小于 0.5 μs/cm 的去离子水（或蒸馏水）冲洗两次，然后用被测试样冲洗后方可测量。

电极插头座要防止受潮，避免造成不必要的测量误差。

7. 电导电极的清洗与储存

电导电极的储存：当光亮的铂电极、镀铂黑的铂电极长期不使用时，应储存在干燥的地方。但镀铂黑的铂电极在使用前必须放入蒸馏水中数小时后方可使用，经常使用的镀铂黑的铂电极可以放入蒸馏水中存放。

电导电极的清洗：可以用含有洗涤剂的温水清洗电极上的有机成分污垢，也可以用酒精清洗。钙、镁沉淀物最好用10%的柠檬酸清洗。光亮的铂电极，可以用软刷子机械清洗。但在电极表面不可以产生刻痕，绝对不可

使用螺丝刀等硬物清除电极表面。对于镀铂黑的铂电极，只能用化学方法清洗，用软刷子机械清洗时会破坏镀在电极表面的镀层。

十九、酸度测定仪

酸度测定仪主要用于精密测量各种溶液的酸度（pH值）。当配上相应的离子选择电极时，还可测量对应离子浓度的电极电位mV值。仪器配有输出接口。配上记录仪后，可用于记录分析溶液的动态和电位滴定。

（一）酸度测定仪的构成

酸度测定仪由一个参比电极、一个玻璃电极和一个电流计组成。该电流计能在电阻极大的电路中测量出微小的电位差。

（二）酸度测定仪的操作规程

1. 开机前的准备工作

将多功能电极架插入多功能电极架插座中。

将pH复合电极安装在电极架上。

将pH复合电极下端的电极保护套拔下，并且拉下电极上端的橡皮套使其露出上端的小孔。

用蒸馏水清洗电极。

2. 标定

测量时，电极插座处拔掉短路插头。

测量时，电极插座插入复合电极。

如不用复合电极，则在测量电极插座处插入玻璃电极插头，参比电极接入参比电极接口处。

打开电源开关，按"pH/MV"按钮，使仪器进入pH测量状态。

按"温度"按钮，显示为溶液温度值（此时温度指示灯亮），然后按"确认"键，仪器确定溶液温度后回到pH测量状态。

把用蒸馏水清洗过的电极插入pH=6.86的标准缓冲溶液中，待读数稳定后按"定位"键（此时pH指示灯慢闪烁，表明仪器在定位标定状态）使读数为该溶液当时温度下的pH值，然后按"确认"键，仪器进入pH测量状态，pH指示灯停止闪烁。

把用蒸馏水清洗过的电极插入pH=4.00（或pH=9.18）的标准缓冲溶液中，待读数稳定后按"斜率"键（此时pH指示灯闪烁，表明仪器在斜率标定状态）使读数为该溶液当时温度下的 pH 值，然后按"确认"键，仪器进入 pH 测量状态，pH 指示灯停止闪烁，标定完成。

用蒸馏水清洗电极后即可对被测溶液进行测量。需要注意的是：标定的缓冲溶液一般第一次用 pH=6.86 的溶液，第二次用接近被测溶液 pH 值的缓冲液。如被测溶液为酸性时，缓冲溶液应选 pH=4.00，如被测溶液为碱性时，则选 pH=9.18 的缓冲液。

3.测量 pH 值

被测溶液与定位溶液温度相同时，测量步骤为：①用蒸德水清洗电极头部，再用被测溶液清洗一次；②把电极浸入被测溶液中，用玻璃棒搅拌溶液，使溶液均匀，在显示屏上读出溶液的 pH 值。

被测溶液和定位溶液温度不相同时，测量步骤为：①用蒸馏水清洗电极头部，再用被测溶液清洗一次；②用温度计测出被测溶液的温度值；③按"温度"键，使仪器显示为被测溶液温度值，然后按"确认"键；④把电极插入被测溶液内，用玻璃棒搅拌溶液，使溶液均匀后读出该溶液的 pH 值。

4.测量电极电位

把离子选择电极和参比电极夹在电极架上。

用蒸馏水清洗电极头部，再用被测溶液清洗一次。

把离子电极的插头插入测量电极插座处。

把参比电极接入仪器后部的参比电极接口处。

把两种电极插在被测溶液内，将溶液搅拌均匀后，即可在显示屏上读出该离子选择电极的电极电位（mV 值），还可自动显示"正""负"极性。

如果被测信号超出仪器的测量范围，或测量端开路时，显示屏不亮，做超载报警。

使用金属电极测量电极电位时，插头接入测量电极插座处，夹子与金属电极导线相接。或用电极转换器，电极转换器的一头接测量电极插座处，金属电极与转换器续器相连接，参比电极接入参比电极接口处。

二十、木材水分测试仪

木材水分测试仪主要用于纸张、纸板、纸箱、木材等含水量的测试。

（一）木材水分测试仪的构成

木材水分测试仪由液晶显示屏、测量探针、电池、探针保护罩等组成。

木材水分测试仪的特点是反应速度快、准确率高，数字及符号单位同时显示，读取方便。读数后，具有读值锁定功能，可随时锁定测量值。

（二）木材水分测试仪的工作原理

木材水分测试仪采用微波测量技术，可在1s内确定样品中的绝对水分。测量结果的准确性高，不受产品中所含颗粒、颜色及任何矿物质的影响。木材水分测试仪是利用微波通过物质时被吸收而产生微波能量衰减的原理制成的。

（三）木材水分测试仪的操作规程

安装有效的电池。

效准：将温度保持开关置于E挡，按"ON"键。

测定：将电极探针插入待测定的木材样品中，插入深度为板厚的1/4～1/5，圆形木材则是插入直径的1/6～1/7，按"ON"键，读取数值。

测定完成后关闭电源，取下电池。

木材水分测试仪的技术规格：测量范围5%～40%，分辨率1%，准确度±1%，工作环境0℃～40℃，相对湿度70%。

第五章 文物保护常用材料

第一节 黏结材料

一、阿拉伯树胶

（一）概述

水溶性的多糖物质，相对分子质量极高，为 580 000。

（二）物理特性

白色粉末状，无毒无味，硬脆性，颗粒状固体。

易溶于水和甘油，呈弱酸性；不溶于有机溶剂。

高度的分支结构和不易伸展的球状使得浓度可达到 50%。

胶溶液表现为牛顿流体特性，黏度随浓度增加而总体呈下降趋势。

溶液黏度随温度的升高呈现波动性变化。

（三）化学特性

分子可与三价金属离子（铝、铁）、铅盐、汞盐等作用而交联或聚沉。

在光照下老化，并有水解。

可能产生生物降解。

随时间的延长黏度变化均不大。

具有可逆性。

（四）适用范围

墨水和水性漆的黏结介质。

颜料固定剂。

用作标签粘接剂（用甘油增塑）。

过去用作纺织品胶粘剂。

（五）使用方法

和其他的水溶性胶、蛋白质、糖、淀粉或生物碱相配伍，用作乳化剂、稳定剂、悬浮剂、黏合剂、成膜剂。

树胶固体中常含杂质，溶解时可用纱布进行过滤。

树胶溶胶的浓度应保持一定，同时考虑气候的影响，以热天 12Be，冷天 14Be 为宜，夏季淡一些，冬季浓一些。

加入少量甘油可降低脆性。

（六）注意事项

天热时最好现溶现用，避免其酸坏变质发臭。

二、动物胶

（一）概述

动物胶指动物的皮、骨、腱、角芯、鳞等含胶原蛋白的组织所制成的胶，包括骨胶、明胶、皮胶、鱼胶等，是无毒、无害、无污染、可生物降解的水溶性天然胶料。

（二）物理特性

各种动物胶外观稍有差别，呈块状、粒状或粉状。市购动物胶粒质硬无味，浅琥珀色至棕色。

皮胶与骨胶水溶液的 pH 值为 6.5 ~ 7.4 和 4.5 ~ 5.6。

低温时不溶于水、稀酸、稀碱及大多数有机溶剂，140℃时开始分解。

吸收 5 ~ 10 倍水可形成坚固、柔软富弹性的胶冻。加热，其网状分子裂解溶于水，形成胶黏性的液体，冷却形成胶冻。加热还可溶于冰醋酸、乙二醇、二甲亚砜等。

凝胶加热后溶解，鱼胶的溶解温度为 6℃，其他动物胶的溶解温度为 30℃ ~ 50℃。

（三）化学特性

由分子不完全相同但结构相似的各种氨基酸，通过酰胺键连接起来的多肽链大分子组成。

相对分子质量集中在 40 000 ~ 50 000。

动物胶对纤维素纤维和蛋白质纤维具有良好的黏附性。胶原纤维与纤维缠绕、交织，以氢键力、范德华力和静电吸引力等方式结合，在纤维间起架桥作用，增加纤维间结合力，使纸张强度提高。

具有良好的粘接强度和可逆性。

（四）适用范围

可将绘画层从背衬物上脱离，处理壁画等材质表面不易产生旋光。

用于木质文物粘接、壁画揭取。

用于纸质文物、象牙、人骨、陶瓷器的加固。

（五）使用方法

胶粘剂配制方法：一般骨胶与水以 1 : 5 的比例混合，浸泡在冷水中 12 ~ 24h，待完全溶胀后，再用水加热溶解，温度控制在 60℃，使其成为均匀胶液。为了改善骨胶的耐水性和抗霉性，可以在胶液中加入酚醛树脂、五氯酚钠等防霉剂。

（六）注意事项

动物胶水溶液易腐败变质，常温下呈凝胶状态。

三、环氧树脂

（一）概述

环氧树脂类加固剂由主剂、稀释剂、固化剂、增韧剂、填料等部分组成，主剂有二酚基丙烷环氧树脂、酚醛环氧树脂、甘油环氧树脂等。文物保护领域中的环氧树脂，一般指二酚基丙烷环氧树脂。

（二）物理特性

低分子量为无色、黄色或琥珀色高黏度透明液体，高分子量为固体。

溶于丙酮、环己酮、乙二醇、甲苯和苯乙烯。

耐热性、绝缘性、硬度和柔韧性都好。

收缩率低，膨胀系数小，尺寸稳定，固化后不易变形。内聚力大，剥离强度很低。

（三）化学特性

平均相对分子质量为 300 ~ 7 000。

结构中含苯环、醚键，抗化学溶剂能力强，对酸碱、有机溶剂都有一定抵抗力。

含羟基、醚键、氨基及其他极性基团，对金属和非金属具有优异的粘合力。

操作性能优良，易于改性。

（四）适用范围

用作金属和非金属文物（如陶瓷、玻璃、木材等）的胶粘。

在建筑物和石质文物加固方面应用极其广泛。

（五）使用方法

可单独作为粘接剂使用。

可掺入填充材料，如矿物颜料、瓷粉等用于文物的修补。

呋喃型改性环氧树脂：用糠醛、丙酮作稀释剂，降低环氧树脂的黏度，提高其渗透性。

常用的有环氧树脂双组分，材料本身不可逆，应在使用前放一种热塑性干预层。

（六）注意事项

老化后颜色变黄。

固化后不能溶解，所以难以从文物上去除。可以用有机溶剂溶胀，并从硬表面去除。

四、羟甲基纤维素钠

（一）概述

水溶性纤维素醚，以天然纤维素为基本原料，经化学改性得到的一种水溶性的离子型醚。

（二）物理特性

白色或微黄色纤维粉末或颗粒，具有吸湿性。

溶于水呈透明胶体，溶解度取决于取代度。不溶于酸和醇，遇盐不沉淀。

平衡水分含量为18%（RH=60%），含水越多，柔性越好。

（三）化学特性

对光、热、化学药品稳定。不易发酵。对油脂、蜡的乳化力大。

水溶液有触变性，分子量高时形成凝胶。有增稠、黏结成膜、保护胶、保持水分、乳化及悬浮作用。水悬浮液 pH 值为 6.5 ~ 8.5。

CMC 与 PEG 混合物所成的膜不溶于水。

阴离子、直链、水溶性纤维素醚，可使大多数常用水溶液制剂的黏度发生较大变化。

（四）适用范围

纸的胶粘剂。

颜料的固定剂。

清洗时做抗聚沉剂。

（五）使用方法

根据所需黏度溶于水使用。

五、三甲树脂

（一）概述

由甲基丙烯酸甲酯 MMA、甲基丙烯酸丁酯 BMA 和甲基丙烯酸 MA 通过自由基聚合形成的共聚体。

（二）物理特性

无色至淡黄色黏稠液体，固含量一般大于 28%。

热塑性树脂，溶于甲苯、丙酮等。

（三）化学特性

良好的粘接性能，加热后变软，便于调整粘接形状。

（四）适用范围

可用于文物的黏结、封护、加固等。

（五）使用方法

可直接涂布于粘接面粘接。

可用丙酮等溶剂稀释到 2% 左右使用渗透加固。

（六）注意事项

用于文物加固、封护时表面容易产生旋光。

遇高温软化易开胶。

六、502 胶

（一）概述

以 α – 氰基丙烯酸乙酯为主。俗称瞬干胶，商品名称主要有 502 胶等。

（二）物理特性

无色透明液体。

溶于丙酮等溶剂，丙酮等溶剂可将其溶胀。

（三）化学特性

空气中微量水催化下发生加聚反应，迅速固化而将被粘物粘牢。固化快。

（四）适用范围

适宜于致密材料的粘接，不适宜于多孔性疏松材料的胶接。

用于文物临时固定，可对用环氧树脂进行接合的碎片正确定位。

用于木痕的加固等。

（五）使用方法

直接涂布于粘接表面，指压下保持数分钟。

用作渗透加固时，直接滴入被加固文物表面。

七、Funori

（一）概述

从海萝藻中提取的多糖。

（二）物理特性

淡黄色固体，溶于热水。

（三）化学特性

溶液在冷却时不产生胶凝。

与其他多糖有相似的老化降解，易产生霉菌。

（四）适用范围

在日本用作颜料修复的胶粘剂。

（五）使用方法

6克 Funori 在凉水中浸泡一夜，在热水中不断搅拌直至溶开。

在搅拌中煮沸至溶解，继续煮至黏度合适。

八、酮树脂

（一）概述

可用加热环己酮和甲基环己酮的方法获得。

（二）物理特性

树脂坚硬，但分子量小，非常脆弱，弯折易断裂。

可制成高浓度溶液。

（三）化学特性

分子含有羰基、甲氧基、酯基和羟基，容易产生光吸收，并导致氧化。易氢化去羰基，使树脂减小对水的敏感，并减小发白的趋势。

在黑暗条件下，几年内会变黑。

（四）适用范围

主要用作画的面漆和复粘材料。

（五）使用方法

溶液涂刷时应加一些丁醇以增加润湿性。

表面的光泽可通过添加微晶蜡或调整喷涂条件调节。

九、Paraloid B72

（一）概述

Paraloid B72 是现今世界文物保护领域中使用最广泛的一种丙烯酸树脂材料。

Paraloid B72 是由 66% 的甲基丙烯酸乙酯和 34% 的丙烯酸甲酯构成的聚合物。

（二）物理特性

白色玻璃状结构，溶剂挥发后成膜起到加固作用。

溶于甲苯、二甲苯、醋酸乙酯和丙酮等多种有机溶剂。

玻璃化转变温度是 40℃。

（三）化学特性

热塑性树脂，耐老化性较好。

优异的附着力，对敏感的颜料反应性低。

高温下（40℃以上）易开胶，热矫形能力不如三甲树脂。

与乙烯基树脂、硝化棉、有机硅树脂和氯化橡胶等相容性好，慢干。

（四）适用范围

文物保护加固剂。

文物保护粘接剂。

文物保护封护剂等。

（五）使用方法

粘接使用 40% 左右浓度的 Paraloid B72 丙酮溶液。

较平整、对溶剂吸收较慢的粘接表面可以使用低浓度。

加固和表面封护通常用 2%～4% 浓度的 Paraloid B72 丙酮溶液。

（六）注意事项

Paraloid B72 缺点：膜非常脆，抗碱性侵蚀差，又不抵抗紫外线的照射，颜色也会变深。

十、达玛树脂

（一）概述

主要成分是萜类化合物。

（二）物理特性

亮黄色透明块状。

溶于二噁烷、乙醚、甲苯、二甲苯、石油醚、汽油、松节油、二硫化碳等。

（三）化学特性

光泽好、膜软，但耐久性差。

有微弱的腐蚀性。

（四）适用范围

19 世纪主要用于涂料工业制造醇质清漆和催干剂，且多用于无色或浅色漆。

油画中用于调配光油。

用于干燥木材的加固和潮湿木材的保护。

（五）使用方法

潮湿木材保护：用乙醇置换木材中的水分，然后用乙醚置换乙醇，接着用达玛树脂的乙醚溶液真空浸泡。

干燥木材加固：用 25%～40% 二甲苯达玛树脂浸泡或涂刷；与蜂蜡混合溶于松节油后，可用于木材的加固。

十一、聚乙烯醇缩丁醛

（一）物理特性

白色或浅黄色粉末。无毒、无臭、无腐蚀性。具有优良的透明性、柔软性和挠曲性。

吸湿率不大于 4%，软化温度为 60℃～65℃。

有良好的绝缘性、成膜性，抗冲击和拉伸性能，抗张强度高、粘接性好、弹性好，具有热塑性。

溶于乙醇、乙酸乙酯、二氯乙烯、二噁烷等，不溶于烃类和油类。

（二）化学特性

含有一定的羟基，对水具有亲和力。

化学稳定性不高，耐热性较差。

耐老化性好，耐无机酸和脂肪作用，耐光、耐寒，耐候性强，加入15% ~ 30% 的增塑剂可具有高度耐寒性。

加固效果较好，同时具有可逆性，耐磨性能强，抗多次反复弯曲强度较差。

（三）适用范围

20 世纪 30 年代至 60 年代用作骨、象牙的保护，纺织品的加固剂。

对金属、木材、玻璃、陶瓷、塑料、皮革、纤维等材质具有很高的黏附力。

用于壁画、彩塑和陶器的加固。

用于金属文物的表面封护。

（四）使用方法

最好的溶剂为乙醇。通常使用5% ~ 10% 聚乙烯醇缩丁醛的乙醇溶液。使用混合溶剂例如乙醇和甲苯的 3 : 2 混合溶剂时，可以降低黏度。

可用于配制塑模材料BJK dough/AJK dough，其成分为黄麻絮状物、丙酮、甲基化乙醇、甲苯、聚乙烯醇缩丁醛等。强度大，质轻，易收缩。

（五）注意事项

做纺织品加固剂时不易再溶解除去。

在酸性环境、高温条件下易产生交联，变得不溶。

在紫外线作用下引起氧化，极限条件下，一定程度的交联和分解可导致不溶的网状结构产生。

十二、PS 材料（高模数硅酸钾水溶液）

（一）概述

PS材料属较低分子量的无机胶着剂，是一种水溶液性的胶结加固材料。

（二）物理特性

最佳模数的 PS 浓度一般为 26% 左右，无色透明。

渗透深度在 3cm 以上，可透过砂砾岩风化层以提高岩体强度达到加固目的。

（三）化学特性

加固过程主要是 PS 材料与砂砾岩胶结泥质之间发生反应，增强胶结物间及胶结物与砂砾间的连接。PS 加固后的砂砾岩体有很好的安定性、抗浆性和耐候性。

有可能引起表面颜色变化。

溶液高碱性有侵蚀作用。

（四）适用范围

PS 材料在西北地区土遗址加固上广泛使用。

高模数的改性硅酸钾主要在干燥环境下使用，有较好的表面处理效果、较强的抗风蚀能力、耐老化性，重复使用性良好。

（五）使用方法

加固时将一定浓度 PS 溶液与一定量固化剂、交联剂混合，搅拌均匀，加入约十万分之一的扩散剂 NNO，搅拌均匀，便可使用。

石窟遗址大面积防风化加固采用 4% ~ 5% 浓度 PS 溶液喷洒渗透加固。

（六）注意事项

二氧化硅胶体使用时很快沉淀，阻止渗透，造成低的渗透能力。

氢氧化钾与二氧化碳反应形成盐类（反应的副产物）。

十三、MH

（一）概述

MH 系列材料由氟树脂、氟硅化合物、有机硅为主要材料构成。

（二）物理特性

1. 渗透性

MH 系列材料具有较好的渗透性能，广泛适用于文化遗产中的土、砖、瓦、陶、石、骨骼、化石类基质和现代材料，对各类基质物体虽然存在不同的渗透速率，但却具有均衡的渗透度，且渗透程度可根据被保护物体情况而设定，并在控制范围内顺利渗入被保护物体。

2. 增强加固性能

MH 系列保护材料对保护物体具有可控的增强性和结构加固作用，整体增强加固程度与渗透层厚度呈正相关，而达到增强加固的时间与物体的含水量也呈正相关。

3.通透性

MH 系列保护材料渗入被保护体后，在相应厚度形成保护结构，不改变物体的微毛孔隙和应力结构，保持了与所处环境的相对湿度和温度的动、静态平衡。

4.重复再现性

MH 系列保护材料对所保护物体除连续施工外，也可分多次间断施工，具有重复性能，且最终结果相同，从而达到保护要求。

（三）化学特性

1.多功能性

MH 系列保护材料为无色透明液体，使用后不改变被保护物体的内在性质、结构形式、外观状态及相关信息，而是提高其对所处环境的适应性，主要是突出抗潮湿、抗霉变、抗油污、抗灰尘、抗风化、抗冻融、抗酸碱盐腐蚀等性能。

2.最小干预

该材料在所形成的保护体内的含有量只有0.7%（仅以三杨庄试样为例），是无机保护材料用量的 1/5（交河故城土遗址保护技术研究室内实验部分），为目前最小使用量保护材料，其干预程度可想而知。

（四）适用范围

MH 系列保护材料的分类是针对不同的保护环境、不同的保护基质、不同的保护物体的需要。将其主要分为土、砖、瓦、陶、石类基质，骨骼、化石类基质保护材料。各类保护材料根据物体组合又可交叉使用，均无拮抗作用。将材料分类系列化后，使分类材料更加适合于被保护物体的特性，使有针对性的保护更为具体，更为实质。

（五）使用方法

根据土体性质用乙醇稀释到一定比例后喷洒加固。

（六）注意事项

加固时乙醇和 MH 溶剂部分挥发，应注意通风和严禁烟火。

十四、硅氧烷（烷氧基硅烷）

（一）概述

含 Si—O—Si 键构成主链结构的聚合物，习惯称有机硅或聚硅醚。

按应用分类为硅油、硅橡胶和硅树脂三大类。文物保护上使用的硅氧烷包括单体和低聚物。

硅氧烷单体包括正硅酸（甲）乙酯、甲基三（甲）乙氧基硅烷等。

低聚体指有机硅氧烷的低聚物。一般聚合度在 10 以下。

（二）物理特性

硅油为水样透明状液体。硅橡胶为黏稠膏状物。硅树脂为热固塑料。

（三）化学特性

正硅酸酯类在催化剂的作用下，水解为无定型的二氧化硅，部分水解的中间体聚合形成三维的网状结构，起到加固的作用。

低聚体使用的优点：可以产生高的二氧化硅含量，因此加固效果更好。黏度低，利于深层渗透和向低孔隙率的石质渗透；价格低于单体。

对热和化学试剂稳定，不被水润湿，耐老化性能突出，具有优异的疏水性与电绝缘性。

（四）适用范围

用作防火剂、润滑剂、防潮剂。

硅树脂用于制造纤维增强材料。

硅橡胶还用作胶粘剂及密封材料。

在石质保护中的应用：使用单体及低聚物。有渗入多孔石质内部的能力；聚合速度可以调节以促进渗透。沉积于孔隙内的无定型二氧化硅非常耐久，耐风化。从结构上与天然形成的硅质胶结物相似。形成防风化的涂层。

（五）使用方法

与有机硅单体、溶剂、催化剂混合使用。

硅酸酯类一般用溶剂稀释后使用，溶剂可以降低黏度，同时控制渗透深度和反应速度。

通常使用盐酸催化。

十五、正硅酸乙酯

（一）物理特性

无色透明液体，具良好的渗透性。

反应后残余二氧化硅含量约 300g/L。

溶胶形态：无定型二氧化硅。

（二）化学特性

主要化学成分是正硅酸乙酯。

用于岩石保护是依据乙氧基与岩石中的羟基反应实现的。对软弱松散、风化严重的岩石，无机物颗粒分子结构中含有羟基，会发生反应，起到黏结、加固的作用。同时，两个、三个或四个正硅酸乙酯的分子可聚合成二聚体、三聚体或四聚体。也就是说，聚合体中包含有 Si—O—Si—O—Si—或硅氧骨架，能够产生增强、加固效果。

（三）适用范围

用于多孔性岩石或砖石的加固，能达到很高的渗透深度，并和孔隙中的水分及潮气发生反应，形成无定型的二氧化硅胶泥，使酥松的、风化的岩石内部得到黏结增强。并使石材的耐候性、耐碱腐蚀的能力得到加强。

十六、聚醋酸乙烯酯

（一）物理特性

白色或微黄色絮状、片状或粉末状固体，无臭、无毒。

不溶于冷水和大多数溶剂，能溶于热水、甘油、乙二醇、醋酸、乙醛、苯酚。

附着能力强，耐酸碱能力较好。

成膜后，膜无色，透明度高，耐开裂，透过水蒸气的能力强，耐磨。膜具有较大的吸湿性，在水的作用下可以溶胀，变为乳白色，干燥后不透明。

（二）化学特性

具有多元醇的典型化学性质，能进行酯化、醚化及缩醛化等反应。

较好的化学稳定性及良好的绝缘性、成膜性。膜耐光老化能力强，但随着时间的延长，有一定程度的交联。

与多种材料，尤其与纤维物质（如木材、纸等）粘接性能优良。

（三）适用范围

用作聚醋酸乙烯乳液聚合的乳化稳定剂。

用于制造水溶性胶粘剂。

用于淀粉胶粘剂的改性剂。

用作感光胶和耐苯类溶剂的密封胶、分散剂。

用于竹木器粘接、加固，纺织品定型，颜料加固，脱模等。

作灰浆涂层和软弱石质的加固剂。作土遗址的加固材料。

作玻璃的表面涂层，具有良好的透明性和对碱的中和能力。

（四）使用方法

用聚醋酸乙烯酯乳液调和石灰加麻刀做唐墓壁画的修复复原背衬。

用于木材的保护。采用5%的聚醋酸乙烯酯丙酮溶液，加压将溶液压缩成雾状，直接喷射到木材上。以高压气体帮助溶液向木材内部渗透。渗透进内部的聚醋酸乙烯酯将支撑起木材凹陷的细胞壁。使用7%的聚醋酸乙烯酯丙酮溶液处理个别腐朽较为严重的木材，木材表面没有发生变化。

（五）注意事项

储存于阴凉、干燥的库房内，防潮，防火。

缺点：由于树脂的玻璃化转变温度较低（接近室温），容易黏附灰尘。另外易在室温下发生蠕动，使粘接失效，尤其是受被粘物应力的影响时。不耐霉菌和地衣的侵蚀。

十七、聚乙烯醇（简称 PVA）

（一）概述

聚乙烯醇简称 PVA，使用聚醋酸乙烯酯醇解的方法制备，产品的聚合度有高低之分。

（二）物理特性

随着醇解程度的不同，性质也有差异。

聚乙烯醇形成的膜机械强度很高，对水蒸气比较敏感，具有吸湿性，尤其是当相对湿度大于75%时，但是对氧、二氧化碳的透过率比较低。

（三）化学特性

羟基不稳定，在酸碱环境中会因为产生交联而不溶解，耐光老化的能力较差。羟基还可以与多酸或多醛、无机盐反应生成不溶物。

（四）适用范围

用作纺织品的形状固定材料。

作羊皮纸的粘连剂。

用作颜料的固定剂，但是需要注意，干燥后产生的收缩可能会引起颜料层的卷曲。可用作脱模剂。

（五）注意事项

聚乙烯醇具有不可逆性，去除需要在热水中进行。

十八、聚乙二醇（简称 PEG）

（一）概述

水溶性高分子材料。

（二）物理特性

相对分子质量在 600 以下于常温下呈黏稠状的液体，相对分子质量在 1 000 以上的为蜡状固体，有吸湿性。

疏水性和机械强度随分子量的增加而增加。

水溶性很好，液体 PEG 可与水以任意比互溶。还可溶于乙醇及其他有机溶剂，不溶于汽油、松节油、亚麻籽油和石油。

蒸气压低，稳定性好。

无色、低毒。

（三）化学特性

相对分子质量从 200 至 6 000 不等。

分子中含羟基，可和糟朽木材组织形成氢键。

（四）适用范围

用于木材脱水保护。

低分子量 PEG 也可用于漆膜保湿和软化。

（五）使用方法

对于木材脱水，可先用低分子量的水溶液浸泡，不断提高浓度，再以高分子量水溶液浸泡，不断提高浓度至衡重。

处理过程中，可在溶液中加入尼泊金乙酯、五氯酚钠防霉。

需要控制溶液温度。PEG-4000 浓度低于 30% 时，常温渗透即可；浓度在 30% ~ 50% 时，可控制温度在 40℃；超过 50% 时，控制在 60℃。

（六）注意事项

用聚乙二醇脱水处理后的木材表面有湿漉漉的感觉。

木材含水率越高，脱水造成收缩的可能性越小。一般认为，木材的含水率超过一定量时，脱水很容易进行。

处理过的木器会变黑，在浸泡完之后使用温水擦拭木器表面，除去表面的 PEG 可使变黑的程度大大降低。

十九、石灰水

（一）概述

无色水溶液，固含量很低。

（二）物理特性

微溶于水。

（三）化学特性

不稳定，遇二氧化碳变浑浊，生成碳酸钙和水，其中碳酸钙不溶于水。

（四）适用范围

欧洲 18 世纪，以牛奶、石灰水混合的可赛因修复壁画。

可用于土遗址加固。

（五）使用方法

生石灰加水搅拌，滤去不溶物，溶液可用来对土质进行加固。

溶液浓度一般很低，必须多次喷涂施工，才能有效。

二十、松香

（一）概述

从松树上采集和从松木中提取松脂，蒸馏后可得结晶的松香和松节油。俗称熟松香或熬香。

（二）物理特性

透明，亮黄色至暗褐色的结晶，有特殊气味。

70℃软化，熔点为 100℃ ~ 130℃。

溶于甲醇、乙醇、乙醚、氯仿、四氯化碳、苯、汽油、松节油、丙酮等。

（三）化学特性

主要为松香酸和同族的树脂酸的混合物。

（四）适用范围

可用于干燥木材的加固。

可用于潮湿木材的保护。

（五）使用方法

干燥木材的加固：松香溶于汽油，用于木材加固；也可混合使用蜂蜡、杀虫剂。

潮湿木材的保护：木材用丙酮置换水分，然后用67%的松香溶液浸泡。

二十一、虫胶

（一）概述

又称紫胶、紫草茸、洋干漆、漆片、抛力斯等，是一种天然树脂。

（二）物理特性

粗制品呈紫红色。精制后呈黄色或棕色的虫胶片和白色的白虫胶。

溶于甲醇、乙醇、醋酸乙酯、双丙酮醇，难溶于乙醚，不溶于甲苯、汽油和水。

（三）化学特性

其成分根据寄生树种及采集的季节有所不同，主要是以光桐酸为主的羟基脂肪酸和以紫胶酸为主的羟基脂环酸以及它们的酯类的复杂混合物。含有4%~10%的蜡质。

虫胶具有黏结能力强、绝缘性好、防水、防潮和耐酸的优点。

（四）适用范围

用于干燥木材的加固、潮湿木材的保护。

虫胶的乙醇溶液又叫作漆皮酒精，是传统修复中常用的黏结材料。

（五）使用方法

干燥木材的加固：与虫胶的混合物溶于乙醇后使用。

潮湿木材的保护：木材脱水后用8%~10%的虫胶乙醇溶液浸泡加固。

漆皮酒精具有可逆性，固化后使用乙醇浸泡或贴敷，可以使虫胶溶胀而去除。

（六）注意事项

经过处理后的木材强度提高不大，而且经过浸泡后的木材，颜色容易发生变化，时间长了以后，可能会变得脆硬，并且伴随着老化，溶解性下降。

二十二、桃胶

（一）物理特性

桃红色或淡黄色至黄褐色半透明固体块状，外表平滑。

一般只能浸胀，不易完全溶解，水溶液呈黏性。

（二）化学特性

主要成分是多糖，含少量的蛋白质、杂质等，其多糖组成有半乳糖、鼠李糖、葡萄糖醛酸。

成分和性质与阿拉伯胶相似。

（三）适用范围

用于文物的加固、粘接。如可以用于木材、纸制品的粘接。

（四）使用方法

粉碎好的桃胶，加热水溶解，比例为 100∶40，搅拌均匀，以纱布过滤，除去杂质。可添加五氯酚钠等防腐剂。

二十三、桐油

（一）概述

由桐籽压榨或浸出而得，是中国古建筑施工和维修中常用的材料。

（二）物理特性

淡黄色或深黄色油状液体。

（三）化学特性

主要成分为桐酸的甘油三酸酯。它有很好的干燥及聚合的性能。

受热的情况下，形成果冻状。

（四）适用范围

用于制油漆等。

做古建筑修复中的材料、木材保护、油漆彩绘的配料，地面墁砖时用作填补接缝处（桐油∶白灰=1∶1调和）。

也用作砖面的加固。

（五）使用方法

喷涂桐油的时候可以采用少量多次的方法，力求达到均匀致密的效果。

喷涂生桐油及化学保护材料的时间，最好选择在春秋干燥季节进行。因生桐油本身干燥十分缓慢，当空气条件过于潮湿的时候，桐油由于干燥缓慢，可能会造成喷涂生桐油后的木材表面出现霉菌。采取干燥通风的措施，可以抑制霉菌。

（六）注意事项

形成的膜经常发暗。

二十四、31J（丙烯酸树脂的非水分散体）

（一）概述

用于土遗址加固，提高土遗址的耐水性，防干裂，对遗址颜色影响小，几乎不改变遗址土的孔隙率，对强度改变不大。

（二）物理特性

淡黄色液体，可以溶于丙酮、丁酮、乙醇。

（三）化学特性

主要成分是球形丙烯酸树脂。

（四）适用范围

用于土遗址和壁画地仗的加固。

固化后土体外观改变很小，目测可接受，而土体强度增加，耐水性、耐冻融能力提高，对环境因素变动的敏感性减小。需要考虑的是接受光照变色问题和耐老化强弱。

二十五、派拉伦

（一）概述

派拉伦（Parylene），是一系列对苯二甲基聚合物的总称。

最简单、最常用的是派拉伦 N 和派拉伦 C。

（二）化学特性

对苯二甲基自由基的渗透能力极强，具有渗入孔状结构、穿透裂隙并在里面聚合成高分子的能力。

派拉伦膜的隔水、隔气效果很好，涂覆在文物表面可以防止水分、有害气体对文物的侵蚀。

（三）适用范围

经过试验，已经运用在纸质文物保护、纺织品保护上。

（四）使用方法

国外用以对 4000 万年前的植物化石、植物标本、动物骨骼加固：先用相对分子质量为 200 的 PEG 浸泡，然后冷冻脱水，待脱水后用派拉伦加固。

二十六、环十二烷

（一）物理特性

常温下为半透明蜡状固态物质。

在室温下能够逐渐挥发掉，免去了随后除去粘接加固剂的工作，且不妨碍随后对文物材质的分析和处理。

有强烈憎水性，有一定防水功能，避免水对文物的损害。

可溶解于甲苯、己烷、石油醚。

（二）化学特性

化学式：$C_{12}H_{24}$，为环状无支链结构。

（三）适用范围

作为对纺织、绘画、纸张、考古出土文物、彩绘木器、石器、金属文物中结构比较疏松和脆弱文物的临时性加固剂被广泛应用。

（四）使用方法

加热熔解后用刷、涂等方法施用，或溶解到非极性溶剂中，用刷涂或注射法施用。

可用热吹风机对喷涂后的文物进行加热使加固剂进一步渗入。

（五）注意事项

刷涂法对脆弱文物不太适用。

由于环十二烷需加热喷涂，故在冬季的户外操作较为困难，可考虑加 10% 的己烷或庚烷以适当延长环十二烷的凝固速率。

第二节 溶剂

一、氯仿

（一）概述

又名三氯甲烷、哥罗仿。

（二）物理特性

无色透明易挥发液体，有特殊甜味；

与乙醚、乙醇、苯、石油醚、四氯化碳、二硫化碳和油类等混溶，微溶于水。

（三）化学特性

不易燃烧，但长期暴露在空气中可以燃烧，发出火焰或高温。

脱脂能力强，挥发快。

有麻醉性，有毒，被认为是致癌物质。

（四）适用范围

用作树脂和橡胶溶剂。能溶解聚苯乙烯、ABS、聚甲基丙烯酸甲酯、聚乙烯醇缩丁醛、聚砜、氯化聚醚、丁苯橡胶等，配制溶剂型胶粘剂。

作脱漆剂、旧聚合物体系的溶胀材料。

（五）注意事项

虽然去除某些材料非常有效，但有毒性，使用应谨慎。

在日光、氧气、湿气中，特别是和铁接触时，则反应生成剧毒的光气。

空气中最高容许浓度为 $240mg/m^3$。

二、四氯化碳

（一）物理特性

无色透明液体，具有特殊的芳香气味，味甜。

与乙醇、乙醚、苯、甲苯、氯仿、二硫化碳、石油醚等混溶。微溶于水。

（二）化学特性

易挥发、不燃烧，性质稳定。

在碱性条件下水解生成二氧化碳和水。

（三）适用范围

用于有机合成、制冷剂、杀虫剂。

亦作有机溶剂。

（四）注意事项

毒性极大，有较强的刺激性和麻醉性，空气中最高容许浓度 $25mg/m^3$（0.001%）。

三、乙醚

（一）概述

又称二乙醚、麻醉醚等。

（二）物理特性

有愉快芳香气味的无色、易挥发液体。

微溶于水，能与多种有机溶剂混溶。

具有吸湿性，味甜。

（三）化学特性

乙醚水溶液加入无机盐可进行盐析。

易燃，易爆炸。空气中爆炸极限为 2.34% ~ 6.15%。

对人有麻醉性。

（四）适用范围

主要用作油类、染料、生物碱、脂肪、天然树脂、合成树脂、硝化纤维、碳氢化合物、亚麻油、石油树脂、松香脂、香料、非硫化橡胶等的优良溶剂。

可与乙醇配合，处理竹木漆器的脱水保护。

（五）使用方法

容易形成爆炸过氧化物，所以必须用硫酸钠处理才能蒸馏。

（六）注意事项

遇火星、高温、氧化剂、过氯酸、氯气、氧气、臭氧等有发生燃烧爆炸的危险。

对人有麻醉性。浓度超过 $303g/m^3$ 会对人造成生命危险。

四、2-乙氧基乙醇；乙二醇乙醚

（一）概述

低挥发性溶剂。

（二）物理特性

无色液体，几乎无臭。

能与水、乙醇、乙醚、丙酮和液体酯类混溶。

（三）化学特性

能溶解多种油类、树脂及蜡等。

（四）适用范围

用作硝基赛璐珞、假漆、天然和合成树脂等的溶剂。

用于皮革着色剂。

乳化液稳定剂。

油漆稀释剂。

脱漆剂和纺织纤维的染色剂等。

五、水

（一）概述

水是文物保护中最广泛应用的溶剂和最常用的清洗剂，通常用蒸馏水或去离子水。

（二）物理特性

纯水是无色、无臭、无味的液体，深层的天然水呈蓝绿色。

极弱的电解质。

水是广泛应用的溶剂，极性物质容易在水中溶解。

（三）化学特性

水是较稳定的化合物，温度在1000℃以上才开始分解。

在硫酸或氢氧化钠等存在条件下，电解水可生成氢气和氧气。

许多活动性强的金属如钾、钠、锂、钙等在常温下可跟水反应生成碱和氢气，镁、铝在加热至水沸腾时跟水反应生成碱和氢气。水可跟锌、铁等较活泼金属在高温下反应生成金属氧化物和氢气。

（四）适用范围

常被用作溶剂和清洗剂。

（五）使用方法

溶解能力强，使用时还可配制成各种溶液。

实验室中多使用蒸馏水、去离子水等进行清洗。条件不允许时，可使用桶装纯净水替代。对出土时含盐量很高的器物，可用自来水、河水等临时应急；一般水洗过后最好用蒸馏水再洗三遍。

水浸泡法。把文物浸泡在去离子水中除盐。

高压喷水法。不宜处理珍贵文物和保存状况差的文物，对不太重要的建筑物墙壁，若其孔隙度较小、吸水性弱，可在小于2～3个大气压

（202.65 ～ 303.98kPa）下清洗。

水蒸气清洗法。用于石制品表面清洗效果很好，但蒸汽温度过高时会有危险，特别是对损坏比较严重的石质品。水蒸气法亦可清洗已损坏和多孔的石质品表面。

深洗技术清洗陶器表面沉积膜。将陶器放入带自动进出水的电热恒温水浴锅中，加适量蒸馏水浸没物体。白天加热到95℃，夜间停止加热，冷热交替浸泡，利于可溶性盐游出陶器。3 ～ 5天换一次水，测水溶液电导率，判断浸洗程度。

同时还可辅助超声波震荡、加热等清洗技术，如对表面钙、硅质沉积物上印有织物纹迹的青铜器，在50kHz超声波清洗仪中用蒸馏水清洗5分钟。

电渗法加速清洗速度。在饱和槽两头插电极，以5%稀氨水作电解液，通直流电，加快文物中金属离子的运动速度，用电导率判断清洗程度。

（六）注意事项

处理青铜器的时候，一定要小心，确保水中不含有氯。

水的表面张力很大，挥发时的拉力也大，也要注意。

当文物保存状况不好且含大量可溶性盐时，完全浸泡除盐就比较危险。因为快速的水合作用和快速溶盐会导致石质品出现块状脱落。

湿洗过的文物干燥过程中需要注意很多的问题，可以参考《湿洗纺织品干燥的纲要》一文。

六、松香水

（一）概述

介于汽油与煤油之间的石油馏分。旧亦称溶剂汽油、白节油、白酒精、白醇等。

（二）物理特性

无色透明液体。

能溶解松香、植物油、甘油硬脂、长油度醇酸树脂等。

（三）化学特性

主要成分是脂肪烃，因石油产地不同还含有不同数量的芳香烃类。不含硫。

（四）适用范围

代替松节油用于油性漆、酯胶漆、酚醛漆和醇酸漆中作溶剂，以降低黏度而便于施工。

是油、油脂、脂肪、蜡、焦油、某些树脂的溶剂。

用于清洗油画和壁画表面有机污染物。

七、甲苯

（一）物理特性

无色透明液体，有刺激性气味。

能与乙醇、乙醚、苯、丙酮、二硫化碳、溶剂汽油混溶。

不溶于水。

（二）化学特性

易燃，蒸汽与空气形成爆炸性混合物，爆炸极限体积分数1.27%～7.0%。

有毒，空气中最高容许浓度为100mg/m³（0.02%）。

（三）适用范围

溶解性优良，是胶粘剂中应用最广的溶剂；用于溶解油、油脂、脂肪、蜡、焦油等，溶解橡胶和某些天然树脂，也作为脲醛树脂和聚氨酯树脂的溶剂。也可用作环氧树脂的稀释剂。

（四）注意事项

有产生和积累静电的危险。

易燃，蒸气与空气形成爆炸性混合物。

有毒，对皮肤和黏膜刺激性大，对神经系统作用比苯强，长期接触有引起膀胱癌的可能。

八、二甲苯

（一）物理特性

无色透明易挥发的液体。有芳香气味。

不溶于水，溶于乙醇和乙醚。

（二）化学特性

一般是三种异构体及乙苯的混合物，称混合二甲苯，以间二甲苯含量较高。工业用二甲苯还含有甲苯和乙苯。

（三）适用范围

用于溶解油、油脂、脂肪、蜡、焦油等，溶解橡胶和某些天然树脂，也作为脲醛树脂和聚氨酯树脂的溶剂。

（四）注意事项

有毒。

九、丙酮

（一）概述

丙酮以游离状态存在于自然界中，是最简单的饱和酮。

（二）物理特性

无色易挥发易燃液体，有特殊气味，具辛辣甜味。

能与水、甲醇、乙醇、乙醚、氯仿和吡啶等混溶。

（三）化学特性

能溶解油、脂肪、树脂、橡胶、油漆、化学纤维。

丙酮蒸气与空气混合可形成爆炸性混合物，爆炸极限体积分数为 2.15% ~ 13.0%。自燃点为 538℃。

（四）适用范围

用作溶剂、稀释剂和表面处理清洁剂。

用于清除油脂、蜡、虫胶、纤维素衍生物、丙烯酸树脂、聚醋酸乙烯酯等。

（五）使用方法

作为许多树脂的溶剂，注意挥发速度。

（六）注意事项

易燃，蒸汽与空气形成爆炸性混合物。

储存于阴凉、通风、温度不超过 30℃ 的库房内，远离火种、热源。

十、丁酮

（一）概述

又称甲基乙基酮、甲基乙基甲酮、甲乙酮。

（二）物理特性

无色透明液体，有似丙酮气味。

溶于水、乙醇和乙醚，可与油混溶。

（三）化学特性

易燃，蒸汽与空气形成爆炸性混合物，爆炸极限体积分数为 1.81%～11.5%。

低毒，空气中最高容许浓度 590mg/m³。

（四）适用范围

可作为硝酸纤维素、乙烯基树脂和涂料等溶剂。

能溶解某些树脂和橡胶，是氯丁橡胶和聚氨酯橡胶的优良溶剂。

（五）使用方法

有时可作为溶剂替代丙酮，但气味大于丙酮。

（六）注意事项

易燃，蒸汽与空气形成爆炸性混合物。

毒性比丙酮强，有麻醉性，能使中枢神经功能下降。

十一、环己酮

（一）物理特性

无色透明液体，带泥土气息，含微量酚时，则带薄荷味。不纯物为浅黄色，随存放时间生成杂质而显色，呈水白色到灰黄色，有刺鼻臭味。

易溶于乙醇和乙醚。在冷水中溶解度大于热水。

（二）化学特性

与空气混合爆炸极限体积分数为 3.2%～9.0%。

（三）适用范围

溶剂。

（四）注意事项

有麻醉和刺激作用。

十二、乙醇

（一）概述

乙醇是文物保护中经常用到的重要有机溶剂。

（二）物理特性

无色透明液体，有酒的醉香气味和刺激性的辛辣味。

溶于苯、甲苯。与水、甲醇、乙醚、醋酸、氯仿、甘油任意比例混溶。

能溶解许多有机化合物和若干无机化合物。

（三）化学特性

分子式 C_2H_6O，相对分子质量 46.07。

稳定。

（四）适用范围

用于文物表面有机污染物的清洗。

用作溶剂。

75% 乙醇水溶液有强杀菌能力，是常用的消毒剂。

（五）使用方法

可使用乙醇—乙醚溶液连浸法处理保水木材，脱水使用。

依次用 30%、50%、70%、90%、100% 的乙醇溶液浸泡木材，浸泡时间因厚度而定，一般为 2 ~ 3 日。数次更换纯乙醇溶液，直到溶液比重值与乙醇数值相同。

乙醇–乙醚溶液处理：采用乙醚与乙醇体积比依次为 1 : 2、1 : 1、2 : 1、1 : 0 的溶液浸泡，直到乙醚比较完全地取代乙醇。

室温下使样品中的乙醚挥发。

按甲基丙烯酸甲酯 100 份（重量比，下同）、偶氮二异丁腈 0.06 份、对一苯二甲酸二辛酯 5 份、硬脂酸 0.7 份、霉敌 0.02 份配制成浸透液浸泡木材，使之完全渗透。

聚合：室温由 55℃ 到 60℃ 缓慢升温聚合加固，用丙酮擦去表面残留液体，使得聚合后表面没有旋光。

（六）注意事项

微毒，有麻醉性。

空气中最高容许浓度 1880mg/m³。

十三、醋酸甲酯（乙酸甲醋）

（一）物理特性

无色透明液体，芳香味。

与醇、醚互溶，水中溶解度 31.9g/100mL（20℃）。

（二）化学特性

易水解，易燃。

（三）适用范围

硝基纤维素和醋酸纤维素的快干性溶剂，用于油漆涂料。

人造革及香料的制造以及用作油脂的萃取剂。

制造染料和药物的原料。

（四）使用方法

用于溶解硝酸纤维素、聚醋酸乙烯酯。

十四、醋酸戊酯

（一）物理特性

无色液体，香蕉香味。

能与乙醇、乙醚、苯、氯仿、二硫化碳等多种有机溶剂混溶。难溶于水。

（二）化学特性

低毒，空气中最高容许浓度 $100mg/m^3$（0.01%）。

易燃，蒸气能与空气形成爆炸性混合物，爆炸极限体积分数 1.1% ~ 7.5%。

（三）适用范围

用作溶剂，配制溶剂型胶粘剂。

被用于溶解溶剂清洗后造成的白色痕迹。

可用于去除壁画背面的胶粘剂。

（四）注意事项

储存于阴凉、通风的库房内，远离火种、热源，温度不超过30℃。

第三节 缓蚀材料

一、倍半碳酸钠

（一）物理特性

针状结晶。

溶于水。热水中溶解度稍大。加热后分解。

（二）化学特性

碱性介于碳酸钠和碳酸氢钠之间，呈弱碱性，可使硬水软化，具有使碱性减弱的性质。

（三）适用范围

用于羊毛洗涤、制药、鞣革等。

用于金属文物的稳定处理。

（四）使用方法

青铜器封护：用5%倍半碳酸钠溶液加热浸泡，转化有害锈 $Cu_2(OH)Cl$，为稳定的 $CuCO_3$，一周换一次浸泡液。

用2%倍半碳酸钠溶液超声波清洗器物，一小时的清洗效果等同于浸泡一月的清洗效果。

对一些剔除了有害锈的青铜器，在2%倍半碳酸钠溶液中用超声波清洗10min左右，然后用蒸馏水清洗5min，再用锌粉敷涂。

（五）注意事项

5%倍半碳酸钠溶液加热浸泡青铜器的缺点是可能引起器物变色，并在表面生成蓝铜矿盐。

二、苯骈三氮唑（BTA）

（一）概述

应用BTA的方法是目前金属器保护中使用最广泛、最普遍的方法。

（二）物理特性

白色、微黄或微红色针状结晶。

溶于水，溶于醇、苯、甲苯。

（三）化学特性

在铜表面形成致密膜，起到保护作用。对铅、铸铁、镍、锌等金属材料也有同样效果。

BTA为良好的紫外线吸收剂，可稳定对紫外线敏感的制品。

有毒性。

（四）适用范围

用于铜、铁、镍、锌的缓蚀。

（五）使用方法

缓蚀。将金属器浸入低浓度BTA乙醇溶液进行自然浸渗或减压渗透处理，使BTA与表面充分接触反应形成保护膜。

对腐蚀较严重的器物，经除锈转化后，用丙酮脱水晾干，然后在3%苯骈三氮唑乙醇溶液中浸泡半小时，取出沥干。

BTA 可与多种缓蚀剂配合提高缓蚀效果。一种综合保护法是，先将腐蚀的青铜器用蒸馏水清洗干净后，对"青铜病"腐蚀区以氧化银保护法处理以抑制腐蚀，再用 3%BTA 乙醇溶液减压渗透，最后用含有 BTA 的 PVB 乙醇溶液作表面封护。

减压渗透法：将铜器表面污垢去除并用丙酮清洗后泡在 3%BTA 乙醇溶液中减压渗透。处理过程中保持温度 60℃，控制真空度 400mm 汞柱 53.33kPa，经 8h 以上处理，使缓蚀剂充分进入器物锈层内。取出器物用乙醇冲洗表面残留的 BTA 结晶。干燥后用 PVB 乙醇溶液封护。

（六）注意事项

有毒性，常用容易致癌。

BTA 处理有可能导致器物发黑变暗。

BTA 在室温下有一定的蒸气压，容易升华，在器物表面结晶出来，随时间延长，效力下降。为防止其升华，对处理后的器物要涂刷保护膜。使用 Paraloid B72 效果比较好。

BTA 在青铜器上形成的缓蚀膜并不完整，不能完全阻止水和氧的渗透。

对于银器的封护，可以参看《银器文物的变色原因及防变色缓蚀剂的筛选》一文。

三、甲醛

（一）概述

为 37% ~ 40% 水溶液。

（二）物理特性

有刺激性和窒息性的无色气体，其水溶液为无色澄清的液体。

易溶于水，溶于醇、醚。

（三）化学特性

有较强还原性，碱性溶液中能使金属盐及金属氧化物还原为金属。

极易聚合，在 15℃ 左右易聚合生成三聚甲醛。如露置空气中可逐渐变成甲酸。

极毒，易燃烧、爆炸，空气中最高容许浓度为 $5mg/m^3$。

（四）适用范围

用于有机质文物防腐。

（五）注意事项

极毒。能使蛋白质凝固，使皮肤发硬，甚至局部组织坏死。

与空气混合能成为爆炸性气体。

与氧化剂、火种接触有燃烧的危险。

四、罗谢尔盐

（一）概述

又称为酒石酸钾钠，分 D 型和 DL 型两种。

（二）物理特性

D 型为无色透明结晶体。在 30° 水中溶解度为 138.3g/100mL。

DL 型为白色细粒结晶体。在 30° 水中的溶解度为 117.62g/100mL。

在热空气中有风化性。不溶于醇。

（三）化学特性

有络合性，能与铜、铁、铅、铬等金属离子在碱性溶液中形成可溶性络合物。

在 215℃失去结晶水。

（四）适用范围

是金属文物除锈的主要碱液除锈剂之一。

（五）使用方法

在去除矿物质的水（pH=7）中以 30% 比例稀释（饱和溶液），用于去除碳酸盐。

五、磷酸

（一）物理特性

市售磷酸浓度为85%，无色透明，黏稠、无臭味。

富潮解性，能溶于水和乙醇。

（二）化学特性

有酸的通性，能与碱、碱性氧化物、无机盐反应。其酸性较硫酸、盐酸、硝酸为弱，但较醋酸、硼酸等弱酸为强。无氧化能力。

（三）适用范围

涂料工业用作金属防锈漆。

用于金属去锈，防锈。

减缓环氧树脂固化。

（四）注意事项

对皮肤有腐蚀性。

六、钼酸钠

（一）物理特性

钼酸钠为有光泽的结晶粉末。

钼酸钠溶于 1.7 份冷水或 0.9 份沸水中。

（二）适用范围

沉淀剂、催化剂。

金属腐蚀抑制剂。

（三）使用方法

钼酸钠 +BTA 混合会使缓蚀效果加倍。因为钼酸钠溶液会使金属钝化膜抵御氯离子的能力提高，并能降低某些金属点状腐蚀小孔中氯离子的富集作用，随钼酸钠的浓度提高，作用更加明显。

（四）注意事项

有毒。

七、全氟聚醚（PFPE）

（一）物理特性

1. 液体

蒸汽压极低，能持久保护在被保护石材表面而不至于挥发。

2. 折射率低

能保持石材原有外观，避免出现光干涉导致色变。

3. 具憎水性

可用于保护露天石材。

4. 有憎油性

不溶于一般有机溶剂，可作为大气中酯类污染物的屏障。

5. 黏度适中

仅溶于含氟溶剂。

6. 表面张力小

有利于向内部扩散而不会堵塞石材微孔。

7. 良好的透气性

便于控制被保护石材内部的通气量和湿度。

（二）化学特性

化学惰性物质，非常稳定，耐氧化，耐水解。

能耐强酸和强碱腐蚀，抵御大气污染物的侵蚀。

特殊的高低温性能，加热至300℃时仍保持稳定，且呈液态。

（三）适用范围

石质的防水剂。

（四）使用方法

溶于少量的含氟或氟氯的有机溶剂，稀释后可均匀地涂覆在石材表面；也可用特殊溶剂除去，操作具可逆性。

应用时用溶液喷涂或浸泡，它会逐渐渗透到材料的各个部位，因此需要周期性地重复使用。

八、蜡

（一）概述

常用蜡的种类有：微晶石蜡、蜂蜡、虫白蜡。

（二）物理特性

微晶石蜡是无色至白色块状固体，无臭无味。不溶于水。微溶于乙醇。溶于苯、甲苯、乙醚、三氯甲烷、矿物油。延伸性好，低温下不脆。加热黏耐性好，与其他蜡类混合可抑制结晶的生长。

蜂蜡是黄色或浅棕黄色软的或发脆的固体，有蜂蜜气味。在水中完全不溶解，但与石蜡不同的是允许水蒸气透过。在芳香族化合物、卤代碳水化合物、热的乙醇中溶解。

虫白蜡呈白色至微黄色，表面光滑有光泽，无明显杂质，质硬而脆，易开裂，有蜡香气味。熔点较石蜡、蜂蜡高。凝结力强，不溶于水，溶于乙醇、苯、异丙醚、甲苯、二甲苯、醚等有机溶剂中。

（三）化学特性

微晶石蜡主要成分为 C_{31} 以上的支链饱和烃、环状烃和直链烃等，由很多高支化度的不规则分子组成。

蜂蜡主要含有长链酸及含有 21 ~ 36 个碳原子的醇所形成的酯，另外还含有蜂胶、颜料及其他不确定组分。

虫白蜡主要成分为二十六碳酸二十六碳醇酯，性质稳定，具有密闭、防潮、防锈、防腐、着光和密封等作用。

蜡的化学性质较稳定，不易与碱、无机酸及卤素起作用。

蜡不会使处理物变色。酯键在皂化反应中水解，对孔隙的渗透不足，含有活性部位，聚合成树脂型物质，使表面变得没有透过能力。

（四）适用范围

可用于表面保护剂、防水材料、胶结质、密封材料、模型（或铸造）等。

中世纪已用作教堂石质的保护。

石蜡还可用作临时固定材料。

（五）使用方法

微晶石蜡可与蜂蜡等混合使用，如用于翻模时。

九、锌

（一）物理特性

青白色金属。

（二）化学特性

化合价 +2。在空气中稳定。

化学性质较活泼，与酸或碱作用时放出氢气。具有两性。

$Zn(OH)_2$ 是一种胶体状物质，能够起封闭作用。

（三）适用范围

用于电镀锌以及制造黄铜、锰青铜、白铁、干电池、轻合金。

作其他金属的保护层。

有机合成工业重要还原剂。

（四）注意事项

化学品处理法会伤害文物本体。

十、氧化银

（一）物理特性

棕黑色重质粉末。

溶于稀酸、氰化钾溶液和氨水，稍溶于水，不溶于乙醇。

（二）化学特性

不论干燥状态还是潮湿状态，保存在暗处均稳定，遇光逐渐分解为银和氧。

在空气流中加热到300℃时即分解。

有碱存在时甲醛水能使其还原为金属银。

与可燃性有机物或易氧化物摩擦能引起燃烧。

（三）适用范围

主要在化学合成中作为催化剂的组分。

还被用作防腐剂、电子器件材料、玻璃着色剂和玻璃研磨剂。

（四）注意事项

氧化银法反应使氯化亚铜转化为氧化亚铜。

此法有一定的效果，氧化银虽能转化一部分有害锈，但并不彻底，反应生成的氯化银导电性很强，从电化学反应角度考虑，时间一长，它对青铜器的保护作用减少，进而演化为青铜器腐蚀的促进因素。

十一、2- 氨基 -5- 巯基 -1，3，4- 噻二唑（AMT）

（一）物理特性

白色或淡黄色针状晶体。

能溶于乙醇、丙酮、苯，常温下难溶于水。水溶液呈微酸性，能与多种金属离子形成微溶盐。

蒸气压很低，不易挥发，在常温下不可能做成气相缓蚀剂。

（二）化学特性

利用 AMT 可与铜锈中的铜离子形成络合物从而达到保护目的。

AMT 与铜锈中的铜离子形成络合物，并在铜锈周围形成浅黄绿色絮状物，深入到微孔中。

（三）适用范围

有效地去除铜器上的腐蚀产物，同时还能抑制铜在氯化钠溶液中的腐蚀。

使用时没有毒性。

（四）注意事项

去除有害锈的速度较慢，且使文物表面呈浅黄色。

十二、2- 疏基苯并噁唑（MBO）

（一）物理特性

白色或类白色粉末。

溶于乙醇、丙醇。

（二）化学特性

对铜的腐蚀具有显著的缓蚀作用，可与一价铜离子作用，在电极 / 溶液界面形成三维的缓蚀膜，从而对铜的腐蚀过程产生缓蚀作用。

其缓蚀效率很高，基本上不影响青铜器外观。

（三）适用范围

是一种性能优良的缓蚀剂。

（四）使用方法

氯化钠或氯化氢溶液中，MBO 对铜的腐蚀具有良好的缓蚀作用，特别是在酸性介质中的缓蚀效率远远比 MBT 或 BTA 的高。

十三、Incralac

（一）物理特性

树脂浓度高，所以会形成厚而闪光的涂层。

（二）化学特性

包含 Paraloid B44 和 BTA 的化工产品，Paraloid B44 是一种和 Paraloid B72 性质不同的丙烯酸树脂，其更柔软。产品中有 BTA 的成分。

（三）适用范围

主要用于户外青铜器的缓蚀和封护。

（四）使用方法

如果要用 Incralac 处理馆藏的器物，应用其他溶剂（如三氯乙烷 / 甲基氯仿）进行稀释。

十四、Polyfilla

（一）物理特性

特点是固化时间长、不出现盐结晶、收缩小、容易切削磨平。

（二）化学特性

成分：硫酸钙、纤维素醚、延缓剂。

（三）使用方法

加入 PVA 乳液可提高强度。

第四节 临时固定材料

一、干冰

（一）概述

二氧化碳能被液化成液体二氧化碳。液体二氧化碳蒸发时吸收大量的热而凝固成固体二氧化碳（干冰）。

（二）物理特性

无色无臭不燃气体。

（三）化学特性

溶于水，部分生成碳酸。

化学性质稳定。

（四）适用范围

文物提取过程中可用作冷冻剂。

（五）使用方法

处理严重损坏或酥解粉化的铁质文物时，可把文物外围一定范围内的泥土一并冻结，使得文物和周围的泥土共同组成一个整体后切割起取。

二、液氮

（一）概述

主要通过空气物理分离得到。

（二）物理特性

无色无臭，液体。

（三）化学特性

化学性质稳定，不易与其他物质发生反应。

（四）适用范围

文物提取过程中可用作冷冻剂。

（五）使用方法

处理严重损坏或酥解粉化的铁质文物时，可把文物外围一定范围内的泥土一并冻结，使得文物和周围的泥土共同组成一个整体后切割起取。

三、樟脑

（一）物理特性

有樟木芳香的无色或白色结晶体或粉末，味辛辣而清凉。

易挥发，在室温下能逐渐升华而至消失。

微溶于水，易溶于乙醇、乙醚、氯化苯、丙酮、二硫化碳、石脑油等有机溶剂和有机酸。

（二）化学特性

天然樟脑有旋光性，合成樟脑大部分无旋光性。

稳定。

（三）适用范围

塑料工业用于制造赛璐珞和纤维素的酯类和醚类的增塑剂，可提高聚氯乙烯的透明度和韧性。

农药工业用于制造杀虫剂。

涂料工业用于制造油漆。

（四）使用方法

溶化后可作文物的临时加固剂。

（五）注意事项

易燃固体，空气爆炸极限为 0.6% ~ 3.5%。

遇高热、明火或与氧化剂接触有引起燃烧的危险。

四、石膏

（一）概述

硫酸钙的二水合物俗称石膏或生石膏。

硫酸钙的半水合物有 α 型和 β 型两种。α 型俗称高强度建筑石膏，β 型俗称熟石膏和烧石膏。

文物保护中一般使用 α 型石膏。

（二）物理特性

α 型石膏为白色粉末，具有吸水性，与水混合形成可塑性易浇砌的浆体，隔一定时间即固化，并伴有微量的体积膨胀及放热。

（三）适用范围

文物保护和修复中最常用的一种材料。如常被用于塑型、翻模、补配、作支撑体、出土文物现场提取等。

（四）使用方法

与水的配比量根据需要确定，一般调石膏浆时水分越多石膏凝固后强度越低，反之越高。

石膏中还可掺入其他物质，如矿物颜料等使用。

特殊需要时可选用医用齿科石膏，其强度、表面光洁度、致密度等性质都优于普通石膏，并有极低膨胀性，易于操作，仿真性高。

（五）注意事项

使用时要有脱模剂。

缺点：使用时间短；固化后膨胀（约 1%）；不易去除（尤其是硬石膏）；吸湿、吸附硫酸盐造成结晶性破坏。

五、聚氨酯

（一）概述

由聚醚树脂和多异氰酸酯中加入各种助剂，按一定配比聚合发泡后形成。

从泡沫固化后的质地上，它有软质、硬质、半硬质之分。整体提取中使用的聚氨酯泡沫一般为硬质聚氨酯泡沫。

（二）物理特性

密度小、强度高、导热系数低、隔音阻燃等性能优异。

具有很高的弹性，耐振动性、抗冲击、防震性强。

施工工艺简单，成型方便，最终体积为原始状态的 7 倍。

具有一种蜂房式的结构，该结构使得它像海绵一样可以保持水分。

（三）化学特性

高度的活泼性和极性，对各种材料具有很高的粘接能力，能快速固化。

耐疲劳，特别是耐低温性能极好。

聚氨酯类膜的分解温度为 260℃至 300℃，耐老化性能好，室内 10 年耐老化性能不变。

（四）适用范围

可用于加固、化学灌浆、泡沫衬底、提取材料。

用作提取材料可用于土坑墓的整体切割。可在较长时期内保持墓土的潮湿状态。

在陶瓷保护中的应用：树脂与颜料混合容易，易于使用，与底材结合性能好，耐磨性能好。但耐老化能力较差，容易变黄。

（五）使用方法

如环境温度低，可适当增加催化剂。但一般的聚氨酯泡沫在低于 10℃的环境下便无法正常发泡。

聚氨酯去除时可以使用以二氯甲烷为主的脱漆剂。

使用时远离火源和直接的热源。

整体提取时可用铝膜及聚乙烯薄膜作隔离层。

（六）注意事项

异氰酸酯具有高毒性。

也有学者做过测试，使用聚氨酯膜对金属文物表面进行封护，但是效果一般。

六、氨基甲酸乙酯

（一）概述

又称为尿烷、乌来糖、乌来坦、乌拉坦。

（二）物理特性

无色结晶或白色粉末，易燃，无臭，具有清凉味。

易溶于水、乙醇、乙醚和甘油，微溶于三氯甲烷和橄榄油。水溶液呈中性。

（三）适用范围

作文物的包裹材料。在发掘过程中可作发泡树脂把文物包裹起来。

七、石蜡

（一）概述

又名矿蜡。

（二）物理特性

无色或白色略带透明结晶块状固体，无臭无味。

不溶于水。微溶于乙醇、丙酮。溶于苯、乙醚、二硫化碳、三氯甲烷、四氯化碳、矿物油、植物油。

（三）化学特性

主要成分为 C_{22} ~ C_{36} 正构烷烃及少量异构烷烃、环烷烃和芳烃，相对分子质量范围为 360 ~ 540。

化学性质较稳定，不易与碱、无机酸及卤素起作用。

（四）适用范围

可以用作临时固定材料。

广泛用作发蜡、冷霜、唇膏、胭脂膏等化妆品的基质原料。

第五节　清洗材料

一、过氧化氢（双氧水）

（一）物理特性

水溶液为无色透明液体，有微弱的特殊气味。纯过氧化氢是淡蓝色的油状液体。

能与水、乙醇或乙醚以任何比例混合。不溶于苯、石油醚。

（二）化学特性

性状极不稳定，遇热、光、粗糙活性表面、重金属及其他杂质会引起分解，同时放出氧和热。在 pH 值为 3.5 ~ 4.5 时最稳定，在碱性溶液中极易分解。过氧化氢越纯分解越慢。

强氧化剂。有腐蚀性。在高浓度下能使有机物质燃烧。与二氧化锰作用能引起爆炸。

水溶液为弱酸，金属离子对漂白有明显催化作用。

（三）适用范围

用作杀菌剂、消毒剂、抗菌剂。

用作氧化剂。

用作漂白剂和还原染料染色后的发色剂。用于羊毛、生丝、皮毛、羽毛、象牙、猪鬃、纸浆、脂肪等漂白。

也可用于除去铁及其他重金属盐类。

（四）使用方法

清除有机残积物、黑色的硫化铁锈斑。优点：过氧化氢与色素作用，不与纤维素发生作用或作用很弱，反应后没有引入任何离子。

添加氨水可促进释放活性氧的过程，为了控制释放的速度，可以使用硅酸钠。

（五）注意事项

副作用：据报道，过氧化氢的副产物在文物中可残留两年；某些镀层接触过氧化氢会产生破坏。

吸入本品蒸汽或雾对呼吸道有强烈刺激性。眼睛接触液体可致不可逆转的损伤甚至失明。口服中毒。长期接触可致皮炎。

应保存在避光阴凉地方。

二、离子交换树脂

（一）概述

品种很多，因化学组成和结构不同而具有不同的功能和特性，适应于不同的用途。应用树脂要根据工艺要求和物料的性质选用适当的类型和品种。

（二）化学特性

高分子的化合物。表现为酸基（阴性树脂）或碱基（阳性树脂）；这些酸基或碱基差不多都是强酸或强碱，树脂表现得很结实或很脆弱。

通过树脂中的离子与溶液中的离子互相交换，从而将溶液中的离子分离出来。

（三）适用范围

清除钙质结垢效果好。

（四）使用方法

阳性树脂用来去除有机物。

阴性树脂用来消除钙质结垢或者用来去除那些可能释放阳离子的化合物。

（五）注意事项

低毒。

三、连二亚硫酸锌

（一）物理特性

白色细针状斜方结晶。

有二氧化硫气味。易溶于水和氨。

（二）化学特性

热水中分解。

强还原性。露置空气中易分解，放出二氧化硫而失去还原力。

（三）适用范围

用作纸浆、织物、木材、植物油、麻、动物胶、黏土的漂白剂。

防腐剂和抗氧化剂。

（四）使用方法

可作纺织品去斑主剂。

作为大理石清洗铁锈的材料。

除锈后应该彻底清洗，以防止任何漂白剂及其副产物的残留。

（五）注意事项

宜密闭储存。

四、盐酸

（一）概述

37%以上的盐酸溶液称为浓盐酸，37%以下的盐酸溶液称为稀盐酸，一般的盐酸浓度不超过39%。工业级盐酸氯化氢含量为36%。

（二）物理特性

无色或微黄色易挥发性液体，有刺鼻的气味。

与水混溶，溶于碱液。

（三）化学特性

主要成分：HCl。

强酸。

（四）适用范围

可用于去除钙质结核、碳酸盐沉积。

（五）使用方法

稀溶液可用于文物清洗。

（六）注意事项

强腐蚀性、强刺激性。

五、硝酸

（一）概述

市售稀硝酸含量49%，呈微黄色。发烟硝酸为红褐色液体。

（二）物理特性

无色透明液体，具有刺激性和强烈的窒息性和腐蚀性。

能与水以任何比例混合。硝酸水溶液具有导电性，会灼伤皮肤。

（三）化学特性

化学性质活泼，常温下能分解出二氧化氮。

可与许多金属剧烈反应，是一种无机强酸和强氧化剂。

能使铝钝化，与有机物、木屑相混能引起燃烧。

（四）适用范围

用途极广的重要化工原料之一。广泛用于化肥、国防、冶金、化纤、印染、染料、制药等工业；

用于去除钙质结核、碳酸盐沉积。

（五）使用方法

浓硝酸具有氧化性，可用于去除陶瓷器上的硫酸盐沉积物。

（六）注意事项

会灼伤皮肤。强腐蚀性、强刺激性。

六、氢氟酸

（一）物理特性

无色液体或气体。

易溶于水。

（二）化学特性

化学性质稳定。

酸性腐蚀品。

（三）适用范围

用于去除铁锈。

用于清除陶瓷器表面硅质沉积物。

（四）使用方法

一般用1%氢氟酸涂于硅质沉积物表面，每次涂几分钟，涂后用水洗净，直到将其除完。

（五）注意事项

氢氟酸有剧毒，应慎用。

副作用：腐蚀玻璃和釉。

七、醋酸

（一）概述

又称乙酸。当温度低于它的熔点时，就凝结成冰状晶体，所以又叫冰醋酸。

（二）物理特性

无色透明，液体，有强烈的刺激性酸臭。

溶于水、醚、甘油，不溶于二硫化碳。

（三）化学特性

与醇起酯化反应生成酯。

与金属及其氧化物作用生成盐。

较强的腐蚀性。

（四）适用范围

用于清洗。可去除碳酸盐。

可以通过螯合作用去除金属锈斑。

副作用：可能伤害含铁的瓷釉。

（五）使用方法

清洗有颜色的织物前可用2%～5%的醋酸溶液固定颜色，必要时可增加醋酸浓度，最高可达20%。

（六）注意事项

遇明火、高温、氧化剂有燃烧危险。

低毒。

八、柠檬酸

（一）概述

又称枸橼酸、2- 羟基丙烷三羟酸。

（二）物理特性

无色透明斜方形结晶体或白色颗粒，无臭，味酸。

易溶于水、乙醇，溶于乙醚。

在干燥空气中或加热至 40℃ ~ 50℃变为无水物，在潮湿空气中微有潮解性。

（三）化学特性

可燃。无毒。

较强的有机酸。加热可以分解成多种产物，与酸、碱、甘油等发生反应。

（四）适用范围

解毒剂、酸味剂、pH 值调整剂、防染剂、金属清洁剂、油脂抗氧剂、混凝土缓凝剂、锅炉清洗剂等。

用作多价螯合剂，用于配制缓冲溶液。

（五）使用方法

文物清洗中可去除碳酸盐。

通过螯合作用去除金属锈斑。

副作用：可能伤害含铁的瓷釉。

九、草酸

（一）概述

学名乙二酸。

（二）物理特性

无色透明结晶。

易溶于乙醇，溶于水，微溶于乙醚，不溶于苯和氯仿。

（三）化学特性

草酸一般含有二分子结晶水。

可与金属离子螯合。

具有还原性。

（四）适用范围

用于金属表面清洗和处理。

用于稀土元素提取、纺织印染、皮革加工、催化剂制备等。

（五）使用方法

文物清洗中用于去除碳酸盐。

可以通过螯合作用去除金属锈斑。

有还原性，可清除竹器上的铁锈、发黑发暗的物质。用 2% 草酸溶液处理竹简，可使原来模糊不清的字迹变清楚。

（六）注意事项

副作用：可能伤害含铁的瓷釉。

十、EDTA 二钠盐

（一）概述

乙二胺四乙酸的二钠盐。

（二）物理特性

白色结晶粉末。

易溶于水，难溶于乙醇。5% 的水溶液 pH 值为 4 ~ 6，呈酸性；2% 水溶液的 pH 值为 4 ~ 7。

（三）化学特性

Na_2Y 与沉积膜中的钙、镁等阳离子（用 M 表示）发生螯合反应，夺取其中的盐离子，形成 M…Y 螯合物溶液，而沉积膜中的阴离子则与螯合剂中的钠离子形成可溶性钠盐，从而达到清洗除去沉积膜的目的。

（四）适用范围

清洗。

（五）使用方法

清洗陶器表面沉积膜：按水 900mL、氢氧化钠 80g、三乙醇胺 30mL、EDTA 二钠盐 100g、清洁剂数十滴的比例，在一定体积的蒸馏水中加入氢氧化钠使之溶解，再加入三乙醇胺、EDTA 二钠盐。将试液徐徐加热，滴入含表面活性剂的洗涤剂。温度升高到 75℃至 80℃时，放入陶器不断翻动，煮沸半小时。若溶液蒸发过快，可添适量蒸馏水补充。经大量自来水冲洗后，用尼龙刷刷去大部分沉积膜，少量黏附在花纹中间或极难去除的沉积物可用钢针剔除。可重复操作，直到洗净。最后用 2% 的醋酸溶液浸泡陶器 2～3 天，中和多余碱，最后用蒸馏水洗净晾干。

处理出土的纸张：5%EDTA 二钠盐浸泡碎片，经一天处理，纸片软化。

（六）注意事项

低毒。

十一、EDTA 三钠盐

（一）化学特性

三钠 EDTA 是一种螯合剂：COONa 在溶液中分解为 COO⁻ 和 Na⁺，在这种离子状态下，两个 COO⁻ 根可共同俘获一个 Ca²⁺ 离子。

（二）适用范围

清除钙质结垢效果好。

十二、三聚磷酸钠

（一）概述

有稳定 I 型和次稳定 II 型。六水合物有吸湿性。

（二）物理特性

白色晶体或结晶粉末。

对碱金属、碱土金属、过渡类金属与重金属盐有络合能力，而且分散性能和溶胶性能强。

能软化硬水。具有离子交换性能，使悬浮液变成溶液。

（三）化学特性

水溶液呈弱碱性，渐渐水解生成钠离子、焦磷酸根离子和磷酸根离子。

一般使用溶解迅速、水溶液不浑浊的 II 型。三聚磷酸钠可使钙、镁等硬水成分集聚，并使污垢分散。

（四）适用范围

清洗。

（五）使用方法

可用三聚磷酸钠溶液在超声波设备中对文物进行清洗。超声波作用一方面加速了反应物在器物表面的螯合作用，另一方面反应生成的螯合物马上被分散到溶液中，大大提高反应的速度和效率。

十三、六偏磷酸钠

（一）物理特性

无色透明玻璃片状或白色粒状结晶。

易溶于水，不溶于有机溶剂。与钙、镁等金属离子能生成可溶性络合物。

吸湿性很强，露置于空气中能逐渐吸收水分而呈黏胶状物。

（二）化学特性

在水溶液中水解形成正磷酸盐。对钙和各种金属的螯合效果好，吸附于固体表面，充分发挥分散性作用。

（三）适用范围

清洗。

（四）使用方法

一般使用 1%～2% 的六偏磷酸钠溶液进行清洗，防止浓度过大时不要控制反应。在清洗时加入 0.5% 的十二烷基苯磺酸钠（一种阴离子型表面活性剂），可以提高溶解度与渗透性，加快清洗速度。

可使用超声波技术加快清洗速度。

第六节　杀虫灭菌材料

一、百里酚

（一）概述

又称麝香草酚、3- 羟基对异丙基甲苯、3- 甲基 -6- 异丙基酚。

（二）物理特性

无色晶体，有特殊香气，是多种香精油的组分之一。

微溶于水，易溶于乙醇、乙醚和氯仿。

（三）化学特性

有防腐和杀菌作用。

（四）适用范围

杀菌剂。

（五）注意事项

注意防护，对眼睛、皮肤和呼吸道有刺激性。

二、除虫菊

（一）概述

有效成分是除虫菊酯。

（二）物理特性

清亮琥珀色黏稠液体，有清香气味，含有五种有效成分。

溶于乙醇、四氯化碳及煤油，微溶于水。

（三）化学特性

光和热均稳定，在酸性介质中稳定，在碱性介质中分解。

遇碱时、光照下易分解。

（四）适用范围

杀虫剂。

（五）使用方法

通常配成溶液或乳液使用。用时将市售 2.5% 的除虫菊稀释 1 000 倍，药效期一般为 30T；

当木材浸泡杀虫时，若木质已糟朽，应将纱布条将木材缠裹一层，防止浸泡时木材之间或木材与容器壁之间发生碰撞，造成不必要的损伤；

杀虫处理浸泡时间约 1h。处理完毕后，捆扎系在竹竿或木架上，置于室内通风处阴干。阴干时间一般在 30～60T。

（六）注意事项

注意呼吸系统、皮肤、眼睛等的防护。

三、次氯酸钠

（一）概述

工业品是浅黄色透明液体。俗称漂白水。是不稳定化合物，能逐渐释放出氧气。

（二）物理特性

白色粉末，有潮解性。

能溶于冷水。

（三）化学特性

在空气中不稳定，受热后分解。

碱性次氯酸钠溶液比较稳定，俗称安替福明。

受热到35℃以上或遇酸则分解，有氧化性。

在冷水中也有很好的漂白作用。

在酸性和碱性环境中生成氢氧化物和次氯酸，后者分解为氯化物、氯酸盐和氧，产生漂白作用。

（四）适用范围

用作纸浆、纺织品和化学纤维的漂白剂。

水处理中用作净水剂。

杀菌剂、消毒剂。

（五）使用方法

使用时可添加碳酸钠或醋酸以促进分解。

（六）注意事项

缺点是容易引起文物的破坏，例如被陶瓷的裂缝和缺陷部位吸收，通过吸湿—脱水循环，可以导致表层的脱落；次氯酸可使纤维素的羟基氧化，从而造成织物的破坏。另外对某些染料也有破坏作用。

这种漂白剂一般不能用于文物清洗，只有在特殊情况下才可使用。

四、黄柏

（一）概述

一种芸香科落叶乔木，干皮呈黄色，味苦，气味微香。

（二）物理特性

黄柏碱为季铵碱。其氯化物为无色结晶（在甲醇中）。

（三）化学特性

黄柏中含有小柏碱及少量的棕桐碱、黄柏酮、黄柏内酯。其中小柏碱是黄柏的主要有效化学成分，它有一个与之互变异构的醛体，具有杀虫和防虫作用。

（四）适用范围

杀虫，防虫。

五、环氧乙烷

（一）物理特性

常温常压下为无色易燃气体，低温时是无色易流动液体。有乙醚气味，高浓度有刺激臭味。

爆炸极限 3.0% ~ 100%。

易溶于水和有机溶剂。

（二）化学特性

化学性质非常活泼，能和许多化合物起加成反应。

久储会起聚合反应。易燃，遇高温、明火有引起燃烧爆炸的危险。空气中最高容许浓度 $0.001g/m^3$。

（三）适用范围

广谱、高效的气体杀菌消毒剂。

（四）使用方法

操作时注意严格控制，需要一定的设备。

（五）注意事项

具有温和麻醉性。

六、氯化锌（锌氯粉）

（一）物理特性

白色粉状、棒状或粉状结晶体。

无味，易潮解。溶于水，水溶液呈强酸性。溶于甲醇、乙醇、甘油、丙酮、乙醚等含氧有机溶剂。

熔融氯化锌有很好的导电性能。

（二）化学特性

加过量的水有氧氯化锌产生。

具有腐蚀性和毒性，还具有溶解金属氧化物和纤维素的特性。稳定。

（三）适用范围

用作脱水剂、缩合剂、媒染剂、石油净化剂，还用于电池、电镀、医药等行业。

（四）注意事项

危险标记 20（腐蚀品）。

七、溴甲烷

（一）物理特性

无色气体，有甜味；液体为无色或淡黄色。

蒸气压高，渗透力强，不易爆燃。

不溶于水，溶于乙醇、乙醚、氯仿等多数有机溶剂；具有溶解树脂、橡胶、脂肪等物质的能力。

（二）化学特性

化学性质稳定，不易为酸碱所影响。

（三）适用范围

用作杀虫熏剂、冷冻剂。

（四）使用方法

用于对木质文物的除虫，经常使用的方法是熏蒸法。

（五）注意事项

有毒，剧毒品。

八、氨水

（一）物理特性

无色透明液体，有强烈的刺激性臭味。

溶于水、醇。

（二）适用范围

用于制药工业、纱罩业、晒图、农业施肥等。

易挥发，可作为一种安全的碱性湿洗剂。

（三）注意事项

碱性腐蚀品。

九、聚氧乙烯失水山梨醇月桂酸酯

（一）物理特性

琥珀色油状液体，味苦。

易溶于水、稀酸、稀碱、醚、酮类、芳烃、氯代烃、乙二醇、吡啶等，不溶于矿物油和动物油类。

具有乳化、润湿、扩散等效能。

（二）适用范围

非离子型表面活性剂。用作非离子型乳化剂、润湿剂、渗透剂。还用作膏霜类、乳液类等化妆品的水包油型乳化剂、柔软剂和增稠剂。

十、苯扎溴铵

（一）概述

别名：新洁尔灭、溴化节烷铵。

化学名：十二烷基二甲基苯基溴化铵。

（二）物理特性

常温下为白色或淡黄色胶状体或粉末，低温时可能逐渐形成蜡状固体。带有芳香气味，但尝味极苦。

水溶液振摇时产生多量泡沫；具有耐热性，可储存较长时间而效果不减。

易溶于水、乙醇，微溶于丙酮，不溶于乙醚、苯，水溶液呈碱性。

（三）化学特性

为一种季铵盐阳离子表面活性广谱杀菌剂。可储存较长时间而效果不减。

（四）适用范围

杀菌力强，对皮肤和组织无刺激性，对金属、橡胶制品无腐蚀作用。

（五）使用方法

常用 1∶1 000 ～ 2 000 溶液消毒。

（六）注意事项

忌与肥皂、盐类或其他合成洗涤剂同时使用，避免使用铝制容器，消毒金属器械需加 0.5% 亚硝酸钠防锈。对革兰阴性杆菌及肠道病毒作用弱，对结核杆菌及芽孢无效。

十一、菌毒清

（一）化学特性

是一种氨基酸类内吸性杀菌剂，有效成分为甘氨酸取代衍生物。杀菌机制是凝固病菌蛋白质，破坏病菌细胞膜，抑制病菌呼吸，使病菌酶系统变性，从而杀死病菌。

（二）适用范围

具有高效、低毒、无残留等特点，并有较好的渗透性，可用来防治多种真菌、细菌和病毒引起的病害。

（三）注意事项

低温时易出现结晶，可用温水隔瓶使其溶化，不影响药效。

十二、异噻唑啉酮

（一）物理特性

棕黄色透明液体，淡黄或淡绿色透明液体。

（二）化学特性

通过断开细菌和藻类蛋白质的键而起杀生作用。异噻唑啉酮与微生物接触后，能迅速地不可逆地抑制其生长，从而导致微生物细胞的死亡，故对常见细菌、真菌、藻类等具有很强的抑制和杀灭作用。

杀生效率高，降解性好，具有不产生残留、操作安全、配伍性好、稳定性强、使用成本低等特点。

能与氯及大多数阴、阳离子及非离子表面活性剂相混溶。高剂量时，异噻唑啉酮对生物粘泥剥离有显著效果。

（三）适用范围

是一种广谱、高效、低毒、非氧化性杀生剂。广泛运用于油田、造纸、农药、切削油、皮革、油墨、染料、制革等行业。

可用作竹简、漆木器等文物的杀菌、防腐用剂。

（四）使用方法

能与氯气等氧化型杀菌剂同时使用，不能用于含硫化物的冷却水系统。异噻唑啉酮与季铵盐复合使用效果较佳。

异噻唑啉酮作工业杀菌防霉剂使用时，一般浓度为 0.05% ~ 0.4%。

（五）注意事项

有腐蚀性，对皮肤和眼睛有刺激性。

十三、霉敌

（一）物理特性

白色针状晶体，溶于乙醚、丙酮、乙醇等有机溶剂，在水中溶解度为 0.02（25℃），溶于热水，可与碱生成盐，其铵盐和钠盐有较好的水溶性。

（二）适用范围

一种新型高效、低毒、广谱防腐防霉剂。广泛用于皮革、纺织、制鞋、涂料、磁带、光学仪器、文物保护的防腐防霉及在人体与动物标本保养中代替甲醛。

作为文物保护防腐防霉剂用于如尸体类、字画、纺织品、漆、木、竹器、壁画、皮革等文物。

（三）使用方法

用于皮革、纸质、纺织品、竹木漆器类文物防霉，可用 0.02% 霉敌丙酮溶液；

可用 0.03% 霉敌水溶液代替甲醛用于尸体类文物的防霉防腐。

第六章 金属文物的处理保护

第一节 青铜遗物的处理和保护

青铜遗物作为中华文化的瑰宝，几千年来一直深受人们的关注和喜爱。青铜制作的器物早在夏朝晚期二里头遗址中就已经出现了，其后的冶炼技术和铸造水平不断发展、不断完善，到了商代晚期至西周中期，此时的青铜遗物无论是艺术成就还是科技水平都达到了前无古人、后无来者的高峰，出现了众多极其珍贵的艺术珍品。随着田野考古事业的不断发展，发掘出土的青铜遗物之数量也在不断地增多，遗物的处理修复和保护任务越来越繁重，遗物的处理环节也就显得尤为重要，力争把因埋葬时期和出土后环境改变而造成的遗物腐蚀程度降到最低限度。多年来文物保护处理科技领域一直在致力于此方面的探索和研究，在学习和借鉴国内外先进经验与技术的基础上，继承传统，利用其他学科方面的理论知识和技术手段，结合出土青铜遗物的原有特点，形成了一套比较完整和成熟的实用方法技术。

一、腐蚀的主要类型

金属材料表面和周围环境起化学或电化学反应而导致的一种破坏性侵蚀，称为金属的腐蚀。材料被腐蚀后通常会失去其原来的金属特性，变成某种化合物，以稳定的形态存在着。经过加工处理的矿石成为金属材料后，腐蚀就逐渐地开始了。腐蚀是一种自发的过程，这种自发的变化导致材料性能的破坏，使金属材料向着离子化或化合物状态变化。腐蚀既然是物质在一定环境作用下的一个自发过程，那么使它绝对不腐蚀将是非常困难的。

遗物到底会受到哪种腐蚀形式的破坏，取决于金属材料的成分、组织、结构及保藏环境条件等多种因素。不同的腐蚀形式有着不同的特征和不同的腐蚀机制，它们之间又存在着相对的联系，在现实中往往会出现多种腐蚀形式同时参与或相继参与的情况。

（一）土壤环境腐蚀

长期埋藏在土壤里，使得青铜遗物不同程度地遭受到土壤环境的腐蚀。由于土壤中含有大量的水分、盐类和氧气等，遗物不可避免地发生腐蚀现象，部分遗物可能遭受相当严重的腐蚀损坏，甚至被完全解体。土壤通常含有一定的水分，水中溶解有多种无机盐，从而形成电解质溶液。因此，含水率的多少对土壤的腐蚀有很大的影响，在干燥或含水率较低的情况下，金属所受到的腐蚀程度不是很大或者不会很严重。当土壤含水率增加到相当的比例时，盐分的溶解量也随之增多，土壤的腐蚀性也就相应地增大。土壤作为一种胶体物质，吸收和保持水分的能力很强。土壤中水分过于充沛时，引起胶体膨胀，就会使土壤的孔隙度大大降低，从而阻碍了氧气的进入，金属的腐蚀性因此而受到了限制。土壤中含有大量的无机盐类，其中氯化物、硫酸盐和硝酸盐等具有代表性，这部分无机化合物都是可溶性盐类，都对金属的腐蚀过程产生负面影响，这种可溶性盐类在土壤中的总量只占有很小比例，溶液导电性随着含盐量的增多而增大，在土壤电解质溶液中，其总含量的增加，会使其对金属遗物的腐蚀性随之增大。

（二）缝隙腐蚀

缝隙腐蚀发生在遗物表面的自然缝隙中，发生于金属部件之间的接合部。我们常见的已经断裂成几个部分的器物，相互连接的缝隙断面上受到腐蚀的状况较其他处要严重得多。另外，在两个同种金属的连接面上，或者不同金属甚至金属与非金属之间的连接面上，都有可能产生缝隙腐蚀。这也就是说，任何物体与金属表面相互接触，便会在两者之间形成一条缝隙。在大气环境中，缝隙连接处的水汽长期存留，与缝隙相对应的金属器物表面则较为干燥，就会导致潮湿的缝隙部位发生腐蚀。

（三）孔洞腐蚀

金属遗物于土壤内的埋藏时期或者处于较为潮湿的环境中，孔洞现象随时都可能发生。有害锈的腐蚀破坏可以从孔洞进一步发展到金属遗物基体的深处。出土的金属遗物均经历了一段漫长的接触土壤环境的过程，土壤环境具备充分的孔洞腐蚀的条件，因此，在这类遗物中孔洞现象随时可见。

　　（四）沉积物腐蚀

在金属遗物的出土现场，常常可以见到遗物表面黏附着一层已经钙化的水锈或土锈，因为该锈种具有相应的硬度，仅仅采取剔剥的手段是难以完成清理程序的。另外，许多出土的金属遗物还没有经过处理保护措施就存放于非恒温恒湿条件下的库房内，甚至有的部分已经作为陈列品开始进行展出，日积月累遗物表面就会沉积玷污一层尘粒灰迹，从而形成有害的颗粒物质。在颗粒灰迹黏附层的下面，如果有腐蚀性物质存在的话，就会发生氧化还原反应。一方面，由于沉积物对氧的迁移和扩散造成困难，因而使氧的供应不足；另一方面，由于氧在反应过程中的消耗，使得还原反应只能在氧供应充足的沉积黏附层之外的区域进行，沉积黏附层的下面只能进行氧化反应，从而对遗物造成原本可以避免的腐蚀破坏。

　　（五）"膏胶"锈腐蚀

当部分具有吸附能力的物质（如木材、纸张、丝棉麻织物等）与金属遗物表面相互接触时，由于其周期性的潮湿，外加细菌（霉菌）本体的变化作用，使得围裹于遗物表面的上述物品发生质变，形成一种类似胶质状的物质。它的强度和黏度均十分牢固，甚至在很大程度上都已超过了遗物本体的强度，具有很强的腐蚀破坏作用。

　　（六）磨损腐蚀

磨损是一种不断损失或破坏的现象。损失包括直接耗失材料和材料的转移；破坏包括使遗物形体产生变化，失去表面精度和光泽。我们常见的一部分遗物在出土时其表面有一层很厚的锈蚀，除了水土等外界因素对它的影响之外，遗物内部的金属成分或多或少地已经转移到了器表之外，这些都是金属结构成分发生的矿化作用，使遗物从外观看起来还比较完整美观，但其内部的金属含量却因大量流失而降低了许多，整个形体已是十分脆弱，原有的重量在很大程度上产生了相应的变化。

　　二、测试分析诊断

一般使用以下装置进行诊断。

　　（一）X射线透过摄影装置

把所要处理的金属遗物放于该摄影装置内，按照程序将时间控制在适当范围内进行拍照。底片经处理后，通过立体观视仪，可清晰地分辨出遗物四周外侧的锈蚀情况、遗物的完好程度和表层腐蚀锈种对物体的渗透影响。

（二）全试科式 X 射线极回折分析装置

通过屏幕观察，可将遗物局部环节放大数倍至百倍。遗物的外观形态、内部结构的组织形式、气泡的存在状况等都可以一目了然。可以对遗物的处理过程提供参考依据。另外，还可以根据 X 射线的原理，测定并绘制出相对的 PSI 度图像，即射线的反应图像。

（三）实体显微镜照相

利用显微镜放大成像效果，通过屏幕观察分析，可对遗物表面的腐蚀锈种有明显的界定，分析出锈种的有害成分。

（四）金属成分测定分析仪

核实确定遗物局部的某个区域位置，经过测试，可以标定出准确的金相数值。结合金属元素周期表，核实出遗物器体不同部位的金属成分。如遗物表面是否存在其他金属镶嵌、锚、镀等现象。

根据上述几种仪器对遗物的测试结果，分析判断遗物不同部位的状况差异、锈蚀成因、锈蚀程度及保存状态等。设计制订出切实可行的实施方案，对遗物进行处理和保护。使每一工作环节和步骤均纳入有计划性的程序中去，避免人为的随意性和不确定性，提高和增强处理过程中的可操作性。如果是国宝级的重器遗物，则需要组织文物保护方面的专业人员共同交流探讨，统一认识，确定妥善可行的处理途径，确保遗物能够得到长期有效保护。

三、遗物锈蚀处理

青铜遗物的锈蚀处理工作，包括去除遗物表面的锈蚀以及防止其再度发生锈蚀。除锈就是去除因埋藏时期附着在遗物表层的有害锈，防锈则是采取相应必要的保护性处理措施防止遗物进一步锈蚀，以求其长期稳定保存。考古发掘出土的青铜遗物，大多埋藏时代久远，不同程度地受到地下水土与矿物质等的侵蚀影响，遗物表层大多会出现类型不一的腐蚀锈层。该锈层或薄或厚地将遗物围裹起来，前者可能是较薄的一层水锈或土锈，清除起来比较简单；而后者的锈层厚度有时可达数厘米，严重影响着遗物的外观形制和各种纹饰、铭文的清晰程度。如果不立即对其采取相应的清除措施，随着存放地域环境的改变，原有埋藏时期较为稳定的状态将被打破，环境改变、温度变化、气体污染等因素将会促使各种锈蚀加快对遗物的侵蚀。锈蚀严重的遗物可能在很短的时间内丧失了文物价值。在此方面许多含铅锡成分比例较高的小件遗物之保存状况是能够说明问题的。

　　清除锈蚀最主要的内容就是除去遗物表层的有害锈蚀。锈蚀要清除到何种程度才比较恰当和符合要求，是一个较难把握的问题。就遗物的保存效果而言，将所有有害锈全部去除，保留无害锈种比较安全合理。如果无害锈已经完全覆盖了遗物，使遗物表面的纹饰线路不可辨识，也需要将其去除。腐蚀的类别有以下几种：全面腐蚀、局部腐蚀以及孔状腐蚀。所谓孔状腐蚀就是在金属遗物表面产生一个小的凹陷，随之而来的是朝着金属内部进行腐蚀。其表现方式是在凹孔处及周围生出青绿色的锈状（碱式碳酸铜），在此之下已经积满了呈结晶体状的氧化亚铜，而孔之底部则有浓缩的氯化物。这部分氧化物、氯化物应尽可能地将其去除。此后，使用与乙醇混合呈糊状的氧化银，填充至由氧化物所形成的凹形孔状处，遗物中氯离子与氧化银之间发生反应后形成的氯化银可以使之保持相对稳定。此外，因口沿部位已经被密封，凹孔的底部不会有潮湿气体存在，生成不了氧气和水分，这样就可以抑制青铜病的进一步恶化。

　　除锈的方法一般有两种形式：一是采用磨蚀器具和手动工具，即物理处理方式；二是使用药物将锈蚀溶解后除之的化学方式。两者之间各有可取方面和不足之处，那么就需要根据不同的对象采取不同的操作方法，灵活掌握。就目前而言，利用前者要远远多于后者。

　　第一种，物理处理方式。使用手动操作工具，多为美术刀具一类的工具进行除锈。在实施过程中，依据上述仪器测试的结果，在相应的范围内进行合理清除。用这种方法除锈时注意保持遗物的完整与清洁程度，不能因为除锈而破坏遗物的本体，避免在其表面留下任何工具痕迹。另外，利用牙科医疗方面的小型研磨机或使用精密喷射加工机，也是清除锈蚀的主要手段。研磨机的主要功能是将高出遗物本体表层的锈蚀加以磨蚀去除，使用范围较广，也是比较常用的。对于已经完全钙化的锈蚀，其硬度已远远超过了遗物本体，很难用普通的磨砂轮将之消除，则可以采用在磨具中加放金刚石粉末，使其磨蚀工具的坚硬程度超过锈蚀的硬度。操作过程中，可以在磨蚀层面上适当地加放一点蒸馏水，以降低磨蚀时产生的高温，保证遗物的绝对安全。精密喷射加工机是利用高压气体将玉米壳或者玻璃粉末喷吹至锈蚀部位，使之层层剥离，达到所要求的预期目的。上述操作规程，都要根据检测和分析的结果，按照处理及保护文物的原则、宗旨和要求，合理地利用各种工具的使用功能，在不同范围内采取与之相适应的办法措施，最大限度地使遗物恢复其原有概貌。

第二种，化学处理方式。由于部分出土遗物饰有相当精细缜密的纹饰，或者是由于角度关系以及其他饰件的遮挡，物理除锈方式难于解决上述问题。那么就需要用化学试剂来进行锈蚀消除。青铜器物常用弱酸来实施去锈。一般情况下使用10%左右的弱酸水溶剂便可以将青绿锈蚀溶解，但必须预防溶液渗入遗物内部。原因是化学溶液具有比较强的渗透能力，如果出现这种情况，那么对遗物本身所造成的影响就难以估计。虽然是弱酸溶液，但是一旦进入遗物内部，除了能够把表面的锈蚀去除，也极有可能让遗物的金属结构出现减弱现象。即使清洗得十分干净也难以保证将溶液完全去除，少量的溶液残留，日后会对遗物本体造成不利之影响。

另外，超声波锈蚀清洗技术于近年来得到了广泛的应用，其特点是清洗速度较快、效果好。具体操作过程为：把调配合适的 ACNI 缓蚀剂置入清洗槽内，同时将遗物放入槽中，溶液量要超过遗物的高度，设定相应的清洗时间，开始定时清洗。此时可以看到溶液中出现大量白色絮状物，这是遗物内部氯化物形成的络合物沉淀。液体逐步趋向于浑浊状，超声波发生器产生出大量的气泡，对金属遗物表面的疏松锈蚀起到了剥蚀作用，液体中会出现呈粉末状的腐蚀物体。利用槽内循环水的冲洗功能，清除依附于遗物表层的絮状物。重复上述程序操作之后，需要更换清洗液体，直至清洗液中不再出现絮状物为止。然后使用蒸馏水反复对遗物进行清洗，清除残留于遗物中的清洗剂。此后将其放置于烘箱内烘干，或让其自行干燥也可。

因此，在不得不使用化学溶剂时，需要借助于高吸水性的树脂以避免溶液渗入遗物内。可将树脂混合于弱酸的水溶液中并且调制成糊状，贴置于锈蚀表面，把所触及的一层锈蚀予以溶解。此后将糊状物取下，仔细清洗遗物体上的残留，并且使其快速干燥。该过程可以重复数次，每次都像撕去一层薄薄的表皮那样，遗物的锈蚀部分就会慢慢地被清除干净。总之，在处理锈蚀的过程中，应该尽可能地避免遗物接触到弱酸水溶液。而所使用的合成树脂，一定要是可逆性的，必要时也可以进行再度溶解。一般遗物的锈蚀处理办法为：物理方式和化学方式两者可以兼用，这样效果是较为明显的；但后者尽量不要经常使用，尽量减少它的使用频率。

四、去氯处理

关于去氯处理，需要根据遗物的地域埋藏环境，对所含氯化物的种类做出准确判断和合理的分析测试。为了使金属遗物能够安全长久地保存下去，彻底消除氯化物对遗物的损害影响，在条件较为简陋的前提下，将遗物浸泡于强碱的水溶液中去氯是最为常用的处理方式。另外还有浸泡氢氧化钠、碳酸钾、倍半碳酸钠水溶液以及氢氧化锂乙醇溶液等方法。

倍半碳酸钠的浸泡方法。将锈蚀的金属器物浸泡在5%的倍半碳酸钠溶液中，蒸馏水为稀释液体，对其溶液要进行适当加热，白天温度能够保持在40℃左右，夜晚让其自行冷却。持续1周时间之后，就需要更换新的浸泡溶液。3周以后可将更换溶液的次数适当延长，大约20天一次。浸泡的总时间需要4个月左右，直到溶液中氯离子浓度降到4ppm之下为止。

氢氧化钠和碳酸钾的浸泡方法。也以蒸馏水为稀释液，配以一定比例的试剂成分，一并放置于与遗物体积相当的容器内，待充分溶解后，将遗物放入其中。小件遗物的浸泡时间1~2个月，大中型遗物的浸泡时间则需要更长一些。随着浸泡时间的延长，遗物中的氯化物不断析出，势必会增大溶液中氯化物的成分。所以，在一个处理周期内适当更换浸泡原液是十分必要的，这样才能把遗物体内的氯离子较为干净地置换出来，达到处理保护遗物的最终目的。

氢氧化锂除锈法。是以无水甲醇和等量的无水乙醇混合，置入以此重量0.2%的氢氧化锂进行搅拌，之后再加入相当于该溶剂量两倍的异丙醇，作为去氯处理溶剂。处理容器最好使用具备密封性能的不锈钢器皿。在处理过程中适度地加以搅拌，随时观察测量溶解于溶液中的氯离子含量，在达到一定浓度时就需要更换新的溶液。当氯离子浓度趋于低水平程度，从遗物中析出的量没有再度增加时，表示去氯处理已经接近尾声。这时可以将遗物从溶液中取出，并立即对其进行甲醇和蒸馏水清洗，在室温下让其自然干燥。

另外还有一种方法，实施过程不是将氯化物清除，而是不让氯化物在遗物体内活性化。这就是涂抹糊状氧化银法，其目的是形成不受氯离子侵蚀的被覆层，使遗物在一定时期内保持稳定。

五、强化封护防锈处理

经过上述处理程序，遗物内部的有害成分被排除出去，对遗物构成损害威胁的条件已经不具备了，不再继续氧化腐蚀，遗物内部整体结构趋于平衡。在这种前提下，可以对遗物进行强化封护。所谓强化，就是说遗物的金属结构已经产生变化，金属成分严重流失，虽然没有或很少涉及它的外观形制，但已经有相当部分的金属成分被氧化腐蚀了，或者说金属成分的一部分已转移到遗物外侧的锈蚀当中去了。目前能够保留下来的仅仅是个壳状形态，内部出现许多龟裂和空隙现象，物理性能很差，金属成分结构较为疏松。如果操作不妥、震动过量，遗物本体非常容易出现裂缝，甚至破碎，不利于长久保存。这就需要对其进行强化加固，使遗物的整体结构强度增加、韧性增强，为下一步的资料信息提取和学术活动及科学保存创造有利条件。

BTA（Benzo Tri Azole）是目前铜合金遗物产生青铜病之防蚀处理的较为简单而有效的方式，并且不会因此而改变遗物原有的基本色调，也是极其有效的气化性防锈剂，能够提升遗物防锈效果。BTA溶液的配制方法是：使用4%的苯骈三氮唑和2%的硼砂，蒸馏水为稀释液体。首先将蒸馏水加热至60℃，把二者分别搅拌溶解，完全溶解后合为一体置入容器内，同时将遗物一同放置入，大型遗物可采取表面涂抹或喷洒的方式。大约一小时后取出，处理过程结束。BTA与亚铜离子和二价铜离子分别形成稳定的配合物，并且同时与金属铜配合成膜，这一层肉眼看不见的保护膜具有一定的抗腐蚀能力。然后使用乙醇把遗物冲洗干净，如此就形成了遗物与BTA的稳定化合物。即使氯离子能够再度活跃起来，这层覆膜也能保护金属部分不致腐蚀。但是，该种物质在酸性的环境下较不稳定，需要再一次浸渍其他合成树脂，才能让BTA在遗物内部稳定下来。同时还必须使遗物隔绝自然气候下的氧气和水分。

加固强化金属遗物较为广泛使用的方法还有丙烯酸类合成树脂（Paraloid B72溶液）。该物质呈无色透明颗粒状，丙酮与甲苯及二甲苯作为浸泡稀释原液，待充分溶解之后对遗物实施浸泡或喷涂都是可行的，遗物表面经处理后不留任何痕迹，是一种比较理想的强化加固材料。它不但可以充分地渗透至遗物内部，形成网格链条状，在遗物壁内上下互为作用，保护器壁的完整性，增加器壁的坚固程度，提高遗物的抗腐能力。而且，尤为重要的是它具有了拒水能力，任何金属物体，没有了水的参与侵蚀，形成不了相应的腐蚀条件，也就难于形成危害之影响。总之，掌握和处理好这一关键环节，可以保证遗物在相当长时期内保持完好。

六、补配复原

所有出土的遗物，因长时期埋藏于地下，受到来自多方面之土体沙石的挤压，除部分因其器型结构的内在因素，如型体偏小，内壁较厚，能够抵御无形之压力，保持了其原有完整形制，其余部分恐怕已是残缺不整，破碎崩裂，型体外观严重扭曲变形，已经不是当初的华丽庄重之态。对此，扭曲变形的需要调整，破碎的需要黏合焊接，残缺的需要补配复原。一件遗物从残破恢复至原状，是一个程序复杂的系统过程，需要操作人员具备美术、冶金、化工等多方面的基础常识和技能，还要了解不同历史时期、不同地域出土遗物的特点。因为时期和地域之间的差异，所出土的遗物器型肯定是有区别的，复原遗物就应当掌握不同器物的特征，重复相同的毕竟为数不多。如果于操作过程中出现偏差和遗漏，那么就会失去正常的判断标准。所以，遗物的调整补配复原是一项非常慎重严谨的工作，必须认真正确对待。遗物由破碎、残缺、扭曲变形恢复到原有完整状态，其中补配和焊接、黏合缝线部分与遗物的色别有很大差异，需要进行颜色调整。一般常用的是矿物质颜料，乙醇漆脂作为黏合稀释液体，使用油画笔将其两者的混合物弹涂至补配的部分上面，表面外观和颜色效果与四周遗物的衔接一定要协调统一，过渡合理。

所有用于补配黏合的原材料都必须是可逆性的。实际操作过程中对存在偏差的部分随时予以调整修正，使其器型合理规范，纹饰线路通畅，花纹对称整洁，色调纯正符实，真正体现国之瑰宝的应有价值。

第二节　铁质遗物的处置修复方法

中国是最早使用铁器的国家之一，距今 2500 多年前的战国时期就已经开始制造和使用铁器。先民们对于铁器的生产加工非常重视，由于铁金属的矿藏含量与其他金属相比较更为丰富，开采条件和工艺技术要求相对比较简单，易于操作，可以大量地运用于生产和生活的各个方面。中国的铁器大致兴起于战国时期，发展于两汉，成熟于南北朝。

在出土现场部分铁器的表层常常依附一些已经腐朽而且非常脆弱的物质，大多是布纹痕迹或颜料等不稳定的物品，必须采取加固措施予以强化固定。

常见铁质遗物有容器、兵器、工具、农具及炊具等，腐蚀氧化的程度大多比较严重，部分遗物的金属成分之相当部分已转移到了器壁之外，使遗物外观形体产生了很大的变化，有的甚至在器表形成巨大厚重的非规则状的附着物，紧紧地与遗物外表粘贴在一起，其牢固程度在某些局部甚至强于遗物本体。造成铁器腐蚀的元凶是氯化物。当铁质遗物埋藏于地下时，它的腐蚀速率是非常慢的。而出土以后遇到空气中的氧、水分等外界因素及铁质遗物在埋藏过程中所引入可溶性盐的综合作用下，腐蚀速率会明显加快，继续发生进一步的劣化反应，最终可能导致整个铁质遗物的酥碎和分解。因此出土的铁质遗物应及时进行保护处理。根据遗物的腐蚀机制及锈蚀构造，铁质遗物的处理保护程序应为：快速干燥—锈蚀检测—除锈脱氯—粘接—质地保护—表层封护—环境控制。

一、快速干燥

铁质遗物的锈蚀本身非常容易吸纳潮湿气体，对铁制遗物而言，水和氧气是危害最大的两类物质。而对铁质遗物锈蚀而言，紧贴于遗物表层的较为坚硬，并且部分锈蚀已与器壁连成一体，其他均为比较酥松及多孔的锈蚀。这些酥松多孔的锈蚀对水分的容纳量较大，再加上铁质遗物锈层中常含有碳酸钙、氯化铁等物质，这些物质极易吸收水分。因此，在自然环境下存放的铁质遗物，其锈层中一般都含有较多的水分。为了隔绝水及氧气对铁质遗物的影响，保证铁质遗物封护保护的效果，在封护处理前，一般都会对铁质遗物进行强制干燥，以便排挤出锈层中所含的水分。所以出土后的铁器若不及时采取干燥措施，会在空气中继续受到腐蚀。出土的铁器不可任其自然干燥，而应该采取强制性措施促使其干燥。处理方法有以下几种。

第一，将其置入恒温干燥箱内，用105℃的温度干燥铁器。这种方法简便易行，一般在2h左右即可完成。

第二，紫外线灯光干燥铁器。需要控制好温度，一般情况下在100℃状态下进行干燥。当铁器有木质和纤维等附着物时，在40℃～60℃范围内缓慢干燥，以免损伤附着物。

第三，使用高分子材料袋子或密封容器将铁器封闭，用变色氧化硅胶吸吮水分。此法处理速度虽然比较慢，但遗物保险系数较高，变色硅胶可重复使用。

二、锈蚀检测

遗物锈蚀程度的检查。在处理保护每一件出土遗物之前，首先要检查其腐蚀状况及程度，为下一步的保护措施提供依据。铁器锈蚀一般较厚，疏松且无规则，用肉眼很难看清及判断其锈蚀程度。

由于锈体与合金本体的密度不同，X 射线穿透能力和密度有关，照相完成后，通过处理，在底片上可以清楚地显示出遗物锈蚀的分布及范围，并能看出锈蚀孔洞的深度。另外，还可以探明锈层下面的遗物纹饰或文字，这是检测铁器锈蚀的最佳方法。

如果实际工作中没有上述设备，亦可用一些其他方法来粗略地估计锈蚀程度。

例如，可用放大镜观察铁器表面的锈蚀颜色、粒度大小、疏密情况等，初步分析铁器的锈蚀种类。再如使用金属探针测试锈蚀层的范围与深度，做好记录，为除锈提供依据。此外，还可用磁铁来测试铁器的吸力程度，或测定其比重，以大致了解遗物的锈蚀状况。

根据上述几种仪器对遗物的测试结果，分析判断遗物不同部位的状况差异、锈蚀成因、锈蚀程度及保存状态等。设计制订出切实可行的实施方案，对遗物进行处理和保护。使每一工作环节和步骤均纳入有计划性的程序中去，避免人为的随意性和不确定性，提高和增强处理过程中的可操作性。如果是国宝级的重器遗物，则需要组织遗物保护方面的专业人员共同交流探讨，统一认识，确定妥善可行的处理途径，确保遗物能够得到长期有效保护。

三、除锈脱氯

（一）遗物的锈蚀去除

除锈的方法一般有两种形式：一是采用磨蚀器具和手动工具，即物理处理方式；二是化学处理方式。两者之间各有可取方面和不足之处，那么就需要根据不同的对象采取不同的操作方法，灵活掌握。就目前而言，利用前者要远远多于后者。

第一，机械除锈法（物理处理方式）。

使用的除锈工具多为美工刀具一类。在实施过程中，依据测试结果，在相应的范围内进行合理清除。用这种方法除锈时注意保持遗物的完整与清洁程度，不能因为除锈而破坏遗物的本体，避免在其表面留下任何工具痕迹。另外，利用牙科医疗方面的小型研磨机或使用精密喷射加工机，也是清除锈蚀的主要手段。研磨机的主要功能是将高出遗物本体表层的锈蚀加以磨蚀去除，使用范围较广，也是比较常用的。对于已经完全钙化的锈蚀，其硬度已远远超过了遗物本体，很难用普通的磨砂轮将之消除，则可以采用在磨具中加放金刚石粉末，使其磨蚀工具的坚硬程度超过锈蚀的硬度。在操作过程中，可以在磨蚀层面上适当地加放一点蒸馏水，以降低磨蚀时产生的高温，保证遗物的绝对安全。精密喷射加工机是利用高压气体将玉米壳或者玻璃粉末喷吹至锈蚀部位，使之层层剥离，达到所要求的预期目的。上述操作规程，都要根据检测和分析的结果，按照处理及保护遗物的原则、宗旨和要求，合理利用各种工具的使用功能，于不同范围内采取与之相适应的办法措施，最大限度地使遗物恢复其原有概貌。

第二，试剂除锈法（化学处理方式）。

对于经过机械剔除锈蚀后的铁器，如没有达到应有的效果，还可使用酸性试剂（约10%的醋酸溶液）进一步除锈。

为防止酸对底层金属的损害，通常还应添加酸洗缓蚀抑制剂，经此种处理的铁器表面还有一定的防锈能力。其他如柠檬酸、草酸等弱酸也可除去铁锈，浓度一般为5% ~ 10%。将铁器放入除锈液里浸泡加热，当发生反应出现许多沉淀时，应该及时更换除锈溶液。

第三，电化学除锈法。

可分为电化学还原和电解还原两种方法。前者是采用锌皮或铝皮包在铁器表面，置于10%的氢氧化钠溶液中，并适当加热以加速反应，直至无气体逸出为止，取出遗物用蒸馏水冲洗干净，除去残渣，按此方法，反复清洗直到满意为止。也可用锌粒替代锌皮，反应中有大量有害气体产生，故此法必须在通风橱内进行。进行局部除锈时，可用锌粉或铝粉调成糊状，敷于遗物的生锈部位，待反应完成后，立即用水清洗干净。后者电解还原除锈法是用被处理的铁器作阴极，用不锈钢作阳极，以10%氢氧化钠溶液作电解液，通入直流电，控制电压和电流密度即可进行除锈。

（二）铁质遗物的脱氯

对不同脱氯方法的测试表明，氯离子的排除速度几乎完全是由氯离子通过腐蚀产物层的速度决定的。在使用溶液清洗的方法中，氯离子从遗物中出来的速度遵循扩散原理，在清洗的初始阶段氯离子的扩散按下式进行，即氯离子在腐蚀产物中的扩散，在很大程度上取决于腐蚀产物的孔隙度，孔隙度越大，氯离子的扩散速度越大，所以增大腐蚀产物的孔隙度可以提高处理效果和缩短处理时间。另一个需要注意的因素是腐蚀层厚度，但它是不能改变的。过去使用的铁器遗物的脱氯方法是煮沸法和电解法，随着科学技术的发展，铁器遗物的脱氯技术不断完善和提高，逐步被溶液浸泡脱氯所替代。常用的铁器遗物的脱氯方法各有其优缺点，当单一方法不能奏效时，需采取多种方法综合处理。铁质遗物的脱氯方法可分为溶液浸泡脱氯法、电解脱氯法。

1. 溶液浸泡脱氯法

（1）蒸馏水清洗法

使用蒸馏水直接对遗物进行浸泡及反复清洗，直到认为清洗液中不含氯离子为止，这种方法的周期性比较长。

（2）煮沸法

将遗物浸泡在蒸馏水或去离子水的装置中，煮沸液体以加快氯离子的析出。

（3）蒸气浴法

将遗物放入去离子水的蒸气器皿中，蒸汽分子可以穿过腐蚀孔从而清洗出氯离子。

（4）氢氧化钠清洗法

将去除表面浮锈和污垢的遗物放在适当的容器中，使用3%～5%的溶液浸泡，溶液的体积至少是遗物体积的5倍，监测清洗液中氯离子的浓度，根据需要更换溶液，直到认为清洗液中氯离子已基本被去除。

（5）倍半碳酸钠法

使用碳酸钠和碳酸氢钠混合溶液代替氢氧化钠溶液浸泡遗物，但其排氯速度比较慢。

（6）苯甲酸钠法

将遗物浸泡于5%的苯甲酸钠溶液中，加热至50℃左右，根据需要更换溶液直到遗物内部之氯离子基本消除。

上述几种方法容易实施，但它们不能加固铁器表面的腐蚀层，而且长期浸泡在溶液中，对铁质遗物有一定的侵蚀影响，所以铸铁遗物在处理过程中及处理结束后仍有可能遭到损坏。

（7）复配碱性清洗液浸泡法

以表面活性剂、缓蚀剂和多种助剂为配方的复配碱性清洗液，处理遗物时先将此碱性复配溶液加热到60℃，把要处理的遗物浸泡在该溶液中并恒温一定时间，然后除去遗物表面垢积物，用该溶液反复清洗遗物直到结束。

（8）碱性亚硫酸盐还原法

这种方法是通过增加腐蚀产物的孔隙度以增加氯离子析出速度。用碱性亚硫酸盐法必须使用密闭容器。碱性亚硫酸盐法不仅能增大氯离子从铁器的腐蚀产物中排出的速度，而且还能使铸铁石墨区坚固化。碱性亚硫酸盐还原法较为简单，且比单独使用氢氧化钠溶液法效果好得多，此法用于处理出土的铁器，其效果比处理从海水中打捞出来的铁器的效果要好。海水中腐蚀严重的铁器其腐蚀产物厚度超过1.5mm时，用碱性亚硫酸盐在适当的时间内则不能充分除氯。

2.电解脱氯法

这种方法同碱性亚硫酸盐法类似，不同的是铁化合物的还原是通过电解的方式而不是化学方法。电解把铁的氢氧化物以及其他化合物还原为四氧化三铁，还原会使铁化合物的体积减小而引起腐蚀产物的孔隙度增大，则氯离子从腐蚀产物层排出的速度加快，对电解还原后的产物的测试表明没有金属铁的生成，主要是因为铁的还原电位比析氢反应所需的电位更负，当还原为Fe_3O_4的过程结束时，继续通电只能引起大量氢气产生。这一方法主要用来处理从海水中打捞出来的铁器，而且只适用于有金属芯的铁器，而不能用于完全被腐蚀的遗物。

具体方法是：把去除表面结块的遗物放在电解槽的中心并留出足够的空间，在距遗物20～80cm的地方放置阳极，小的遗物可以悬挂在槽的顶部，大的遗物要用特殊的支撑网，电源的正极与阳极连接，负极与遗物连接，注意保持良好的接触，向电解槽内加 0.5 ~ 1moL/L 的氢氧化钠溶液至浸没遗物的顶部，溶液不需要完全混合均匀，在电解时产生的气体会使溶液混合完全，然后调整电源选择适当的电压或电流，开始电解，通电可以是间歇的，也可以是连续的。因为很难确定遗物的表面积和通过腐蚀遗物的电流，最好用电位控制而不是电流控制的方法，以保证整个遗物的各个部分得到均匀的电解。也可以使用脉冲电流来控制，获得了比较好的处理效果。通过监测溶液中氯离子的含量来更换电解液和确定通电时间。不同的遗物所加的电流或电位不尽相同，应根据具体的实物来判断，如果所加电流或电位过小则不能充分脱氯，过大则容易发生大量的析氢反应而使遗物的锈层大量脱落以致遗物的原貌遭到破坏。

四、遗物粘接

对脆弱铁器，因强度小，而不利于保存和展出，因此，可采用合成树脂来渗透加固。如用 30% ~ 40% 的丙烯酸酯类乳液浸渗，通常采用减压（10 ~ 20mm 汞柱）渗透法。当使用较高浓度的树脂渗透加固时，为避免在表面留下光泽，可在遗物表面裱上吸液能力很强的美浓纸或滤纸。由于纸层的吸附能力很强，在干燥的过程中，纸层可以吸附遗物表面多余的树脂，而不致在遗物表面留下光泽，可以保持艺术品原貌。破碎成碎块的遗物可用环氧树脂黏合剂拼对粘接。

五、遗物的保护

铁器经过除锈或去除氯化物处理后，在大气中还会有被腐蚀的可能，因此需要进行表面保护处理。通常采用缓蚀剂法、磷酸盐法、鞣酸盐法、涂蜡或涂高分子材料等进行表面保护。

（一）缓蚀剂保护法

铁缓蚀剂的配方很多，其中典型的方法是将干燥后的铁器刷上铁的缓蚀剂乙醇溶液（其配方为：亚硝酸二环己胺 10 份、碳酸环己胺 10 份、水 1 份、乙醇 100 份），待干燥后，表面再刷上一遍含有铁缓蚀剂的树脂溶液（配方为亚硝酸二环己胺 10 份、碳酸环己胺 10 份、水 5 份、包酸 100 份、聚乙烯醇缩丁醛 5 份）。

（二）磷酸保护法

铁与磷酸盐或鞣酸盐作用，可生成一层致密的表面保护膜，防止铁器进一步被腐蚀。因此除在酸洗除锈中加入磷酸外，当铁器除锈清洗后，亦可用 10% 磷酸溶液浸泡，以便抑制表面的腐蚀。

（三）鞣酸保护法

鞣酸是一些多元酚的混合物，由于酚基易氧化，常作为一种抗氧剂，而且分子中的酚基和羧基又可与金属形成配合物，生成一层不溶性的保护膜，可以起到防止遗物锈蚀的作用。鞣酸溶液的配比比例为：鞣酸 200g、乙醇 150mL、水 100mL。处理方法可根据遗物的不同保存状况采取与之相适应的方式。铁器表面锈蚀清除程序结束之后，将表面处理干净，当遗物处于半潮湿状态时，使用鞣酸溶液擦拭已做过除锈处理的部位（可用硬刷子涂刷），这样既能促进反应，又能保证鞣酸溶液接触到松散锈区中的金属，并消除了由于生成氢气泡而形成的阴极极化。一般须重复操作数次，使用去离子水进行清洗，待其干燥后，根据需要再做表面封护处理。

六、遗物的封护

第一，传统的方法是把铁器浸入熔融的微晶石蜡中，待不再冒出气泡后，取出遗物，再用毛刷蘸取石墨粉擦拭铁器表面，以去除多余的石蜡及消除其反光现象。

第二，聚醋酸乙烯酯，作为表面封护剂。

第三，封护遗物广泛使用的方法是丙烯酸类合成树脂 Paraloid B72 溶液。该物质呈无色透明颗粒状，丙酮与甲苯及二甲苯作为浸泡稀释原液，待充分溶解之后对遗物实施浸泡或喷涂都是可行的，遗物表面经处理后不留任何痕迹，是一种比较理想的强化封护材料。它不但可以充分地渗透至遗物内部，形成网格链条状，在遗物壁内上下互为作用，保护器壁的完整性，提高遗物的抗腐能力。而且，尤为重要的是它具有了拒水能力，任何金属物体，没有了水的参与侵蚀，形成不了相应的腐蚀条件，也就难于形成危害之影响。

使用 Paraloid B72 溶液封护的效果，对是否带锈之两种情况遗物的腐蚀速率进行了测试。根据锈层结构分析的结果，在除锈过程中仅仅除掉遗物表面的浮锈及结构较为酥松、含较多可溶性盐的最外层锈蚀，而保留中间层及最内层较为坚硬的锈蚀，对于铁质遗物的封护效果，相对而言要比完全除锈的封护效果好得多。所以，应尽可能地保持最内层坚硬铁锈状态的完整性。总之，掌握和处理好这一关键环节，可以保证遗物在相当长时期内保持完好。

七、环境控制

铁器适宜在室内干燥的环境条件下保存，相对湿度一般需要低于50%。另外，还可使用挥发性的气相缓蚀剂，它在常温下具有一定的蒸气压力，蒸气能溶于金属表面的水膜中，因而可以控制金属的大气腐蚀。使用时可把被保护的铁器放在聚氯乙烯薄膜袋里，并放上挥发性缓蚀剂，其蒸气很快会被金属表面所吸附，这样就能够对遗物起一定的保护作用。

第三节 金银遗物的处理修复与保护

金银遗物大多出土于两汉、唐宋及以后各个时期的砖室墓葬、土洞墓和窖藏等。一般来看，金银遗物（也含饰具）和其他金属遗物之间存在着较大的差异。前者外观形制精致小巧、制作工艺繁杂、器壁较薄、金属结构柔软。金器和银器两者也有不同的特点。在出土的金器当中，其形体普遍偏小，其中相当部分是佩戴装饰品类，保存状态也比较完好。除非是遇到不可预见的外界重击，外观发生一定程度的形状扭曲，也有可能在其表面出现几个孔洞。因其金属结构成分较为特殊，内部基本不会产生自我腐蚀，对外界水土中的酸碱腐蚀因素也有较高的抵御能力。所以，金器的完整程度和受到腐蚀的影响较其他金属遗物都要完好清洁得多，而仅仅只是在其表面有一层经过长期埋藏之后于局部范围内形成的水垢而已。银器则不然，它的金属结构非常脆弱，也较为容易受到外界环境中的腐蚀影响。不同纯度的银器于出土之后其表层能够产生不同的颜色，95%以上纯度的银器基本上仍能保持银白，85%纯度的银器其表面呈现出一层灰黑色，75%以下纯度的银器则可能变化为黑绿色，纯度越低，黑绿颜色就会越浓。可以说，随着时间的推移，银质遗物都有可能不同程度地受到腐蚀影响。纯度高者影响轻微，对其整体柔韧性的改变不会过大，而纯度低者腐蚀影响就厉害。纯度的高低和其颜色的浅深是有直接相互关系的，说明后者受到的腐蚀氧化程度相对严重，对于部分银质遗物而言，其金属柔韧性已基本丧失，器形变化和破碎残损是在所难免的。

一、保存状况

金银遗物出土于砖砌窖藏内，因其数量众多，堆放杂乱无章，相互之间重叠挤压，保存的环境和状态不理想，许多遗物受诸多不利因素的影响，遗物形体发生变化，尤其是相当部分的大中型银质遗物，整体及局部的变形甚为严重。遗物的厚度又比较薄，多在 0.2 ~ 0.6 毫米，并且遗物的氧化程度也较为严重，材质普遍脆弱。从遗物外观表层看，银质的本体颜色及光泽多数已不复存在，残破、缺损、扭曲变形之程度均是不常见的。在操作过程中如果稍有不慎，所触及的部位就有可能出现局部破裂，脱落成零碎状态。

出土的银质遗物表面均有可能覆盖着薄厚不同的各种锈蚀。有厚度达 2mm 的黏状胶质氧化锈，有对遗物含有腐蚀破坏影响的水锈和土锈，还有对遗物具有一定保护作用的钙化锈等。另外，有一定数量的金质小遗物，虽然没有残缺，但形态变化扭曲十分严重，其中口沿部位有两处已折成死皱，腹部中央有一处被撞击或挤压而形成的洞形破损状。

二、锈蚀处理

根据处理和保护文物的有关原则，以及上述金银遗物的保存状态等具体情况，将所需要处理的遗物按不同锈蚀程度、器型规格简略地分成若干部分，仔细观测锈蚀的种类，做好处理前的各项准备工作。把锈蚀不十分严重的、较为完整的小件遗物置放于含有醋酸的溶液中，该溶液 10% 为醋酸、90% 是蒸馏水。遗物于溶液中的浸泡时间一般为两个小时。遗物置入器皿中，其口部要采取适当措施加以密封，尽可能地避免酸液无效地挥发流失，否则肯定会减弱和影响酸液的基本效能，同时，也会污染小范围区域环境。两个小时以后，将遗物取出，在流水中对其内外进行认真的清洗，防止遗物上残留醋酸溶液。另外还需把经过酸液浸泡完成后的遗物再次置于去离子水中，确保酸液能够被彻底置换出来，其中原因是该酸性物质对金属物质具有一定的腐蚀作用，同时还可以将普通清水中的氯离子洗涤干净。

经过酸液处理的小件遗物，其表层之土锈、水锈和较为疏松的部分钙化锈就有可能脱落，局部范围基本上能够呈现出遗物原本的质地及光泽。如果其表面的锈蚀处理得还不够干净或者达不到应该具备的效果，则需要针对每一遗物的实际情况，进行可行的判断分析和试验，在保证遗物安全的前提下，按照上述规则程序进行第二次酸液浸泡，遗物经过两次浸泡处理，大部分较为疏松的锈蚀被清除干净，剩余部分则是钙化程度稍强的锈蚀。其组织机构呈颗粒状，颜色为淡绿，与商周时期的青铜遗物的颜色成分较为相似。该种锈蚀的清除办法一般是采用碳酸钙作为擦光剂，使用镊子夹住脱脂棉花蘸取少许调制成糊状的碳酸钙和乙醇之混合体，对锈蚀部分进行适宜的摩擦。碳酸钙呈白色粉末状，具备澄清剂效能，对部分钙化锈蚀物具有某种腐蚀作用，而对金属遗物本体则没有多少影响。操作时需要把脱脂棉花球制作得大一些，镊子则要夹住棉花球的上部，擦拭时尽量不使金属镊子的尖部触及遗物表面，防止在其表层留下划痕或造成遗物不应有的损伤。

以上部分是银质遗物表面简单疏松之锈蚀的处理方法，对于较为坚硬的矿化锈蚀，则需要借助于相应的仪器设备帮助来实施完成。我们使用的是悬式打磨抛光机，这种小机器的转速可任意调节控制，卡头或大或小。于前端固定稳妥柱状砂轮，对遗物表面凸起的矿化锈蚀依次摩擦，待其程度与遗物表面弧度一致时，撤掉砂轮改换成柱状布轮或桃形布轮，对其摩擦部分实施抛光处理，遗物纹饰内和拐角、内壁等布轮触及不到之处，可选用铜丝轮对此间的锈蚀进行清除。

水锈、土锈及钙化锈大多属于水、土和钙镁盐的混合物，范围面积、强弱程度不确定地依附于遗物表面，对遗物本身而言没有过多的破坏性，是较容易处理的锈种之一。而另一种是含有黏性物质的胶质锈，清除起来难度非常大，原因是锈蚀部分的厚度远远超过了遗物的器壁，其牢固程度也是该银质遗物本体无法比拟的，近似一层泥浆紧紧地裹在遗物表面。使用打磨抛光机对此进行处理不见任何效果，加大酸液的浓度或延长浸泡的时间也起不到多少作用。通过数次不同方式和多种手段进行的试验，最后确定采取使用精密细小利刀对其实施剔除剥离。因该锈种内含相当成分的胶质，结构非常细密，如果从锈蚀和遗物之间的连接处进行剥离，前者还没有被清除，后者银器的表层有可能出现部分的损伤。如果发生上述情况，就违背了处理与保护文物的原则和初衷。那么我们采用的方法是频繁地更换工具刀头，保持其快捷锋利程度，在相应区域内从锈蚀表面由外向内一层层地将其剥离。在操作过程中要增强手握刀柄的稳定性，把握住固定的刀锋行进方向，均匀用力，避免刀尖和刃部过多地触及遗物表面，防止划痕和其他不应有的损伤。另外，硫代硫酸钠（俗称大苏打）、铵基三乙酸（简称 NTA）对清除遗物表层较薄的腐蚀锈有明显的效果，前者用80%的蒸馏水进行稀释，后者用90%的蒸馏水进行稀释，将浸湿后的棉花或棉纸覆盖于遗物有锈蚀的部位，大约半小时后撤去覆盖物。浸湿后的锈蚀会程度不同地软化松动，再进行擦拭或清洗就方便和容易得多。

三、器型调整

金属遗物的形状调整，能否将已经扭曲变形的国家珍宝重新恢复至原本状态，是文物处理过程中最为关键的环节之一，也是遗物整形工作成败之关键。

（一）金质遗物的形状调整

前面已经有所表述，许多遗物出土时变形严重，局部出现死角折皱，其相关纹饰大多不够通畅，但是金之纯度含量较高，颜色光泽也比较纯正，为处理矫正过程提供了较为良好的基础。首先，将遗物放入电能炉具内，进行加热处理，炉具温度需阶段性逐渐提升，最终温度要控制在500℃以内，确保不超过这一限度，该温度需要持续相应时间，然后关掉电源，让遗物于炉具内自然冷却。此过程就是俗称的"回火"，目的是增强遗物本体的柔韧性。其次，根据金属遗物的总体形状特征，戴上防护手套运用手工调整其已经变形的部分，掌握准确调整的方向和角度，均匀用力，依据触感估计出遗物形状整理所能达到的最高限度；否则用力过度，遗物的变形折皱部位就有可能发生断裂，出现这种结果就违背了处理和保护文物的原则。经过上述阶段的操作，遗物的部分形状得到了某种程度的矫正，但是现有的柔韧性也随着这一调整过程丧失殆尽，器形还没有完全恢复，需要再一次进行"回火"，就其余不规则部分实施进一步的调整。待遗物整体原始形状被矫正之后，着手对遗物的纹饰部分实施疏通。制作数根木制或竹制的小工具，大小与纹饰规格基本相匹配，在遗物内侧支垫一块较为松软的与遗物弧度和形态相互吻合的木托，作用是避免在操作过程中人为地造成器表凹凸现象，同样也不能使遗物原本的光泽受到影响。此后手执工具沿着遗物纹饰印迹进行压磨，使每一纹饰之间的线路相互统一和通畅。

（二）银质遗物的形状调整

多数银质遗物的形体虽然偏大，但扭曲变形的却为数不多，只是部分遗物变形残缺破碎现象较为严重。银质遗物与金质遗物的分子结构组合不同，于金属柔韧性方面存在着较大差异。经过上千年埋藏及水土中有机物长期的腐蚀，银质遗物的固有特性遭到严重破坏，尤其是器体较薄的大型遗物，使得原本完整的遗物受其影响，变得十分易于破碎，有的甚至禁不住稍微必要的形状调整，就会脱离其主体。具体操作的方法是：第一步，将残破遗物及其组成部分放入炉具中，温度控制在 400℃左右，进行必要的加热处理，待其冷却后取出。经过烘烤处理，原本脆弱的金属结构发生相应的变化，具备了一定的金属柔韧性。于这种前提下，可对遗物断裂部位的变形部分进行适量角度调整，使之恢复到与一端互为衔接的弧线能够平行相连，并且要注意兼顾遗物的整体结构形态及局部某些具体特征。第二步，遗物的总体形态确定以后，把破裂的但还与遗物主体互为连接的缝线用树脂胶相互粘连，或使用金属进行焊接。在焊接之前，首先要将连接缝线的断面用精密砂轮抛磨，把断面上的腐朽物质清除干净，显露出崭新的金属结构，这样缝线两侧才可顺利焊接，并且具有相当的牢固程度。第三步，将脱落于主体的部分组合残片，运用上述方式方法将两者互为连接，凡是能够拼接起来的所有零碎残片都要与遗物主体相连，特别是有关遗物特征的关键部位和主要纹饰部分。为后来诸多环节打下良好的基础，为高效率地完成任务提供时间保证。

四、补配缺损

前言所表，是如何对已经破碎变形的金银遗物进行锈蚀清除、形状调整及粘对焊接；接下来，遗物的缺损部分如何补配，使用什么材料进行补配，怎样才能更合理、更准确地把遗物的整体和神韵表现出来，则是遗物处理修复成功的关键所在。

（一）材料

遵照文物修复过程的补配原则，银质遗物的缺损部位需要用与本体相同的材质来进行补配。因其金属成分结构相同，功能和性能一致，相互之间不抵触、不排斥，不会造成彼此之间的腐蚀影响。另外，银质本身具有良好的延展性，对于所要求的任何纹饰及弧度都是可以做到的。

（二）模具翻制

按照常规，出土遗物表层纹饰一般被划分成若干组分，每组之间的相互距离和纹饰图样及形态几乎都是相同的，没有太多的变化，因此根据遗物缺损部位的相应范围，选择一组纹饰清晰、线条流畅、与缺损部分相互对应的区域，作为翻制模具的样板标准。首先，将专用橡皮泥加工成一定形状并沿所需位置围挡起来，在其内侧遗物表层涂刷少量隔离剂，把调制均匀合适的石膏浆从一端缓慢地置于围挡橡皮泥之范围内，厚度限制在 1cm 左右，待其凝固后，轻轻从一侧将石膏模取下，模具内侧能够把所要求的部分完整无缺地拓印出来。其次，在石膏模具有纹饰的内面再涂刷一层隔离剂，按照其规格形式制作互为对应的另一块模具，凝固后将两者打开，按固有规律和方式对石膏模具的角度进行适当调整，完成修饰过程。最后，将这一组模具分成两个部分，分别用翻制模具的方法与程序，重新将两者制作成单一的组合模具，凝固后把先前经过修饰的模具块抽出来，重新组合的模具两者之间形成了相应的空间，该空间就是专门用来浇铸金属模具的。

石膏模具经过晾晒或烘烤，促使其快速干燥。于模具较为宽厚的一侧区域分别挖制出浇铸口和排气孔，用布带绳将其捆绑稳妥，进行金属液体浇铸。金属模具由铸锡和焊锡组成，铸锡有硬度，铸出来的金属纹饰较为清晰，但不足之处是易碎易裂，表面光洁程度也不够理想。焊锡黏度大，流动性能好，但缺乏应有的硬度，两者混合为一体，可以弥补对方的不足。锡的熔点约为 320℃，浇铸温度一般是 370℃左右，不能太低也不要过高。金属模具铸成之后，经过修饰就可以进行银片压制了。

（三）成型

银片的规格尺度以金属模具为标准，其厚度也要和所补配的器壁一致，裁切合适后需要经过高温处理，使其偏硬的金属结构适度软化，增加银片的延展性和可塑性。将银片固定在两金属模具之间，进行机械压制或人工捶打。如果银片的纹饰印迹清晰度达不到所要求的程度，可对其实施第二次退火处理，再一次压制锤打，有较深纹饰印迹的则需要根据上述方法手段，反复数次才能取得印迹清晰的良好效果。

（四）焊接

制作完成的具有纹饰图案的银片补配物，其总体形状与遗物缺损部分是互相吻合的。将该补配物置于遗物内侧并叠贴在器壁相应的位置上，调整正确周边的各种角度，使其纹饰和其他组成部分相互沟通连接，用铅笔沿着遗物残破断面把轮廓线完整地勾画出来，使用普通剪刀沿轮廓线进行裁剪。因补配银片均属带弧度的异形状，裁剪的角度和行进方向各不相同，周边局部可能会出现不同程度的扭曲变化，需要重新放入金属模具内进行必要的形态矫正和捶打处理。

补配物准备完毕后，使用电动小砂轮把遗物缺损部位所有断面进行轻微的抛磨，清除氧化腐蚀部分，使其显露出新的金属层，然后将补配物嵌入其空缺内，在遗物与补配物相互衔接的关键几个部位，涂抹少量焊接剂，简单地焊接几点。如局部纹饰及相关重点位置的连接线出现误差，必须及时进行纠偏更正、调整得当。为了不影响遗物外部及纹饰的整体效果，要从遗物内侧实施全线焊接，使每一局部小范围内都能连接得十分稳妥牢固。另外，为加强遗物整体的连接强度，在连接线遗物一侧 0.5cm 的区域内进行适度抛磨，目的是将焊接点增宽扩大到遗物的内壁上，焊接面积增加了许多，其牢固程度便能够得到进一步的加强。否则，仅仅依靠两侧薄薄的断面相连，其接触面积过于狭小，牢固程度得不到保障，同时也不利于遗物的长期保存。

五、外观修饰

经过上述补配复原的银质遗物，其内外都会留下或多或少的焊接点线，该点线的相当部分比连接线两侧的遗物部分高出少许，在一定程度上影响了整个遗物外观和纹饰布局的整体效果，对此需要进行适度的修饰和剔除，尤其是有精美纹饰图案的区域，更需认真精细对待。所以，经过处理修复形成完整遗物之后，对遗物表层补配焊接之处凹凸不平的部分进行雕琢，是对妨碍遗物形体完整真实的一个再造过程。修饰雕琢过程大多使用精密的齿科类专业工具，包括金属涡弦磨光钻、金刚砂圆形磨饰片等。前者可以将遗物表面凸起的多余的金属焊线抛磨平整，后者则能根据器形表面的具体内容进行纹饰连接和刻画修饰，使连接部位物饰堵塞现象得到相当程度的恢复。同时利用部分精巧的手动工具进一步对纹饰实施完善。随后使用抛光布轮对金属焊接线进行抛光处理，使焊接部分与周围区域互为一致，融合为一个整体。

六、效果

银质遗物本体和残缺补配部分所采用的材料是一致的，将两者连接成一体的则是另一种金属材料，从材料结构上分析，它们之间不存在矛盾，区别在于原有部分埋藏了上千年，受外界多种因素的影响，还有其原本的金属结构氧化，展现于世人面前的似乎有些陈旧；而补配部分不管采纳什么样的物理变化，还是化学试剂处理，很难改变其固有的崭新容颜。所以，需要人为地利用化工色素或自然矿物质作为调色品，对补配物的外观进行颜色绘制，使其色别层次要素接近或达到与遗物的原体基本吻合，最终使其成为遗物的一部分。这是文物处理修复的原则和宗旨。

所有处理、修复完成的金属遗物，为使这些遗物不再继续锈蚀和表面氧化，要进行保护性的加固封护处理。方法是：用 3% 的 Paraloid B72 和 97% 的丙酮，放入带有密封盖的器皿内，使其自然稀释融合。另外，在该溶液中加放少量的甲苯及二甲苯，待封护液体均匀后，将遗物放置于器皿内。封护浸泡时间约为 30min，然后把遗物取出放在稳妥之处，让其多余的稀释液体挥发。剩下的则是敷裹在遗物表面呈无色透明状的封护膜，这层封护膜可以隔绝外界有害气体的侵蚀影响，使遗物在一定时期内处于真空环境保护当中，对遗物长期保存是有利的。

第四节 铅锡质文物的处理与保护

一、概述

商周时期墓葬出土的铅锡器，在进行清剔处置及加固封护的具体操作中，涉及了诸多方面的问题，为了能够使该出土遗物完整安全地保存下去，采取了与其他金属器物处理保护方法不同的手段和措施。同时，也充分利用了其他文物处理修复方面的适用技术和成功经验，使这一极易受到氧化腐蚀的珍贵遗物得到了妥善有效的保护。另外，于田野现场对遗物起取工作程序和质量水平的要求，相关人员还需要进行必要的学习和提高，熟悉掌握这一特殊技术的规范性和操作技巧，为后续工作更合理地进行创造条件。

若干年来，在发掘商周时期的墓葬过程当中，在伴随着大量精美陶器、青铜器等出土的同时，铅锡器的出现也偶有发生。铅锡器只是在极个别的墓葬中能够有所发现，在出土的遗物数量中也只是极少的部分，正是因为只占出土遗物数量的极小部分，也就有着其特定的被世人关注的特殊性。一般的铅锡器其金属结构较其他金属器物要柔软许多，就铅锡器特有的固定金属成分而言，经过数千年漫长的埋藏阶段，其本体结构很容易从内部产生氧化腐蚀，或者遭到其他外部矿物质的氧化腐蚀以及土壤和水的侵蚀。铅锡器的外观形体发生了显著的变化，多数器物的器形遭到了较为严重的破坏，相互扭曲叠压，其器形识别已难以把握确定。特别是小型器物的足和耳等或者是器壁较薄的部位已经被氧化殆尽，仅能识别出不太明显的轮廓痕迹。已经断裂破碎为若干部分的器物，其衔接缝线两侧的边缘范围均已受到腐蚀，相互对接的可能已经不复存在，这就是铅锡器在发掘出土过程中的具体情况。那么，上述存在的问题采取哪种办法解决，怎样才能使出土铅锡器得以有效的保存，是文物处理保护工作者面临的一个十分棘手的课题项目。

在处置之前，要对出土遗物进行必要的结构成分检测分析。如器质的锈蚀程度和损失状态、器物本体的牢固水平，尤其是个体较小的器具和部分饰件等，以及区域环境（温湿程度、酸碱盐）的影响。然后需要依照检测得出的相关结果，根据现场出土物的具体情况，采取稳妥的方法与措施，实施预加固的必要程序。

在现场清理铅器的过程中，按照文物的特点要求，其程序则应该相对简化，只需将文物的基本轮廓范围搞清楚，有利于其资料工作的收集即可。

二、出土时起取处置程序

铅锡器，一般出土于商代较晚时期的墓葬。在墓葬发掘清理的过程中，如果发现有铅锡器出土，包括容器及兵器和工具等，按照遗物的特点要求，其清剔程序则应该相对简化，只需将遗物的基本轮廓范围搞清楚即可。有一固定方位便利于其他资料工作的留取即可，不需要将遗物 2/3 或者半数以上的部分显露出来，这与其他埋藏物品的清剔惯例以及要求是有一定区别的。

待整个墓葬的资料收集工作全部结束，并且把非铅锡器的其他遗物完整起取妥善之后，方可进行铅锡器的处置程序。如果铅锡器与其他遗物之间相互出现了叠压关系，例铅锡器形体局部压在了其他遗物之上，那么也不能在处置铅锡器之前将其早于铅锡器取出。铅锡器的起取工作需要采取部分与工地现场条件相互适应的切实可行的措施和手段，尽最大可能地将铅锡器逐一完整地取出，并安全地运回室内，这对下一步工作的顺利开展具有十分重要的作用。

铅质和锡质文物起取的方式有三种，根据文物的数量及形体，采用不同的方法和程序。

（一）个体单一或形制较小的铅、锡质文物之处置方法

单一个体者，其长、宽度约 20cm，器形属于中型以下的文物，操作的方式则较为简单。具体操作程序为以下几点。

使用工具将文物四周的填土取出，切割边线与文物的距离不得小于3cm，并且使文物下方形成一个具有一定厚度的土台。土台厚度一般不低于10cm，以使其能够有一定承受能力，而又不至于散乱或坍塌。

使用可逆性丙烯酸树脂非水分散体加固剂（该材料是高分子量的丙烯酸树脂微粒在有机溶剂中的胶态分散体，当有机载体挥发后可形成丙烯酸树脂的膜状物，其浓度要根据土体的具体情况进行合理配比）对土台侧面实施全面的滴渗加固，使土台形成稳固的整体，并且具有一定的承载能力。对加固材料的选择可多考虑几种，尤其是推荐常用的和易买到的材料，如 Paraloid B72、聚乙烯醇缩丁醛、植物胶（阿拉伯树胶、桃胶）、动物胶和聚醋酸乙烯酯（乳胶）等。

待其凝固后，将其土台与下方的填土切割分离，随之稳妥地取出。

包装时，将之存放于密封的包装盒（箱或袋）中，文物上端需要铺设较为柔软的纸张，并对文物周边适当予以填充加固。封装后取回室内再进行下一步处理。

（二）个体较大或群体性出土铅、锡质文物的处置方法

文物形体较大，或有数件小型文物相互并靠叠压于同一区域内，需要起取的平面面积长、宽 30 ~ 50cm，推荐使用石膏加固起取法。

（三）大型或群体性出土铅、锡质文物的处置方法

有多件文物共处同一范围内，工地现场没有条件将彼此逐一分开处置的，起取面积长、宽均超过 50cm 者，则需要采取整体套箱方式对其进行操作。

（四）变形破碎粉化朽蚀之铅、锡器的处置方法

使用石膏浆把文物外围一定范围内的泥土一并固定，使得文物和周围的泥土共同组成一个整体。切割起取后，进行有效的包装，平稳运回室内再进行处理。

使用环十二烷材料，依附于遗物区域，加热促使其胶质化，该范围在短时间内可迅速固化，形成整体后取出（此物质可在数日内分解挥发，对遗物没有劣化影响）。

使用弱酸性缓冲溶剂，将遗物稍加清洗，随之实施干燥程序，把石蜡溶解，涂刷于遗物之上，进行密封保护。

或采取托网法和插板法结合的方式，将其抬升并放置于木板上，包装妥当后运回室内再细致处置保护。

三、铅锡质文物包装处理

铅和铅锡合金等质地的文物相对比较脆弱，起取包装时应选用具有一定强度的包装材料，如比较牢固的金属箱或精制木箱进行盛放包装，不能随意地使用纸箱、纸袋、塑料袋等材料制成的盛放装置。此类遗物存放区域的相对湿度要低于35%；使用丙烯酸类合成树脂进行预加固处理，不要使用聚醋酸乙烯酯乳剂等水溶剂处理铅锡质遗物。禁止进行叠放处理，应进行衬垫避免摩擦。尽量减少纸板的使用，特别是在处理铅器的时候，纸板的酸性会对其构成一定的腐蚀。也不能将铅或铅锡合金直接放入木制或者塑料箱体之中。由于铅有一定的毒性，操作时应尽量戴上手套和防尘面具等保护工具。

四、铅锡质文物处置保护

锡和铅都是青铜的重要组成部分，也是人类较早利用的金属之一。锡、铅的冶炼和加工技术是随着青铜冶铸工艺的进步而发展的。锡和铅是柔软的银白色金属，都具有较低的熔点。因此锡和铅很早就被人类发现和利用，只是由于早期锡、铅不辨，将铅误认为是锡。到了商代，人们已能将它们分辨开来，并且能分别冶炼了。锡器实际是铅、锡合金，铅成分越多，颜色越灰。在通常的大气环境中，锡器一般是稳定的。埋藏于地下或置于潮湿环境里，锡器会逐渐失去光泽，生成一层粗粒状、暗灰色的氧化亚锡，如果腐蚀继续下去，则进一步转化成白色的氧化锡。若锡器内含有铜，则锈层上还会带有绿色。

在锡器的保养方面，对于轻微锈蚀的器物可采用电化学还原法或电解还原法进行处理。常用氢氧化钠作电解质溶液，锌、铅或镁作阳极。如果锡器上有镌刻的铭文，一般不宜采用还原法，以免还原出的金属覆盖在纹饰的细部上。若遇到前面提到的"锡疫"现象，需将器物放在水中做加热处理，并保持1h左右。锡器在保存时，应注意保存温度不得低于18℃。同时，由于锡器性质柔软，要避免机械碰撞或挤压，应放在布套子或盒子里。铅的化学性质不如锡稳定，因此它的腐蚀情况要比锡复杂一些。

铅锡器在空气中，表面很快氧化，一般都有一层氧化膜覆盖，显示出一种古朴色调。铅的氧化物与铁和银的氧化物不同，它所形成的膜是致密的，可以防止铅锡器继续氧化，有一定的保护作用。埋藏在地下的铅锡器，会受到各种盐类、地下水中的氧气及二氧化碳的腐蚀，形成外貌很不好看的白色锈壳，应当除去。处在潮湿环境下的铅锡器，受空气中过量二氧化碳的影响，会与之反应生成白色的碱式碳酸铅，由于体积膨胀而改变了器物的原貌。

另外，铅锡器还容易受有机酸（如乙酸、鞣酸）及油脂等物质的污染而产生腐蚀，这些危及器物安全的因素应设法避免。据资料介绍，铅锡器可用稀盐酸和乙酸铵溶液分别处理，方法为：先将器物浸泡在 50 倍于自身体积的 1.2mol/L 盐酸中，浸到不再冒气泡为止。将器物取出，滤干酸液后，置于经过煮沸的热蒸馏水中，放置几分钟，把水倒出；更换蒸馏水，重复清洗两次。然后将器物浸泡在 25 倍于本身体积的温热 1.2mol/L 乙酸铵溶液里，约 1h，至铅锡器表面上无腐蚀产物为止。取出器物再放入大量的新煮沸过的冷蒸馏水里，约 10min，将水慢慢倒出，如此重复洗涤 3 次，最后在常温下晾干，也可浸以乙醇或丙酮后晾干。如有必要，可将器物浸以石蜡液而加以保护。

英国的一家博物馆还介绍了一种用离子交换树脂处理铅制品的方法，特别对一些小件器物，如钱币、证章等，效果不错。他们将被处理的铅制品与离子交换树脂颗粒放在一起，让它们相互接触，浸以保持温热的蒸馏水，更换几次树脂后，铅锡器表面上的锈层渐渐消失，而金属铅不会受任何影响。

应当指出，对于那些严重腐蚀的铅制品，如果锈蚀产物已深入到器物里面，只剩下外部坚硬的锈壳时，就不能做除锈处理了。铅制品的保存，除了保持适当的温度和清洁的环境外，还要注意器物不能放在橡木制的橱或抽屉中，因为橡木能渗出鞣酸，会腐蚀铅锡器，应选用其他木材。对于脆弱的铅制品和锡制品可嵌埋在透明塑料里保存，亦可用垫压法，将器物嵌埋在一种甲基丙烯酸酯类的树脂里，以后如果需要取出时，可将它浸在氯仿中，树脂就被溶胀而去掉。以上方法，在实际工作中究竟采用何种方法保护，要视处理器物的成分、结构、埋藏环境及锈蚀情况而定。

第七章 陶质彩绘文物的保护

第一节 陶质彩绘文物保存环境监测与维护

一、对陶质文物保存环境的认知

馆藏陶质文物保存环境，也称为陶质文物博物馆环境、陶质文物保存微环境，主要是指博物馆及其他陶质文物收藏单位的库房、储藏柜、陈列室、展柜等室内环境中，与可移动文物本身具有直接而密切关系的温湿度、污染气体、光辐射、霉菌和虫害等外在环境因素。这些环境因素，对陶质文物能否长久保存有着至关重要的影响。

陶质文物本身是一类耐候性较强的文物，受环境影响不是很大。可是由于陶质文物往往不单由陶质构成，其中大部分带有彩绘，或者还含有生漆底层。因不同材质对环境变化的响应不同，从而导致其彩绘、漆皮起翘、脱落，最终导致陶质彩绘文物的毁坏。

因此，需要对保存陶质文物的博物馆环境进行有效的监控与整治，抑制各种环境因素对其产生危害作用，努力使其处于一个安全的环境，尽可能阻止或延缓它的劣化，从而达到长久保存的目的。

陶质文物保存环境的研究控制，不仅受社会经济、技术等条件限制，而且也随文物保护大趋势的推动而不断向前发展。表现在以下几方面：馆藏文物保护法制建设和管理工作日益完善；馆藏文物保存环境工作列入文物保护科技发展战略和规划；馆藏文物保护管理职能机构和科研基础平台建设不断完善；建设及改扩建了一批具有现代化藏品保管水准的博物馆；馆藏文物保存环境基础研究深入开展。另外，还建立了馆藏文物保存环境国家文物局重点科研基地。

二、存在的问题

馆藏陶质文物保存环境工作虽已取得成果，但同时也存在诸多问题，如自然环境污染、人为破坏、基础研究和应用技术研究等方面存在着诸多困难。

自然环境污染对馆藏陶质文物造成极大损害。如烟尘、飞灰对文物表层的污损，有物理掩盖、磨蚀，还有化学腐蚀。而有害气体等对陶质彩绘层的腐蚀，表现在它参与表面的化学反应，最终导致颜料褪色变色，陶体风化。

社会经济、文化等条件制约。①仍以被动的文物保护修复为主，没有完全树立基于监测、控制和改善馆藏文物保存环境的"预防性保护"理念。②由于缺乏妥善管理和资金来源，库房面积不足，设计不合理，设备条件不佳，文物保存环境条件较差。③没有科学的控制指标，致使温、湿度不能有效控制，空气质量得不到改善。④展陈设施方面，对照明灯具选择不当，照度过高，照明灯具热量过高，引发展柜内温湿度变化较大、紫外线超标等；展柜密封性欠缺，造成柜外污染气态污染物的渗入和柜内温、湿度波动；藏展材料使用中，不适宜的装饰材料、包装材料、文物橱柜所含有害物质本身恶化博物馆室内环境，加速文物损毁。⑤检查监控方面，绝大多数博物馆未建立馆藏文物保存环境的定期检查制度，未配置适宜馆藏文物保存环境的实时监控设备。

为此，博物馆工作者首先要做的就是提出科学的文物环境控制指标范围，进而对其进行监测和控制研究，最大程度地保护好文物，延长其寿命。

三、陶质彩绘文物保存环境各项参数的提出

通过对陶质文物保存产生较大影响的各项环境因子进行规范，以期对文物进行最大程度的保护，结合陶质文物及彩绘类文物保存要求，给出陶质彩绘文物保存环境条件的建议值。由于陶质彩绘文物的彩绘层属于敏感材质，所以应按敏感材质类文物的保存来要求，尝试提出陶质彩绘文物最佳保存环境各项参数的参考指标，个别特定器物，须具体情况具体对待。

四、环境检测常用仪器及方法

（一）温湿度监测

常用的温湿度计，通常是温度计和湿度计组合为一体的温湿度仪。温

湿度仪根据在测量中的要求，按数据存储方式将其分为指针式温湿度仪、电子数显温湿度仪、图表式温湿度记录仪。

相对来讲，如果经济条件允许，使用电子数显温湿度仪会比较方便，也适合环境研究。如果经济条件不允许，也可以根据研究或警示的不同需要来选用指针式或图表式温湿度仪进行温、湿度检测。

在实际工作中还可使用一些便携式的瞬时测温、湿度的仪器，以区别定点温湿度测定仪，以达到快速准确地测定温、湿度效果，如 Testo600。

（二）空气污染物的检测布点要求

空气污染物根据其存在形态，可分为颗粒态污染物和气态污染物。

由于大气污染物具有时空分布和扩散转移的特点，受多种气象因素和地形条件影响。监测点一般要求人为干扰小，要具有代表性，设置在文物区空气扰动小的地方，不要淋雨，湿度不要太大，还要注意工时，布点要容易操作，比如容易接电，无人看管时不会有干扰，不会剧烈震动。室外采样要求在周围没有高大树木、建筑物的平坦地点，采样点要离地 1.8m 以上。室内要求与文物处在同一层面，从而有代表性地观测文物存放区域的空气污染物。

采样时间根据不同博物馆区污染源的时空分布特征、经济许可、实际需求选择持续地采样。如常年观测，掌握长尺度的污染物变化规律；也可根据不同时间段，如春夏秋冬四季、白天和晚上、节假日和平时、污染事件发生期，进行短期采样，观察不同时段文物环境污染状况。

五、陶质彩绘文物保存环境控制

（一）环境因子控制

1. 温度控制

避免辐射带来的热能，要警惕直射阳光和陈列柜中过亮的聚光灯，以及其他照明灯，尽量使用冷光源，或使用分色反射镜聚光灯。尽量将文物放在远离发热设备和电源的地方，最大限度地避免热传导效应。对于库房来说，尽量使用厚的窗帘。

2. 湿度的控制

器物吸收水分会膨胀，反之会收缩，在改变大小的同时，也会改变形状或发生弯曲。而对于陶器来说，尤其是彩绘陶器，有的还有生漆层，这些不同的材料很难以相同的方式对湿度做响应，所以这种变化就可能引起破损。即使由相同材料组合而成的器物也会破裂，或是由于黏结剂，或是因为材料向不同的方向发生不同程度的膨胀。因此必须对其进行控制。

（1）展厅或库房的湿度控制

对于文物而言，最关键的室内环境参数是温、湿度。因此，大多数相关文章都对文物库房的温、湿度提出了大同小异的标准。普遍认同的标准为日温度波动在2℃~5℃以内，日相对湿度波动在5%以下。

使用湿度调节器，在湿度过高时使用除湿剂，一般使用硅胶；湿度过低时采用加湿设备。如用喷壶喷离子水于文物上，要求喷出的水雾化程度高，以水产生的机械冲力不能损伤到文物为准，并且尽量不要出现流淌现象，以免带走文物表面的彩绘和其他文物本身固有的信息，造成不必要的破坏。另外过多的人为活动也会对温、湿度产生影响，一个站立的人的显热输出约等于一只100W的电灯泡。在正常的舒适条件下，每天会从皮肤和肺部输出的水分为1000ml左右。所以，要尽量限制文物区过多的人为活动。使用空调进行温、湿度控制，库房门边、窗户上安装密封垫圈，限制库房的开启次数。

（2）展柜的湿度控制

在封闭的普通展柜里，如果没有阳光照射和聚光灯照明产生的热能，其相对湿度的波动比展厅库房小。若把展品放在封闭的展柜里，相对湿度的日波动基本上可以被消除，但是季节变化也会造成湿度的波动，一般使用缓冲材料，如硅胶，建议每立方米使用20kg硅胶，一般将硅胶放在纸质或棉质的袋子或有机玻璃盒内，并在柜内、盒内使用湿度计进行温、湿度跟踪监测。

3. 光照与紫外线控制

研究表明透过玻璃的日光中的紫外线辐射所占的比例，比钨丝灯泡辐射中的紫外线辐射高得多，前者约为后者的6倍。钨丝灯泡发射的紫外辐射太少，一般不需要滤光片，而荧光灯发射的紫外辐射都比日光低，因此对于预防紫外辐射来说，首先要应对的是日光。

（1）光照对陶质文物的影响

对陶质文物来说，光照对它的影响并不是很大，但对一些彩绘的陶质文物来说，因其颜料成分或底层漆皮等对光的响应不同，所以会产生一些影响。

光照可使彩绘颜料褪色变暗，有资料表明，长时间的光照会使朱砂颜色变暗，光照使朱砂的结晶结构发生变化，部分红色的朱砂变成了黑色。光照对铅颜料的损害更大，尤其在高湿度环境下，铅丹会快速变色。

光照会引起文物表面温度急剧上升，湿度迅速下降，从而产生物理损害，如秦俑在温、湿度发生变化时，表层的彩绘及漆层会龟裂、起翘，以至剥落。

（2）光照与紫外线的预防

选用适合的光源进行人工照明，选用紫外线含量低的冷光源，尽可能使用反射光。

合理设置照明光源位置。应尽量使文物避开强光区；在亮度适可的情况下，使光源与文物保持最大的距离。

合理设计展厅采光窗的位置，避免阳光直射到文物表面。

限制光照时间，适当地降低亮度，应在无人时停止或减弱光照。采用防紫透明涂料或防紫外线的玻璃对光源中的紫外线进行过滤。

4. 空气污染物及其控制

治理空气污染对文物的危害是一个复杂的系统工程。首先，有赖于整个空气环境的改善。其次，根据文物不同质地、不同保存环境、主要污染因子等因素采取相应的防治措施，从而起到消除、阻止或者延缓的效果。对馆藏文物来说，这主要包括：第一，应注意减少室内外空气的自由流通，采取各种密封措施，尽量保证室内空气的稳定和清洁。第二，如果条件具备，可根据情况对室内空气采取过滤和净化措施，消除或隔离污染物。第三，室内装饰装修必须采用环保的经检测对文物无害的材料，密闭的展柜中的污染物一般来源是展柜本身的制作材料等，如胶粘剂、外层涂料、木材和洗涤剂残留物。第四，根据文物的状况，适当控制文物展出时间和参观游客人数也是有效的方法，必要时对单个展柜进行空气过滤处理，或安装室内空气清洁器。气体污染物绝大部分是由电厂、工厂、住宅区和汽车的燃料燃烧所致。一般来说，空气污染的防治措施很多，但最根本的一条就是减少污染源，具体措施有：①要求电厂、住宅区远离博物馆，或建在博物馆的下风向。②对博物馆及其周围的饮食摊点进行限制，限制其数量，并对其进行规范要求，严禁用煤或柴烧煮食物，应使用液化气或天然气。③改变博物馆周边地区的燃料构成，实行燃煤向燃气的转换，同时加紧研究和开辟其他新的能源，如太阳能、氢燃料、地热等。这样，可以大大减轻烟尘的污染。④减少车辆来馆数量，停车场也要适当远离博物馆参观区。⑤展柜制作材料尽量选取环保无污染的材料。⑥加大馆内外绿化工程，在较大的范围内建立起高、中、低立体绿化区，减少裸露土地，既降低风速，使空气中携带的大粒灰尘下降，又能吸附大量飘尘，使空气得到净化。⑦在展厅入口设置除尘净化系统，减少进入展厅的颗粒物及有害气体量。⑧对库房文物使用囊匣包装或防尘罩遮盖。

（二）设定展厅和库房的环境控制规章制度

根据标准来制定控制要求，根据要求进行日常监测（温湿度、有害气体、颗粒物、微生物、光线等，室内风速、通风换气率、光线），对展厅及库房的特殊活动进行记录，如文物挪动、拍摄、处理等。并定期对文物进行检查，发现异常要及时处理。污染物浓度按时间尺度可做：以分钟计的变化；每天的循环变化；大规模气象扰动；每周排放循环；每年排放循环；更长时间的排放循环等记录工作。

综上所述，陶质彩绘文物的保存环境设计的好与坏，日常检测是基础，控制是关键。面对当前自然大环境污染、应用技术研究困难等问题，需要在做好环境监测的基础上，尽可能做好区域性的、局部的环境控制，使环境温、湿度达到一种相对稳定的平衡状态，使文物所处的小环境的气态污染物达到一定程度上的洁净。

第二节 陶质彩绘文物保护

一、文物保护行业标准的建立

随着我国经济的发展，各领域的科技发展水平也不断提高，规范化工作在各个行业、领域的深入，在文物保护修复行业也意识到规范化研究在这一工作中的重要性，对于文物保护修复规范化操作流程的建立也越来越迫切。

近年来，在对彩绘秦俑、青州香山汉墓出土彩绘陶器、陇县博物馆藏彩绘陶器的保护修复中，加强了对文物保护修复流程规范化的探索，从陶质彩绘文物病害类型、记录用语、保护修复方案、修复档案等方面规范了陶器保护修复中的操作流程，为提升我国陶质彩绘文物保护修复规范化技术研究奠定基础。

二、术语

术语（terms）——各门学科中的专门用语，是科学文化发展的产物。专业性术语是表达各个专业特殊概念的，所以通行范围有限，使用的人较少。

《陶质彩绘文物病害分类及图示》确立了陶质彩绘文物病害专业术语；《陶质彩绘文物保护修复档案编写规范》定义了陶质彩绘文物保护修复档案中的基本术语；《陶质彩绘文物保护修复方案编写规范》规定了陶质彩绘文物保护修复中的基本术语。

全面调研，查找文献，考察现有馆藏陶质彩绘文物保护修复流程及具体内容。在调查研究的基础上，对文物现状、病害描述用语、标志、图形、符号等进行评价，整理出较为系统的技术规范，建立陶质彩绘文物保护修复档案，记录一套规范的、统一的表格形式。

根据陶质彩绘保护修复工作的共性环节，通过调研、考察、模拟，以及再现等方式对这些共性技术环节分析、评价，并进一步规范这些共性技术。

基于现有保护修复过程中的共性技术，提出陶质彩绘文物保护修复规范化流程。典型应用试验。选择若干典型陶质彩绘或陶质彩绘文物实际开展保护修复，验证评估规范化流程。

三、陶质彩绘文物病害

在长期埋藏、保存、流传、使用过程中，由于自然和人为因素导致的陶质彩绘文物的陶胎和彩绘层在物质成分、微观结构、器形构造、表面特征上所发生的各种劣化现象。

（一）陶胎病害

剥蚀：指陶胎局部或全部表面部分缺失，但尚未穿透胎体的现象。

残缺：指陶胎部分缺失的现象。

残断：指陶胎部分断落的现象。

裂缝：指穿透陶胎厚度的开裂现象。

裂隙：指未穿透陶胎厚度的开裂现象。

酥粉：指陶胎表面疏松呈粉状，或一触即掉落的现象。

表面污染物：指陶质彩绘文物表面被其他物质覆盖而影响文物外观的

现象。包括泥土、硬质沉积物，或其他非文物本体的物质。

泥土附着物：附着于彩绘陶器表面影响陶器外貌的黏土。

硬质沉积物：附着于彩绘陶器表面影响陶器外貌的较坚硬的物质。

其他附着物：附着于陶质彩绘文物表面的非文物本身材质、非泥土、非钙质沉积物的其他物质。

盐结晶：指可溶盐析出，在陶质彩绘文物表面形成结晶的现象。

划痕：指由于外力作用而在陶质彩绘文物表面形成的刻划痕迹。

植物损害：指植物生长对陶质彩绘文物所造成的破坏。

动物损害：指动物活动、排泄物、残留物对陶质彩绘文物所造成的破坏。

微生物损害：微生物滋生及其代谢物对陶质彩绘文物造成的破坏。

刻划：人为的有一定表达内容的刻划，或书写的图案、文字或符号。

（二）彩绘病害

彩绘层残缺：指彩绘层从陶胎上部分或全部脱落丢失。

彩绘层脱落：指部分或全部彩绘层完全脱离陶胎。

彩绘层起翘：指彩绘层局部脱离陶胎，但脱离区域的部分边缘仍与陶胎相连的现象。

彩绘层空鼓：指彩绘层局部脱离陶胎，但脱离区域周边仍与陶胎连接的现象。

粉化：指彩绘颜料呈粉状的现象。

褪变色：颜料色相变化的现象。

（三）彩绘陶器的清理——首要工作

确定是否需要清理。

采用何种方法清理（工具、工艺）。

清理中需要注意的事项（信息收集）。

清理方法：①对带釉的陶器，用稀盐酸清除，但不可用硝酸或醋酸，以免腐蚀釉料。如果是白色硬壳（腐败釉），则不做处理。②黑色污垢可试用低浓度过氧化氢溶液去除。表面黄黑部位可用 $5\%Na_2CO_3+0.5\%$ 表面活性剂（十二烷基苯磺酸钠）的热溶液擦除。③其他附着的污垢可用 3% 过氧化氢溶液去除。④一般可用蒸馏水清理，也可加入 70% 乙醇水溶液松土后进行进一步清理。⑤一般性清理工具有手术刀、竹签、洗耳球、自制工具等，细部清理甚至需要在放大镜或显微镜下进行。⑥特殊清理。借鉴油画清理中常用的喷笔清理，即控制水压、流量在彩陶表面或无彩绘的内表面雾化喷水，以达到清理表面土层的目的。金属器物清理方法有喷砂清理、激光清理等，需要操作专门的仪器。⑦应注意严重起翘的彩绘陶器，在清理时，需要边清理边加固。

物理清理：物理清洗是最优先的选择，因为可控制性较好。

前提：器物应处于良好保护状态。

工具：竹签、棉签、手术刀、微型钻、微型喷砂机、喷笔、超声波、激光等。

化学清理：化学清理一般来说可控制性差，但是具有更多的选择性，清理后，须对器物进行干燥。

脱盐方法：①难溶盐——机械清理方法去除。②彩绘陶表面的可溶盐进行纸浆护敷法、局部水浸法（从内表面或无彩绘部位进行）。③脱盐试剂法（有选择性的可溶性盐的去除）。

陶器中所含的可溶性盐与器物的埋藏环境有密切关系，一般主要为氯化钠、氯化钾、硫酸镁及金属阳离子的氢氧化物，通常可采用蒸馏水洗涤的方法去除。洗涤时可将器物放入流动的水中，也可利用浸泡冲洗，并定期换水，通过测定洗涤液的电导率来判断除盐过程达到何种程度，也可利用硝酸银溶液测定洗涤液中氯离子浓度来判断除盐程度。

必要时也可利用电渗法来加速陶器除盐清洗速度，即在清洗槽的两头插入电极，以稀氨水为电解液，通入直流电，使陶器中的金属阳离子运动加快，测定其电导率来判断清洗程度。

对于表面较为疏松的陶器，在采用洗涤法除盐之前，应使用硝基纤维素丙酮溶液、可溶性尼龙酒精溶液，或乙基纤维素酒精溶液，采用喷涂或刷涂的方法对器物进行加固，它们在器物表面形成的薄膜允许水及可溶性盐类这样的小分子或离子自由通过，这样就可以达到洗涤脱盐的目的。

（四）彩绘陶器的加固保护

对于表面彩绘起翘、脱落的彩绘陶质文物需要加固保护。目前，用于彩陶文物保护的高分子材料也不少，如早期使用的天然高分子材料（蜡、油、蛋清等），以及20世纪60年代开始应用的合成聚合物，如聚醋酸乙烯酯、有机硅树脂、三甲树脂、聚乙二醇、聚乙二醇缩丁醛等。在气候干燥的情况下，可用下述材料渗透加固：① 1.5% 的聚乙烯醇水溶液。② 2.5% 的聚乙烯醇缩丁醛水溶液。（起翘、脱落的修复）③ 3% 乙基纤维素酒精溶液。（用于彩绘部分的表面封护）

质地酥松且碎裂的无彩陶器可用硝基纤维素进行抽真空渗透加固。质地坚硬的彩绘陶器只做表面加固，不做整体渗透加固。一般用聚氨酯乳液，这种水溶性的加固剂能很好地适应因空气湿度变化而使彩陶器产生的变化，牢牢地将色彩锁定在器物的表面，而且对于陶器表面的色彩没有明显影响。

常用的加固剂有聚醋酸乙烯酯、丙烯酸酯乳液、三甲树脂、聚乙烯醇缩丁醛、乙基纤维素、有机硅树脂。

加固工艺：采用干净毛笔蘸取聚氨酯乳液涂刷在器物表面，彩绘脱落的部位可以采取点涂、滴渗、喷涂等方式。加固剂浓度可调配，以浓淡合适为止。需要多次加固时，可以按浓度由低到高依次渗透。加固后的彩陶器还需在阴凉通风的干净环境中放置一段时间，使其充分干燥，以待下一步的粘接。

（五）病害的防治方法

1. 拼对

粘接前需要拼对，清理、加固工作结束后，首要工作就是拼对，这是陶器保护修复中一个必不可少的环节。

采取"相近互配法"原则，将编号相邻或相近的器物碎片 10 个一组进行互配，拼完后袋中多出的碎片先拿出来，将缺空的也挑出来，让它们先互相拼对，如果拼对不上，再与后面相邻的 10 个进行互配，直至全部找着下落为止，这种速配法的最大特征就是根据编号相近，其位置必然相近的原理，大大地节省了拼对的时间，提高了工作效率，尤其对大量出土的破碎陶器是值得推荐的一种好方法。

2. 粘接

粘接是陶器修复复原工作中一个重要的环节，尤其是粘接材料的选择直接决定着整个保护修复工作的成败。粘接剂的选择一定要遵循材料匹配性原则，即粘接剂的强度一定要与被粘陶器的强度相匹配，才能达到粘接的最佳效果，否则如果粘接剂强度过大，就会导致陶质酥松的陶器在别的部位重新断裂。反之，如果粘接剂强度太小，陶质强度过大，粘接后的陶器还会再次断裂，只有力学性能相近时，粘接强度才会最好。

一般常用的陶器粘接剂为硝基纤维素、丙酮溶剂，调配成合适的黏度，粘接既方便又牢固。对于质地非常结实、重量非常大的陶器也可以选择强度合适的环氧树脂进行粘接，以提高其牢固度。

3. 陶器补配

传统材料是熟石膏，现代使用"A.J.K"材料（聚酯树脂+黄麻+瓷土）。

"A.J.K"面团制作方法：聚醋酸乙烯酯（或聚丁酸乙烯酯）800g+丙酮1260mL+工业乙醇540mL+醋酸戊脂3700mL—搅拌—放置24h—加入二甲苯928mL，将两份黄麻和一份瓷土混合后加到此溶液中，搅拌直到溶液变硬为止。如果需要可加入更多的麻黄及瓷土，经过捏、揣，直到混合至不再粘手为止。

"A.J.K"面团是乙种塑性面团，操作方便，任何时候都可中断工作，修复强度大于石膏。

第三节 陶质彩绘文物病害认知与防治

陶器是人类社会进步的标识，是人类发明创造之一，与人类生产、生活息息相关。在历史的长河里形成了一系列完整的序列，成为考古断代、分期和研究的重要内容之一。彩绘陶器是陶器家族中的一部分，以黏土为原料，经过筛选浸泡、练泥、拉坯成形或泥条盘筑、阴干、烧窑、施彩等工艺完成。其抵御环境侵蚀的能力较差，是经受风化、光照、酸蚀、污染、霉菌以及温差等环境因素不断侵蚀易发生变化或极易发生变化的一类文物。陶器含有大量的未熔石英颗粒及脱水黏土颗粒，两者由少量的玻璃胶结在一起，玻璃含量比较少，气孔比较多，因此，陶器结构疏松、孔隙率高、吸水性强。由于年代久远，陶器在埋藏环境中受到雨水及地下水的作用，常常保持潮湿状态。地下水中又常有大量的可溶性盐类，这样大量带有可溶性盐的水溶液便侵入到多孔陶器的内部。当环境温、湿度发生变化时，盐类便随之结晶、溶解交替变化，这种作用交替反复产生，加之出土文物的温、湿度平衡被打破，以及大气污染、霉菌等多种因素的影响，出土的陶器多酥松甚至破碎。

长期的自然风化、不佳的保存环境，以及不同程度的人为破坏，使陶质文物受损严重，保存状况不容乐观。特别是对于长期埋藏在地下的陶质彩绘文物，表面彩绘颜料层快速出现卷曲、起翘、褪色、变色、胶质流失与变性等病害。

一、陶质彩绘文物的损坏原因

陶质彩绘文物考古出土时多呈现残缺不全、支离破碎的状态，彩绘脱落、起翘、空鼓、变色严重；脆弱的陶质文物常表现为因风化造成的酥解、剥落等腐蚀现象，造成的损害几乎是不可恢复的。对脆弱性硅酸盐质陶器而言，因为暴露在自然环境下，经受风化、风蚀、雨蚀、污染、霉变的不断侵蚀，以及受到温、湿度反复变化、环境中可溶盐的影响，陶质文物本体材料损毁速度加快。

（一）内因对彩绘陶器的影响

陶质彩绘文物数量众多、分布广泛，从新石器时代（史前）、商周、秦汉直至宋元明清时代，无论是在南方还是北方都留下了丰富的遗存。从宏观上分析，陶质文物结构疏松、孔隙多；从微观结构分析，一般陶质文物含有大量轮廓分明的未熔石英颗粒及脱水黏土颗粒，两者由少量玻璃胶结在一起，玻璃含量较少，气孔较多。陶质文物的这些特性以及其具体的物理、化学、力学性能，是由其组成、结构、烧制工艺等共同决定的，即陶质文物的内因。陶质文物损毁的内因，主要是指陶器原料及在生产制作过程对陶质文物本体性能的影响。

（二）陶质彩绘文物的组成

陶质文物的原料是取自岩石风化的产物——易峪的黏土，有红土、黑土、黄土之称。北方黄土高原的黏土矿物主要是伊利石，其次是高岭石、蒙脱石、蛭石、绿泥石、赤铁矿、针铁矿等。其中蒙脱石属于可膨胀层状结构，在得失水时，可能产生的体积膨胀或收缩最大，所造成的危害也最大。当烧成的陶器的温度不高时，会有大量蒙脱石存留下来。在陶器保存过程中，若遇温湿度经常变化，会导致蒙脱石体积的频繁改变。膨胀所产生的应力如不能被平衡，会使局部受力不均，如果反复多次后，结构容易疏松，继而对陶器产生破坏作用。

（三）烧成温度与烧制气氛的影响

陶质文物的制作一般包括原料的选择和加工。陶器经过选料、制泥、拉坯、成型、修饰、烧制、彩绘等工序完成。烧制阶段是陶质文物生产过程中的重要步骤之一，器物质地的好坏很大程度由它决定。烧成温度和烧制气氛是最重要的两个影响因素。

烧成温度是影响陶器抗风化能力的一项重要指标。一般来说，烧成温度高的陶器组织结构完善，颗粒间脱水反应进行得彻底，陶体内会出现玻璃态物质，使得矿物颗粒结合得更加紧密，抗酥解能力也高。

烧制气氛影响陶质成品的性质，特别是颜色和硬度，还有孔隙率和收缩率。由于玻璃态物质结构致密、孔隙率相对较小，因此，相近烧制温度下的黑陶或灰陶比红陶致密，而且抗风化能力比红陶好。

除此之外，烧制过程中不良的设计和结构，或是升温过快，也都有可能造成陶器的孔隙率过大甚至裂隙，有利于有害物质的进入。孔隙率影响很多陶器的性质，包括机械强度、抗化学腐蚀能力等。另外，大的裂隙会影响陶器的机械强度，孔隙在一定粒径范围内的分布可以反映出制陶的工艺水平。

（四）外因对彩绘陶器的影响

彩绘陶器烧成温度低、结构疏松、吸水性强，其抵御环境侵蚀的能力较差，在经过环境因素影响后容易发生变化，从而导致彩绘陶器的病害发生。环境因素对彩绘陶器的影响主要包括温湿度、光照、水、盐、有害气体，以及植物、动物、微生物等。

多孔性的陶器，由于表面张力的作用，吸水能力较强。处于埋藏环境中的陶质彩绘文物由于地下水的作用常常处于潮湿状态，伴随着温度的变化可能会对陶器产生冻融破坏。当温度处于0℃以下，陶质文物中的水分慢慢地结冰，水由液态变成固态时体积会膨胀8%，体积的变化所产生的应力变化会对陶体产生破坏作用；而当冰融化后，这个应力又随之消失。冻融所产生的危害就是陶体内所吸附的水进行反复的凝固和融化，由于体积变化所产生的应力变化对陶体的破坏作用。

在温度和湿度反复改变的自然环境中，对于具有多孔隙特征的陶质文物，水和可溶性盐是主要的损害因素。水的迁移会携带可溶性盐通过细孔的毛细作用在陶体内移动，当温、湿度变化时，水中溶解的盐分随着水分的蒸发在外表面沉积，除了会改变陶表面的性质外，还会造成表面盐分的析出。长时间地沉积、积累，并随着环境温度的更迭交替，盐分会反复溶解膨胀，再结晶收缩，并且可溶性盐会源源不断地向外迁移，当可溶性盐积累到一定程度，会形成体积较大的晶体，对陶器表层结构造成破坏。这种反应循环的作用会造成陶胎的反复膨胀收缩，产生的应力会不断地促进陶器表层酥解和剥落现象的发生。

随着城镇化、工业化生产的迅速发展，环境污染日趋严重。大气污染物的浓度逐渐提高，尘埃（雾霾）日益增多。当陶质彩绘文物处于大气环境下，空气中的湿度较大时，这些尘埃（雾霾）会吸附有害气体和水分而向下降落。出土后的陶质彩绘文物或残片，如果没有得到很好的保存、暴露于空气污染较为严重的地方，大气污染物中氮化物、硫化物、含碳化合物的直接危害，以及它们相互反应造成的二次污染所带来的危害都是不可低估的，这些酸性物质可以直接与陶中的某些成分（如碳酸钙）发生反应，从而对陶质彩绘文物造成损害。

陶质彩绘文物易受到环境中植物、动物、微生物的破坏。植物的根茎通过毛细作用在地下环境中布满了彩绘陶器表面，使彩绘层剥离、脱落；暴露在空气中的陶器易被动物的粪便污染；霉菌的代谢产物往往含有酸性物质，会对陶质文物本体产生腐蚀作用，促进表面的风化。

阳光（紫外线）的照射使彩绘变色、褪色；大雨的浸蚀使彩绘脱落、起翘，易产生霉变。

总之，外因的变化引起彩绘陶器的病害是多方面的。

二、陶质彩绘文物病害的防治

（一）现场环境控制

彩绘陶俑的保护修复首先要选择最佳的环境和时间。一号坑内空气比较干燥，达不到彩绘陶俑保护所适应的温、湿度，于是把大环境营造成小环境，运用科学技术手段控制和监测小环境下的温、湿度变化（增加加湿机、防尘设备、空调、恒温恒湿箱、温湿度监控仪等来随时调节温、湿度，并装配有通风设备，与外界空气相对隔离，不易产生霉菌）。

（二）现场防霉保护

对发霉土隔梁或铺地砖表面部位，先用干净细毛刷轻轻去除遗址表面的霉菌菌丝，反复多次，以清理至表面无明显菌丝为止；用微型喷雾器将5000ppm LAG002水溶液防霉剂均匀喷洒于发霉部位，喷洒量约为100mL/

m²，喷洒后静置 30min，再重复喷洒一遍，若个别部位喷不到，可用棉签蘸防霉剂点涂该处以渗透；全部处理完后，用干净塑料薄膜覆盖，以保证药剂能最大限度地渗入发霉部位。

第八章 石质文物的保护

第一节 石质文物的化学组成及风化原因

石质文物是指历史遗留的以天然石头为材料，具有历史、艺术、科学价值的遗物和遗迹，包括石刀、石斧、石碗等遗物和石像、石雕、石碑、石牌坊、石窟寺等遗迹。我国是文明古国，据有关考证，170万年前的云南元谋人已使用和制作石质工具。石器时代标志着中华文明的重要历史发展过程。从春秋至民国遗留下来的大量石碑、石碣、摩崖石刻上的文字记述了帝王出巡、狩猎、功德、祭祀等重要事件，也有颁发政令和法纪的文告。其文字清晰、坚固结实、形制新颖，是考证补史的重要资料。在各类石质文物中，最为精美绝伦的是石窟寺艺术，它是大自然的鬼斧神工和人类辛勤智慧的完美结合。驰名中外的大同云冈石窟、敦煌莫高窟以及洛阳龙门石窟等遗迹以雕像和壁画为主要内容，把山崖、石洞、雕像、绘画与木结构殿房融为一体。这些珍贵的历史文化遗产，在漫长的岁月中遭受了各种因素的破坏，如不采取有效的保护措施就会造成无法弥补的损失。

一、石质文物的化学组成

石质文物的原材料是天然岩石。天然岩石是组成地壳的坚硬物质，由矿物集合而成，其中O、Si、Al、Fe、Ca、K、Na、Mg八大元素成分占97.13%，其余元素占2.87%。岩石中能被开采的称矿石，在地壳中只占很小比例。岩石是由地质作用所形成的结晶态的天然化合物和单质，有一定的结晶体结构和稳定的化学成分。在地质学中，一般将非金属矿物称为"石"，如大理石、方解石等；而将矿物集合体称为"岩"，如玄武岩、花岗岩等。外观上岩石是多种多样的，但从成因上看，可将所有的岩石归为三大类：岩浆岩、沉积岩和变质岩。

（一）岩浆岩

岩浆岩又称火成岩，是在高温下由于熔融的含有硅酸盐和特别稀少的氧化物、硫化物、碳酸盐等岩浆，受某些地质构造作用的影响，从地壳深处上升冷却和凝结而形成的。岩浆岩通常呈块状结构，没有层次，大多数情况下具有结晶构造，这些结晶构造多半用肉眼即可辨认（如花岗岩），有些只能在显微镜下才能看见（如玄武岩）。在岩浆岩的成分中，含有大量的元素及其氧化物。

（二）沉积岩

沉积岩是在地表或近地表处，常温常压条件下，由地壳风化剥蚀作用、生物作用或火山作用所提供的一些碎屑物质和溶解物质在原地或外力搬运后沉积压实而形成的坚固岩石。沉积岩的形成可以分四个阶段：风化作用阶段、搬运作用阶段、沉积作用阶段、成岩作用阶段。沉积岩占地壳体积的5%，覆盖大陆面积的75%。

（三）变质岩

岩石在地下特定的地质环境中由于物理化学条件的改变，使其组成成分和结构发生了明显的变化，经过这样的变质作用形成的新岩石称为变质岩。其原岩可以是沉积岩、岩浆岩甚至是变质岩。常见的变质岩有经沉积岩变质而成的角岩，由页岩变质而成的片岩、板岩、千枚岩，由灰岩变质而成的大理岩，由花岗岩变质而成的片麻岩，由灰岩和花岗岩接触变质而成的矽卡岩等。

大部分变质岩都有片理结构。组成变质岩的矿物，一部分是与岩浆岩或沉积岩中的矿物成分相同，而另一部分则为变质岩所特有。

与石刻文物有关的最重要的变质岩有石英、长石、云母、碱性长石片麻岩、氧化铝硅酸盐片麻岩、斜长石片麻岩、镁硅酸盐片岩、石英质岩、大理石等。

不同的石质文物其岩石的石质及其胶结物的成分性质是不同的。例如驰名中外的四川大足石窟岩体岩石成分以长石石英细砂岩为主，这种细砂岩主要是沉积岩。不同地段岩石的成分和性质虽有差别，但主要都是灰白色或淡红色长石石英细砂岩夹暗紫色粉砂质泥岩。胶结物以泥质（绿泥石、水云母、高岭土）、钙质为主，其中强度最低的泥质胶结物在宝顶山石窟中占18%。大足石刻区岩石的主要化学成分为 SiO_2 和 Al_2O_3，并含有少量的 Fe、Ca、K、Na、Mg 等，这些元素以石英、钠长石、钾长石、方解石、赤铁矿、绿泥石、水云母等形式存在。佛教圣地安徽九华山的许多石刻文物主要由花岗岩组成，花岗岩为岩浆岩。由于岩石的性质差异使石刻的抗风化能力及风化程度也不尽相同。

二、石质文物风化内因

（一）石质文物风化的概念

气温的反复变化以及各种气体、水溶液和生物的活动使石质文物岩体在结构构造或化学成分上逐渐发生变化，使岩石由整块变成碎块，由坚硬变得疏松，甚至组成岩石的矿物也发生分解，在当时环境下产生稳定的新矿物。这种由于温度、大气、水溶液和生物的作用，使石质文物岩体发生物理状态和化学组成成分或结构变化的过程称为风化。

（二）石质文物风化的类型

石质文物的风化按其程度分为四类。

1. 微风化

石刻岩体的组织结构基本未变，或产生细微裂缝，或因铁、锰等微量元素侵入而略有变色。

2. 中等风化

石刻岩体组织结构部分破坏，沿石刻岩体两面出现次生矿物，风化裂隙变大。

3. 强风化

石刻岩体组织结构已大部分破坏，石刻岩体中的长石、云母已被风化为次生矿物，裂隙很大，石刻的突出部位发生破碎掉块。

4. 全风化

石刻岩体组织已完全破坏，石刻已模糊不清，表层呈土状堆积。

三、石质文物风化外因

石质文物风化的外因主要在于物理、化学、生物等因素的影响。

（一）物理风化

物理风化又称为机械风化，是指岩石因水、温度、风等因素的影响，使石质文物岩体发生机械破坏而又不改变其化学成分的过程，物理风化作用常使石质文物产生许多裂纹甚至逐层剥落。

1. 水的作用

水是造成石质文物物理风化危害的因素之一，渗入岩石内部的水分，会造成岩石体积膨胀；侵入岩石表面的水，会对岩石形成外多内少的不均匀渗透分布，更能引起岩石体积膨胀，由此引起力学强度从内到外逐渐明显下降，使得文物价值最高的表面，成为受水分侵入影响最大的部位。

2. 冰劈作用

在高寒地区和温带地区的严寒季节，当气温降到0℃以下时，渗入岩石裂隙中的水就冻结成冰，水结冰时其体积会增大1/11左右，将对岩石产生很大的压力，据测定这种压力可达96MPa。在裂隙水冻结压力的反复作用下，裂隙逐渐扩大和加深，最终导致石质文物崩解掉块。此外，裂隙水分迅速蒸发时，水中盐类结晶体积的膨胀将对岩石产生强大压力，引起石质文物的碎裂。

3. 温差作用

石刻岩体为热的不良导体。石质文物在白天受到阳光照射时，外热内冷，夜间则外冷内热，产生温差现象。大多数岩石是由多种矿物组成的，各矿物的膨胀系数不一致，石英的体积膨胀系数约比长石大1倍，不同的膨胀应力，导致颗粒间的联结破坏，造成了平衡石刻表面的开裂。石质的颜色不同，吸收的热量亦不同，深色吸收得多，因此一些岩石色泽较暗的部位膨胀较大，而色泽较浅的部位膨胀较小，形成不均匀膨胀，日久天长，反复作用亦给石质文物带来破坏。

夏季遭曝晒的石质文物突然受到暴雨的浇淋，岩石中的膨胀性矿物遇水膨胀，加速破坏石刻岩体颗粒间的联结和岩体表层与里层的联结，使石刻岩体表面疏松产生裂缝。温差风化多造成石质文物的鳞片状脱落，鳞片厚度与岩石中矿物颗粒的直径有关，粗砂岩中的鳞片厚度约为 3 ~ 4mm，细砂岩中形成的鳞片厚度约为 0.5 ~ 1mm。

4. 层裂

形成于地下深处的岩石，因有上覆岩石的重量而承受着较大的压力，当上覆岩石被剥蚀而露出地面时，地下岩石原受压力解除，这时体积发生膨胀对岩体产生巨大的压力，从而导致岩石产生平行于地表的裂隙，形成层裂，发生机械破碎。

（二）化学风化

化学风化主要是指大气中的某些物质或水溶液与石质文物中的矿物进行化学反应，使石质文物逐渐分解的过程。在此过程中，石质文物的结构遭到破坏，岩石的成分受到改造，并往往生成在地表情况下稳定的新矿物。

1. 溶解作用

岩石中的矿物成分溶于水的过程称为溶解作用。雨水、地表流水和地下水流过石质文物表面裂隙，使岩石的某些矿物质溶解出来，天长日久，岩石中所有可溶组成成分都被溶走，使石质文物的本来面貌全部改变。岩石中的不同矿物抵抗溶解作用的能力不同，抵抗力弱的先被溶走，抵抗力强的后被溶走，抵抗力最强的残留在原地。岩石中可溶物质被溶解后致使岩石的孔隙增加，降低了颗粒间的结合力，因而降低了岩石的坚实程度，更易遭受物理风化的作用而破碎。一般来说极易溶于水的是 K、Na 等的氯化物；易溶的是 Ca、Mg 的氯化物及硫酸盐；较难溶的是 Ca、Mg 的碳酸盐；难溶的是 Fe、Al、Si 的氧化物及硅酸盐。溶解度的大小还取决于水的温度、压力、pH 值等。

2. 水化作用

某些矿物与水作用时，能够吸取水分，而使水分子作为自己的组成部分（结构水），从而形成新的矿物，这种作用称为水化作用。例如硬石膏吸水形成石膏，赤铁矿吸水形成褐铁矿等。

水化作用形成的含有水分子的新矿物，其结构已不同于原来的矿物，硬度一般也低于原矿物的硬度。水化作用常使岩石体积膨胀，对周围岩石产生压力，给石质文物造成开裂的危害。水化作用使石质文物沿裂隙产生堆积物和浸染。此外，某些矿物发生水化作用时，随着外界空气温、湿度环境的变化而频繁失水、吸水，随之产生岩石体积频繁收缩、膨胀，最后导致岩石疏松崩解。

3. 水解作用

水可以电离形成 H^+ 和 OH^-，某些矿物在水中也发生离解，离解物可与水中的 H^+ 和 OH^- 发生化学反应，生成新的化合物，使原矿物的结构被分解，这种作用称为水解作用。强酸弱碱盐和弱酸强碱盐类矿物较易发生水解作用。硅酸盐和铝硅酸盐类矿物是弱酸强碱类化合物，易受水解作用而破坏。

4. 氧化作用

岩石矿物中的低价元素与大气中或水中的氧作用，被氧化成高价元素，这种作用称为氧化作用。由于大气与水中都存在丰富的氧，因此岩石氧化作用存在相当普遍，尤其在高温、高湿条件下，氧化作用更为剧烈。岩石经氧化作用后，不仅岩石矿物的成分发生了变化，而且颜色也发生一定的改变，通常产生黑褐色浸染，影响石质文物的美观。

由于岩石中铁、镁硅酸盐矿物都含有低价铁，因此极易被氧化，形成赤铁矿或褐铁矿而使岩石表面呈黄、褐或红等色调。

5. 空气污染物作用

空气污染是指由于人类活动和自然过程引起某种物质进入大气中，呈现出足够的浓度，达到足够的时间，并因此而危害了人体健康、舒适感或环境。空气污染物按产生过程可分为两大类，一类是一次性污染物，是直接向大气排放的污染物，它们对空气的质量有明显的影响；另一类是二次污染物，是一次污染物与空气中原有成分或其他污染物发生一系列化学和光化学反应生成的新污染物，如硫酸烟雾、气溶胶、光化学烟雾等。

（1）有害气体作用

含硫化合物容易生成酸雨，对石质文物危害极大，尤其是对白垩、大理石、石灰石、碱性砂岩等含 $CaCO_3$ 的岩石腐蚀明显。石质文物受 SO_2 侵蚀过程往往是石质表面先变成灰色，接着表面形成一层较硬的外壳，最后由于硫酸钙的反复结晶所产生的应力而脱落。

但大气中，金属氧化物、氮氧化物和高温、高湿又在风化过程中起催化作用，反应机理比上述反应更为复杂。

（2）颗粒污染物作用

颗粒污染物是指气体以外的、以固体或液体形式存在于空气中的物质，统称为大气尘。大气尘包括固体的粉尘、烟尘和雾尘以及液体的云雾和雾，是灰尘与气溶胶的总和，颗粒直径 $0.1 \sim 500 \mu m$。空气中颗粒污染物成分十分复杂，来源于多方面。

粉尘——金属冶炼厂、化工厂、碎石厂、水泥厂、煤场及其他粉碎加工厂排到空气中的各种金属、金属氧化物、石棉、石英、煤粉等微小颗粒。

烟尘——有机物如煤、石油、天然气、香烛、草木等燃烧过程中未完全燃烧的碳与水共存的悬浮在空气里的微粒。

气溶胶——主要有空气中 NO_2、SO_2、SO_3 等与水及金属氧化物作用生成的二次污染物，以及烟尘、灰尘、金属过氧化物和卤化物形成的微粒物质。其主体成分是金属灰尘、酸及其盐类，具有一定的酸性、黏性和氧化性。

各类颗粒污染物降落在石质文物上，一旦遇到潮湿空气，那些可溶的酸、碱、盐都会腐蚀石质文物表面，使石质文物风化、酥粉、开裂、剥落。

云冈石窟是我国现存最大的古代石窟群之一，它开凿于北魏前期，距今已有 1500 多年的历史。石窟依山开凿，东西绵延 1 千米，现存主要洞窟 45 个，雕像 51000 余尊，是我国早期石窟艺术的优秀代表，2001 年被联合国教科文组织列为"世界文化遗产"。但云冈石窟地区大气污染较为严重，污染物主要有煤尘、煤燃烧产生的 SO_2、工业粉尘及粉尘中的金属元素，污染物含量严重超标。在有水的条件下，通过金属离子的催化作用，SO_2 容易生成 H_2SO_4 和硫酸气溶胶等酸性物质，再与石质文物表层中的 $CaCO_3$ 作用，生成 $CaSO_4 \cdot 2H_2O$，导致风化侵蚀。由于经历长期的风化侵蚀作用，目前，洞窟裂隙、山顶渗水、雕刻漫漶、佛像残损，亟待科学保护。

此外，许多石窟寺还是佛教活动的重要场所，长期以来人们参拜时烧香、点蜡、点灯产生的油烟先附着在石质材料上，又吸附了空气中的尘埃，形成陈年厚重的油垢覆盖于石刻表面。厚重的油烟污物能与空气中的氧气、水蒸气和微生物作用，在阳光中紫外线的催化下，发生变质、腐败，呈层状脱落，对古代石质文物的保护产生严重影响。同时，油烟污物不仅危及石刻的外观，而且为菌类、藻类、低等植物苔藓、地衣等提供了营养和非常适宜的生存条件。有些油污腐败变质产生的有机酸也会腐蚀石质文物。

虽然各地石质文物上的油烟污物来源不一，但都与燃烧木材、植物纤维素和油脂制品有关，燃烧时，温度不同，热裂解产物也不同，化学成分相当复杂。

石质文物的风化主要是化学风化，石质的化学成分发生了变化，表面的石质由不可溶性盐变为可溶性盐，甚至进入石质内部。

（三）生物风化

生物风化是指生物生命活动及代谢物质对石质文物造成的破坏。生物风化以物理和化学两种方式进行。

1. 生物的物理风化

生物的物理风化作用是指生物的生命活动对石质文物产生的机械破坏作用。例如蚂蚁、蚯蚓等钻洞挖土，可不停地造成岩石的机械破碎。生长在岩石裂隙中的植物，随着植物的生长其根部可撑裂岩石，对裂隙两壁产生压力，据测算这种压力可达 1～1.5MPa，最终会导致岩石破裂，称为根劈作用。

2. 生物的化学风化

生物的化学风化作用是指生物在生长新陈代谢过程中产生的分泌物、死亡后有机体腐败分解产物与岩石矿物发生化学反应，而对石质文物造成的破坏作用。

（1）高等植物的化学风化

高等植物的种子落在大型的石窟寺和山崖的土壤中，能吸收石质文物的矿物质为营养而生长。植物在生长过程中分泌出有机酸、碳酸、硝酸、亚硝酸、氢氧化铵等溶液，溶解并吸收岩石矿物中的某些元素，例如 P、K、Ca、Fe、Cu 等作为营养，即把岩石矿物作为自己生长的营养源，这种作用可使岩石受到腐蚀性破坏。

（2）低等植物的化学风化

低等植物如苔藓的孢子落在石窟寺和山崖的土壤中或石刻文物的缝隙中也能生长发育，腐蚀风化石材。

地衣是藻类和菌类共生形成的一类特殊的原植体生物，生命力顽强，分布广泛。特别有些喜钙性地衣能在碳酸盐岩石为原料的石刻文物（方解石、白云石、大理石等）表面生长繁殖。

（3）微生物的化学风化

微生物在生命活动中会分泌各种有机酸和胞外酶促使石质文物岩体发生多种反应，尤其是胞外酶，作为一种生物活性酶具有极高的催化效能，加速各种有害反应的进行。有些微生物可以吸收岩石中的 Fe、Cu、S 等元素作为营养。微生物对岩石矿物的化学风化作用是非常强烈的，它对岩石的总分解能力远远超过所有动植物的总分解能力。

我国文物保护专家曾对重庆大足北山石刻采取菌样进行培养、分离、鉴定，结果表明，危害大足石刻的菌类主要有霉菌和细菌。霉菌主要有青霉属（青霉）、绿霉属（绿霉）、曲霉属（以黑曲霉为主）、枝孢曲霉属等，其中主要是黑曲霉；细菌主要有球菌、螺旋菌和杆菌等。

（4）生物遗体的化学风化

植物遗体腐烂可分解出有机酸和 CO_2、H_2S 等气体，溶于水后形成酸对岩石进行腐蚀破坏。植物遗体在还原环境中，可形成黑色胶冻状的含有钾盐、磷盐、氮的化合物和各种碳水化合物的腐殖质，它可以促进硅酸盐岩分解成易溶于水的盐类随水流失；也可以使 Fe_2O_3 等还原为 FeO，从而促使岩石分解。

第二节 石质文物裂隙的灌浆修补

大型石质文物如石刻、石碑、石窟等，由于地壳运动以及风化作用的影响，往往会产生深浅宽窄不一的裂隙，直接威胁石质文物的存在，对产生裂隙的石质文物一般借鉴建筑工程灌浆加固工艺进行修补。

一、灌浆材料及性能

（一）环氧树脂浆液

1. 环氧树脂特性

环氧树脂浆液是石质文物裂隙灌浆的最主要浆液，它由环氧树脂、固化剂、稀释剂、增塑剂、增韧剂等组成，其黏度相当小，可以灌到 0.1mm 的微裂隙中。主要作用成分为环氧树脂，含有环氧基团的树脂总称为环氧树脂。环氧树脂作为石质文物裂隙灌浆材料具有突出的优点。

（1）粘接力强

环氧树脂具有环氧基、羟基、氨基等极性基团和醚键，这些极性基团的存在，特别是极为活泼的环氧基，能与含有活泼氢的被粘物表面起反应而形成化学键，因而粘接力特别强。

（2）收缩率低

液态环氧树脂分子具有很高的缔合作用，在固化时通过加成反应完成，因而不产生低分子化合物一类的副产物，不产生气泡，固化后体积收缩率较低，一般均低于2%，当加入适当填料后，还可达到0.1%左右。

（3）稳定性高

环氧树脂固化后胶层内聚力大，胶层内及黏合面难以断裂；其在未加入硬化剂时是热塑性树脂，不会受热硬化，稳定性高，可以放置很久不会变质。固化环氧树脂体系耐酸、耐碱性能好，耐潮湿和溶剂。

2. 环氧树脂浆液配方

作为石质文物裂隙灌浆浆料的环氧树脂浆液必须黏度适当，要求能灌到各种宽窄度的裂隙中，固化后体积收缩小，粘接力高于被粘接岩石的抗拉强度，并且有一定的抗腐蚀能力。

3. 环氧树脂浆液的力学性能

环氧树脂浆液固化物具有良好的物理力学性能，采用活性稀释剂配制的环氧树脂浆液固化物的各项物理力学性能大大高于混凝土的强度指标，完全可满足岩石裂隙修补加固需要。

（二）甲基丙烯酸酯类聚合物浆液

1. 甲基丙烯酸酯类聚合物特性

这类聚合物无色透明，具有优异的光学性能、耐老化性能和化学稳定性。灌浆后的力学性能以及与岩石黏合强度超过一般岩石性能，既能增加石质文物的稳定性，又不改变原貌。而且其渗透性好，表面张力只有水的1/3，黏度和表面张力受温度影响比较小，所以它的可灌性较好，可以灌入0.1mm以下的微裂隙中。

2. 甲基丙烯酸酯类聚合物浆液灌浆注意事项

可采用甲基丙烯酸甲酯、甲基丙烯酸丁酯和甲基丙烯酸的混合物，以过氧化二苯甲酰作引发剂，二甲基苯胺作加速剂，进行聚合反应。此反应不仅可以在常温下进行，而且可以在－20℃以下低温进行，使得修补加固施工在冬季仍可顺利进行。甲基丙烯酸酯类聚合物不耐水、不耐氧，必须用惰性气体助压，聚合反应诱导期也不易控制，给操作带来不便，我国曾采用甲基丙烯酸酯类聚合物浆液，对大同云冈石窟进行灌浆加固，其固化性能及与岩石的粘接力方面都达到或超过了原来的岩石性能，效果较好。

（三）PS系列浆液

1. PS系列浆液特性

PS系列灌浆材料是以高模数的硅酸钾为主剂，氟硅酸钙为固化剂，再加交联剂以提高浆液的稳定性，减水剂（表面活性剂）以提高浆液的渗透能力，通过一定浓度的配比，并用水稀释而形成的一种无色透明液体。其特点是：固结体都是硅酸盐类无机物，接近岩石成分；耐老化；有较高的固结强度；黏度小，渗透好，可灌性强；浆液中不含重金属等物质；耐水性、稳定性好。PS浆液渗透到岩石裂隙中，能与泥质的胶结物和风化产物起作用，形成难溶的硅酸盐，其生成的是一种复杂的硅氧骨架，它先形成凝胶，然后逐渐形成强度较高的、耐水的管状或纤维状的无机复合体。

2. PS系列浆液灌浆注意事项

PS系列灌浆材料对灌浆施工工艺要求较高，浆液的浓度配比、灌浆量、时间都有严格控制。要求在干燥环境下施工，固化时间也较长。因此在潮湿多雨、岩体湿度大、岩石致密的情况下不宜使用。

需要指出的是，由于砂岩、砾岩力学强度较低，用环氧树脂这种力学强度大大超过岩体本身强度，且与岩体收缩不同的材料灌浆，会造成岩体粘接面之间的剥离，直接影响加固效果。对于这种力学强度差的砂岩、砾岩，可以在PS浆液中加入适量的黏土制成混合液即PS-C浆液作为灌浆材料。PS-C浆液稳定性好，固结物强度接近或略高于砂岩、砾岩的强度，具有对砂岩、砾岩强粘接性以及较强的透水、透气、耐腐蚀性，成本低，操作方便。我国曾采用PS-C浆液对甘肃麦积山、敦煌石窟等石窟裂隙进行灌浆加固，结果表明PS-C对多孔、强度低、孔隙率大的砂岩是一种理想的灌浆材料。

（四）纳米浆料

纳米粒子是由数目较少的原子或分子组成的原子群或分子群，其表面原子是既无长程有序又无短程有序的非晶层，其内部存在着结晶完好、周期性排布的原子。正是由于纳米粒子的这种特殊结构类型导致了纳米材料具有特殊表面效应和体积效应等特性，并由此产生许多与宏观块状材料不同的理化性质。

纳米材料在工业中的应用已引起世界各国的重视，同时也为文物保护注入了高科技含量。作为保护层材料，它的特性有以下几个方面。

1. 超双亲界面特性

某些纳米粒子与高分子聚合物经特殊复合后，其表面具有特殊的物理化学性能，可同时疏水和疏油，称为超双亲界面特性，可用于保护文物，防止文物受到污染。超双亲界面特性来自于纳米材料的表面效应，纳米粒子尺寸小，比表面积大，表面能高，同时由于表面原子周围缺少相邻原子，存在许多悬空键，容易与其他原子相结合而稳定下来，故具有很高的化学活性，以及低密度、低流动速率、高吸气体和高混合性等特点。吸附在纳米粒子表面的气体分子形成一层稳定的气体薄膜，使油和水无法在材料表面展开。可消除酸雾、水汽和有机物的侵蚀。

2. 抗紫外线和耐老化特性

耐老化性能是纳米粒子作为表面涂层材料的又一优势，而紫外线是造成表面老化的重要因素。紫外线是一种比可见光波短的电磁波，波长越短，能量就越大，危害也越大。纳米粒子对紫外线的屏蔽作用以散射为主，不同粒径的纳米粒子可以散射不同波长的紫外线。选择合适的纳米粒子（如纳米二氧化钛具有吸收紫外线效应）加入到高分子材料中可减少紫外线的降解作用，从而可以延缓材料的老化。同时细小颗粒的比表面积大，能在涂层干燥时形成网络结构，增强涂层的强度，提高其抗老化性能。

3. 透明及防遮盖特性

许多纳米材料透明度好，用于文物保护时不会遮盖被保护的文物，可显示文物的真实面貌，同时可以使涂层变得更加致密。

4. 耐腐蚀抗氧化性

在高分子聚合物中加入纳米粒子可以全面改善高分子材料的性能，提高分子间的键力，从而使有机高分子材料的强度、韧性等大幅度提高。用于文物保护具有许多优异的性能，用无机高分子的纳米材料取代有机高分子材料不仅可以提高使用寿命，而且可以解决无机纳米粒子在有机高分子中的分散问题，从而使高分子无机膜作为文物保护涂层具有深远的意义。

在高分子材料中加入纳米粒子可以增加注浆材料的附着性、防腐蚀、防污染的能力，因而在注浆领域内采用添加纳米粒子的高分子材料可以显著提高浆液的特性，可使浆材与岩体更好地结合，提高文物的耐腐蚀、抗风化的能力，正是这种浆液的种种优点，使这种复合型浆材的应用更加广泛。

二、灌浆施工方法

（一）裂缝调查处理

石质文物岩体出现裂隙的原因十分复杂，在修补前应对构件的损坏形状、缝宽、缝深和工作环境进行认真分析，查清裂隙的性质，用读数显微镜测量裂隙宽度，用超声波检测仪测量裂隙的深度、走向、贯穿情况等，以确定处理方案。灌浆前对岩石表面进行清理，刷去污土及裂隙内的尘土和杂物，最好用干吹法，若用水洗法，则必须待岩石干燥后才能灌浆。裂隙宽度小于或等于 0.3mm 时，可先将两侧表面的灰尘用丙酮清洗干净，对于宽度大于 0.5mm 裂隙或较深裂隙，为有效封缝加固，沿缝凿成 V 槽，并用钢丝刷及压缩空气将裂隙内碎物粉尘清除干净。为防止灌浆时浆液渗漏而污染岩石，可在岩石裂隙边缘涂刷 850 号有机硅树脂 1 ~ 2 遍。这是一种脱模机剂，如有浆液渗漏，固化后易剔除。

（二）设置灌浆嘴

根据不同裂隙情况和灌浆要求，选用孔口灌浆装置灌浆盒、灌浆嘴，一般不凿槽的裂隙埋设灌浆盒，凿槽的埋设灌浆嘴。灌浆嘴按裂隙走向设置，间距 3cm 左右，宽缝或平缝，灌浆嘴距离可大些，细缝或垂直缝距离则应近些，裂缝越深，嘴距应越小。裂缝纵横交错时，在交叉处必须设置灌浆嘴。每条裂缝上必须设置进浆、排气或出浆浆嘴。灌浆盒埋设时先在底盘上涂抹一层环氧胶泥或快干环氧树脂，然后骑缝粘贴在预定位置上。灌浆嘴埋设时先在预定位置钻孔，设置灌浆嘴后用环氧胶泥或快干环氧树脂封闭其底部四周。

（三）封缝

先用丙酮清理两侧，并沿缝敷设少许棉线，以利于浆液的渗透，再沿缝两侧涂抹一层环氧基液，最后抹一层宽 40mm 左右的环氧胶泥封缝，抹胶泥时应防止小气泡，使其平整密封。封缝胶泥固化后即可进行压气试漏。在封缝胶泥处涂抹肥皂水，从进浆嘴压入压缩空气（压力与灌浆压力相同）。观察是否有气泡出现，如有漏气，用环氧胶泥修补，直至无气泡出现。

（四）灌浆

用手压泵将配制好的浆液沿裂隙由下向上，由一端向另一端压入，进浆后注意观察。若出现漏浆现象，应立即停止加压灌浆，并用快干环氧树脂胶泥（即在环氧胶泥配方中加大固化剂用量并适当加热）进行堵漏。当浆液从底部被压到上部时，上部灌浆嘴会有浆液流出，说明裂缝已被浆液灌满。稳压数分钟后，关闭进浆嘴的阀门。浆液的渗透深度取决于裂隙的毛细作用和灌浆压力，但灌浆压力过大可能使石质文物产生新的劈裂裂缝。灌浆压力常用 0.2 ~ 0.4MPa。

（五）清洗工具

灌浆结束后应立即清洗掉所有工具上的残余灌浆料，以利下次使用。用丙酮清洗较为方便。灌浆后根据材料的固结时间，待材料固结后拆除灌浆嘴。拆下的灌浆嘴轻敲掉固结的胶泥，泡入丙酮中，清洗干净。

（六）表面处理

裂隙灌浆完工后，待浆液完全干燥固化后，首先剔除封缝时突出岩石表面的环氧胶泥和渗漏出来的浆液。然后打磨平整，使其与周围的岩石表面协调。再用细石粉、矿物颜料调入模塑粉——聚甲基丙烯酸甲酯丙酮溶液涂刷，使色调与周围的岩石表面协调。

对于体积庞大的巨型石质文物还可以采用高分子化合物灌浆与金属锚杆结合施工的方法。对石质文物围岩，采用金属锚杆撑托吊拉的方法，结合化学灌浆，增加整体稳定性。在反映石质文物艺术内容的主要部位，仅使用化学灌浆法，这样既最大限度地增强了石质文物整体的稳固性和强度，又不致损害艺术部位的原貌。

石质文物，特别是露天石雕、石窟寺进行了粘接、灌浆加固、修补后，还需采取有效的表面保护措施，减缓风化的过程，延长石质文物的寿命。在石质文物保护工作中，最简单的加盖雨棚和建筑排水工程也是大面积保护石质文物的最有效措施。加盖雨棚可以有效地减轻因日晒所引起的石质文物表面因温度剧烈变化而加速的石质文物表面风化、剥蚀程度，阻止雨水对石体的冲刷。建筑排水、渗水工程可有效地减缓石质文物溶解、水解进程，同时也减轻了溶盐对石质文物的危害。如：为治理佛湾佛廊后山及房檐的雨水直接渗透岩石，修建了佛廊后檐南北贯穿的排水沟，全长 290m。在北段岩顶平台黄土层，这层泥土实为储水层，采用开挖地面排水沟，长 90m，使水不停留地面，防止渗透，对减轻石刻遭受水浸侵蚀取得了显著效果。

20 世纪 50 年代至 70 年代，宝顶山截膝地狱石刻裂缝逐年扩大，结果沽酒女与摩罗饮酒两故事图上下分开，裂缝长达 5.5m，深 5m，缝宽 0.08～0.20m，滑石重 60 余吨，与原岩脱离。文物保护工作者采用化学保护与土木工程结合进行的方法，即在裂缝后岩打深槽，清理裂缝内残渣，底部用千斤顶推力使裂缝相合，垫固基脚。岩石打入钢锚杆，裂缝和锚杆孔灌浆粘接，最终恢复了原貌。

第三节 石质文物的保护

石质文物受地下埋藏环境的污染或地表风化因素的影响，会发生粉化、变色、生霉、酥碱破裂、蚀孔等。因此仅进行必要的灌浆修补加固是不够的，还需要采取表面封护等保护措施，以延长石质文物的寿命，减缓风化过程。

对石质文物进行保护处理一般应遵循以下原则：①只有在十分必要的情况下，才对文物实施保护性处理；②不改变文物的本来面貌，保持石质文物表面的美观；③兼具有效性和持久性；④保护材料具有可逆性，以便将来的再处理；⑤符合生态要求，在选择保护材料的同时，必须考虑施工条件和对周围环境的影响。

一、石质文物的清洁

在对石质文物进行封护前，有必要对表面进行彻底的清洁，因为它直接关系到保护的效果。

（一）石质文物清洗原则

石质文物的一般性污染物包括尘土、烟垢、生活垃圾污染等，清除这些污物可以采用水洗的方法。开始用普通水洗涤，然后换蒸馏水或去离子水，每天换水。在水洗不掉的情况下，也可以使用化学溶剂进行清洗。由于石质不同处理方法也不一样，对此，可在石质文物表面滴上一滴稀盐酸，观察有无发泡反应。碳酸钙类石质对酸是极敏感的，如有发泡反应切不可用酸类溶液处理，应选用中性或弱碱性的溶液处理。而属硅酸盐类石质则无明显反应，若有难溶盐类沉积物，可用弱酸类溶液软化。在有些情况下，还必须应用机械清除法和热清除法，使用机械清除法和热清除法时应注意不能对文物造成损害。

（二）雨迹水痕的清洗

水痕的形成是由于雨水中含有大量尘埃，在石质文物表面防风化层的作用下，落在石质文物表面的雨水不能再铺展开，而始终沿固定路线流淌，时间一久，雨水中的尘埃在这些部位逐渐沉积，形成水痕。

（三）油烟菌类的清洗

可以使用去离子表面活性剂对石质文物上的油烟污物进行清洗，除去大面积沉积或吸附得不太紧密的和不很牢固的炭黑和其他成分。

（四）苔藓低等生物的清洗

若石质文物的表面经常处于潮湿状态，则容易生长苔藓等低等生物，这些生物的根系使石刻表面剥落，生长过程释放的酸性物质，对石质文物造成腐蚀，一旦它们死亡，即会产生碳化，使石质文物表面发黑。这些作用的结果，使石质文物表面文字消失，降低了文物的价值。

用以上配方溶液清除石质文物表面的苔藓后，用大量清水冲洗，以免残留化学药剂长期作用于石质，对石质文物造成不必要的腐蚀。

对于石质文物表面生物污斑，可先用清水浸湿污物，然后用50%丙酮溶液清洗，再用14%的氨水清洗，最后用0.4%的霉敌乳剂作杀菌、防霉、防苔藓地衣处理。

我国文物保护工作者在对乾陵石刻保护处理过程中，根据岩石的化学组成和风化产物的性质，选取不同溶剂进行清洗，再现了千年石刻的艺术风采。

二、脱盐

石质文物长期受化学污染物的作用，表层含有许多盐分，如氯化物、硫酸盐等，尤其是处于海边和工业区的文物更易形成盐污染层。这些盐分会对石质文物产生严重侵蚀，对文物造成危害。特别是曾埋藏在地下的，可溶性盐类的影响相当严重。由于可溶性盐具有吸湿性，在温度和湿度变化的条件下，可结晶析出或又重新溶解，如此反复周期性变化，必然伴随着体积变化，以致引起石刻的崩溃、解粉和剥落，因此除去石质文物表面及渗入内层的有害盐分对石质文物的保护十分必要。

（一）清除可溶性盐类的常用方法

清除石质文物内部可溶性盐类，最常用的方法是先用普通流水冲洗。

再用蒸馏水或离子交换水浸洗，且每 2 ~ 3 天换一次蒸馏水或离子交换水，直至洗到用 $AgNO_3$ 测定不再含氯离子为止，或只含极微量的氯离子。对那些庞大的石像或又大又笨的石头，不宜用上述浸洗的方法来消除盐类，一般用纸浆糊敷的方法。其操作方法是用蒸馏水将柔软的纸浆煮沸并捣成纸浆糊，冷却后敷在石质表面，将器物完全用纸浆包裹起来，水分被石头吸收并溶解了器物中那些可溶性盐类，从器物内部深处借毛细管的作用向表面层挥发，当纸浆干燥时，盐在纸饼中结晶析出，过 20 天左右，小心揭下干燥纸浆饼，这样可以消除一部分盐。再敷上新的纸浆饼，如此反复几次，直至揭下的纸浆溶于蒸馏水中，用 $AgNO_3$ 溶液检查不含氯离子为止。

（二）硅酸盐类石质文物脱盐壳方法

花岗岩、玄武岩，石质坚硬无孔隙，理化性质稳定。花岗岩含有 66% 以上氧化硅，是一种酸性岩石，玄武岩则是一种盐基性岩石，氧化硅含量不到 52%。在恶劣的地下环境中，表面会沉积一层碳酸类或氧化铁和氧化硅等物质的黑色硬壳。洁除工作可用硬毛刷蘸 9∶1 的四氯化碳、甲苯溶液刷洗，使黑色硬壳软化后再清除，然后以蒸馏水冲洗药液，可溶性盐类的去除，可在细流水中较长时间浸洗再用蒸馏水加热至 45 ℃ 左右浸泡，放入超声波清洗器中，可以快速洗除。最后以微晶石蜡渗渍封护。

（三）碳酸盐类石质文物脱盐壳方法

碳酸盐类石质慎用酸液处理。如必用酸类软化盐壳，可先将周围石面用清漆或三甲树脂封护。如难溶的石膏、硫酸钙类玻璃结晶状盐壳，可用电烙铁给盐壳加热，使结晶石膏物质受热膨胀解体，但温度控制得不可过高。灰岩类石器受热过度会生成石灰，不可用此法。

大理石是一种灰岩变质而来的，切不可用带有油脂和酸类的溶液洁除，清洗剂可以采用中性溶液，如氨皂液，用 100mL 蒸馏水配 10g 医用软皂和 1% 的氨水。另外，还可以采用 2% 的硼酸或 2% 的氯亚明，以及 5% ~ 10% 的氢氧化铵溶液清洗大理石质的文物器表。器面坚硬锈壳可用清漆将周围封护，弱酸软化锈壳后机械方法剔除，洗去酸液，去除周围的清漆。

（四）多孔类石质文物脱盐壳方法

砂岩和灰岩都是比较多孔的，表面腐蚀主要是由可溶盐类的结晶形成硬沉积物，看上去仿佛是从毛孔里渗出的纤维晶状体，会使石面雕饰及文字模糊难以辨认。可用流水浸洗法或纸浆糊敷法洁除。

此外，石面酥解或有贴金彩绘情况，必须先加固，可用50%的乙酸戊酯和丙酮溶剂配2%的硝基纤维素溶液，给石面涂刷加固，把酥松的砂粒粘紧，彩绘固定后，采用纸浆包糊法提取可溶盐类物质。难溶盐壳则可用5%的稀盐酸作局部软化，而后用机械方法剔除。

三、石质文物封护加固

（一）选用封护加固材料的原则

严重风化酥解的石质文物，采用化学加固封护时，选用的加固材料需满足以下要求。

加固材料对酥化层加固应有较深的渗透力，成膜性好。

采用的材料加固石器后应具有较好的透气性和防水性，确保石质内空气、水分可以透出来，有一定的"呼吸"能力。

所用材料不应有亮光感，不会改变石器外观，与石质中的水和盐适应，耐老化性能好。

（二）石质文物封护加固方法

1. 微晶石蜡封护法

石蜡是由石油中得到的含有二十个以上碳原子的高级烷烃，熔点较低，在常温常压下是结构紧密的固态，化学性质稳定，在空气中不易变质。

以大理石为材料的石质文物由于风化作用表面常会出现白色粒状物，用手指可以掐落石粒。这类文物可用红外灯烘烤，灯的距离在1米以上，趁热涂微晶石蜡与石油醚软膏。软膏熔化，被疏松和多孔石质吸收，石油醚挥发掉，直至文物表面不再吸收石蜡为止。

2. 有机硅氧烷封护法

（1）有机硅氧烷聚合物特性

有机硅氧烷聚合物集无机材料特性与有机聚合物功能于一身。作为封护膜它有以下特性。

无色透明；疏水性好；成膜性好，能起到防潮、防 CO_2 和其他有害气体的作用；不易老化、化学性质稳定、耐高温和低温；电绝缘性好；能保持文物原貌。不损害或基本不损害石质材料对空气和水蒸气的透过性，是它的最大优点。因而最适合作为石刻表面封护剂。

（2）聚有机硅氧烷封护加固

如果石质文物保存较好，石质表面风化程度较轻且强度较好，采用有机溶剂乙醇稀释聚有机硅氧烷，降低黏度，涂渗石质表面后，有机溶剂挥发，有效的有机硅氧烷树脂留在石刻上形成无旋光的透明封护膜，起到防护作用。常用的有聚甲基三乙氧基烷硅、聚甲基三甲氧基烷硅、聚四乙氧基烷硅、聚四甲氧基烷硅等。

（3）有机硅氧烷单体——纳米材料封护加固

如果石刻风化较严重，用有机溶剂稀释的聚硅氧烷树脂，虽然可渗入风化层，但因有机溶剂挥发而剩下的有效固体物不多，起不到胶结风化松散物的作用，封护效果差。有机硅氧烷由于分子中既有烷基又有硅氧键，是一种介于有机高分子和无机材料之间的聚合物。因此既具有一般高聚物的抗水性，又具有透气性，以及与石质之间良好的相容性，因而两者之间有很好的结合力。它还能通过化学反应形成比物理结合强得多的化学键力，可将风化的石质表面疏松颗粒结合成一个整体。

3. 氢氧化钡封护法

氢氧化钡加固石质文物的原理就是 Ba^+ 与 Ca^{2+} 交换而产生不溶性碳酸钡和可溶性氢氧化钙，氢氧化钙与空气中二氧化碳作用，又生成不溶性的碳酸盐。

轻微风化的石灰石和大理石制品，可将其浸渍于 50℃ 的恒温氢氧化钡水溶液中一昼夜，取出后让其自然干燥，经处理后的石器表面会增加强度，表面不再酥化掉粉。

4. 氢氧化钙封护法

对于剥蚀得不成形的酥松结晶体，可以用氢氧化钙溶液浸渗进孔隙内，每隔几天渗一次，共处理 3 次。氢氧化钙与空气里的二氧化碳反应，会在大理石的多孔区及孔隙里生成碳酸钙，其成分与大理石的成分本身一样。少量粉化晶体可以刷掉。干燥后用 10% 的可溶性干酪素加固形成一层酪酸钙和碳酸钙薄膜使粉化石粒凝结起来。

5. 聚甲基丙烯酸酯减压浸透封护法

质地疏松的小件石刻艺术品，可用减压法浸渗。将器物放在用有机溶剂稀释的聚甲基丙烯酸酯类溶液中浸泡，然后置于真空干燥器内处理，开启真空泵，造成干燥器内减压，使气泡从浸泡溶液的石器中排出，直到气泡完全停止。

6.微生物转化法

碳酸盐岩石表面由于空气中二氧化硫和碳微粒的作用生成易脱落的硫酸钙层，造成石质的风化。对这类石质文物的保护可用含有硫酸盐还原性的细菌——脱硫弧菌属细菌溶液处理表面的硫酸钙，处理后的石质表面形成方解石，在形成方解石时，微生物起净化大理石表面的作用。

我国文物保护工作者近期发现在石灰岩和花岗岩石质文物表面有一层致密的亲水性半透明膜，是一层天然形成的保护膜。这层天然膜对古迹起到了非常好的自然保护作用，远远优于人工防护材料，在某些部位的膜层下，一千多年前在岩石上雕刻的刀痕都还隐约可见。经研究表明古迹表面形成的天然保护膜的主体是水合草酸钙结晶，是在微生物的存在和作用下形成的，在膜层中还包含微生物原植体及其菌丝的残骸。这种天然草酸钙保护膜能够有效地保护碳酸岩石，保护石质文物古迹。

7.其他材料封护法

石质文物表面封护还常用低黏度的环氧树脂、甲基丙烯酸酯类、尼龙材料、氟碳树脂、氢氧化钠 – 尿素等高分子材料做表面保护剂，用喷涂或涂刷的方法，使这些材料在石质表面形成一层防护层，防止空气中的水分及有害气体等侵蚀石质文物。

四、石质文物粘接修补

石质文物出土时破碎、残损器物的粘接，通常采用GJ301快干胶，三甲树脂、热熔胶、聚醋酸乙烯酯、聚甲基丙烯酸酯类材料，丙酮稀释粘接。粘接方法是先洗净要粘接的断面，待半干后，合对断面，对好后轻轻用力片刻，固定放置使其固化即可，用小刀剔除或用丙酮擦去挤出之余胶。采用上述胶粘剂不仅粘接效果好，而且可逆性强，万一粘接时断面未接好而有错面，可以用丙酮浸泡溶解胶粘剂，然后重新对接胶粘。

石质文物有部分残缺时，需要修补。常用修补剂有：纤维素加熟石膏、颜料；丙酮、乙酸戊酯混合，10%硝基纤维素，拌300目白砂粉，调成油质膏；以丙酮、聚醋酸乙烯酯乳液加岩石粉及无定形二氧化硅、颜料，调成修补膏。刮填修补石器的粘接缝和残缺面，干燥即可。

第九章 纸质文物的保护

第一节 书画类文物保护

书画是绘画和书法的统称。画，是人们在生活中创造的艺术结晶。画的起源久远，有着丰富的含义，"画中有诗，诗中有画"，中国古代，诗与画分不开。画能够体现作者的情感和思想，其中常常包含着艺术家强烈的思想感情，因此艺术也深深地蕴藏在画中。书，一说是书法，也就是俗话说的字；另一种观点则认为书是指文化内涵。由此可知，书画是指书法和绘画，也可以理解为具有文化内涵的绘画。

一、绘画

中国的绘画是中华民族传统艺术中起源最早的艺术形式之一。比如在西安半坡村出土的彩陶上，就绘有互相追逐的鱼、奔跑跳跃的鹿，不仅生动形象，而且有一定的艺术意境。这说明我们中华民族的先人，远在原始社会时期就已具有相当高的审美意趣和超高的艺术创造才能。

（一）绘画艺术发展历程

从我国各地发现的原始岩画及 1986 年发现于甘肃秦安大地湾的原始地画来看，我国绘画历史已不下五千年。明清前绘画具有鲜明的民族风格和丰富多彩的形式手法，之后外来绘画艺术不断传入，丰富了中国绘画的体裁，油画、水彩画、漫画、宣传画等相继发展起来。

1. 上古绘画（先秦、秦汉时期）

魏晋以前，绘画主要是"设色之工"所从事的职业，多是在岩壁和器物上作画，服务于礼教。

2. 中国画样式的确立与发展（魏晋南北朝时期）

魏晋南北朝时期是中国绘画最重要的发展时期。在这一阶段，中国绘画渐渐摆脱了各种羁绊，走上了独立发展的道路。

顾恺之：东晋画家，其提出的"以形写神""迁想妙得"等主张至今仍是中国画的基础理论与指导纲要之一。顾恺之第一次提出"凡画，人最难"的观点，将绘画引导到人的精神表达之高度。他是中国历史上第一位被正式列入传记的画家，也是有画迹、画论著述流传至今的最早的著名画家，与南朝的陆探微、张僧繇，盛唐时期的吴道子一道被尊为"画家四祖"。

谢赫：南朝齐梁时期著名画家和理论家。首次在其著作《画品》中总结"六法"，标志着中国绘画理论体系的确立。"六法"提出了六个关于绘画创作的要求和评定标准，即"气韵生动、骨法用笔、应物象形、随类赋彩、经营位置、传移模写"的准则。《画品》亦成为中国现存最早的一部完整的评论画家及其创作风格的著作。

中国画中主要门类之一的山水画在魏晋南北朝时期开始逐渐独立发展起来。隋代画家展子虔所作的《游春图》标志着山水画已成为一种独立的品类进入中国画的殿堂。

3. 中国画特殊语汇体系的完成（唐宋元时期）

（1）从初唐到宋代是中国画全面发展完善的时代——"唐工宋巧"

①唐代著名画家代表人物。

阎立本：初唐著名的人物画家，有"丹青神画""冠绝古今"之誉。传世之作有《历代帝王图》《步辇图》等。

吴道子：唐代最具代表性的画家。善于处理各种题材，绘制过大量的壁画，亦兼工雕塑，对唐代画风影响极大。有后世人摹本《天王送子图》。

张萱：玄宗时期的著名画家。有后世人摹本《捣练图》和《虢国夫人游春图》。

周昉：中晚唐时期画家，善画贵族妇女，严装华饰，雍容丰满，且注重仪态表达。传世作品《簪花仕女图》被视为唐代仕女绘画的精品。

②唐末五代至宋代

该时期是绘画重大变革的时期，产生了山水画的几位大师，也形成了花鸟画的重要派别与风格，人物画亦有相应发展。

山水画：五代至宋初时期，荆浩、关仝、董源、巨然四位画家为山水画做出了里程碑式的贡献，基本完善了山水画中最重要的笔法——皴法的探索和总结，在擦、染方面，也有不同程度的创造与突破。北宋的山水画充分发挥了各种皴染的技巧，将中国山水画那种宏大的把握能力发挥到极致，这在北宋画家李成与范宽的作品中表现得最为充分，范宽代表作品为《溪山行旅图》。到了南宋时期，山水画进一步发展，出现了以"南宋四大家"——刘松年、李唐、马远、夏圭等为代表的优秀画家。

花鸟画：五代时期是花鸟画发展并形成流派的重要时期。宫廷画院对花鸟画的发展起到了重要的推动作用。中国花鸟画开山鼻祖黄筌，其传世作品《写生珍禽图》有着高妙的写实技巧。五代南唐金陵布衣徐熙，独创"落墨法"为后世"没骨法"开创先河。郭若虚对比评价两人为"黄家富贵，徐熙野逸"，另有宋徽宗《芙蓉锦鸡图》是院体花鸟的代表作品，"院体画"的特色是"精美豪华，雅致细腻"。

人物画：五代南唐人物画家顾闳中、周文矩为人物画描写现实生活做出开拓性贡献。顾闳中的《韩熙载夜宴图》是古代历史人物画中不可多得的杰作。北宋画家张择端的《清明上河图》，该图以手卷的形式展示出北宋晚期的都市生活与民情风俗，画法精练，布局讲究，将宏伟的场景展示得有声有色，是人类绘画史上少有的描绘巨大场景之典范佳作。

写意画：强调艺术家的审美自觉性。南宋写意画家梁楷，在笔墨上有重要创造，开启了元明清写意人物画的先河。

（2）元代

这一时期画家的贡献主要体现在两方面：对笔墨等绘画基本元素的普遍重视；对绘画寓意精神的深入挖掘。此时诗、书成为绘画语言，书画再度合流，把文人画推向一个新的境界。代表人物为赵孟頫以及"元四家"（山水画家）——黄公望、王蒙、吴镇、倪瓒。

4.万变不离其宗（明清时期）

"明四家"沈周、文徵明、唐寅、仇英，代表了明代画坛的主流。

董其昌：一个在绘画与理论两方面都有重要贡献并产生巨大影响的人物，堪称晚明画坛之盟主。他的诗文书画俱佳，追求儒家"中和宽厚"的气象，论画标榜"士气"，以佛教禅理喻画理，立南北宗之说，崇南贬北。

徐渭：在水墨大写意方面创造性的贡献尤为突出，他的画具有"走笔如飞，泼辣淋漓"而"直抒胸臆"的特色。

明末清初的"四僧"：石涛、八大山人、髡残、弘仁。

"扬州八怪"：罗聘、李方膺、李鳝、金农、黄慎、郑燮（又名郑板桥）、高翔和汪士慎。此时文人画的普及突出了绘画对人生的造就与抚慰，迄今为止这些理念仍是对绘画的最高认识。

（二）画类

关于中国画的分科，历代主要依据描绘对象和题材的不同来划分，并有自身的民族传统和沿袭形式。它是按照山水、人物、花卉、翎毛、走兽、草虫、鞍马、楼阁等素材分成不同的画科。

现今一般认为中国画可分为人物、山水、花鸟三大画科。在这三大画科中，人物画出现最早，至六朝时期已经趋于成熟，如著名的《洛神赋图》《女史箴图》均体现出了娴熟的人物绘画技巧。山水、花鸟等最初均作为人物活动的背景。魏晋南北朝时期，山水画逐渐从人物画中分离出来，直至隋代，山水画的创作仍显得较稚拙，到了唐代日趋完善。花鸟画在南北朝时期开始独立出来，经唐、五代、北宋，花鸟画完全发育成熟。三大画科各自发展又相互借鉴，共同构成了中国画精彩的艺术世界。

1. 人物画

人物画是以人物形象为主体的绘画的通称，是中国画的重要一科。画题包括肖像画、历史人物、历史故事、高士、仕女、婴戏、风俗、道释等。人物画的创作要求是形神兼备。"形"要求人物形象比例适度、服饰考究、场景繁简得当；"神"要求表现出人物的性格、气质、精神、神态等。画法有白描、工笔重彩、写意三种。

人物画的产生和发展有悠久的历史。早在周代就有劝善戒恶的历史人物壁画，战国楚墓出土的人物龙凤和人物驭龙帛画是已知最早的独幅人物画作品。魏晋时期，佛、道画盛行，肖像画在这一时期较发达，顾恺之堪称第一批人物画大师的代表。唐代人物画成就很高，阎立本是唐代早期人物画家的代表，也是由隋向唐转变的桥梁。盛唐时期"画圣"吴道子的出现，使唐代人物画达到了艺术的巅峰。李真、孙位的人物肖像画则代表了晚唐时期的肖像画艺术水平。五代时期人物画的成就也非常突出，南唐画院画家周文矩、顾闳中等人，都是当时人物画创作的名家，顾闳中的《韩熙载夜宴图》是名彪画史的人物画杰作。这一时期的人物画不仅内容多样，表现技法也更加丰富。在两宋时期，人物画得到了继承和发展。随着宫廷画院的兴办，工笔设色人物画更趋精美，仕女图、高士画大量涌现。元代时期，人物画相对寥落，但也出现了一批水平较高的画家，如元初的钱选、赵孟頫等人，元中后期的任仁发等人。明代的宫廷人物画多遵照皇帝旨意，服从政教和宫廷的需要，最流行的题材为前代知人善任的明君、高风亮节的贤达和勇武忠贞的将臣，借古人之业绩来讴歌当朝。清代的人物画呈现多元化的局面，供奉内廷的宫廷画家侧重描绘肖像和记录重要历史事件，西洋画家的加入给宫廷画带来了新鲜的西洋画法。民间画家多擅长画各科，人物画风格各异。

2. 山水画

山水画主要以山水为描绘对象，内容包括山、水、树、石、云等，描绘山势、山体、瀑布、溪水、江河、湖泊、高松、岸柳、雾气、流云。按其笔墨色彩来划分，有青绿山水、水墨山水、浅绛山水。

青绿山水始创于唐朝，用矿物颜料石青、石绿作为设色的主色，表现山石树木的苍翠。有大青绿、小青绿、金碧青绿之分。水墨山水以水墨皴染，通过水墨的浓淡、干湿体现山水风貌。浅绛山水在水墨皴染的基础上，再施以淡赭石染山石、树木，最后再用淡花青渲染而成。

山水画作为抒发情怀、陶冶情操之作，有着漫长的发展历史。山水画初为人物活动背景，自魏晋南北朝时期从中分离出来。南朝刘宋之际，与诗歌中的山水诗相互伴随，出现了以王微、宗炳为代表创作的山水画。隋朝的山水画由于比例得当，较好地表现了"远近山川，咫尺千里"的空间效果，具有独幅山水画的价值。唐代山水画有了长足发展，较六朝时期有了很大进步。五代山水画表现技法日臻成熟，水墨山水画法已经基本取代青绿山水，成为最重要的表现方法之一，出现了以北方高山大水为主要题材的北方山水画派系和表现南方秀丽山水的南方山水画派系。北宋山水画主要继承了五代时期的北派山水画传统，著名画家有李成、范宽等，南宋山水画基本以李唐、刘松年、马远、夏圭四位画家的风格为主流。元代山水画成就最为突出，元初以钱选、高克恭为代表，他们风格各异，创造出了新的画风，中后期出现了黄公望、吴镇、王蒙、倪瓒，号称"元四家"。元代山水画主要作为移情寄兴的手段，着重表现作者的人格和个性，笔墨技巧上也由写实转为写意。明代的山水画主要是继承元代的风格。清代山水画的流派众多，个人特色浓厚。

3.花鸟画

花鸟画是以花鸟走兽为主要表现内容的画作，可细分为翎毛、走兽、花果、草虫、鱼藻等题材，有工笔、写意、设色、水墨等画法，画题多有吉祥寓意。

花鸟最初作为人物活动的背景出现，南北朝时期开始独立出来。唐代花鸟与走兽画开始作为独立的画科引起人们的关注。初唐花鸟画出现了个别名家，如薛稷擅长画鹤。盛唐时期的牛马题材十分盛行，不仅描绘其形、质、动的造诣远非昔比，而且在刻画畜兽性情方面也达到了新的水平。中晚唐花鸟画获得了突出的发展，题材广泛，画法多属"笔迹轻利""用彩鲜明"一类。

五代时期的花鸟画已经完全成为独立的画科，出现许多专门擅长画花鸟题材的画家，最具代表性的是西蜀的黄筌和南唐的徐熙。北宋画院以花鸟画最盛，前期最主要的风格是继承西蜀黄筌的工致细密、极富宫廷富贵华丽气息的花鸟画，至徽宗时期，花鸟画崇尚自然真实，表现出生动、真实、自然的风格特征，南宋的花鸟画基本继承了北宋风格，并无实质性转变。元代花鸟画有了新的发展，钱选、王渊、张中等人的花鸟画主要是清润淡雅的水墨或淡彩花鸟，梅兰竹石名家更多，其花鸟画法讲求自然天趣，以素净为贵，以清雅为韵。明代宫廷花鸟画的成就最引人瞩目，不仅风格多样，而且对后世有较大的影响。清代传统的工笔、写意花鸟画均有发展。

（三）画技

中国画与西方绘画明显不同，其中重要的一点在于创作技法的不同。中国画主要是用笔和墨，以线条的方式造型。具体作画时，用笔有线描、勾勒、皴、擦、点、染等技法，笔用中锋、逆锋、藏锋、露锋、拖笔、破点等。

1.墨法

墨是中国特有的书写材料，以松枝、桐油等烧出烟灰再拌以牛皮胶、麝香、冰片、金箔等制成，使用时与清水调和。在中国画中，墨的浓淡干湿变化可以形成不同的墨色，使画面产生色彩的变化。由此形成一种以水墨为主的绘画形式，别有一番韵味，称为"墨韵"。

墨在具体运用时有泼墨、破墨、积墨、宿墨、落墨等法。泼墨是用大块墨色构图，再运用自然形成的浓淡，加上较细的笔道，有的地方还露出飞白，以显精神。

破墨是在前一种墨未干时，即再另加一种墨色，对原来的墨色加以渗破，两者浑然交融，变化丰富，常见于山水，也常为写意、花鸟、人物画画家所用。

积墨是经过多次上墨形成浑厚滋润的墨韵。其法是先着淡墨，待干了以后，再施第二遍淡墨，重复多次，直到取得理想的效果为止。此法一般用于山水画，对山石的层次变化，施以不同程度的积墨渲染，把重重叠叠的山水景象充分体现出来。

宿墨指砚中隔宿之墨，当宿墨开始脱胶之际，既黏又浓黑，笔痕犹存，自有一种烟雨之气。山水画家用之以醒画面精神。

落墨是唐末五代间水墨画确立后，由南唐徐熙独创的以水墨为主，着色为辅，两相糅合而成的新形式。即用笔墨把花卉全部连勾带染地同时绘出，然后略施颜色，使枝、叶、蕊、萼既有生态感，又有立体感，格调简逸。

2. 水法

水法是在以水润墨时，掌握运用水的方法。用水与用笔、用墨一样具有独特作用，可使绘画表现达到"润含春雨"、画面和谐、虚实结合等的艺术效果。

3. 设色

中国画重视设色，设色所用的颜色以"朱砂""蓝靛"最常见，最具有代表性，因此古代又把图画叫作"丹青"。设色是古代画家必须掌握的基本技法。

中国画的设色有重彩、淡彩、泼彩等多种方法。重彩法多用于工笔画，以青绿为主色，故称"青绿山水"。淡彩法适用于写意画法或半工半写的写法，以水墨为主，色彩只起辅助作用。泼彩法是以泼墨法为基础，借用工笔花鸟画的"撞水""撞色"二法，并从西画中汲取营养而创造出来的新技法。

4. 工笔

工笔，也称"细笔"，属于工整细致一类密体的画法，与"写意"相反，用笔工整、细致、缜密，着重线条美，细致入微，通过"尽其精微"的手段，获取神态和形体的完美统一。

5. 写意

写意，俗称"粗笔"，属于粗放、简练一类的画法，与"工笔"相反。要求通过简练概括的笔墨，着重描绘物象的意态神韵，不求形似，但求神似。

6. 描法

历代人物画家线描技法有 18 种程式，利用笔的中、侧锋和行笔的徐疾表现服饰、肌肤的质感，可分为五个种类。①粗细均匀类：铁线描、琴弦描、行云流水描、曹衣出水描、高古游丝描。②粗细变化较大类：蚂蝗描（又称兰叶描）、战笔水纹描、橄榄描、枣核描。③粗细变化较小类：钉头鼠尾描、柳叶描、蚯蚓描。④简笔类：减笔描、撅头描、折芦描、竹叶描、枯柴描。⑤混描：勾线后沿线一侧用淡墨微染，形成凹凸感。在具体运用中可以一种描法为主，有机结合其他一二种描法，但必须和谐统一。

7. 皴法

皴法是表现山石、峰峦和树身表皮脉络纹理的画法。古代画家在艺术实践中，对各种山石的不同地质结构和树木表皮状态加以概括而创造出来的表现程式，其皴法种类都是以各自的形状而命名的，主要种类有：锤头皴、斧劈皴、披麻皴、云头皴、雨点皴、荷叶皴、折带皴、解索皴、米点皴、墨块皴。

（四）代表画家及作品

1. 顾恺之与《洛神赋图》

顾恺之是我国东晋时代的画家。《洛神赋图》是根据曹植的《洛神赋》而作，为顾恺之传世精品。全卷分为三个部分，曲折细致而又层次分明地描绘了曹植与洛神真挚纯洁的爱情故事。人物安排疏密得宜，在不同的时空中自然地交替、重叠、变换，而在山川景物的描绘上，无不展现一种空间美。

展开画卷，只见站在岸边的曹植表情凝滞，一双秋水望着远方水波上的洛神，痴情向往。高高的云髻，被风吹起的衣带，给了水波上的洛神一股来自天界的飘飘欲仙之感。她欲去还留。顾盼之间，流露出倾慕之情。初见之后，整个画卷中画家安排洛神一再与曹植碰面，日久情深，最终缠绵悱恻的洛神，无奈驾着六龙云车，在云端渐去，留下此情难尽的曹植在岸边，终日思之，最后依依不忍离去。这其中泣笑不能，欲前还止的深情，最是动人。

此图卷无论从内容、艺术结构、人物造型、环境描绘还是笔墨表现的形式来看，都不愧为中国古典绘画中的瑰宝之一。

2. 黄公望与《富春山居图》

黄公望，元代画家，擅画山水，所作水墨画笔力老到，简淡深厚。与吴镇、倪瓒、王蒙合称"元四家"。《富春山居图》是黄公望的代表作品，创作于1347—1350年，以浙江富春江为背景，山和水的布置疏密有致，墨色浓淡、干湿并用，用墨秀润淡雅，但气度不凡，极富变化，被后世誉为"画中之兰亭"。

黄公望在创作这幅画时极注意层次感及前山后山的关系，改变了传统屏风似的排列，而是由近而远地自然排布。他并不夸张虚境和实境的对比，而是在虚实之间用微妙的过渡层次加以渲染。画中的树木尽管未做细致的刻画，但不同树木的质感和空间对比都表现得极为充分，连作为点缀的草亭人物，也都描绘得生动严谨，比例合度。画面仅用水墨渲染，但深浅浓淡搭配得极为合理，水墨在宣纸上转化为无穷的"色彩"，若明若暗的墨色，经过这位大师的巧妙处理，超越了随类赋彩的传统观念，自然地笼罩在景物之上，化为一种明媚的氛围，令人产生亲切之感，这充分反映了黄公望对客观外界和主观感受的高度尊重。

《富春山居图》体现出其线条与笔墨的独特审美价值，被誉为山水画之典范。

3. 崔白与《寒雀图》

崔白，中国北宋杰出的花鸟画家，擅长画花鸟，所画的动物在写生基础上概括，形象生动活泼。他不仅擅画花竹翎毛、败荷凫雁，而且画佛道鬼神、山水、人物亦精妙绝伦，尤长于写生，所画鹅、蝉、雀堪称三绝。

《寒雀图》描绘了隆冬的黄昏，一群麻雀在古木上安栖入寐的景象。作者在构图上把雀群分为三部分：左侧三雀，已经憩息安眠，处于静态；右侧二雀，乍来迟到，处于动态；而中间四雀，作为本幅重心，呼应上下左右，串联气脉，由动至静，使之浑然一体。

4. 吴道子与《送子天王图》

吴道子，唐代著名画家，擅佛道、神鬼、人物、山水、鸟兽、草木、楼阁等，尤精于佛道、人物，长于壁画创作。

《送子天王图》分为两段：前段有两位骑着瑞兽的神奔驰而来，天王双手按膝，神态威严，随臣侍女态度安详，武将则欲拔剑以防不测。人物虽多，表情各异，一张一弛，很有节奏起伏；后段净饭王抱着初生的释迦，从姿势看，净饭王是小心翼翼的，王后紧跟其后，一神惊慌拜迎，人物身份、心理、形态刻画入微，很好地反映了人物之间的冲突和矛盾。

图中绘人物、鬼神、瑞兽二十多个，人物则天王威严，大臣端庄，夫人慈祥，侍女卑恭，鬼神张牙舞爪，瑞兽灵活飞动，极富想象力和神韵。

《送子天王图》为一幅佛诞名画，可以从中看到佛教自印度传入中国后，经汉末而至盛唐，渐渐与中国文化融合。画中的人物已经本土化，不再眼眶深凹、脸色黝黑如达摩样，完全是汉人模样。

5. 韩幹与《照夜白图》

韩幹，唐代杰出画家，在唐玄宗时期，被召入宫廷封为"供奉"。擅画肖像、人物、鬼神、花竹，尤其擅长画马，所绘马匹活灵活现，有奋蹄疾奔脱绢而出之势。

《照夜白图》绘唐玄宗坐骑"照夜白"，系一木桩上，昂首嘶鸣，四蹄腾骧，似欲挣脱缰索。此图用笔简练，线条织细有劲，马身微加渲染，雄骏神态已表现出来。

二、书法

中国书法是一门古老的汉字书写艺术，从甲骨文、石鼓文、金文（钟鼎文）演变为大篆、小篆、隶书，还有定型于东汉、魏、晋的草书、楷书、行书等，从古至今书法一直散发着艺术的魅力。中国书法是一种很独特的视觉艺术，汉字是中国书法中的重要因素，因为中国书法是在中国文化里产生、发展起来的，而汉字是中国文化的基本要素之一。以汉字为依托，是中国书法区别于其他种类书法的主要标志。

（一）书法艺术发展历程

中国书法历史悠久，艺术青春常在。在每个时代，社会环境不同，人们的审美欣赏角度也不同，随着文化的发展融入，书法逐渐形成了自己的特点，并不断完善。浏览历代书法，"晋人尚韵，唐人尚法，宋人尚意，元、明尚态"，为精辟的总结。

晋人尚韵：晋代书法流美妍媚，风流潇洒，反映了士大夫阶层的清闲雅逸，流露出一种闲静的美。

唐人尚法：唐代书法法度严谨，气魄雄伟，表现出封建鼎盛时期国力富强的气派和勇于开拓的精神，具有力度美。

宋人尚意：宋代书法纵横跌宕、沉着痛快的书风，正是在"国家多难而文运不衰"的局面下，文人墨客不满于现实的个性体现，他们以书达意，表达一种心境。

元、明尚态：元、明以来，中国封建社会停滞不前，江河日下，反映在书法上则是崇尚摹古，平庸无奇。至于明末书坛"反流俗"的狂飙，以及清代后期碑版金石之风的兴起，正如地下奔腾的岩浆，黑夜中闪掣的电光火石，折射出一个社会巨大的变动，真所谓"披图幽对，思接千载"。

追寻三千年书法发展的足迹，我们可以清晰地看到它与中国社会的发展同步，强烈地反映出每个时代的精神风貌。中国书法是我们民族永远值得自豪的艺术瑰宝，它具有世界上任何艺术都无法比拟的深厚的群众基础和高级艺术的特征。书法艺术在群众中逐步普及，也越受到大众的青睐。

中国古代书法理论的发展、兴盛与繁荣，大致可以分为以下几个时期。

1. 汉代是我国古代书法理论的初创期

随着书法艺术的成熟和兴盛，专门研究书法的理论著作便应运而生。我国有史记载的最早论述书法的一篇文章是东汉书法家崔瑗的《草书势》。崔氏在文中认为，草书的出现正是由繁到简的社会需要的反映，并描述、赞扬了书法的形态美和动态美，对书法的艺术审美功能和价值作了充分肯定。

2. 魏晋南北朝是我国古代书法理论的成熟期

这一时期，书法艺术非常兴盛，出现了一大批书法名家。书法艺术的发展也带动了书法理论的研究。西晋时，出现了一批以自然界中千姿百态的物象、动态来描绘、比喻各种书体形态美的理论著作，如成公绥的《隶书体》、卫恒的《四体书势》等。东晋时，书家已不满足于对书法外在形态的描述，而开始探求用笔、结体和章法技巧的规律，并注意研究人的主观意志与书法的关系，如世传卫夫人的《笔阵图》、王羲之的《题〈卫夫人笔阵图〉后》《书论》等。

3. 隋唐是我国古代书法理论的兴盛期

隋代虽立朝时间很短，但其书法上承南北朝碑刻，下启唐楷诸家，为唐代楷书法式的建立奠定了基础。

4. 宋代是我国古代书法理论的变革期

由于各种原因，宋代的书法无法与唐代相比肩，但却能另辟蹊径，一时帖学盛行，而且在书法理论上也有所革新和发展。宋人论书主张书法创作不应受法度的束缚，不必斤斤计较于点画、布置等具体方法，而应重视作品中的风神意韵及书法家的内在精神与气质，自由地抒发其胸臆，力求创新。

5. 元、明两代的书法艺术也没有多大发展，帖学仍然盛行，尚未走出书法创作的低谷

在书论方面，承继了晋唐之法，对宋人"尚意"书风进行否定，进而重视书法艺术的形态美，标举魏晋风格。

6. 清代是我国古代书法理论继往开来的一个时期

从清中期开始便逐渐形成了帖学与碑学明显分流的格局，而且帖学逐渐由盛转衰，碑学则日渐兴盛。

（二）书法字体的分类

书法字体的分类，就是书法风格的分类。从传统来讲，共分篆书字体、行书字体、草书字体、隶书字体和楷书字体五种，也就是五大类。在每一大类中又细分若干小的门类，如篆书又分大篆、小篆，楷书又分魏碑、唐楷，又有二王体、瘦金体之说。

1. 篆书字体

篆字分为大篆、小篆两种。

（1）大篆

①甲骨文

甲骨文是最早的文字，是殷商时期（距今3000多年）先民们预测吉凶祸福，记载占卜、祭祀等活动时，刻在龟甲、兽骨上的文字。甲骨文在历史上曾经失传过，直到公元1899年才在中药"龙骨"中被学者发现，之后在河南安阳古殷都废墟中陆续被大量发掘出来，共有10多万片，在4 500个左右的甲骨文单字中，已经辨识了大约1 700个。

②钟鼎文

钟鼎文是青铜时代的商周时期，铸刻在青铜器上的铭文，又称金文，钟代表乐器，鼎代表礼器。周宣王时的太史籀对当时的文字进行了整理，将原本的钟鼎文繁化而为籀文，形成了真正的大篆。周宣王时的《毛公鼎》上

共有 32 行 497 字的铭文，是金文作品中的佼佼者。此外，大盂鼎、散氏盘上的文字也是金文中的上乘之作。

③石鼓文

石鼓文是春秋战国时期秦国刻石文字。石鼓共十个，形似鼓状，今藏于北京故宫博物院。

（2）小篆

早期文字处于初创阶段，尤其是甲骨文还不规范，一个字有多种写法，字中象形的成分较多，如其中的"马"字。

秦始皇统一文字后，小篆的写法就统一了。小篆的结构呈纵势，布白对称匀称，用笔中锋圆转，线条粗细变化不大，具有遒劲、圆润之美，被称为玉箸篆——像玉质的筷子。相传在秦朝时篆字就有若干种，有鸟、虫、蛇头篆，这些篆书的起笔处画有鸟、虫、蛇头的形状。书法艺术不是具象的客观事物再现，而是抽象的艺术。因此，这类书写形成在历史上只能昙花一现，未能成为真正的书法艺术。就篆书的艺术而言，钟鼎文、石鼓文结构奇古，融入了先民质朴的美，更受后人喜爱。

2. 隶书

隶书的代表作品主要有汉《张迁碑》《礼器碑》《史晨前后碑》《乙瑛碑》《石门颂》等。早在秦以前的竹简上就有隶书的雏形。纸张在汉代被发明和运用以后，书写不再受窄长的竹木简的限制，毛笔的性能得到充分发挥，隶书突破了秦篆单一的中锋运笔，笔法丰富，中锋和侧锋、方笔和圆笔、藏锋和露锋各显神通。隶书笔画具有波、磔之美，最有代表性的是"蚕头""燕尾"的笔画，这样的线条表明当时的书法家在观念上要破除整齐划一的单调，追求生动活泼。

在字的结构上改变了小篆拟横扬竖的趋势，字势向横向伸展。成熟的汉隶在书法史上是一个重要的转折点，把汉字的基本形态确立了下来。隶书的总体风格是严整壮阔而又舒展灵动。

3. 草书

草书分为章草、今草、狂草。

第一，章草的代表作有三国吴皇象的《急就章》《文武将队帖》、晋索靖的《月仪帖》。

草书是早于楷书的书体，章草始于篆书向隶书演化的过程中，隶书对章草的影响大些，所以又把章草称为草写的隶书。章草的代表人物，汉代有史游、杜度、崔瑗、张芝等人，三国有皇象，晋有索靖等人。

第二，今草的代表作很多，最有名的有晋王羲之的《十七帖》、唐孙过庭的《书谱》等。

今草是从章草发展而来的。汉代张芝对创立今草起了很大作用，在当时被称为"草圣"，很可惜的是，现今没有他的墨迹。"今草"之名，是晋代为了和章草相区别而起的。历代很多书法名家都善今草，黄庭坚、赵孟頫、鲜于枢、祝允明、文徵明、徐渭、张瑞图、傅山、王铎等书法大师都留下了许多墨宝。

草书笔画省略，相互萦带，便于快捷书写，以符号代替偏旁部首，既具有法度的规范性，又具有极大的灵活性，是最能表达书者情感的书体。

第三，狂草最有名的有唐张旭的《古诗四帖》、唐怀素的《自叙帖》。

狂草字的写法和今草是一样的，不同的是狂草写得狂放，连带、省略更多，最能体现书者狂放的性情。"颠张醉素"是讲张旭、怀素常在醉酒后笔飞墨舞，其狂草线条流走飞动，结体险绝，谋篇奇特，犹如夏云变幻莫测，痛快淋漓。

4.行书

分为行楷和行草，碑帖众多。

（1）行楷

如东晋王羲之的《兰亭序》。现代见到的很多王羲之的书法碑帖并不是他的原迹，多是由后人临摹或集字而成的。王羲之的原迹多数随葬在唐太宗墓中。另有唐李邕《麓山寺碑》、宋黄庭坚《松风阁诗》、宋米芾《苕溪诗卷》、元赵孟頫《洛神赋》、明文徵明《醉翁亭记》等属行楷作品。

（2）行草

如晋王献之的《鸭头丸帖》《中秋帖》、唐颜真卿的《祭侄文稿帖》。行书是介于楷书和草书之间最适用的一种书体，接近于楷书的称为行楷，接近于草书的称为行草。行草是王献之创立的书体，《鸭头丸帖》是他行草的代表作，真迹现存于上海博物馆。

5. 楷书

楷书是形成较晚的书体，始于汉末。代表作有三国钟繇的《宣示表》《荐季直表》、北魏《张猛龙碑》、晋《爨宝子碑》、晋王羲之的《乐毅论》《黄庭经》。关于《黄庭经》，有一段传说：山阴一道士知王羲之爱鹅，以白鹅换《黄庭经》，所以此帖又称《换鹅帖》。又有晋王献之《洛神赋十三行》、南朝《爨龙颜碑》、唐欧阳询《九成宫醴泉铭》、唐颜真卿《勤礼碑》、唐柳公权《神策军碑》《玄秘塔碑》。钟繇用笔质朴浑厚，雍容自然，体势尚存隶意，对创立楷书起了极为重要的作用，但其真迹早已失传，《宣示表》是晋人临摹的。魏碑和《爨宝子碑》《爨龙颜碑》都属早期的楷书，以方笔为主，开雄强古朴之风。楷书到晋代就完美了。唐代将楷书规范化，唐楷法度严谨，结字端庄。端庄并非横平竖直的呆板，细心的欣赏者可以看到书者微妙而又协调的变化，如欧阳询的《九成宫醴泉铭》潜藏着丰富的内涵。

（三）传统书法艺术在当代的价值和地位

中国书法具有三千多年的悠久历史，是中国古代文化的重要组成部分，也是中国独有的艺术门类，其影响具有世界性。在世界艺术之林中，中国书法历史最悠久、传播最广泛、同民族文化的关系最密切。它的展现或古拙，或秀媚，或端雅，或玄妙，或艰深，其方与圆、收与放、疏与密、刚与柔、虚与实、奇与正，意境无限，美妙无比，与绘画一同统领着中国美术的其他门类，成为当之无愧的中国艺术之魂，在当今社会中，有着很高的价值和地位。

1. 传统书法艺术在当代的价值意义

书法艺术在当代的价值意义很宽、很广，它的价值首先来源于它本身的美。书法的美表现于多个方面，不同的欣赏者站在不同的角度，欣赏着不同的技艺，感悟着不同的境地。一件优秀的书法作品综合了文学、史学、艺术、哲学等内容，其一笔一画都有起、行、转、收的运笔动态和抑扬顿挫的旋律节奏，如行云流水，似平沙落雁，或激昂慷慨，或笔断意连，或余意不尽，或无声胜有声。所以我们说一幅真正不朽的艺术作品的价值是不可估量的。

因为书法特指用毛笔书写汉字的艺术，其所表现的内容、形式、字样如成语、整句、诗词、歌赋、楹联、散文、传记、游记、文献等都具有文化信息传播的功能。民间楹联、旅游题词、个人签字、家庭装饰、文化活动等使书法具有广大的空间，让我们看到其在接受与使用层面上具有的不可磨灭的价值。

2. 传统书法艺术在当代的重要作用

在所有的艺术门类中，中国书法是最富民族特色的，它集中反映着中国人的思维方式和审美情趣，被许多人视为必备的文化修养。在书法的实用功能被逐渐取代而其艺术价值更加凸显的今天，它以独特的方式影响和作用于我们，如在人性精神的提升和书法教育方面等。

（四）代表作品

1. 西周时期《毛公鼎》铭文

西周晚期青铜器毛公鼎，因作器人毛公而得名。立耳，半球腹，矮短的兽蹄形足，口沿饰环带状的重环纹。铭文32行497字，乃现存最长的铭文，内容为完整的册命，共五段：其一，此时局势不宁；其二，宣王命毛公治理邦家内外；其三，给毛公宣示王命之专权，着重申明未经毛公同意之命令，臣工不予奉行；其四，告诫勉励之词；其五，赏赐与对扬。这是研究西周晚年政治史的重要史料。

2. 东汉时期《石门颂》

《石门颂》，著名摩崖石刻，全称《汉司隶校尉撻为杨君颂》。东汉建和二年（148年）十一月刻，汉中太守王升撰文，为顺帝初年的司隶校尉杨孟文所写的一篇颂词。全面、详细地记述了东汉顺帝时期司隶校尉杨孟文上疏请求修褒斜道及修通褒斜道的经过。

对《石门颂》的艺术成就，历来评价很高。其结字极为放纵舒展，体势瘦劲开张，意态飘逸自然。多用圆笔，起笔逆锋，收笔回锋，中间运笔遒劲沉着，故笔画古厚含蓄而富有弹性。通篇看来，字随石势，参差错落，纵横捭阖，洒脱自如，意趣横生。《石门颂》为汉隶中奇纵恣肆一路的代表，素有"隶中草书"之称。

3. 王羲之《十七帖》

《十七帖》是王羲之草书的代表作之一。在中国古代书法史上，王羲之的地位非常独特。因为经唐太宗李世民大力提倡，王羲之的书法被确认为古代书法艺术的典范。此后的一千多年时间内，王羲之的书法艺术地位一直非常牢固，人们将他尊为"书圣"和中国书法文化的代表。

　　《十七帖》是王羲之著名的草书代表作之一，因卷首有"十七"二字而得名，此帖为一组书信，据考证是写给他朋友益州刺史周抚的。《十七帖》风格冲和典雅，不激不厉，而风规自远，绝无一般草书狂怪怒张之习，透出一种中正平和的气象。南宋朱熹说："玩其笔意，从容衍裕，而气象超然，不与法缚，不求法脱，其所谓一一从自己胸襟流出者。"全帖行行分明，但左右之间字势相顾；字与字之间偶有牵带，但以断为主，形断神续，行气贯通；字形大小、疏密错落有致，真所谓"状若断而还连，势如斜而反直"。

　　《十七帖》用笔方圆并用，寓方于圆，藏折于转，而圆转处，含刚健于婀娜之中，行遒劲于婉媚之内，外标冲融而内含清刚，简洁练达而动静得宜，这些可以说是习草者必须领略的境界与法门。

　　4. 怀素《自叙帖》

　　《自叙帖》，纸本墨迹卷，由怀素书于公元 777 年（唐大历十二年）。大草（狂草）书，凡一百二十六行，首六行早损，由宋代苏舜钦补成。《自叙帖》乃怀素草书的巨制，活泼飞动，笔下生风，"心手相师势转奇，诡形怪状翻合宜"，实在是一篇情愫奔腾激荡、"泼墨大写意"般的抒情之作。

　　5. 黄庭坚《松风阁诗帖》

　　《松风阁诗帖》是黄庭坚七言诗作行书代表作。黄庭坚，北宋诗人、词人、书法家，为盛极一时的江西诗派开山之祖，书法精妙，与苏、米、蔡并称"宋四家"。

　　《松风阁诗帖》先写松风阁之位置、高度以及命名之由来，而其景物之特点即由是以见。以下写夜雨会饮及所闻所见，耳目为之一新。最后痛东坡之已亡，惜文潜之未到，因观览名胜，而思摆脱拘挛，与朋辈长期扁舟遨游江上。体仿柏梁，句句用韵。

　　《松风阁诗帖》是黄庭坚晚年之作。其笔画苍劲，风神洒荡。黄庭坚学颜，采用颜真卿大字笔意，而将颜体缩短的笔画（往往是一字中主要的横笔、竖笔或撇笔）伸展延长，力趋险绝，再从字的结构与整篇章法中求得平稳，形成其独特的风貌。其用笔擒纵自如，笔画凝练，无一轻佻之笔。

　　6. 王献之《鸭头丸帖》

　　《鸭头丸帖》是东晋书法家王献之写在绢上的一件优秀草书作品，此帖现藏于上海博物馆，共有两行 15 字。这幅作品运笔非常熟练，笔画劲利灵动，风神散逸，主要特征有：笔锋入纸灵巧而又变化多姿，方笔、圆笔、侧锋、藏锋都有，如"鸭""当"两字起笔处是顺着笔锋直接入笔，"故"字起笔是侧锋，"头""不"等字与上一字相连，所以是逆锋起笔，但也有以顿笔和藏锋起笔的，如"明""君"等字。字与字之间气脉贯通，连中有断，如第一行"明当必"，第二行的"集当与"笔画连绵，而"佳""明""与""君"等字之间重新起笔，调整笔锋，但暗中还是有呼应，断连结合使整幅字有疏有密，空白灵活。帖中的10多个字曲直结合，横竖较直，有刚劲之美；又有圆转外拓的曲笔，有遒婉之美；用墨巧妙自然，墨色有枯有润，变化丰富。章法上行距很宽，显得萧散疏朗，堪称是一幅不拘法而又无处不存在法则、妩媚秀丽而又散朗洒脱的草书精品。

7. 颜真卿《勤礼碑》

颜真卿，唐代中期杰出书法家。他创立了"颜体"楷书，与以楷书著称的赵孟頫、柳公权、欧阳询并称"楷书四大家"。

《勤礼碑》是颜真卿书法最为成熟时期的佳作之一，其结构具有端庄豁达、舒展开朗、动静结合、巧拙相生、雍容大方之特点。其用笔横细竖粗，藏头护尾，方圆并用，雄健有力。竖画取"相向"之势，捺画粗壮且雁尾分叉，钩如鸟嘴，点画间气势连贯。碑中的字，同样的点画有不同的变化，生动多姿，节奏感强。此碑重法度、重规矩，具有大唐盛世之气象。

三、古字画鉴赏秘要和鉴定要点

（一）古字画常见作伪方法

1. 照摹

摹是最易得其形似的。摹书有三种方法：先勾后填；不勾径自影写；勾摹兼临写，又修饰之。第一种，古法先用涂熨黄蜡较透明的纸（称为硬黄）蒙在原迹上面，以浓淡干湿墨填成之，所以也称为双勾廓填；第二种，以纸蒙在原件上，运用浓淡墨依样摹写；第三种，先勾淡墨廓后，再用笔在廓中摹写（有异于不见笔法的填墨），碰到虚燥笔锋处才略为填作。以上之法，因为勾摹时必须映于向光处（古代没有透明线），所以都可称为"响拓二所见唐、宋摹晋帖，以及宋以来摹晋、唐画等，大都用上述三种方法。五代、两宋画法逐渐复杂，如出现皴染兼施的山水画等，根本无法勾摹，因此三法渐废，而大都以临写来代替了。但临写时也有先取透明纸，依形象（多半是绘画）轮廓，用浓墨约略勾出部位，取下后，再将纸绢盖在浓墨勾的稿本上，然后看原作临写，这种作法可说是半摹半临（基本上算是临本）。

2. 临拟

纯粹的对临，不可避免会稍离原作的形貌。它的方法是把原作放在案子前面，边看边临，这种方法是对付一些草书和比较写意的画面进行的。因为勾稿映看而摹易受拘束，草书和写意画一受拘束就显出死板的样子来，对临正可以避免这个毛病。但任何事情往往是有利也有弊，对临固然比勾摹要灵活，可是又容易失掉形似，甚或露出临写者自己的面目来。例如"三希帖"之一王献之的《中秋帖》，就是北宋米芾的临写本。米氏是纵逸不守法的，因此这临本（有近于仿）也大露本相，试拿《宝晋斋法帖》中王献之原作石刻本辅以米芾自书来对比，就能真相大白了。临写时如果希望搞得像一些，就必须边看边作，所以在书法中的行款方面就会上下左右不相呼应（这与勾摹本的不呼应不大一样），而且在结体上也容易出毛病。绘画中山水的皴笔等，对临的有的也会出现些脱节或浑腻纷乱的现象。

3. 仿作

一般来讲，仿作是没有蓝本的，作伪者凭自己的想象，仿学某人笔法结构，自由写作而成。大都是因为缺乏古本临摹，而不得不这样做，当然容易露出作伪者的本相来，或与时代风格不相符合。但因为自然活泼，也有容易欺人的一面。还有一些作品虽有原本，但作伪者略取大意。

4. 臆造

根本不管某人的作品是怎样的，随意凭空伪造，所见较多的如宋岳飞、文天祥、明海瑞的一般书法；具体的如元泰石华的石、杨维桢的鸡、明方孝孺的松等。泰石华、杨维桢、方孝孺三人，根本未闻他们是会作画的，这种明明不可能有的事，稍有美术常识的鉴别工作者是闻而必伪的，所以也最容易鉴别出来。用这种方式来作伪画的原因，主要是取其无有对证，易于欺人，所以原为书画名手而一时又有不少佳作存世的，较少有人去"造"。

（二）鉴别古字画依据

1. 书画的时代和个人风格鉴别

书画时代风格的形成，是和当时的政治经济、生活习惯、物质条件等有密切关联的，也就是说不能脱离它的时代背景。如写字，自古至今就有过许多变化，宋以前人写字，席地而坐，一手拿简册，一手悬肘挥写，后来用高桌子，手和臂的姿势以及执笔的方法也随之改变，再后来由于科举制度的盛行，不同时期的考试规定，对书法提出了不同的要求，明代规定虽要写小楷，但书画还未限制，由于写小楷笔锋活动的范围有限，手指握管离开笔毫的距离变近了，手臂也随之贴着桌案，清代试卷规定到康熙以后更为严格，要求行行整齐，字字匀称，横平竖直，又光又圆，于是连手腕都挨着桌面了，形成了所谓馆阁体的书风。这固然属于科举仕禄范围的现象，但在野的文人、方行的僧道，由于种种原因，也常于无形中反映出那一时期的风气。

若问某时代的书风究竟是怎样的，便须把各代的字迹摆出来观摩比较，才能理会。只凭观摩，不进行有意识地比较分析，不会看出差别；而只从理论上讲求差别不多接触实物，也仍然是空谈而已。

不同时代的绘画也有不同的风格。古代绘画创作的操作方式也和元明以后文人案头作画的方式不同，唐宋以前，壁画盛行，画家们是站着画的，就是在绢上作画，也多绷在框架上，立着束画，像今天画油画似的，大约从宋代开始，将纸绢平铺桌上的作画方式才渐渐兴起。框架绷绢的画法后来只在民间画工中沿用。这种立画的用笔角度和手臂的力量与平画不同，它的效果也就截然两样，这与上述书法的不同效果是同一道理。

绘画自古是为政治服务的，旨在"成教化，助人伦"，"指鉴贤愚，发明治乱"，所以人物画首先发展起来，而《女史箴》《列女传》等都是宣扬封建礼教的题材。早期人物的描法，如"春蚕吐丝，始终如一"，继之而起的有轻重提按近似兰叶的衣纹，这标志着用笔的进一步发展。转折快利、顿挫分明的描法要到南宋才开始流行。山水画初起时不讲究比例，"人大于山，水不容泛"是它的时代风格。

北宋大家如李成、郭熙所画树石是中原景色，南宋才出现水、天空的一角，即"剩水残山"，这和宋室偏安，政治中心南移是分不开的。元代文人画讲求笔情墨韵，不以形似为工，使山水面目又为之一变。

唐宋画家注重创稿，所以说"十日一山，五日一水"，表现他们刻意经营。元明以后的某些文人画家，构图落墨往往顷刻而成。五代、北宋的花鸟画着重写生，后来才有写意的"四君子"画（梅、兰、竹、菊），这和文人画有密切的联系。以上只是极简略地提一提不同时代，画家的思想、生活、工具、方法都会有所改变以致影响绘画的风格，而使人看出它的时代特点。

前人观摩书画看到同一时代作品的相同点和不同点，以及不同时代作品的相异点，往往说什么"朝代气象"，实际上他们所感觉到的就是我们所说的时代风格。个人风格比时代风格还要具体，更容易琢磨。书画家各自的思想不同，性格不同，审美观点不同，艺术风格各异，这是我们判别书画真伪的重要依据。

2. 纸绢鉴别

书画所用的材料绢和纸对于书画的断代起着一定的作用。绢和纸的鉴别是鉴定书画的又一途径。根据考古学家和国学者目前的研究，晚周帛画和战国楚墓帛画以及稍晚时候的马王堆汉墓帛画，均是画在较细密的单丝织成的绢帛上，至今为止未见用双丝绢的（即经线是双丝，纬线是单丝织成的绢）。五代到南宋时期的绢，较前代有了发展和变化，从表面来看，除了单丝绢外，还出现了双丝绢的形式，这种双丝绢的经线是每两根丝为一组，每两组之间约有一根丝的空隙，纬线是单丝。元代的绢总的来说比宋绢显得粗了一些，不如宋绢细密洁白，并且还呈现出稀松的状态。明代的绢总的来看也比较粗糙，明代早中期有一种质量较差较稀薄的绢，由于这种绢太稀薄不易落墨，所以书画家往往先将其托上纸然后再进行书画创作。

纸的质料是判断书画年代的又一标准。汉、晋所见都是用麻料，较多的是用麻布、麻袋、麻鞋、渔网等废料再生物，也有用生麻（北方用大麻、南方用芝麻）造纸的。它的特点是纤维较粗，所以也难以做得精细，它无光、无毛，纤维束成圆形，有时见木素。隋、唐、五代书画大都用麻纸，我们今天所见到的唐摹《兰亭序》、杜牧书《张好好诗》，以及敦煌大批唐代经卷，无不如此。北宋以后则麻纸使用急剧减少，但北方辽金的经纸还用麻料。以后用麻纸作书画的则几乎没有。

隋、唐之间，开始看到有用树皮造的纸，大都用楮或檀树皮，它们的特点是纤维较细，同时又随着手工业发展进步而产生了精细的佳作。此种质料亦发暗无光，仅比麻纸稍亮一些，纤维束成扁片形，微有纸毛。还有用桑树皮造的纸，其特点是纤维更细，发亮，纸面容易起长毛，纤维束为扁片形。北宋一开始，在书法墨迹中就出现大量的树皮造纸，以后，树皮纸用于全国。竹料造纸用于书画始于北宋，竹料坚硬，最难制浆，前人无法处理它，所以不采用。竹料造纸其纤维最细，光亮无毛，纤维束成硬刺形，转角外也见棱角。北宋中期后，造书画纸的原料已无不具备，因而就不易以纸质来区别时代的先后了。

3. 装潢鉴别

各个时代书画装潢有各自的特色，可作为鉴别断代的辅助依据，如南宋宫廷收藏的书画有规定的装裱格式——绍兴御府装潢式，对不同等级的书画采用什么材料来装裱都有严格的规定，如手卷用什么包首、什么绫子、什么轴心；立轴用料的颜色、尺寸、轴头等都有一定的格式。

元代宫廷藏画选择专人装裱。大德四年（1300年），"命裱工五芝以古玉象牙为轴，以鸾鹊木锦天碧绫为装裱，并精制漆匣藏于秘书库，计有画幅六百四十六件"。

明代书画的装潢形式有进一步的发展，书画卷增加了引首，并且有的被写上了字，有仿宣和装窄边的，也有用绫或绢装宽边的；立轴则有宽边、窄边之分，有的还加了诗堂。清代宫廷收画的装裱，有其特殊的风格面貌。康熙、乾隆时期，装裱的用料和技术、形式各方面都比较好，卷、轴的天头绫多为淡青色，副隔水多为牙色绫，临近画心那一部分多为米色绫（或绢），立轴有的有诗堂，有的则没有，但一般都有两条绶带。立轴天杆上的圆曲是定制的，与非宫廷装裱有显著不同。嘉庆以后，宫廷装裱的质量逐渐下降，立轴的天杆逐渐变粗（晚期成为方形），一部分轴头不再用紫檀、红木了，而且显得比较笨拙，手卷也比康乾时期显得粗些。

4. 其他一些证据

别字：历来把写别字看得很严重，书画作者都不至于有此等错误，如书画上或题跋上，尤其是书画的题款等出现了这种情况，都被认为是作伪者露出的马脚。

避讳：在封建帝王时代，行文要避讳，就是当写到与本朝皇帝的名字相同的字，都要少写一笔，这就叫避讳，通称为缺笔。在书画上面，看到缺笔的字，是避的哪代皇帝的讳，就可以断定书画的创作时期，不能早于避讳皇帝的时期，否则就是作伪的漏洞。这一问题，一向作为无可置疑的铁证。

年月：书画上或题跋上所题的年月或作者的年龄、生卒不符，或与事实有出入，也被认为是作伪的佐证，如唐代颜真卿《裴将军诗卷》（这本身是假的，姑不论），后面有宋初以"疏影横斜水清浅，暗香浮动月黄昏"这两句诗闻名的诗人林逋的题跋，系伪造，因为该跋的字体是学黄庭坚的，据考林逋死后17年黄庭坚才出生，不可能学到黄庭坚的字体。

（三）书画鉴定知识

与书画鉴定有关的知识是很多的，这里只列举比较密切的几方面。

1. 历史知识

古代的生活习惯、器用服饰等自是历史知识，但还不止于此。鉴定者除了要看见作品的艺术价值外，也要看到它的历史价值，例如司马光的《资治通鉴稿》，书法并不佳，但从历史文物的角度来看却十分珍贵；又如明人手札，存世件数以万计，它们除了可供研究当时的书法艺术外，还不知蕴藏着多少历史材料。缺乏历史知识，既无法对这些东西作出恰当的估价，也不可能根据历史材料来判断它的真伪。

2. 文学知识

鉴定书画需要文学知识。古代书画家往往同是文学家，如果我们读过他们的集子，熟悉他们同时代的诗文，那么对他们的思想、感情、风格就能有更全面的认识。遇到这一家的书画时，对他的了解就不仅仅是某件作品所提供给我们的知识，而是对其有较为深刻、全面的理解，这对鉴定也是有帮助的。

还有，前人写字常录古人的诗文，画幅也常题古人的诗句，或标明写某某人诗意。明人写唐诗、宋诗固然常见，如果宋人、元人写了明人的诗便露了马脚，作伪者有时将诗文的作者弄错，张冠李戴。

3. 艺术欣赏和对操作方法的了解

书画的真伪鉴定固然不等于对某一书画家和他的作品作全面的艺术评价，但也绝不等于说书画鉴定者不需要具备艺术欣赏能力。前代书画流传，世代传人珍重爱护，原因虽不只一端，但作品的艺术价值往往是首先考虑的。

（四）古字画鉴定方法

传统的方法主要是目鉴和考证两种。近世随着科技的发展，考古学中已利用碳–14来测定文物材质的年代，如陶瓷、青铜等，但不适用于书画。利用计算机储存图像来协助鉴定，也尚未付诸实践。因此，鉴和考仍然是行之有效的主要方法。

1. 鉴

"鉴"就是比较，有比较才能有鉴别，比较是指实物间的比较，真迹与真迹比，同时代或同一人作品之间相互比，从中寻找共同点；真迹与伪品比，不同时代或不同人作品之间相互比，从中找出相异点，通过反复比较，就能逐步掌握时代、个人的风格特点。因此，多看实物，多作比较，是提高"目鉴"水平的关键。同时，观看、比较实物，不能仅仅停留在直观的感性认识阶段，必须上升到理性认识，即通过比较找出其内在关系，以及某时代、画家、作品本质方面的特征，这样才能在心目中牢固地形成准确鲜明的时代风格和个人风格之"样板"，以此作为以后鉴定的可靠依据，并在今后的实践中加以检验、修正、充实，从而得到更客观科学的认识，目鉴水平也随之不断提高。诚然，以目鉴定真伪的先决条件必须是该时代或该画家的存世真迹多，鉴者见得也多，有实物可资比较。

2. 考

"考"就是考证，即借助于画家传记、书画著录、有关诗文、历史知识等文献，对与作品有关联的某些问题作一番考证，以此来判断真伪。在以下几种情况下，考证能起到一定作用：一是真迹存在甚少的画家或时代，目鉴缺乏必要的比较条件，而相关的文献资料却比较多，通过考证往往能对鉴定起作用，如唐、五代的诸多作品；二是有条件依靠目鉴的初步判定，但仍有某些问题存疑，这就需要通过考证来进一步解决。

鉴定古画，经常需要鉴、考并用，鉴中有考，考中有鉴，一般情况下以鉴为主。倘目鉴水平不高，判断有误，考证再精微，也无济于事。鉴既需要熟悉真迹，也应了解伪品，掌握历代伪造书画的各种花样以及各种类型的伪作，就能根据不同情况去伪存真，还其本来面目。考要运用文献资料，文献也有真伪、正误之别，故首先也要多方比较，去伪纠误，以准确的史料来辅助鉴定。

四、古字画的保护与修复

（一）清洗

有干洗和水洗两种，主要是针对书画物质层进行清洗，去除有害物质。

1. 干洗

用毛刷、棉花、橡皮擦、海绵或专用吸尘器等机械方式清除画心污染物。

2. 水洗

积尘的画心色暗气沉，或遭水浸形成水渍痕，使用40℃～50℃温热水闷浸或漂洗去污，可除去大部分水渍痕，水温越高洗涤效果越好，但超过80℃的水温会破坏纸纤维并损及颜料。水洗之前备两张素净保护纸覆盖于画心上下，若能以网架夹紧可增加漂洗的安全性与方便性。

（二）揭旧

揭旧之前用排笔蘸清水或温水刷湿画心正面，并覆盖新纸一张，反置案上待揭。古旧字画多有断裂，如在揭心之前，不附加垫纸，揭托之后，不易起案。画心局部颜色不稳定的，应稍施淡胶矾水，干后，再行闷水。有些残破糟朽的画心，当日揭不完，应在已揭过的部位均匀地放置些湿纸团，然后覆盖一层塑料薄膜，以防画心干裂错位。揭画心上的旧纸，一般应根据字画的薄厚、残状、颜色以及质地的具体情况制订揭旧方案。

（三）全色

字画经过揭托待其干后，务必使补纸补绢的矾性适度，否则，矾轻则透色，矾重则滞笔。全色时，应将颜色调兑得浅些，复次全就，使颜色渗进纸纹纤维，取得画面色调统一的效果。画心有缺笔的，补全时需先审视画心气韵及用笔特点，然后轻勾轮廓，调兑颜色，进而全之，力求使补全的一笔一点、一墨一皴均与原画浑然一体。对于一些具有重要学术研究价值的经卷、书籍、契证等文物，经过洗污补托，如有残缺，不必求其复原，只把残缺处的色调全补得与通幅基本一致即可。

（四）去污

画心因烟熏尘染，质地变黄变黑，如画面颜色稳固，可将画心放入清水内浸泡，隔时换水，即可明净。污迹较重，可用热水浸泡，或缓缓浇淋开水。画面颜色受潮返铅的，可用过氧化氢涂抹消除。画心生霉，有黑有红，黑霉易涂，红霉可用高锰酸钾溶液涂在霉处，稍时再涂过氧化氢和淡草酸水；如霉不严重，一次即可除掉。用药物去污后，务必用清水冲淋画心，免蚀纸绢。

（五）托补

已揭好的画心，如完整，可调兑稀糊，托一层比命纸命绢稍浅的旧色纸；如有残缺，可用手将画心残处边际揉出薄口，选好补纸，端正纹理补上，并在补口边际搓出薄边，使接缝处厚度适宜。补缀残缺的绢本字画，一种方法是揭毕待干，用刀将残处刮成薄口，上糊补绢，浆口干后再修刮补绢边际，使补口相合；另一种方法是托上一层与原命绢质地、丝纹相近的薄绢，正面如有残缺，可用素纸补在托绢的背面，使画心薄厚统一，干后再用刀修磨画面残缺处的边际。托旧绢画心时，要用干纸吸去正面的溢糊，以免留有浆迹，影响古旧作品的"褒光"。

五、古字画的保存

书画保存不妥是多种原因造成的，如因季节更替产生的温差改变，干、湿不均，阳光紫外线辐射情况，空气尘土的污染等，由此而产生虫蛀、霉变、褪色等问题，使一幅完好的书画面貌全非，失去其艺术价值。假如熟悉书画容易受损的缺点及其损害产生的原因，采纳一些有效的手段来避免这种情况发生，将会在一定程度上延缓其变旧、损坏的进程，从而使书画寿命延长，能尽量维持其原貌。

凡珍藏的书画，最好放在封锁的箱、橱、柜内，使其能具有一个稳固的有限空间，防止遭受腐蚀和污染；但这也不是说一旦放进去就高枕无忧，在某些情况下它还是会遭到腐蚀的，如保存很久的辽画被虫蛀是常见的一种毁坏现象。避免的方法有：用樟脑丸或上海产的樟脑精块等药物驱虫。这类樟脑会自然挥发出气味来防虫，具有较好的驱虫效果。

放在箱、橱、柜内的书画除放药外，还要做到勤翻动，按时扫除不洁之物。每隔半年左右就要展开看看，尤其是梅雨季节过去以后，最好能分批将书画拿出来挂几天，这称为"晾画"，这样能有效地避免书画生霉。

画的储藏空间，温度应维持在14℃ ~ 20℃，相对湿度在50% ~ 60%。室内相对湿度偏高，容易使纸张受潮而助长真菌，而太干燥又容易引发书画的翘曲变脆。通常的家庭遇天气干燥时，可惯用湿墩布拖地，或在房内放盆水；天气湿润时，尤其在雨季，尽可能少开窗户，这样能够使房间的湿度得到相应的控制。

尘土也是书画的大敌之一。挂在墙上或寄存在箱、柜中的书画都会受到尘土的影响，微小的尘土沾在书画外表，碰到一定的湿度，就能成为不干净的小颗粒，等小颗粒中的水分蒸发后，会在画面上留下黄色暗点。

此外，爱护书画还应注意，在欣赏观察时，不要用手指接触书画或近距离对着书画说话，以防产生感染。开展和收卷时不要将画折坏留下折痕，珍藏的书画因年代久远而变得较脆，容易折裂，因此通常不要随意下手，即便是收、拿、卷、挂等动作也一定要分外当心，做到小心谨慎。

另外，在挂展期间，还要注意空气的湿度，若遇阴雨连绵而空气湿度特别大时，可以先把字画卷收起来。若人为改变小空间环境，如加热取暖，加湿加香，也要加倍注意。冬天取暖，字画要与暖气等取暖设备保持一定距离，尤其在使用加湿器的时候一定要加倍留意。夏日制冷时，也要与空调保持一定距离。

第二节 古籍图书类文物保护

文物收藏品的收藏价值，一在于其文化艺术性，二在于其经济价值，而收藏的经济价值是以藏品的文化价值为前提的。在诸多的收藏品中，文化价值最高的是书籍。

一、古籍图书类藏品的种类

（一）甲骨"书"

甲骨，龟甲兽骨的总称。我国殷商时代刻在龟甲兽骨上的文字通常叫作"甲骨文"，又叫"契文"。因为这些甲骨最初是在殷墟出土的，所以又叫"殷墟甲骨文"。根据古书记述，上古时代，人们用占卜预测吉凶，凡帝王出巡、祭祀、征伐、田猎、疾病、生育、开耕和收获都要祷告天神，占卜吉凶，其方法是在龟甲或牛羊肩胛骨上钻孔灼烧，然后观察烧烤后的裂纹形状，据此判断吉凶，并将问占的时间及事物刻在上面，以备日后验证。由此可见，甲骨文大多是占卜的记录，所以也叫"卜辞""殷墟卜辞"。

殷商时期的甲骨文字已具备了汉字的象形、指事、会意、形声四种形式，脱离了原始社会图像文字的原始形式，因此，考古专家们认为甲骨文为目前已发现的我国最早、最古老的正式文字。据今人研究，甲骨卜辞可能有一定格式，一般先记日期（干支），再记人名和为何事占卜。一片完整的甲骨上所记内容，大体上包括叙辞、命辞、占辞、验辞几方面，内容涉及广泛，成为记载当时史实的第一手材料。龟甲兽骨是甲骨文的载体，因此，甲骨"书"也就是我国最原始形式的"图书"。

甲骨文最早是在清光绪二十五年（1899）被发现的，地点是河南省安阳县城西北五里的小屯村，后经过多次发掘，至 1984 年，出土的有文字的商代甲骨共约 15 万片，包括流散海外多个国家收藏的甲骨 26 700 多片。这些甲骨上已发现单字约 4 500 个，其中可识者约 1 700 个。

研究甲骨文的主要著作有刘鹗的《铁云藏龟》，孙诒让的《契文举例》，罗振玉的《殷墟书契》《殷墟书契菁华》《殷墟书契前编》《殷墟书契后编》《殷墟书契续编》，王国维的《殷卜辞中所见先公先王考》《殷卜辞中所见先公先王续考》等，前"中央"研究院编印的《殷墟文字甲编》《殷墟文字乙编》，中科院考古研究所编印的《殷墟文字缀合》《甲骨文编》，中科院历史所的《甲骨文合集》，严一萍的《甲骨缀合新编》《甲骨缀合补编》，于省吾所编《甲骨文字释林》《甲骨文考释类编》，陈梦家的《殷虚卜辞综述》，郭沫若的《甲骨文字研究》《卜辞通纂》《殷契粹编》等。

（二）青铜器"书"

我国商周、春秋战国时期铸在或刻在青铜器上的文字称为"铭文"，也称"金文""钟鼎文"。从出土情况来看，青铜器铭文刻记的字数多寡不一，商代的比较简单，仅刻一些符号或一个族徽，有的加上作器人的姓名。西周青铜器铭文就比较多了，除记事之外，更多是纪念祖先、表彰功德等内容，甚至把需要长期保存的文献刻在上面。至春秋时又趋于简要，到了秦汉时期，更少有铸长篇铭文的青铜器了。青铜器是金文的载体，因此，也可以称之为青铜器"书"。

商周金文单字已发现约 3 500 个，其中可释字约 2 000 个，其字体与甲骨文相近，但已有所发展，演变为籀文，也称古文、大篆。到了秦汉时期，金文字体已转向小篆和隶书。

研究青铜器的论著主要有郭沫若的《两周金文辞大系考释》、郭宝钧的《商周铜器群综合研究》、上海博物馆编的《西周青铜器纹饰》《西周青铜器铭文选》（两册）、容庚和张维持编著的《殷周青铜器通论》、高本汉的《殷周青铜器》及中国社会科学院考古研究所编的《殷周金文集成》等。

（三）石刻"书"

石刻"书"即是将文字刻在石头上的"书"。石刻"书"按照石头的形状不同可分为以下几种：刻在鼓形石头上的称为"石鼓文"；刻在方形石头上的称为"碑"；刻在圆首形或形在方圆之间、上小下大的石头上的称为

"碣"；刻在石板上的称为"经板"；刻在山岩上的称为"摩崖石刻"。由于石刻可供人捶拓成一篇篇文章，从这个角度讲，石刻称得上是版印图书的先驱。

在现存石刻文字的实物中，最早的是唐代初年在天兴（今陕西宝鸡）三畤原出土的"石鼓文"。在 10 块鼓形石上，每块各刻四言诗一首，内容主要反映贵族田猎游乐生活，因此又称为"猎碣"，所刻字体为大篆。

石刻"书"中，值得一提的是"秦刻石"和石经。"秦刻石"是秦始皇统一六国后巡行各地，在峄山、泰山、琅琊、芝果、东观、碣石和会稽刻立的 7 块记功石，字体为小篆。石经是中国古代刻于石碑、摩崖上的儒家经籍和佛道经典，其中最为著名的有：东汉的熹平石经、三国曹魏时期的正始石经、唐朝的开成石经、五代的蜀石经、北宋的嘉祐石经、南宋的御书石经和清代的乾隆石经七种。

研究石刻文字的主要著作有郭沫若的《石鼓文研究》。

（四）简策版牍

用竹片、木片为材料进行书写而成的图书为"简书"，用木版材料进行书写而成的图书为"版牍"。将书写了文字的竹木简书用绳编联在一起，称为"简策"（"策"与"册"通）。实际上，古代正式的书籍，都是简策，木牍只是作为竹简的补充材料，一般用于记录短文，主要用于官府文书、户籍、名册、记录实物、绘制地图等。在版牍上书写公文，后世称之为"文牍"。

古人通信，常用一尺长的木牍书写，故书信又称"尺牍"，上面再加一块木片，写收信人姓名，称为"检"，是信封的起源。古代在木版上绘制地图，故后人称一国地图为"版图"。

目前出土的时代最早的简策是战国时期楚简。1951—1965 年，先后在湖南长沙五里碑、仰天湖，河南信阳长台关，湖北江陵望山的 6 座墓中出土过 7 批 800 余枚竹简，经过整理，缀合为 530 多枚，内容包括竹书、杂记、遣策及其他四类。楚简上共有汉字 4 200 余个，字体上承商周甲骨文、金文，下启秦篆和隶书。简策版牍形式的书大约通行了 1700 年，一般认为终止使用在东晋时期。

简策版牍的收藏，是将简牍编联成册以后，用最后一枚简作为轴，从尾部往前反卷，首简正面无字，背面在外边，书写上题名、篇目。卷起来的简捆好后，再放入布袋或筐篋内。

研究简策版牍的主要资料和论著有谢桂华等编著的《居延汉简释文合校》，中国社会科学院考古研究所编著的《居延汉简甲乙编》，劳干编著的《居延汉简考释》，银雀山墓竹简整理小组编写的《银雀山墓竹简（一）》、《孙子兵法》（银雀山墓竹简）、《孙膑兵法》（银雀山墓竹简），吴九龙著的《银雀山汉简释文》，云梦睡虎地秦墓编写组的《云梦睡虎地秦墓》，云梦睡虎地秦墓竹简整理小组编写的《云梦睡虎地秦竹简》等。

（五）帛书

帛书即写在丝织品上的书。古代丝织品有帛、缯、縑、素等，均可以用作书写的材料，帛是丝织品的统称，故帛书也叫缯书、縑书、素书。据史料记载，帛书早在春秋时期已出现，西汉时期最为盛行，到了西晋，纸写书逐步代替了帛书。

用作书写的縑帛，一般都在上面画上或织上黑色或红色的行格，即乌丝栏或朱丝栏。全锦帛的上、下一般画有栏线，各留 1cm 多的天头、地脚。全幅的每一行格 60～70 字不等，半幅的每一行格写 30 字左右。帛书的收藏方法有两种，一种是折叠法，另一种是卷轴法。全幅帛书多采用折叠之后存放在木盒内的办法收藏；半幅帛书多采用竹木条作为轴心，卷起来存放的办法收藏。

迄今出土的较为重要的帛书有：1942 年湖南长沙出土的战国楚缯书，1973 年湖南长沙出土的战国楚帛画，1973 年湖南长沙出土的西汉马王堆帛书等。

研究帛书的主要资料有湖南省博物馆、中国科学院考古研究所、文物编辑委员会编的《长沙马王堆一号汉墓发掘演示文稿》，湖南省博物馆、中国科学院考古研究所编《长沙马王堆一号汉墓》，马王堆汉墓帛书整理小组编的《马王堆汉墓帛书》等。

（六）纸写书

纸写书是指以纸为载体书写而成的书，又称写本书。纸写书的书写有一定规则，一般在每张纸上画有直行，如同帛书的乌丝栏、朱丝栏，上下留有天地头，每页为 20～30 行，书写时起首空出 2 行，而后书写书名、篇名、卷次。另起行写正文，正文之后再是写书人、写书年月和用纸数，以及装潢人、校书人的姓名。纸写书在我国东汉、魏晋、南北朝和隋唐时期最为常见，其主要的装帧形式是卷轴形式。

在我国考古发掘中，历史最早的纸写书是 1924 年在新疆都善出土的晋代《三国志·吴志》的抄写本残卷 80 行。我国历史上最为著名的纸写书有两部，一部是成书于明永乐六年（1408 年）的《永乐大典》，全书共 22 937 卷，装订成 11 095 册，约 3.7 亿字，当时曾缮写副本 2 部。另一部是成书于清乾隆四十七年（1782）的《四库全书》，共收典藏 3 503 种，79 337 卷，装订成 36 300 册，7 亿多字，当时曾缮写副本 7 部。

二、古籍图书藏品的制版方式

（一）雕版印书

雕版印书是中国古代印刷书籍的制版方式之一，它包括两大工序，即雕版和印刷。雕版时，先选用枣木、梨木等木材进行制版，然后将文字、图画书写或描绘在一张薄白纸上，反粘在版上，纸干后，刻出版框栏线以及书口、鱼尾，削掉无字无图的地方，使字、图成为凸起于版面约 1 毫米阳文反字，雕版工序便完成。

在正式印刷之前，先在版上轻轻刷上红墨或蓝墨，用纸刷印，印出的纸为"红样"或"蓝样"，主要用于校对。正式印刷时，在印版上刷一次黑墨印一张纸，一张张纸揭下来晾干，便成了一页页书页。

雕版印刷分单色印刷、一版套色印刷、套版印刷和恒版、拱花印刷几种。所谓一版套色印刷就是在一块印版上，涂上几种不同的颜色，印出的书页上也就出现几种颜色的字、图，现存最早的实物是元顺帝至元六年（1340 年）资福寺刻印的《无闻和尚金刚经注解》。所谓套版印刷是按照套印的几种颜色，分别制成几块雕版，按不同颜色逐块套印，现存最早的套印版本是明神宗万历年间安徽刻印的《闺范十集》。恒版印刷是在套版印刷的基础上发展而来，它根据画稿的设色深浅浓淡、阴阳向背的不同，制成多种印版，然后进行多色印刷。拱花印刷则是一种不着墨的刻版印刷方法，以凸出的线条来表现花纹，增添立体感。

据史料记载，雕版印书发明于唐代，主要用于刊印佛经。到两宋时期，雕版印刷技术迅速普及，并相当成熟，刻书讲究校勘、字体、版式、装潢，宋版本成为藏书家们珍爱的佳品。

（二）活字印书

活字印书也是中国古代印刷书籍的制版方式之一，它用胶泥、木材、铜等材料做成反文单字，一字一印，然后用各种办法将活字粘固在板上，压平，使之成活字板，便可像雕版一样印刷。活字可以多次使用，改变了雕版印刷用许多块整版印书的方法，是印刷术的又一伟大发明。

活字印书根据材料不同可分为泥活字印书、木活字印书、铜活字印书等。泥活字是世界上最早出现的印刷活字，为宋人毕昇所发明，但后世未曾见到他用此法印刷的图书；木活字印书最早出现于元代江南一带，其中元大德年间农学家王祯设计了木活字的转轮排字架，以字就人，对活字印刷术做了重大改进，并排印成《旌德县志》；铜活字印书最早出现在朝鲜。我国明代弘治、正德年间（1488—1521 年）在无锡、常州、苏州、南京等地已大量应用铜活字印书，现存最早的铜活字印本是明弘治三年（1490）江苏无锡会通馆华燧（1439—1513 年）印制的《会通馆印正宋诸臣奏议》150 卷。

三、古籍图书藏品的版式

版式即古籍每一印页的格式。图书形式不同，版式安排也不同。简策的简之长短虽不规则，但还是有一定规定，一般长简为一尺四寸，中简为一尺二寸，短简为八寸。一根简上通常只写一行文字，也有两行甚至三行的，书写顺序采用从上往下，从左至右的定制。帛书的版式基本同简策相同，但出现了用朱砂或墨画的行格，即后人所称"朱丝栏"和"乌丝栏"。纸写本版面简洁，保持了从上往下、从左至右的书写习惯，间或也有描栏画界的，但多数只有文字。印本书版面格式比较固定，印页上各部位都有特定的名称，主要有以下几项。

版面，指每页上印刷所占范围。

版框，指版面四周的黑粗线，又称边栏、栏线。上方叫"上栏"，下方叫"下栏"，两旁叫"左右栏"；四周单线印的叫"四周单边"；四周双线印的叫"四周双边"，双线一般是一粗一细，故又被称为"文武边栏"；上下单线，仅左右双线印的称为"左右双边"。此外，还有"卍"字栏、竹节栏、博古栏等多种形式。

界行，指版面内分行的直线，又叫边准，由古代帛书中的朱丝栏、乌丝栏演变而来。

天头、地脚、边，指书页中版面之外的部分，其上者为天头，下者称地脚，而左右空白部分各称为"边"。

版心，版面的中心一行，又称中缝、中折行，古书采用包背装后，又为书口。版心通常有用作对折线的黑线和鱼尾形图案，有的还印有书名、卷数、页码及本页字数。明代以前，版心下方常刻有刻工姓名。

行格，指版面中的行数与字数，又称行款。在鉴定和着录时，通常按半页计数，称半页几行，行多少字。如每一行中有双排小字（通常为大字的注解），而一行字数与大字相同，即称"小字双行同"；如不同，则称"小字双行，行多少字"。

鱼尾，指版心中间用作折页标记、形状酷似鱼尾的图形。只有一个鱼尾的称为单鱼尾，上、下各有一个对称的鱼尾称为双鱼尾；鱼尾方向相反称对鱼尾或逆鱼尾，方向相同称顺鱼尾；全涂黑的为黑鱼尾，线中空白的称白鱼尾，由并行线构成的称线鱼尾，鱼尾下部为曲线的称花鱼尾，元版图书多刻有花鱼尾。鱼尾将版心分为三部分，中间一般用作题写书名、卷次、页数，上部印有一页字数或刊印书名，下部记刻工姓名，后多记出版家斋堂名号或丛书总名。

象鼻，指版心中上、下鱼尾到版框之间的部分。象鼻中印有黑线的称为黑口，其中粗线叫大黑口或阔黑口，细线叫小黑口或细黑口，没印线的叫白口。

书耳，指在版框左右两边栏外上角刻的小方格，里面题写篇名，也称耳格。书耳主要是为查检方便而刻的。在左侧称为左耳题，在右侧称为右耳题，多见于宋、元版书中。

四、古籍图书藏品的主要装帧形式

古籍的装帧指的是书籍的体式。由于图书载体的变迁，书写、铭刻、印刷的不同以及装订技术的发展，古书籍主要出现过以下几种主要的装帧形式。

简策装，也称编简，一般用绳子在竹、木的上下两端无字处逐简编联。有时在书简的开头加编两根无字的空白简，以保护正文，称为"赘简"。竹木简编联成册以后，用最后一枚简作为轴心，从尾部往前反卷，装入布套中保存。简策装是我国最早的正式图书版本形式。

卷轴装，帛书仿照简策形式，在长卷帛书、纸书的左端安装木轴，写好后从尾端向前旋转卷起，卷成一轴，也称"卷子装"，卷轴装是否精致，主要表现在轴、签和標带上。为便于保护、耐用，卷轴装的书都要加以装潢。"装"即用其他辅助材料如纸或绫罗粘贴于字纸背面，这些纸或绫罗称为"包首"，也叫標。標首系上丝带以扎缚卷轴。"潢"是将纸用黄檗汁染过，以防止虫蛀。卷轴装著名的如唐咸通本《金刚经》、五代吴越国印的佛经、北宋汴京印刷的《开宝藏》等。

旋风装，在一素纸长卷上面依次粘贴书页，每页正反两面书写文字，展开长卷可翻页阅读。这种装订特点是外表仍为长卷，里面却是错落有致的书页，实为介于卷轴装和经折装之间的一种装订形式。大约盛行于唐代。

经折装，又称折子装。指将图书长卷按一定宽度左右折叠起来，折成一册，加上书衣，便成了可以随时展读的经折书。历代刊刻的佛经道藏及古代的奏折、书简，一般都采用这种装订形式。

蝴蝶装，将印好的书页，以版心的中缝线为轴心，字对字地折叠，按版口理齐，逐页粘贴成册，再用厚纸包裹作书衣。展开阅读时，书页犹如蝴蝶的两翼飞舞，故称"蝴蝶装"。蝴蝶装是宋元版书的主要形式。

包背装，将印好的书页版心向外对折，折叠起来以后，书页左右两边的余幅齐向书脊，并在右边栏外余幅的适当位置打眼，用纸捻装订成册，再用一张较硬的纸作书衣包裹书背，用糨糊粘连，不见书眼，故称为包背装。包背装的装订办法与蝴蝶装恰好相反。包背装产生于南宋，盛行于元代和明代中期以前，多用于政府官书写本，如明代的《永乐大典》、清代的《四库全书》等。

线装，线装在折页方面与包背装完全相同，两者的区别仅在于：线装不以整幅书衣包背，而是采用两张与书页大小相同的纸作书衣，分置书册的前后，然后打孔穿线，装订成册。从古代文献记载和现存实物来看，类似线装的装帧形式在唐末、五代至北宋初期曾出现过，而线装书盛行于明代中期以后。线装书是我国古籍中最具有代表性的装帧形式，被世人认为是一种典雅的装帧。直到现在，新印古籍仍有采用线装的。

五、古籍图书藏品的外观结构

古籍的外观结构较完整的主要是包背装书和线装书。每册书的各部分都有固定名称。

书衣，指的是书籍的前后封皮，又称书皮、书面。书衣分纸、布两种。最常见的是用栗色毛边纸和青色连史纸做成的书衣，布料、棉绫常用于古籍善本，而明清时期的内府图书则用黄绫作书衣，显示其尊贵。

书签，指一般贴在古籍封皮左上角，用来题写书名的长方形纸条。

书脑，指线装书订线的一边。

书脊，指线装书订线的侧面，类似于现代图书的书背。

书首，也称书头，指古籍的上端。

书根，古籍的下端，可用于题写书名、卷数，临近书脊的一端，一般标注册数。

扉页，指书衣与书名页之间的一页白纸。

书名页，指放在书衣和扉页之后的一页，以半页题写书名及作者，也有的以半页题书名，半页题刻版时间、刻版机构或藏版处。

六、古籍图书藏品的版本类型

古书籍版本种类繁多，一般讲，可按写刻印刷情况、刻书机构、刻印地区、刻印时期、字体形状、加工形式、流行情况和珍贵程度等来区分。

按写刻的不同情形可分为写本、影写本（指照原书原样影摹抄写的书）、抄本、精抄本、稿本、彩绘本、原刻本、重刻本（仿照原版内容和版式刻印）、精刻本（字体工整、精细校勘的版本）、修补本（原版经修补后刊印）、递修本（多次修补的图书，如三朝递修本）、配本（将不同地区刊刻的书版配合起来印成一种完整的图书）、百衲本（用零散版本拼凑或用不同版本的书拼配印成的图书）、邋遢本（使用已版印多次、字迹模糊的旧版印制的图书）、活字本（分泥活字本、木活字本、铜活字本、锡活字本、铅活字本）、朱印本、蓝印本、朱墨本、套印本（用两种或两种以上颜色分版印刷的图书）、巾箱本（开本很小的图书）、袖珍本、两截本、石印本、铅印本等。

按刻书机构可分为官刻本、家刻本、坊刻本。其中，官刻本由于官府所设的机构不同，可细分为监本（历代国子监刻印的图书）、藩刻本、兴文署本、公使库本（两宋地方官府动用公使库钱刻印的图书）、经厂本（明代司礼监所辖经厂刻印的图书）、内府本（明清时期宫廷内部刻印的图书）、殿本（清代武英殿刻印的图书）、聚珍本、书局本（清同治、光绪年间，各省官书局刻印的图书）等。

按刻印地区可分为浙本、蜀本、闽本（建本）、平水本（平阳本）、日本本、朝鲜本等。浙本中又有杭州本、书棚本、婺州本、衢州本、台州本等各种版本；蜀本中又有成都本、眉山本等各种版本；闽本中又有建本、麻沙本等各种版本。在版本质量上，宋刻本以杭州本为上，蜀本次之，建本为下。

按刊刻时期可分为唐刻本、五代刻本、宋刻本、辽刻本、西夏刻本、金刻本、蒙古刻本、元刻本、明刻本、清刻本、民国刻本，等等。

按字体形状可分为大字本、小字本、仿宋本、聚珍仿宋本等。宋刻本多用大字，每行刻 18 字左右，板框纸幅很宽大，称为大字本；元刻本中每行刻 23 ~ 27 字的版本，称为小字本；明清时期仿照宋版字体刻书，称为仿宋本；民国时期，中华书局印制了仿宋体铅字印本，名为"聚珍仿宋本"。

按加工形式可分为校本、过录本、题跋本、批点本、增订本、删节本。

按流行情况和珍贵程度可分为足本、节本、残本、通行本、稀见本、孤本、珍本、善本，等等。

七、古籍善本

善本最早是指校勘严密、刻印精美的古籍，后也包括刻印较早、流传较少的各类古籍。"善本"收录标准如下。

元代及元代以前刻印、抄写的图书（包括残本与散页）；

明代刻印、抄写的图书（包括具有特殊价值的残本与散页），但版印模糊、流传较多者不收；

清代乾隆以前流传较少的刻本、抄本；

太平天国及历代农民革命政权所刊行的图书；

辛亥革命前，在学术研究上有独到见解或学派特点，或集众说较有系统的稿本，以及流传很少的刻本、抄本；

辛亥革命前反映某一时期、某一领域或某一事件资料方面的稿本，以及流传很少的刻本、抄本；

辛亥革命前的名人学者批校、题跋，或过录前人批校而有参考价值的印本、抄本；

在印刷史上能反映我国古代印刷术发展，代表一定时期技术水平的各种活字印本、套印本或有较精版画、插图的刻本；

印谱明代的全收，清代的集古印谱、名家篆刻印谱的钤印本、有特色的或有亲笔题记的收，一般的不收。

符合上面九条之一者即为善本图书。

八、古籍图书藏品的鉴别方法

（一）各类型古籍图书的辨别

古籍鉴别主要表现在对古籍版本的鉴定和区别。各种类型版本的鉴别，方法各不尽同。

1. 刻本书的鉴别

主要依据牌记、序跋、题识、藏印、讳字、刻工姓名、文献著录等项目，同时也应注意字体、纸张、墨色等。

2. 活字本的鉴别

活字印本从版式、排印、字体、笔画、墨色等方面都有与刻本书不同的风格和特点，主要表现为：①字体时有倒置；②行款歪斜不直；③字体不够匀称；④笔画决不交叉；⑤墨色浓淡不匀；⑥拦线不相连接；⑦鱼尾大小一致；⑧没有裂版现象。

3. 抄本书的鉴别

抄本书现存较常见的是明抄本和清抄本，而抄本书的鉴定远比雕刻本困难，主要依据纸张墨色、书法字体、室名藏印、常用格纸等抄本的形式，同时查阅各类工具书的记录，研究抄本中出现的讳字等。

（二）古籍图书的辨伪方法

要对古籍进行辨伪，必须了解古籍中的伪书的制作方法。制造伪书，归结起来有以下12类：①剜改刻书年代；②剜改书名著者；③删削原书序跋；④剜改书坊牌记；⑤以残书充全书；⑥以零种充单刻；⑦以抄本充稿本；⑧伪造名人批校；⑨多种版本混杂；⑩伪造古书装帧；⑪染纸并造蛀痕；⑫伪钤名家藏印。

鉴别伪本的方法主要有：①查阅有关资料，了解版刻源流特点；②用同类书作比较；③细核批校者手迹字体；④掌握藏书家藏书印章的式样和特点；⑤寻找原书中内在特征，如讳字等；⑥手翻书页，凌空对光照视，寻找剜补痕迹；⑦根据纸色墨色鉴别；⑧注意突然出现的冷僻书，发现其疑点。

九、现代图书的版式与版本

（一）现代图书版式的内容

现代图书的版式与古代书籍有较大差异，版式内容主要包括如下。

页与面，现代图书的一页包括两面，为两个版面，而非古书的一页一个版面。

版面，现代图书版面指一页书纸的幅面，包括版心周围的空白部分。版面内居中的图文部分称为版心，版心上方的空白部分为天头，下方为地脚；靠书口一边的空白部分叫翻口或外切口，靠装订线一侧的空白部分叫切口；有的书将书名或章节名排在天头处，称为书眉；书的页码一般排印在外切口的上角或下角。

文字排印，主要格式为横排。

字数，字数的计算以面为单位，由于每个版面的行数和每行的字数都基本固定，故版面的字数即等于每行字数乘以每页行数。如果计算一书的总字数，将版面字数乘以面数即得。

开本，指现代图书成品幅面的大小。开本的大小是根据全张纸裁切成的页数多少来决定的，如将全张纸裁切成幅面相等的 16 小页，就称为 16 开；切成 32 小页，称为 32 开；切成 64 小页，称为 64 开。

（二）现代图书版本的主要形式

现代图书的版本，除有影印本、拓本等与古籍相同外，大致可以分为以下两类。

第一类是从内容上分，有初版本、重印本、修订本、增订本、改编本、缩写本、汇编本、选本、节本、洁本、译本、节译本、通俗本、合订本、单行本等。

第二类是从装帧和排印形式上分，有豪华本、精装本、普及本、袖珍本、缩印本、横排本、竖排本、简体字本、繁体字本等。

十、图书的收集与管理

（一）家庭藏书的收集方式

家庭藏书收集方式有以下几种。

订购，也称预订，指依照图书出版发行单位发出的征订目录进行圈选，在预订单上填写所需图书的名称、编号及册数，在规定的时间内将预订单送交书店、邮局或出版社。图书出版后，由出版社将预订的图书发给订购人。这种办法一般用于新版或再版书的收集。

选购，指收藏者直接到书店、书摊、出版社或文物拍卖场等地购买现货书。这种办法适用于新书、旧书及古籍的收集。

交换，即收藏者用家藏的复本图书或非收藏目标内的图书与他人进行交换以获得新品种图书。

受赠，指收藏者接受作者、出版社或其他图书爱好者的赠送书。

（二）目前收藏的热点书籍

在我国，藏书之风由来已久，迄今有两千多年的历史，古人以收藏版本精良者为主，而现在，收藏面扩大了很多，除古籍善本外，主要还包括以下类型。

手稿本，即作品的手写原本，大致可以分为：①原稿本——作者亲手书写的稿本；②清稿本——由他人抄录后再由作者亲笔加以批注、考证、修改的稿本；③写样待刻稿本——在拟定版式、尺寸、字样后，按刻书要求重写之写样，或将未刻的写样保存下来，也为手稿本。手稿本一般都是孤本，其主要价值在于是研究作者的第一手资料，也是最好的校勘对照本，可以用来校正后来印本的失误，补阙拾遗，纠谬订讹，有极高的参考价值和纪念意义。

初版本，指古籍的初刻本和现代图书的初印本。初版本的价值在于真实反映作者最初的情感和思想，因不少书在重印或再版时，由于时代变迁，作者均对原版书作过一些修改，或增或删，甚至对内容作较大的改变。另外，初版书一般印数较少，收藏者稀少，导致其收藏价值提高。

签名本和题赠本，指作者签名或题签后赠送、出售的图书。经过作者题写后，图书增加了生命力，也更加充满了人情味，收藏价值可翻番，因此签名本和题赠本一直是收藏者热衷的藏品。

毛边本，或称毛边书，即书籍装订好后不切边，让读者自己一页一页地裁开。毛边书的风行主要在 20 世纪二三十年代，其价值在于从形式上给书制造了浓郁的文化韵味，深得鲁迅、傅雷等大师的喜爱。

连环画，俗称小人书，现在收藏市场上较多的是 20 世纪五六十年代出版的连环画，这些连环画首先具有较高的艺术价值，多为一流画家所作，如叶浅予、程十发、丰子恺、范曾等；其次，连环画内容丰富，思想健康，不少为历史名著改编，品位较高，加上现存数量不多，颇具收藏价值。

期刊，主要指中华人民共和国成立前或成立初期出版的期刊，以三日刊、周刊、半月刊、月刊占多数。老期刊的价值在于：存世稀少，文化含量高，反映了历史发展的轨迹。根据期刊的特点，从收藏的角度来说，有两种期刊值得重视：一类是中国现代经济和文化艺术方面有较大影响的期刊；另一类是特殊刊号，如试刊号、改刊号、复刊号、终刊号，尤其是创刊号。

红色经典版本，主要指马克思、恩格斯、列宁、毛泽东所著的经典著作的早期版本，如《共产党宣言》《资本论》及列宁著作的早期中译本等。毛主席著作的收藏包括选集本、单行本、诗词本、语录本、专题汇编本、手迹本、谱曲本和字帖本，有平装、精装、线装、布面、皮面、绸面等，成为近年来收藏的新门类。

（三）国内大的古旧书收集市场

国内出售古旧图书的书店、集市主要集中在以下城市。

北京——琉璃厂是北京乃至全国最负盛名的旧书市场，现在主要的旧书书店有中国书店总店门市部、古籍书店，来薰阁，海王村以及京味书屋等。除此之外，灯市口书店、隆福寺书肆、中国书店所属的新街口、海淀区门市部及设在西单图书大厦中的中国书店期刊部，潘家园旧货市场等地，常常有一些颇有收藏价值的古旧图书出售。

天津——坐落在天津南开区白堤路上（原南开文化宫旧址）的古旧书交易市场，据说是目前全国最大的旧书市场。此外，"古文化一条街"中的旧书店，二马路、南京路、九江路、八纬路街道上的上百个旧书摊，经常会让收藏者有意想不到的收获。

太原——南宫收藏品周日旧书市场、文庙收藏品市场、半坡东街、府东街杏花岭、柳巷北口等地均有一些旧书摊。

石家庄——旧书市场形成于1994年，古旧书业工作委员会主办的《旧书信息报》对搜寻旧书能起较好的参考作用。

山东——聊城闸北南路、聊城师范学院东门等地有较多旧书摊；平度市市内有八家常年开张的旧书店，加上文泉路旧书市场，成为胶东地区有名的旧书市场；青岛海云庵大集、李村大集、南山市场等地也有较大的旧书摊。

上海——文庙旧书市场是目前上海规模最大的旧书交易集散地。此外，上海书店、上海图书城拾遗斋、上海古籍书店均是寻觅古旧图书的好去处。

武汉——汉口泰宁街"旧货一条街"、崇仁街的收藏品市场等均经营各种收藏品，包括旧书字画等。

郑州——位于市中心的淮海路口有一个大型的古玩城，内设有几十上百的旧书摊位，是中原地区古旧书籍的重要集散地。

重庆——有较大规模的古旧书刊市场三个：大田湾旧物市场，回水沟、潘家沟旧物市场以及新华路重庆市群众艺术馆内的古玩邮品市场。

（四）图书的分类方法

图书分类即是按照图书的主题内容或其他特征对藏书进行划分，从而分门别类地系统地予以组织。图书分类的依据是图书分类法。对于古籍和现代版图书，一般采用不同的分类方法。

1. 古籍分类方法

古籍的图书分类法最常用的有"七分法""四分法"。"七分法"是西汉时期刘歆编制的分类目录《七略》所创立的分类方法。《七略》是我国最早的图书目录分类法，它把全部图书分为七部分，每部分称为"略"，即辑略、六艺略、诸子略、诗赋略、兵书略、术数略和方技略。略下分种，种下分家。"四分法"在西晋荀勖编撰的《中经簿》中首创，唐代长孙无忌编撰的《隋书·经籍志》继续使用"四分法"，并直接用"经、史、子、集"的分类名称，自此以后，古代目录书大多采用"四分法"。概括地讲，"经"是指被儒家列为经典的和注释经典方面的著述，"史"是指记述历代史实、地理疆域、典章制度等方面的著作，"子"是指战国以来诸子百家的著作，"集"是指历代名家的诗赋文集。直到今天，许多图书馆仍采用"四分法"来对古籍图书进行分类。

2. 现代图书分类方法

我国现代图书的分类法最常见的是《中国图书馆图书分类法》《中国人民大学图书馆图书分类法》《中国科学院图书馆分类法》《中小型图书馆图书分类法》等，其中《中国图书馆图书分类法》（简称《中图法》）作为国家推荐标准广泛使用于各种类型图书馆。《中图法》分五大基本部类——马克思列宁主义、毛泽东思想，哲学，社会科学，自然科学，综合性图书。

（五）图书编目方法

图书编目通常分三步进行。第一步是"著录"，即将表明一种图书特征的信息采选出来，记录在特定载体上；第二步是"标目"，也称"标引"，就是为每条记录选择一个排列标志；最后一步是"目录组织"，即把款目按照标目的某种顺序编排起来，集成目录。

普通图书上，表明图书特征的信息主要集中在外封、辅文、正文三部分，其中辅文中的书名页和版权页是图书最重要的著录信息源。为了检索方便，图书著录分为卡片格式、书本格式和机读格式三种。

1.图书著录卡片格式

主要用于编制卡片式目录。

2.图书著录书本格式

主要用于编制书本式目录。

3.图书著录机读格式

利用计算机著录图书，进行机读目录编制时采用的格式。中文图书计算机编目一般以《中国机读目录通讯格式》（CNMARC）为标准，统一规定了书目记录的字段标识符、指示符、子字段及其标识符，将数据字段区划分成10个功能块，并在数据字段区内共设5个必备字段。

图书著录后，标目的选择根据检索图书途径不同主要分为四种：题名标目（书名）、责任者标目（作者等）、主题标目和分类标目。其中前三种标目在进行目录组织时，一般采用按字序排列的方法，所采用的汉字检字法主要有笔画笔形法、部首检字法、四角号码法、汉字拼音音序法等。分类标目在进行目录组织时，主要按分类号的顺序排列。

（六）藏书的排架

藏书达到一定数量后，总要按照一定的方法系统地依次排列在书架上，使每一种图书都有唯一的明确的位置，以便排架与检索使用。合理的排架方法能使藏书的提取与归架迅速准确。适合家庭藏书排列的方式主要有两种。

分类排列方式，即按藏书所属学科体系排列的方法。采用分类排列方式时，藏书是按分类号排，同一类书再按辅助号顺序排。分类辅助号方式有多种，其中主要的有分类著者号排架法、分类种次号排架法、分类书名号排架法、分类登记号排架法等。

形式排列方式，即按照藏书的外部特征顺序排检藏书，具体可分为以下几种方法。

1. 序号排架法

这是按图书入藏时个别登录号顺序排列的一种方法，一书的登录号即为该书的排架号。

2. 字顺排架法

这是按照图书和书名顺序进行排列的方法。如中文图书按书名拼音顺序，西文图书按字母顺序。

3. 固定排架法

这种方法是按藏书购回的先后顺序，固定地排列在一定的书架上，由每一本书所在书架的顺序号、层格号及在该层的顺序号组成，如"1/2/3."即表示第一架第二层第三本书。

4. 书型排架法

这种方法是按书籍外形的特征排列，如按书型大小、书籍的装订式样分组排架。

十一、古籍图书类藏品的保存与养护技巧

（一）图书的保护方法

图书的保护，一般要求有合适的温度、湿度、光照条件和通风条件，还应增加过滤、防止有毒气休与灰尘的措施，注意防火，除此之外，以下几方面也要注意。

1. 纸质去酸

酸是纸变质的重要原因。去酸法是人们用来中和纸张中酸性物质并且沉积一种碱性缓冲剂和保护剂以防止其恢复酸性状态的方法。对整本书的去酸，一般采用"维托法"，这是一种无水溶剂法，由甲醇、氟利昂和甲氧甲基碳酸镁组成的混合溶液，先将纸张进行脱水，然后将书放入处理罐中，用泵注入去酸溶液并加压，反应 1h 左右，抽走处理液，再进行真空干燥。最后导入热空气至常压便可取出图书。

2. 图书杀虫

最常见的方法是低温冷冻杀虫。将欲处理的图书打捆或装箱，并置于低温设备内，−15℃，冷冻 10T 左右；−20℃，冷冻 5T 左右；−25℃，冷冻

3T 左右。冷冻结束后，取出处理过的图书，在常温下放置 2 ~ 24h，就可以上架了。另外，也可以采用放置药剂的办法杀虫，如除虫菊、无萘卫生球、"8489" 药剂等。其中，"8489" 杀虫剂由多种中草药配制而成，气味清香，挥发迅速，对档案窃蠹、烟草甲、药材甲等害虫具有 100% 的杀灭效果，并对纸张、字迹没有明显的影响。使用时，将图书放入柜内，按预定浓度放入杀虫剂（药量入 5 ~ 150g/m³），施药后密封柜门熏蒸。如长期放置在书柜内可起到防虫作用。

3. 图书消毒杀菌

一般采用香叶醇徐放剂技术进行图书的防霉杀菌。香叶醇徐放剂是将香叶醇浸于一种无机徐放载体中制成的片剂，将其放置在空气中，会不断挥发出香叶醇蒸气，可以防治真菌，并且不会对图书产生污损。

（二）图书污迹处理方法

图书在保管、阅览中容易造成污损，污损后，既影响美观，又影响使用，因此要对图书进行去污处理。

1. 书页去污法

在阅读时，如不慎将茶水、墨水、油等洒在书上留下痕迹，或古籍受烟熏，纸张变黄，一般采用水冲法。用铁板或木板做一水槽，槽深 20cm、长 80cm、宽 80cm。在槽底留一个圆孔水眼，用木塞堵严。冲水时，先将槽底垫一层厚纸，将书一页一页地铺在槽内，在书页上放 50g 碱面，或将碱面兑在水内，用沸水轻轻浇在书页上。浇水浸过书页后，用木棍在书页上压一压，以使书页全部浸透。等水凉后，将槽内水放出，再用清水冲洗两三次，使书页彻底干净为止。然后，盖一厚纸将书页上的水控净，再将书页一页一页按顺序摆在吸水纸上。每四五页为一层，中间隔一张纸，用纸板压上，每日用干纸更换一两次，直至晾干。

2. 去泥斑

一般有三种办法。其一，机械方法。将纸页平铺在桌子上，用毛质软排笔刷去污泥，如泥土太厚，可用小刀慢慢地刮一刮，刮时由泥斑中心顺着纸纹向外刮。其二，水洗法。将纸页放在含有 1% 明矾的温水盘内，用毛刷在水中慢慢刷洗污斑处，洗净后再放入另一盘清水中洗一下，拿出后用吸水纸吸去水分，最后放在吸水纸中压干。其三，纯碱水冲洗法。如泥斑纸页较多，可将纸页 5 ~ 8 页上下错开，叠放在木板上，木板斜放在盛有 1% ~ 2% 的纯碱水盆里，舀碱水自纸页上端冲洗，直至流下的水无泥色为止。

3. 去蜡斑

也有三种办法。其一，机械刮除。用锐利的小刀小心刮除蜡斑。如纸张干脆，可将纸张先放在润湿的两张滤纸中间，使纸页湿润后再刮，刮时由蜡斑中心顺着纸纹方向或裂缝方向刮。其二，热熨吸除。在蜡斑上下各放一张滤纸，在上面的滤纸上用电熨斗烫（45℃左右），蜡斑就会熔化并被上下滤纸吸去。其三，化学溶剂擦除。先将污损纸页扣放在一张白色滤纸上，用镊子夹一块棉花球，蘸上甲苯、苯、乙醚等有机溶剂，在纸页背面的蜡斑上擦拭，有机溶剂把纸张上的蜡溶解后，即被下面的滤纸吸收，渗透出来的蜡被棉球吸去。

在对图书进行去污处理时要注意：

使用化学剂去污，现场要绝对禁止明火，不准进食；

去污化学剂大多是有毒物质，操作时，要穿上工作服，戴手套、口罩等防护用品；

去污结束后，纸张干燥不能在阳光下晒，只可在阴凉通风处风干，最好放入冰箱冷藏室干燥。

（三）图书破损的补救技巧

古籍图书的修补是古籍保护的重要方法之一，根据破损情况的不同，一般采用不同的修补技法，常用方法有以下三种。

1. 虫蛀鼠咬书页修补法

此方法的关键是按照虫蛀鼠咬伤孔的大小疏密，采用适当的方法修补完整。如书页有部分孔洞需要修补，将需要修补的书页，背面向上放在葛板上，在不伤字的情况下，先用小刀将虫屎污点刮去或用砂纸轻轻擦掉，使破孔周围露出纤维来，然后用毛笔将稀糨糊均匀地涂在孔洞上，随即将大小合适的补书用纸按在孔洞上。如用整张纸补书页的大孔洞，应将原来的纸边撕去，使新撕的纸边露出纤维来，用左手持纸，将纸边放于已经抹过稀糨糊的孔洞上，用右手食指按住纸边，左手一撕，就沿糨糊湿印将多余的纸撕下来，孔洞就补上了。

2. 水湿书页揭补法

书籍被水浸湿后，立即将册书平放在桌子上，用竹签一页一页地从头到尾揭开，使其通风阴干至90%左右时，将书用夹板夹住，用重物压在书上，数日可平。如书籍被水浸湿后未能及时发现，只能将书用双手轻轻反复揉搓，使书页活软后，用竹签一页一页轻轻揭开。有的书籍受水浸泡严重，而水内又含有黏性的杂质，或印书的墨内含有胶的成分，水浸后形成书砖，无法揭开，这时候，需用沸水加3%的明矾（以防止书页的黑色洇散）和2%的广胶浸泡一两日，待书页浸透后即可揭开。另外，也可用沸水将书浸泡，再将书用净纸包起来，放在蒸笼里蒸数小时，让笼内热汽穿透书页，待书页上的胶性物质溶化后，便可以揭开书页。

3. 破裂纸张连接法

将需修补纸页平铺在干净的玻璃板上，铺平，用硬毛笔蘸少量的二酸纤维素黏合剂从纸页裂口连接处涂敷，每次1cm左右，直至将整个裂口涂抹完毕，边涂边用骨刀压平粘接处，如有黏合剂溢出，用棉球轻轻擦拭去掉。

第三节 碑帖拓本类文物藏品保护管理研究

一、概述

碑帖拓本是碑刻和法帖的合称，据《汉典》词条解释，碑帖是石刻文字的拓印本，刻于石碑者称为"碑"，写于纸绢者称为"帖"。碑帖刻之于石或木上，立于某地，或镶于某壁，尤其是那些墓铭，往往立于荒野中，给观赏传摹带来诸多不便，于是东汉大书法家蔡邕发明了拓术，刻经书于辟雍学府外，以供大家观摩学习。因此实际上"碑"指的是石刻的拓本，"帖"指的是将名家真迹经勾勒上石或木板，经镂刻捶拓汇帖而成之刻本。

著名书法家费声骞在《古代碑帖鉴赏》中提出现"碑帖"已合为一词，用来泛指供学习书法取法的范本。碑帖拓本承载着古往今来无数书法名家的墨迹，呈现各时期的不同字体和各流派的不同风格，为中国书法之渊薮，是后人学习书法技法的珍贵资料。不仅如此，历代碑帖拓本的内容涉及政治经济、宗教哲学、风俗民情、文学艺术，具有多重价值：一是其文辞内容方面的历史、语言、文学的资料价值；二是文字、书法方面的文字学、书法史、书法艺术的资料和借鉴价值；三是碑石造型、雕琢、刻字方面的工艺美术的资料和借鉴价值；四是碑刻内容的证史、补史、证文、补文等考证价值。碑帖拓本是祖先留下来的珍贵文物，是中华优秀传统文化的重要组成部分，保护好碑帖拓本类文物藏品，传承好中国书法艺术，是我们责无旁贷的历史责任。

二、碑帖拓本类文物藏品保护管理需要掌握的基本知识

（一）关于碑

《说文》对碑的解释是"竖石也"。上古时期，在宫、庙门前，必立竖石，称之为碑。其作用是"识日影，引阴阳也"。起初的碑，就是立着的一块长方形的石板。在石板上方中间，还有一个圆孔，称为碑穿。立在墓穴旁边的，是用作拴系绳索的，以便把棺材放入墓穴；立于豪门大宅前的，是用来拴马的，即拴马桩；立在庙宇祠堂前的，是用来拴祭祀用的牺牲的。当时被称作碑的石板，上面没有镌刻任何文字。大约在西汉初年，才出现了现代意义上的碑，即刻有文字的石板。

1. 碑的组成部分

一块碑，又分为碑额、碑阳、碑阴、碑侧、龟趺。

（1）碑额

碑额指碑的上端，又叫碑首，上面刻标题，其字体多为篆文，在文字的四周一般刻有蟠螭、蟠龙等图案。

（2）碑阳

碑阳即碑的正面，刻碑的正文。如果碑文太长，正文刻不下，也有刻在碑侧和碑阴的。

（3）碑阴

碑阴是指碑的背面。碑阴有的刻字，有的不刻字。碑阴所刻的内容，一般是碑的题名和建该碑时捐赠人的姓名及捐赠钱币的数量。

（4）碑侧

碑侧是碑的左右两个侧面。碑侧如同碑阴，有刻字的，也有不刻字的。刻字的，一般刻的是题名。

（5）龟趺

龟趺也叫碑座，就是安放碑身的石座，因其雕刻的形状如龟，实为"赑

趺"而得名。早期的碑座，只是一个长方形的石板，上面一般刻有朱雀、玄武、青龙、白虎。到南北朝时，才出现了龟形碑座，才有了龟趺之说。关于碑的形制，王芝孙在他的《碑版广例》中作了详尽的论述。

2. 碑刻的类别

现在人们理解的碑刻，实际上包括庙碑、墓碑、墓志、墓符、画像、经幢、石经、崖壁题刻等，也就是指各种刻石；但在现实中，这些刻石的形制和内容是不一样的。下面就其主要类别作简要介绍。

（1）摩崖

摩崖是指刻在崖壁上的，也就是刻在天然石壁上的。

（2）碣

不是所有刻文字的石板都可以冠以"碑"名的，也有的被称为碣。碑与碣，形制上的主要区别在于长方形刻石称为碑，圆形刻石则称为碣。

（3）经幢

经幢就其形状而言，就是一柱形石，石有八棱，上有盖，下有座。大的直径丈余，小的不足一尺。石上所刻内容，多为《陀罗尼经》。

（4）画像

凡是刻在平面上的图案，不论是鸟兽，还是人物花草，都称为画像。

（5）石经

五经传至汉熹平年间，其文字驳异日盛，为了校正五经，皇帝命诸儒臣进行校正，并将校定本五经刻于石上，立于太学。这是中国石经的开端。石经，也就是将经典刻之于石，除汉熹平石经外，魏有正始石经，唐有开成石经，后蜀有广政石经，北宋有嘉祐石经，南宋有高宗御书石经，清有乾隆石经。尤其是后蜀石经，数以千计的刻石，如今只发现了数十处，余下的是否还存留于天地间已成为碑帖收藏界关注的一个谜。

另外，还有文书、地图、桥、井、书目、医经等内容的刻石，以及画像砖、瓦当等都是碑帖收藏爱好者应该关注的对象。

（二）关于帖

上古时期没有纸，书于帛者曰之帖。为了久存，把帛书刻于石上，也称为帖。从帖的刻石上拓印下来的拓本，仍称为帖。

立石为碑，横石为帖。帖，是刻石中的一类，是把前人的墨迹摹刻在石上，以供学习书法的人们临摹。帖，也有用木刻的，如今市面上仍有许多清代木刻帖出售。帖为横石，每块石高 25～35cm，宽 70～100cm。帖的刻石，一般存于室内，或镶之于墙壁间，以供人们欣赏传拓。帖的内容，大多是帝王、重臣和一些文化名人所书的诗词、信札等。

帖可以分为单帖和丛帖。

1. 单帖

只刻单篇的帖称为单帖。

著名的单帖有钟繇的《宣示表》《还示表》《贺捷表》，陆机的《平复帖》，皇象的《急就章》，王羲之的《黄庭经》《兰亭序》《乐毅论》，王献之的《中秋帖》《洛神赋十三行》，智永的《真草千字文》，欧阳询的《般若波罗蜜多心经》，虞世南的《破邪论叙》，褚遂良的《阴符经》《度人经》《西升经》《千字文》，颜真卿的《小麻姑仙坛记》《争座位帖》《祭侄文稿》，柳公权的《护命经》《常清静经》，孙过庭的《书谱》，张旭的《千字文》《肚痛帖》，怀素的《千字文》《圣母帖》，钟绍京的《维摩经》，苏轼的《前赤壁赋》《后赤壁赋》，黄庭坚的《松风阁诗》，米芾的《多景楼诗帖》，赵子昂的《道德经》等。

2. 丛帖

把多人的书法或一人的数种书法刻在一起的称为丛帖。

著名的丛帖有《淳化阁帖》，刻于宋淳化三年（992）。还有《大观帖》《澄清堂帖》《博古堂帖》《宝晋斋帖》《凤墅帖》《停云馆帖》《戏鸿堂帖》《玉烟堂帖》《秋碧堂帖》《快雪堂帖》《式古堂帖》《三希堂帖》等，此为集刻数人之书法丛帖。著名的个人丛帖有：王羲之书《十七帖》，颜真卿书《忠义堂帖》，苏轼书《观海堂苏帖》，黄庭坚书《黄文节公法书》，米芾书《英光堂帖》，赵炅书《至道御书法帖》，赵子昂书《松雪斋法书墨刻》，文徵明书《停云馆真迹》，董其昌书《书种堂帖》，刘墉书《刘文清公手迹》，邓石如书《完白真迹》等。

（三）从广义上去理解碑帖

上面是从碑和帖的基本概念介绍碑帖，在现实生活中，人们对碑帖的理解不是单指碑石和帖石以及从这两种刻石上拓下来的拓片（本），其涵盖面是比较广的，广到可以包括刻有文字的所有刻石及其拓片。作为个人收藏来说，不妨从广义上去理解碑帖，这样收集的范围就可以广一些。凡有文字的刻石拓片（本）都应是关注的范围。

我国现存最早的石刻为"石鼓文"，石鼓文的内容是歌颂秦国君的游猎情况，故有人提议，将其更名为"猎碣"。现在，我们说的"石鼓文"这三个字，实际上有两层含义，一是指字形，或者说字体，即刻在十块鼓形石上的一种文字。另一层意思是指这批刻石。据说周宣王太史籀把甲骨文书体改为大篆，也称之为"籀文"。石鼓文是其遗法，它被视为我国书法艺术的发端，人们对它有着极高的评价。虽然目前对这批刻石的确切年代没有完全定论，但有一点是可以肯定的——它是我国目前所存最早的刻石，是我国先秦时代的遗物。这批刻石现保存在北京故宫博物院内。石鼓文虽然既不是碑刻石，也不是帖刻石，但它却代表着一个时代的书法艺术。如果你收集碑帖，研究碑刻文字，研究书法艺术，不仅不能放弃收藏石鼓文拓片的机会，而且还应该把能得到它的拓本（片）当成是人生的一件幸事。

诸如此类虽非碑帖刻石但价值却很高而值得收藏的还有很多，如《琅琊台刻石》。在各种刻有文字的青铜玉器上拓下来的拓片或拓本也应在收藏之列，还有各种玺印的钤印本，即印谱，有条件也应该收藏一些。

还有瓦当，由于上面有精美的图文，也吸引了许多碑帖收藏爱好者。在 2000 年上海博古斋的春季艺术品拍卖图录上，第 220 号拍品就是一册瓦当拓本，拓于民国间，其底价为 18 000 元。由此可见，瓦当也是有很高收藏价值的。

（四）碑帖研究——金石学

关于碑帖的学问，古人把它叫作金石学，它被视为中国考古学的前身。根据《汉典》对金石学的解释"研究金石等钟鼎铭文的学问"可知，金石学的主要研究对象为前朝的铜器和碑石，特别是其上的文字铭刻及拓片，广义上还包括竹简、甲骨、玉器、砖瓦、封泥、兵符、明器等一般文物，它是一门综合学科，对碑帖的研究实乃金石学的一部分。

金石学始于北宋，盛于清代。北宋著名学者刘敞和欧阳修是这门学问的开创者，欧阳修的《集古录》于 1063 年成书，其中收录了上千件金石器物，是学术史上首部金石考古学专著。刘敞的《先秦古器记》也于同年成书，可惜已佚，从欧阳修《集古录》所收先秦古器可见大概。吕大临撰《考古图》，于 1092 年自撰序，这是流传至今的最早的古器物图录。其后又有《宣和博古图》《历代钟鼎彝器款识法帖》等铜器著录书及《金石录》《隶释》等石刻著录书。清代受乾嘉学派影响，朝廷御纂《西清古鉴》等书，推动了金石学的发展并达到鼎盛。其后有《考工创物小记》《捃古录金文》《缀遗斋彝器款识考释》《斋集古录》《金石萃编》《寰宇访碑录》《古泉汇》等书。清末民初，金石学研究范围扩大，以罗振玉、王国维、马衡的研究为著，如罗振玉与王国维合著的《流沙坠简》，马衡的《中国金石学概要》。

碑与帖各有所长，学书者亦各有所好，遂有碑学、帖学之分，且有北派（碑学）南派（帖学）之论。从书法艺术审美来看，北派（碑学）书风壮美、质朴、雄健、敦厚、豪放；南派（帖学）书风优美、飘逸、潇洒、娟秀、婉约。

（五）拓片

1. 拓片与拓本的区别

拓片是直接从碑版上拓印下来的，未经过剪裁，可以反映出原碑版的形制面貌。拓本则是为了便于翻阅、保存，将拓片进行剪裁，然后按阅读的顺序，根据粘贴本的大小，按照每行统一的字数（草书除外，因草书字的大小不一，难以统一）粘贴在上面，并装订成册。因此，拓片的价值又高于拓本。石拓本的价值高于木拓本。

2. 制作拓片

（1）工具

制作拓片的主要工具有棕刷，是用来刷纸、上纸的；打刷，是在上纸之后，用来将纸均匀地打入凹陷处，使纸面和器物之间不留空隙；木榔头，主要用于敲打宣纸的接茬处，使其能牢固地衔接起来；朴子，也称拓包、墨包，是用于拓片上墨的。另外，如碗、墨盘、抹布、毛刷、毛巾、小喷雾器等，都是制作拓片的必备工具。有些工具在商店里能买到，有的则需要自己制作。

（2）材料

有了工具以后，还要准备一些材料。首先是纸张，对于纸张的要求是白而细腻、柔软且有拉力、薄而有韧性。大多采用宣纸和皮纸，也有采用高丽纸或连史纸的。其次是墨，墨以紫光为佳。用墨量少的时候，可以用墨锭磨墨；量大，则可用"一得阁"或"曹素功"墨汁。如果在墨汁中掺适量的水，然后研磨，其效果更理想；再就是白芨水或稀释胶水，其作用是使纸附于碑上。

（3）操作程序

操作程序叙述起来就更简单了，主要是三条，洗碑、上纸和上墨。

洗碑——就是把碑上的污垢藓苔清洗掉。使用工具有毛刷和竹拌等，以不伤碑石又能将污垢除净为原则。

上纸——分干上和湿上。干上纸，就是将拓纸直接上在刷有白芨水或清水的碑石上；湿上纸，就是将拓纸叠好放入清水中，然后将湿纸贴附在碑石上。

上墨——就是用扑子蘸墨，采用扑或擦的方法，将墨上在附于碑石上的拓纸上。

上面所介绍的工具材料和操作程序问题，只是说了个大概，在实际操作中是十分复杂的。现在，书店里有一些制作拓片的专门书籍，可购回参考。要拓出好的拓片，理论、工具材料及操作程序只是一个方面，更重要的是拓工的经验。同一碑石，两个拓工同时拓，优秀的拓工制作的拓片，质量就高，价格也高。有的拓片上，还署有拓工的姓名。还有的碑帖收藏家，只收某位优秀拓工的拓片。

（六）碑帖拓本类文物收集渠道

1. 多去古旧市场

现在，几乎所有的大中城市都有古旧市场，有的叫作文物市场，还有的叫作花鸟市场或古旧一条街，如北京的琉璃厂、成都的古旧市场、昆明的花鸟市场等。无论怎么称呼，在这类被称为"市场"和"街"的地方，都集中了一些专做古旧生意的商贾，都有一些专做古旧生意的铺子和摊子，而且在那些古旧商品中，一般都少不了古旧碑帖。因此，常去这些地方，一定有收获。特别值得一提的是，在这些地方购买的碑帖拓本肯定比那些正规的文物商店要便宜得多。当然，这些地方假货也特别多，你必须有一定的警惕性。

2. 多到碑帖刻石集中的地方去

俗话说"近水楼台先得月"。在碑帖刻石较集中的地方，获得碑帖拓本的机会肯定要比别的地方多一些。如在西安市，因其拥有碑林，你只要到那里去旅游，总会见到一些碑帖拓本或拓片出售。前几年中央电视台还做了专门报道，在西安碑林外面，有国家禁止拓的名碑拓片卖，到底是碑林工作人员违禁拓的还是假冒的，各执一理。笔者相信那些拓片是碑林外面的人从仿刻的碑帖刻石上拓下来的。当然，也有一些博物馆为了宣传和研究的需要，对个别名碑进行翻模拓一些拓片送人或出售。在收购的时候，一定要仔细鉴别。

3. 多去名胜古迹

名胜古迹，大多有一些刻石，一些非国家禁止拓的碑帖刻石，其管理人员会拓一些出售，以满足游客的需要。

4. 多到偏僻的山野也常有新的发现

由于地貌的变化，人员的不断迁移，过去的繁华闹市，如今成了人迹罕至的地方；过去被埋没的碑石，如今突然冒了出来。自己到野外去寻找，往往会有新的发现。有的虽然没有被掩埋过，但由于碑刻当时的影响小，未见著录，后来者也未发现其价值，所以一直默默无闻地立在那里，经受着风雨的剥蚀，也等待着人们去发现。

5. 多交同行朋友

过去把同行视为冤家，互不往来，现在是信息时代，许许多多的方面，都需要人与人之间的协作。如今的同行应该是朋友，彼此之间可交流经验，交流收藏信息。最重要的是还可以互通有无，把自己所收的复本以善价转让给同行，同行也将自己多余的而你没有的拓本以善价转让给你，这样既丰富了你的收藏，也节省了你的时间、精力和开支。尤其是要找机会多接触一些老碑帖收藏家，他们不仅经验丰富，而且有的老收藏家还有出让自己藏品的意愿。

（七）鉴定碑帖拓本

我国自宋代以来，研究碑帖的书籍难以计数，有参考价值的有400余种。碑帖属金石类，这里的"金石"二字，金是指金属器物上铸刻的文字，石是指石刻拓印的文字。在旧目录的四部分类中，凡碑帖方面的书，大多归于史部金石类，也有的把它编入子部的艺术类。读者要查阅这类书，可在这些子目中找到。要准确地鉴定碑帖，必须有扎实的碑帖知识和丰富的实践经验。经验是从实践中不断探索积累得来的，而扎实的知识不是靠读普及性的书籍杂志就能学到的，必须阅读一定数量的专门谈碑帖的书籍，身边还必须备一些专供查阅的工具书。

1. 可供查阅的书

《金石录三十卷》，宋人赵明仁撰，这部书也凝聚有一代女词人李清照的心血。本书有淡生堂余苑本、顺治庚寅谢世箕刻本、雅雨堂刻本等，中华人民共和国成立以后，出版了多种单行本。《墓铭举例四卷》，明人王行撰，道光年间朱墨套印本。墓铭是碑刻的一个大类，《墓铭举例四卷》文字不多，但对不同时代的墓铭内容作了较为全面的分析考证。《金薤琳琅二十卷》，明人都穆撰，有明正德间刊本、乾隆四十三年杭州宋氏刊本、四库全书本，还有20世纪80年代影印四库全书本。《金石萃编一百六十卷》，清人王昶撰，有嘉庆十年刊本。清人孙星衍、邢澍撰《寰宇访碑录十二卷》，有嘉庆七年孙氏自刊平津馆丛书丙集本、民国时铅排本。清人翁方纲撰《两汉金石记》，有乾隆五十四年自刊本。《来斋金石考三卷》，清人林侗撰，有道光辛丑上海徐渭仁刻本。《语石十卷 语石异同评十卷》，清人叶昌炽撰，柯昌泗评，1994年中华书局出版，这是一部合集。叶氏所著《语石》一书出版后，在社会上产生了巨大的影响，被誉为近代研究我国古代石刻最有学术水平的著作。1953年，中国社会科学院考古研究所购得柯昌泗所撰原稿《语石异同评》十卷。柯氏对《语石》一书的内容进行了补充，也论及其得失。《校碑随笔》，民国方若撰，有民国间铅排本和1997年江苏广陵古籍刻印社影印本。据说这部书是王国维和罗振玉合写，后由方若整理出版。这部书的特点是，它收录了一些清代后期出土的碑铭石刻，它对读者研究碑的拓本年代会有很大的帮助。《1949—1989四十年出土墓志目录》，荣丽华编集，王世民校订，1993年中华书局出版。这部书，不仅收录了1949—1989年40年间出土的墓志，还收录了个别1949年以前出土的墓志，全书共收录墓志1 464方。蒋文光、张菊英著《中国碑帖艺术论》，中国工人出版社1995年出版，这部书对碑帖知识作了全面系统的介绍，文字通俗易懂，书末还附有历代有影响的书法家、镌刻家小传和碑帖图片，便于读者查阅对照。《唐代墓志铭》，周绍良主编，1992年11月上海古籍出版社出版。全书约370万字，是目前收唐墓志最完备的一部书。《民国人物碑传集》，收民国间（1912—1949年）去世的各界知名人士473人，四川人民出版社1997年3月出版。还有钱仪吉撰《碑传集一百六十四卷》，收天命至嘉庆七朝2 026人；缪荃孙撰《续碑传集八十六卷》，收道光至光绪四朝1 092人，也是可资参考的书籍。

另外，要研究一个地区、一个省的碑帖，首先必须了解前人和今人关于那个地区、那个省的金石方面的著述。许多省都有自己的《金石志》。如果要研究四川省的碑帖情况，就应该读《四川通志》（有嘉庆二十年刊本、1984年影印本）中的金石编，还应该读一读专录四川碑刻的，如王象之的《蜀碑记》、李调元的《蜀碑补记》和刘喜海的《三巴金石苑》等书。近人邓少琴编《益部汉隶集》（1949年7月四川大学双钩线描石印本）等书，也属应读之列。只有这样，才能对四川某一个具体的碑帖有一个准确定位。

2. 鉴定碑帖需要掌握书法知识

我们阅读了部分专门书籍并有了一些必备的工具书后，还必须对不同时代的书法艺术特点有一个大概的了解。因为碑帖的价值，主要就体现在书法艺术上。

书法，是我国特有的一种传统艺术，是我们的国粹，有着悠久的历史。书法艺术和其他艺术一样，是不断发展和变化的。在书法艺术几千年的发展历史中，书体在不断地变化，并在不同的历史时期形成了不同的艺术特点。我们有了书法知识之后，掌握了不同时代的书法特点，就可以从书法的时代特点入手鉴定出拓本原石的年代。

书法从书体上说，可以分成八种，即甲骨文、大篆、小篆、隶书、八分书、草书、楷书（也叫真书）、行书。

另外，还有汗简、九曲文、鸟虫篆等变体，作为碑帖收藏爱好者，也应该有所了解。不了解它们就无法释读碑刻上的文字，不知道文字内容也就不可能正确地评价碑帖的价值。

在对各种字体作了简明扼要的介绍之后，对各个时代的书法艺术特点本应该勾勒出一个大概的轮廓来；但是由于篇幅的关系，这项工作就需由有心的读者自己去完成了。一般要求，必须把握几个重要历史时期的字体特点。如南北朝是我国历史上最动荡的一个时期，其书法却有其独特之处，但直到清代后期才被重视，并被称为中国书法史上的一朵奇葩。其书法是在继承汉隶的基础上发展起来的，结体自然而富有变化，承隶为楷，在重以平衡的条件下，纵横跌宕，是处于书体壇变过渡阶段的书法，具有古朴、厚重、峻峭、活泼的美。

在有了一些基本的知识后，才谈得上鉴定碑帖。鉴定碑帖，说穿了，就是确定碑帖的真伪和拓印时间。

3. 碑的真伪

真伪对于具体的碑来说，有两种情况。第一种情况：某碑到底是真的还是虚拟的。比如，有一方碑，从碑上文字内容看，它是唐开元年间王林的墓志，其立墓志的时间也写得非常清楚，是唐人某某立于唐代；而实际上这个王林是明人或清人虚拟的一个人，这块墓主为王林的墓志，是明人或清人伪造的。一句话，就是后人伪造古碑。第二种情况：某碑是原刻还是后人根据原碑的拓本或拓片翻刻的。这两个问题，都是十分复杂的。

（1）名家题跋也不完全可靠

故宫博物院所藏黄小松旧物汉魏五种孤本，前后均有洪亮吉、孙星衍、黄小松、钱泳、阮元、翁方纲、冯敏昌、杨守敬等名人真迹题跋和钤印，一致认为这五种拓本为宋拓孤本。可实际上经今人考证，这五种碑拓中有三种碑是明人伪造的。由此也说明，即便是大名家的真迹题跋，也不一定完全可信。

（2）翻刻碑帖的目的

翻刻碑帖，目的不一，有的是为了广流传，有的是为了谋利。一个拓本，到底是原刻还是翻刻，是让鉴定者十分头痛的事情。如果有原刻拓本作比较，倒要容易一些，在没有原刻拓本作比较的情况下，自然就会把翻刻拓本当成原刻拓本了。比如，《化度寺邕禅师塔铭》在唐代便有两种翻刻，并有其拓本传之于世，一本原藏西安学府，一本为翁方纲所藏。西安学府藏本和翁方纲藏本当时均被视为原刻宋拓本，并有许多名人做过鉴定，写下了题跋。翁氏视自己所藏的拓本为至宝，终身临摹；但是，从敦煌石室中发现了唐拓本后，一经比较，才知道西安学府藏本和翁方纲藏本，都是翻刻本。

（3）翻刻与原刻的主要区别

翻刻碑帖与原刻的区别，主要在于字画的神韵上。这就要求鉴定者对不同时代和不同时代的书法人的艺术特征有比较全面的了解。明人有将无名或名气不大的人书写的宋元旧碑改成唐代名人书写的碑的。如书体近似于欧体的碑，把撰书人直接改刻成欧阳询；把书体近于柳体的旧碑，改刻成柳公权书。还有的从名人撰书的碑上拓下撰书人，更换无名氏或小有名气的撰书人，以冒充名人书写的碑。对于这类作伪手段，只要我们能把握名人的书法特点，就能识别其真伪。

（4）同一碑石的拓片其字画有肥瘦之别

有的碑拓从同一原碑所拓，但其字画却有肥瘦之别，让人不能对其真伪进行辨别。这就要求鉴定人对拓本上文字的笔道和字口进行认真甄别。如果其笔道和字口基本一致，可以把它们看成是从同一原石上拓下来的，只不过是拓印时间不一样，字肥者为洗碑之前所拓，字瘦者为洗碑之后所拓。

（5）区分拓本和影印本

有将影印本碑帖冒充拓本卖的，目前在旧肆上这种情况还比较多。其原因是民国年间出版过大量的碑帖影印本，20 世纪 90 年代中期也出版过一次，影印碑帖的数量也比较大；还因为拓印比影印的值钱。影印的拓片鉴别起来要容易一些，但是，将影印的拓片一条一条地剪裁下来，拼贴成拓本，鉴别起来就难一些了。一般情况下，用手一摸，感觉纸面平滑，那肯定是影印的。有时候，这一招也是靠不住的，因为你摸不准。狡猾的作伪者，"不辞辛劳"，逐字涂上墨，并用竹签做出字口。遇到这种情况，你就必须认真对待了，主要从字面的墨色差异去鉴定，因为拓本的墨色基本是一致的。

4. 确定拓本的具体时间

在分清真伪碑帖和真假拓本之后，接下来就是鉴定拓本的具体时间了，也就是说，鉴定你拿到手中的这个拓本到底是什么时候拓的。主要从两个方面入手。

（1）从外观上的装帧、拓法和材料入手

不同时代的拓本，其拓印方法和装帧也不尽相同。

①唐拓本的特点

唐代拓本，从仅存的《温泉铭》《化度寺塔铭》，柳书《金刚经》和《神策军碑》（只存上册，藏在国家图书馆）等拓本看，都是浓墨擦拓，其墨色乌黑，拓本黑白对比强烈，即所谓"乌金拓"。

②唐至元的乌金拓

墨色少光，这是因为元以前所用之墨烟重胶轻。

③"燕尾色"

明代以后，胶重烟轻，使墨现紫光，似燕子的尾巴，故又称"燕尾色"。

尤其是乾隆年间的御制墨，制作精良，用此墨拓的御书碑，墨光如镜。现在人们解释"乌金拓"一词，大多认为其拓本墨色像乌金一样乌黑透亮，其实这种说法是不全面的。

④宋拓本的类别

宋代拓本分为两类，除乌金拓外，还有蝉翼拓。所谓蝉翼拓，就是其墨淡而均匀，如蝉翼一般细润淡雅，纤毫毕现。

⑤宋、元两代的主要拓法

宋、元两代的碑帖拓本绝大多数为浓墨擦拓，少数为淡墨扑拓。一般认为，早期的拓本，其拓术为扑拓，擦拓则始于宋代。由于制墨技术的发展，也引起了拓法上的变化，这是鉴定碑帖时必须注意的一个问题。

⑥早期制作的拓包

元代以前擦拓碑帖的拓包是以细毡卷成圆卷，用火烙平底部制成的。

⑦早期拓制的拓本

用拓包蘸墨擦拓，擦拓三遍以后，如觉不匀，再进行补擦，直至均匀一致。然后，再用蜡版抹一层川蜡，其目的是防止脱墨和伤字。

⑧宋元拓本上的白色痕迹

在宋元时期的拓本上，常常会见到白色的痕迹，那是使用蜡后留下的痕迹。明代以后，由于使用的墨是胶重烟轻，也就不用担心脱墨了，抹蜡这道工序自然就废掉了。

⑨蜡拓法及其分类

上面介绍的那种抹蜡方法即为蜡拓法。蜡拓法从工艺上讲，也分为两种，除上文介绍的一种外，还有一种就是用烟子合蜡成饼状，等碑上纸干后，以蜡饼擦拓。这种拓法，操作简便，现在仍运用于边远山区一些野外不便于施工的地方，如拓摩崖石刻，拓的效果也不错，墨黑而有光泽，比较美观；但是，由于它有容易伤字口的弊病，所以这种方法使用不多。

⑩宋拓本纸张的特点

宋代拓碑所用的纸主要是麻纸，拓帖主要用棉纸和麻纸，也有少量的葛麻纸。葛麻纸是朝鲜所出，因其纸面有葛布纹痕迹而得名。

⑪朝鲜拓本的特点

葛麻纸虽然产于朝鲜，但是朝鲜拓本所用的纸，又主要是其自产的蚕茧纸。朝鲜的拓本，大多用水墨淡拓，而且只拓碑上有字处，无字的地方不拓。

⑫ 彩拓

明代发明了彩拓。彩拓以其色冠名，如朱拓，即指以朱砂拓印。朱拓使用的不完全是朱砂，它是用鸡内子去黄留青和入朱砂。其比例是，一两朱砂和七个鸡内子。将二者调匀后，用软毡卷做擦拓。拓时必须按顺序轻轻地擦拓。擦拓第一遍后，必须等色干了才能拓第二遍，否则字画模糊。

彩拓有单色的，还有特别复杂的，用五种颜色拓的被称为五色拓或五彩拓。

⑬ 镶拓

明益王发明了镶拓。这种拓法所用的是李廷圭墨和金箔纸。当时的金箔纸是一种质地细润而纯净，色浅黄的纸。镶拓的方法是先在纸上绘出拓处，上纸后以淡墨拓绘处，然后再以乌金墨拓。用这种方法拓出来，墨色浓淡分明，对比强烈，十分美观。

⑭ 摹拓

清代后期，还发明了摹拓，也叫笔拓。这种拓法的肇始者为黄士陵。其方法就是用笔模仿拓的模样画出来，使别人看上去如拓的一样。

⑮ 制作金石彝器全拓

在清道光年间，焦山寺僧六舟，还发明了金石彝器全拓法。在所有的拓法中，这种拓法的难度最大。其方法是，先以灯取影，把被拓的器物尺寸量好并绘出轮廓，再用厚纸做漏子。上纸之前，应先用毛笔蘸白芨水刷器物，用湿棉花擦拭后上纸。用纸也十分讲究，最好的是细薄的六吉棉连纸。以绸布包棉花做扑子，待纸干后，扑墨拓之。

⑯ 明以前拓本的装帧特点

碑帖的装帧，在宋至明代，大多是天地、边镶、分心宽大，单纸挖镶，开版裱。其表面一般为纸，但也有少数用绫绢的。装裱的形式，有宣和装、金镶玉、连环装、蝴蝶装等。

⑰ 清代以后拓本装帧的变化

清代以后的装帧有了一些新的变化，出现了五镶经楷、四版带大耳（即先裱成两开加半开白纸的一种装裱方法）、整纸软托和硬挖及整纸软挖等，其天地、边镶和分心也渐渐缩小。

（2）看拓片上原碑的磨泐程度

主要是以字画的缺损和碑石的断裂情况判定拓印时间。

一块碑存世的时间越长，其磨泐的程度肯定越大，受损的字也就越多。

例如，颜真卿的《争座位帖》，杨守敬撰文曰，凡"出入王命"的"出"字不坏者，为宋拓，"裂冠毁冕"之"冠"字左点不损者，为200年前旧物。杨文告诉我们"出"与"冠"字的坏损情况是确定此帖拓印时间的根本依据。另外，要鉴定此帖石的拓本，还必须了解此帖的翻刻情况。据介绍，此帖共有七种刻本，分别为京兆安师文刻本、吴中复重刻本、米襄阳临本、北京刻本、戏鸿堂本、嘉善堂魏氏本、阁中本。其中刊刻最精的是北京本。此本宋末至明初拓本因缺二石，故前缺六行，后缺八行。明永乐十一年（1413年），民家挖地得二石，始为完物。因此，鉴定京本，还必须记住这一条史料。又如《皇甫府君碑》，宋拓本，自"碑"字始，有一断裂斜纹，此裂纹于明万历间断开。所以，凡宋拓本，碑未断，且字画肥，明代拓本字画渐瘦，至万历间为断碑。至清初，字画渐肥，且"监"字缺损。

上面就是以字的缺损鉴定拓本产生时间的例证，可以说，占相当大比例的碑拓主要是采用这种办法来确定其拓印时间的；但是，这也绝对不是最可靠的依据。俗话说"道高一尺，魔高一丈"，既然你以考据某字的磨泐情况来确定拓本的新旧程度，那么有人就在那个字上做文章。

在清代，就十分盛行补字造假。

①鉴别考据字的真伪

有的用灰和胶补在碑帖原石的泐处，然后按照旧拓考据的字样刻好，再用旧墨旧纸拓印，最后再用旧式装裱。遇到这种情况，最难鉴定。鉴定的主要办法是盯准那些旧拓考据的字，看它们与全碑字的形态肥瘦是否一致，如果不一致就肯定有问题了。

还有的人是把缺损的旧拓考据字摹刻在另一块石上，在进行仿旧装裱时，把旧拓考据字拓下来，补在拓本的缺损处。还有的是直接从原碑上拓下考据字。因为一个碑上，一个字可能出现数次，如某碑上的第二行，"天"字末笔有缺损，但在其他地方的"天"字并没有缺损，于是，把别处"天"字单拓下来，以替代那个缺损的"天"字。遇到这种情况，只有从拓本的纸色和墨色来鉴定了，主要看其是否协调。

②鉴别装帧的真伪

在明、清两代，还有人将明清拓片或拓本裱在宋时装裱的拓片或拓本的边框或纸本上，冒充宋拓本。现在书画市场把这种作伪方法叫作"装棺材"。有的是将名人在旧碑拓上的题跋取到新拓本上冒充旧拓本。还有的将古代碑版大家的印章盖在新拓本上，以充旧拓本。有的章虽然是真的，但是是后来盖上的，有的连章都是伪造的。这种情况，主要通过审视拓本上文字的磨泐程度来确定拓本的拓印时间，同时还可观察印章的真伪和印色的古旧程度来做鉴定。

三、碑帖拓本类文物藏品的保护与修复

（一）保存与养护技巧

1.给拓本除尘

得到拓本以后，应该做的第一项工作是除尘。除尘，也会起到一定的除虫效果。除尘时，一般是用毛笔或细毛刷轻轻地刷掉附在纸上的灰尘。如果粘贴较牢，也可以用吸尘器除尘。用乳光去污袋，除去拓本表面的灰尘，其效果也很好。

2.给拓本除虫

伤害纸类物质的虫有很多，如书虱、白蚁、毛衣虫、短鼻木象、蟑螂、裸株甲、中华圆皮蠹、谷粉虫、东方蜚蠊等。它们有的只是吃装裱材料中的淀粉及胶类物质，有的几乎什么都吃，而且在上面产卵，孵化出的小虫又吃纸类物质，小虫又结蛹变成成虫。同时，它们还排出有色液体，污染拓本。

3.除虫的方法

用四氧化碳、磷化氢、氯化乙烯和二氧化碳、甲酸甲酯和二氧化碳、二氯乙烯和二氧化碳等作为熏蒸剂，将拓本置于密闭的容器中，在30℃的条件下，熏蒸1~2T，即可达到除虫的目的。

采用真空灭虫的办法，将拓本置于真空中1~2T，即可除虫。

在存放拓本的箱柜或盒子中，放樟脑丸、檀香、藏香等，也可以起到驱虫的作用；但这种方法不是特别牢靠，因为这些驱虫药物挥发较快，过一段时间就会失效，所以须经常检查，发现问题及时处置。

对除过尘和虫的碑帖拓本，可以制作一些盒套，把它们分别装进盒套里。这种办法既可以减少灰尘、光线和空气污染对碑帖拓本的损害，也可以减轻

碑帖拓本在搬动过程中的机械损伤。

4. 不能用紫外线照射的方法消毒、除虫

有些人只图简便，把买回的旧拓本拿到医院用紫外线照上一夜，以为就万事大吉了。他们认为这种办法既可消毒，也可除虫。殊不知，这种办法虽然能起到杀虫灭菌的作用，但是，对拓本自身也带来了巨大损伤，缩短了它的寿命。

5. 不能用日光晒的方法除虫

古人常用太阳暴晒的方法来解决生霉和除虫的问题。大学者、藏书家朱彝尊就有"暴书亭"之号。这种办法虽然对解决生霉和除虫有一定的效果，但是，它带来的后果是加快了拓本纸质的老化，使拓本的纸变黄、变脆。因为太阳的暴晒不仅对拓本有紫外线的损害，还有高温带来的损害。经老化实验证明，在100℃下烘烤3天的纸张，相当于常温条件下在储藏室里保存25年。

6. 拓本的存放条件

拓本应放在干燥、通风的地方，避免潮湿生霉，避免光的直接照射，尤其是紫外线的照射。特别珍贵的拓本，如有条件，应将其置于湿度在50%～60%、温度在14℃～18℃的环境中，但温度也不能太低，否则会使纸张变脆。控制好存放拓本的环境，保持好相应的湿度和温度，是预防真菌以及细菌滋生和繁殖的有效措施。除虫害以外，还有危害拓本的微生物，它们是真菌和细菌。真菌分泌出的色素十分稳定，大多不溶于水，因此，它使拓本上产生的颜色和斑点（一般为黄色、褐色和黑色的色斑）不易除掉。通过实验证明，真菌的滋生蔓延可以在5天之内使纸的强度降低一半。由此可见，给拓本创造好的保存环境，防止滋生真菌，是十分重要的。早些年，中央档案馆等单位研制了一种名叫叶醇徐放的抗霉剂，还有上海博物馆等单位研制的气相防霉剂，对于防真菌都能起到较好的作用。

7. 不能补墨

作为收藏碑帖的人，初学者还必须知道一些常识性的知识。有时候，无知和作伪所达到的效果是一样的，如补墨的问题。拓本到了你的手中以后，绝不能想当然为了拓本的美观，在墨淡的地方或者应该有墨而没有墨的地方补上墨。这样做的结果是掩盖了原碑石磨泐的真实面貌，容易造成鉴定人对拓本的误断。

（二）破损补救技巧

1.对破损的拓本进行修复装裱

（1）珍贵拓本必须请名师修复

对破损的拓本进行修复装裱是保护拓本使其不会受到进一步损害的重要措施。修复装裱这项工作看起来似乎简单，实际上难度是相当大的。一个好的装裱工和一个普通的装裱工之间的差距非常大，这主要体现在装裱修复难度较大的拓本上。如果有特别珍贵的拓本需要修复和装裱，必须请高明的装裱师装裱，绝不能为了节约自己凑合着干或者让技术一般的人去干。如果自己经济困难，实在请不起名师，或者在你生活的地方找不到名师，那你最好是将其进行必要的除尘、除虫和去污之后，好好地保存着，等以后有条件的时候再说，不要轻易去动它。在笔者看来，一件珍贵的拓本，虽然你得到了它，但它只是暂时归你所有，它终归是国家的文物、财富。到了你的手中之后，只能好好地保存它，至少不应该在你的手中遭到进一步的破坏。如果你让技术一般或比较差的装裱工去修复装裱珍贵拓本，从本质上讲是毁坏文物。通过名师修复装裱，不仅能对拓本起到保护作用，而且美观大方，使你的拓本有较大的升值空间。对于特别有价值又比较残破的拓本，可以请如上海等地博物馆里的高级装裱师修复装裱。

（2）自己修复应注意的问题

如果拓本的修复难度不大，自己有能力独立完成，也不妨自己动手。不过，要注意糨糊的调配。按传统的办法，一般在糨糊中加入川椒、白矾、除虫菊细末等可以起到防虫的作用。在拓本装裱时，也可以使用CMC黏合剂。这种黏合剂不发酵、不发霉，虫不吃、鼠不咬，而且还有较好的热稳定性和抗盐性。

2.污垢的清除方法

（1）清除水斑和泥斑

凡水斑和泥斑可用清水清洗。清洗的时候，先将被清洗的纸放入60℃～70℃的水盘中，轻轻地冲洗20～30min，取出后，再用吸水纸吸去纸面上的水分，并进行压干。也可以制作一铁网平底方篓，底部宽约40cm，长约60cm，在篓的两头置耳，供手提用，以便操作。将拓片或拓本的一开置于篓底，再浸入流动的清水中任其漂洗，直至斑点洗净再取出。取出后，将其放在干净且汲水性强的宣纸中间轻轻抚压，把水吸干，晾干即可。

（2）清除油斑

对付油斑可以用有机溶剂进行清除。主要有乙醚、丙酮、甲苯和四氯化碳等。

（3）清除霉斑、虫斑以及墨水斑

霉斑、虫斑以及墨水斑的清除难度较大，一般使用过氧化氢、氯胺–T、次氯酸钠等氧化的办法清除。

（4）清除铁锈斑

铁锈斑用 5% 草酸溶液或者是抗坏血酸（也就是维生素 C）的稀溶液进行清洗，可以达到较好的清除效果。

（5）用化学方法除污应注意的问题

用化学方法除污效果较好，有些斑痕只有用化学的方法才能解决。值得特别注意的是，在清除污垢的过程中，凡是用化学药品除污的，应该立即用清水洗净以防止留下新的色斑和增加拓本纸张的酸碱度。

第十章 纺织品文物的保护

第一节 纺织品文物的分类和化学组成

我国劳动人民掌握纺织技术，已有数千年的历史。最早，人们利用自然界野生的葛、麻、蚕丝、兽毛等作为纺织原料。相传在黄帝的时候，我国劳动人民已经利用蚕丝织成丝绸。在三千多年前，我国就有关于麻的种植和麻纤维的文字记载。到了周代已有很细密的葛布，并且掌握了苎麻的脱胶技术。秦汉时，我国养蚕、制丝和丝织技术逐渐传到欧洲；汉代张骞通西域后，汉与中亚开始交通，丝绸输出就更多了；历史上丝绸从黄河上游，经过新疆运往中亚细亚和欧洲，这就是世界闻名的"丝绸之路"。汉晋时代，民间的手工毛纺织技术逐步发展起来，织制的毛纺织品不但用作衣料，还用来制成精致的挂毯。隋唐时期棉花从缅甸、越南、伊朗等地开始传入我国，之后在我国得到普遍种植，至明朝时期棉织品已成为我国主要的衣着用料。

由于纺织品文物主要由植物纤维和动物纤维精制而成，纤维素、半纤维素、角朊蛋白质、胶朊蛋白质等均为天然高分子化合物，其耐久性不如无机化合物，加之地下环境潮湿，许多纺织品文物深埋在地下就已糟朽。如果地下环境干燥低温，有些纺织品文物仍可保存比较完好，如：新疆吐鲁番阿拉沟遗址出土的约公元前300年的毛织品，长沙马王堆1号汉墓出土的精细苎麻布，新疆民丰东汉墓出土的蓝白印花棉布，宁夏贺兰县拜寺沟方塔出土的西夏丝织品绢、绫、罗、锦等。在故宫博物院保存的许多精美绝伦的传世纺织品体现了我国古代高超的纺织技术。

纺织品文物按其纤维原料不同，主要可分为毛织品、丝织品、棉织品和麻织品等。春秋战国之前，中国古代劳动人民曾以葛纤维为原料织"葛布"，作衣被之用。葛是一种野生植物，蔓生，喜潮湿，多生长在河边或沼泽低洼地带；葛纤维的性质与麻纤维相似，但其脱胶方法与麻纤维韧皮不同，麻系沤制，而葛则用煮法。"葛布"在历史长河中历时较短，现存世极少。

一、纺织品文物纤维原料的分类及理化性质

（一）毛纤维

中国是世界上手工毛纺织技术发展较早的国家，古代用于毛纺织的原料有羊毛、牦牛毛、骆驼毛、兔毛等。据历史文献记载早在公元前 3000 年陕西半坡已有驯羊。在新疆罗布淖尔地区出土的约公元前 2000 年的羊毛织品，其纱线的宽度最细可达 1mm；新疆和田民丰出土的公元前 260 ~ 前 200 年的羊毛地毯，手工制作精致，色彩鲜艳，其纱线宽度最细可达 0.1mm，细如蚕丝，黏度十分均匀，说明毛纺织技术到汉代已有重大进步。

天然动物毛的种类很多，以绵羊毛数量最多，是古代毛纺织品的最主要原料，绵羊毛简称羊毛。

1. 羊毛纤维的分子结构

羊毛纤维是天然蛋白质纤维，它的主要组成物质是角朊蛋白质，组成其大分子的单元是 α - 氨基酸剩基。

羊毛角朊蛋白质由近 20 种 α - 氨基酸组成，氨基酸的种类因侧基 R 的不同而不同，角朊蛋白质中的每一个氨基酸剩基以肽键—CO—NH—连接，其中以精氨酸（二氨基酸）、松氨酸、谷氨酸（二羟基酸）、天冬氨酸和胱氨酸（含硫氨酸）的含量较高。

羊毛分子结构的特点是蛋白质大分子之间除了依靠范德华力、氢键结合外，还有盐式键、二硫键相结合，从而使大分子具有网状结构。羊毛角朊大分子的空间结构可以是直线状的曲折链 β 型），也可以是螺旋链（α 型）。在一定条件下，拉伸羊毛纤维，可使螺旋链伸展成为曲折链，去除外力后仍可能恢复。如果在拉伸的同时，给予一定的温、湿度条件，使二硫键（—S—S—）拆开，大分子之间的结合力减弱，α、β 型的转变就较充分，再回复到常温条件时，形成新的结合点，外力去除后不再回复，羊毛的这种性能称为热塑性。

羊毛角朊蛋白中含有相当数量的胱氨酸，这使得角朊蛋白质中除了碳、氢、氧和氮外，还含有硫，硫的存在和含量的多少将影响到羊毛纤维的物理

化学性质。

2.羊毛纤维的形态结构

羊毛纤维的截面形态因细度不同而有变化，一般细羊毛截面近似圆形，粗羊毛截面呈椭圆形。羊毛纤维截面从外向里由鳞片层、皮质层和髓质层组成。细羊毛无髓质层。

（1）鳞片层

鳞片层像鱼鳞或瓦片一样重叠覆盖在羊毛纤维表面，对羊毛纤维起保护作用。鳞片在羊毛纤维表面覆盖的形式基本上有环状覆盖、瓦状覆盖和龟裂状覆盖三种。各种羊毛的鳞片大小基本相同，而鳞片在羊毛上覆盖的密度因羊毛的品种和羊毛的粗细不同而有较大的差异。鳞片的形态和排列密度对羊毛光泽和表面性质均有很大影响。细羊毛的鳞片呈环状覆盖，排列紧密、对光线反射小，因而光泽柔和；粗羊毛的鳞片呈瓦状和龟裂状，排列稀疏，表面光滑，反光强，光泽亮。此外鳞片层使羊毛纤维具有了特殊的缩绒性。

（2）皮质层

皮质层是羊毛纤维的主要组成部分，它决定了羊毛纤维的物理化学性质。皮质层一般由两种不同的皮质细胞组成，一种称为正皮质，一种称为偏皮质，它们的性质有所不同。正皮质结构较疏松、含硫较少，对酶及化学试剂反应活泼；结晶区较小，易吸湿。偏皮质结构较紧密，含硫较多，对化学试剂反应较差，这两种皮质细胞在羊毛中分布情况因羊毛的品种和粗细而异。羊毛皮质层发育完善，所占比例大时，羊毛纤维的品质优良，表现为强度、卷曲、弹性都比较好。此外，皮质层中还含有天然色素。

（3）髓质层

髓质层由结构松散和充满空气的角朊细胞组成，它的有无和在纤维中所占比例的大小因羊毛的品种而异，它的存在使纤维强度、弹性、卷曲变差。

3.羊毛纤维的理化性质

（1）卷曲性

羊毛纤维沿长度方向有自然的周期性的卷曲，卷曲的形状和多少一般随羊的品种或纤维类型不同而不同。

（2）强伸性

羊毛纤维在拉伸外力的作用下有天然的伸长能力，是一种重要的机械性能，其断裂伸长率为 25% ~ 35%，并且具有优良的弹性回复能力，因此羊毛织物比较坚韧耐久。

（3）吸湿性

羊毛纤维大分子中，亲水基团的数目和种类影响吸湿能力的大小，如羟基（—OH）、酰氨基（—CONH）、亚氨基（—NH）、羧基（—COOH）等都是较强的亲水基团，它们与水分子的亲和力很大，这类基团越多，纤维的吸湿能力越强。在一般大气条件下，羊毛的含水量可达 16%，羊毛纤维的吸湿性能在四种纺织纤维中占首位。

（4）非溶解性

羊毛纤维的主要组成物质是非水溶性角朊蛋白质，羊毛角朊蛋白质中含有一定比例的胱氨酸，胱氨酸中二硫键在毛纤维的结构和性能方面起着重要的作用，这种化学键使毛纤维的空间结构稳定，从而有助于纤维变形后的回复，使毛纤维在一些溶剂中不易溶解。

（5）酸碱两重性

由于其化学成分决定，蛋白质是一种两性化合物。在蛋白质大分子中存在着羧基（—COOH）及氨基（—NH$_2$）基团，在酸性溶液里蛋白质带正电荷，在碱性溶液里蛋白质带负电荷，当溶液在某个 pH 值时，使蛋白质所带的正电荷和负电荷恰好相等，即总电荷为零，在此 pH 条件下，蛋白质化学结构最为稳定。

在羊毛的大分子中，酸性基团和碱性基团的数量并不相等，也就是羊毛的耐酸碱性并不相等。羊毛对碱的作用非常敏感，耐碱能力远低于耐酸能力；羊毛抗酸能力较强，但高温、高浓度的酸也会使羊毛受损，受损程度因酸的种类、浓度高低、温度高低和处理时间的长短而不同。碱对羊毛的作用比较剧烈，碱使羊毛变黄，使二硫键断开，含硫降低，以及部分溶解。将羊毛放在 5% 氢氧化钠溶液中煮沸 5min，羊毛即全部溶解。

（6）氧化还原性

氧化剂对羊毛损伤较大，特别是在碱催化时更显著。卤素族类的漂白粉或其他含氯的漂白剂对羊毛纤维均有强烈的破坏作用，尤其是对于羊毛的鳞片具有特别强烈的破坏。温度为 30℃ 的次氯酸钠溶液（3.6% ~ 5% 浓度）能使羊毛破坏，以致溶解。对于 3% 浓度的过氧化氢（即双氧水，H$_2$O$_2$）稀溶液，温度为50℃时，羊毛在短时间不产生直接的显著变化，但纤维的抗碱能力下降。

还原剂对羊毛损伤较小，特别是在酸性条件下，破坏更小；但在碱性介质中，还原剂对羊毛的作用也是明显的。

4. 其他动物毛

（1）山羊绒

山羊绒由鳞片层和皮质层组成，没有髓质层。山羊绒鳞片的边缘光滑，呈环状覆盖，间距较大。山羊绒横截面接近圆形，平均直径多在15～16μm，平均长度在35～45mm。山羊绒有不规则卷曲，卷曲数比细羊毛少。山羊绒的吸湿能力、弹性、伸展性一般优于绵羊毛，对化学品的作用比绵羊毛敏感。

（2）兔毛

兔毛纤维分30μm以下的绒毛和30μm以上的粗毛两个类型。兔毛长度最短的10mm以下，最长的可达115mm，大多数为25～45mm。兔毛纤维都是由鳞片层、皮质层和髓质层组成。兔毛纤维表面鳞片光滑，断面为不规则的椭圆形或四边形。兔毛的髓质层较其他动物毛发达，形成多腔气孔。兔毛纤维的特点是细、轻、软、滑，吸湿能力强。

（3）骆驼毛

骆驼毛中含有细毛和粗毛两类纤维，通常称细毛为驼绒，粗毛为驼毛。驼绒的平均直径为14～23μm，长度为40～135mm；驼毛的平均直径为50～20μm，长度为50～300mm。驼绒主要由鳞片层和皮质层组成，也有一些绒毛有较细的髓质层，驼绒各方面的性能与山羊绒相似。驼毛的组织结构近似于羊毛，驼毛的髓质层是连续的。骆驼毛表面鳞片极少，边缘光滑。骆驼毛带有天然的杏黄、棕褐等颜色。

（二）丝纤维

中国是闻名于世的丝绸之国，据历史文献记载，早在4700年前我国就已经开始养蚕。我国现存最早的、载有2000多年前五大行星历象的《五星占》就记载于丝帛之上。1973年长沙马王堆出土的《城邑图》《地形图》《驻军图》是我国现存最早的地图，也均记载于丝帛上，而且每幅面积达96cm×96cm，说明当时的绿帛拼接技术和托裱技术已达到了相当水平。秦汉时代除了利用家养蚕丝制作衣物外，还从未间断利用野蚕丝，特别宋元以后柞蚕丝的利用更有所推广，开始用来制作坚韧牢固而且价格低廉的丝织品。

1987年，文物部门在清理法门寺倒塌的塔基时，意外发现封闭了1000多年的唐代地宫，并挖掘出土了大量皇宫遗留的珍贵文物，其中丝绸文物数量之大、等级之高、种类之全极为罕见。根据地宫中出土的《使随真身衣物帐》记载，仅武则天、唐懿宗、惠安皇太后等的丝绸服饰就达700余件。其中数量众多的织金锦属存世最早的实物，而捻金丝最细的直径则只有0.1mm。地宫发现的这批丝绸织品无论质地还是制造水平都体现了皇家风范，代表了唐代宫廷丝绸制造业的最高水平，是唐代丝织方面的一次具有划时代意义的发现。

天然丝是指由蚕分泌的黏液所形成的纤维。可作纺织品原料的主要有桑蚕丝、柞蚕丝和蓖麻蚕丝，其中以桑蚕丝为主。

1. 蚕丝的物质组成和化学结构

蚕丝主要由丝素和包覆在丝素外的丝胶组成，此外还有少量的蜡质、脂肪和灰分等。

丝素是丝织品的主要物质，丝胶有保护丝素作用，在煮茧制丝及织绸过程中丝胶及其他成分会全部或部分去除。丝素是纤维状蛋白质，大分子链为线形 β 曲折链；丝胶是线形肽链弯曲盘绕而成的球状蛋白质。蚕丝和羊毛一样都是天然蛋白质纤维，丝蛋白聚合物是由20多种不同的 α-氨基酸缩合而成。丝蛋白中80%以上的氨基酸是甘氨酸、丙氨酸和丝氨酸。

蚕丝的化学结构和羊毛的化学结构有许多相同或相似之处，因而它们具有一些共同的特性。但由于丝朊蛋白和角朊蛋白内所含的氨基酸种类、数目、排列组合不同，所以两类蛋白质的结构也有差异。丝朊蛋白质分子结构的特点是不含硫或含少量的硫（少量的硫主要存在于丝胶中）。蚕丝蛋白质大分子间仅靠范德华力、氢键和盐式键相结合，基本少含二硫键。丝朊大分子中的R基团较小且为直线状的曲折链，大分子侧基大多体积小，结构简单，大分子排列较为规整紧密，能形成较完整的结晶，结晶度较羊毛大，因而蚕丝的强度比羊毛大3倍，一般断裂长度在22～23km。据分析水解老化时，丝织品的强度损失与天门冬氨酸含量的降低呈线性关系。

2. 蚕丝的形态结构

一根茧丝由两根丝素外包覆丝胶而成，带有丝胶的茧丝呈不规则的椭圆形，除去丝胶后的单根丝素截面呈圆三角形。柞蚕丝的横截面较桑蚕丝扁平。分析这一点，可以帮助我们判断出丝织品文物的纤维原料是桑蚕丝还是柞蚕丝。

3. 蚕丝的理化性质

（1）吸湿性

蚕丝的吸湿能力较强，在一般大气条件下，含水量可达 9% ~ 13%。柞蚕丝截面的椭圆形比桑蚕丝更为扁平，并带有大小不等的毛细孔，所以在同样条件下，含水量要高于桑蚕丝。

（2）溶解性

丝纤维内含有较多的极性氨基酸，所以水溶性比毛纤维强。

（3）酸碱两重性

蚕丝蛋白也是两性化合物，在一定条件下既能与酸作用又能和碱作用。由于蚕丝的两性性质，酸和碱都会促使丝素纤维水解，其水解的程度因酸碱的种类、浓度、温度以及作用时间不同而异。在生丝中，丝胶较丝素反应剧烈。柞蚕丝对酸碱的抵抗能力比桑蚕丝强。

蚕丝对酸的抵抗能力较强，但比羊毛差。强无机酸的稀溶液，在常温下，对蚕丝无明显破坏；在高温情况下，可引起光泽、强度、伸长率降低。当无机酸浓度提高后，丝素膨胀，溶解成淡黄色的黏稠物。弱无机酸及有机酸对生丝无明显破坏作用。

蚕丝的耐碱性较差，对强碱稀溶液，即使在常温下，也可引起丝素蛋白质的水解。碱溶液的浓度越大、温度越高，其水解程度越高。弱碱溶液如碳酸氢钠、碱性肥皂液等在短时间内只能溶解丝胶，不会破坏丝素，但长时间沸煮，将引起丝素缓慢水解。

（4）氧化性

蚕丝对氧化剂作用比较敏感，特别是在高温下长期处理会使蚕丝彻底破坏，还原剂对蚕丝的破坏作用较小。

（三）棉纤维

据史料考证，我国普遍种植棉花的历史较晚，但在新疆地区使用野生棉纤维较早。在南方地区出土较早的实物为 1979 年福建武夷山岩墓的船棺中发现距今 3200 多年的一块青灰色棉布。在北方，1955 年新疆民丰东汉墓出土了蓝白印花棉布、白布裤、手帕等棉织品残片。这些棉织品文物直接利用棉花纺纱线织成，织物中的纤维仍然保持天然棉纤维的许多特征。到了唐宋以后棉花普遍种植，棉布织品逐步代替麻成为大众衣着原料。

1. 棉纤维的形态结构

（1）纵向

棉纤维具有天然卷曲，可见中腔；其成熟度不同，形态和可纺性不同。

（2）截面

棉纤维沿长度方向截面的形状和面积都有很大变化。纤维截面形状随成熟程度不同而不同，正常成熟的棉纤维横截面呈腰圆形，并可见中腔；未成熟的纤维横截面呈扁环状，胞壁薄，中腔长；过成熟的纤维截面为近圆形，中腔圆而小。

（3）棉纤维截面构造

棉纤维的横截面由许多同心层组成，目前已可区分出六个层次，主要的有初生层、次生层、中腔三个部分。

初生层：是棉纤维的外层，即棉纤维在伸长期形成的纤维细胞的初生部分。初生层的外皮是一层极薄的蜡质与果胶，蜡质对棉纤维有保护作用，能防止外界水分的侵入，还能增润棉纤维的光泽。初生层与棉纤维的表面性质密切相关。

次生层：是棉纤维在加厚期积淀纤维素而形成的部分，是棉纤维的主要构成部分，几乎全由纤维素组成。

中腔：是棉纤维生长停止后遗留下来的内部空隙，中腔内留有少数原生质和细胞核残余物，对棉纤维颜色有影响。

2. 棉纤维的理化性质

（1）溶胀性

纤维素大分子的官能团是羟基和甙键。羟基是亲水基团，使棉纤维具有一定的吸湿能力；吸湿后的棉纤维膨化，但不溶解，横截面增大 40% ~ 50%，长度增加 1% ~ 2%，脱脂棉纤维吸水性增强。

（2）酸碱性

酸对纤维具有腐蚀作用，在酸性水溶液作用下纤维水解，强力下降。无机酸如硫酸、盐酸、硝酸对棉纤维均有腐蚀作用，热稀酸和冷浓酸能使纤维溶解；有机酸如甲酸等作用较弱。酸对棉纤维的作用随温度、浓度、时间的不同而改变。棉纤维耐碱性比耐酸性强。

（3）氧化性

棉纤维经氧化剂如过氧化物、次氯酸钠等漂白剂长时间处理后，分子链断裂，强力下降以至纤维素分解。

（四）麻纤维

我国古代劳动人民最早使用的纺织品就是麻绳和麻布，大麻布和苎麻布一直作为大宗衣料，黄麻和亚麻布自宋代开始生产使用。从新石器时代遗址、商墓、西周墓、战国楚墓等处都出土有麻布，都可辨认出经过脱胶的痕迹。甘肃永靖早期商代遗址出土的麻布其细密程度几乎可以与现代细麻布相比；马王堆1号汉墓出土的精细苎麻布，经分析纤维上残留胶质较少，大多数纤维几乎呈单根分离状态。从现存的苎麻织物来看，古代的夏麻布品种丰富、质地精良，能与丝绸媲美。

1.麻纤维的物质组成和化学结构

麻纤维的主要化学组成物质为纤维素，除纤维素外还含有半纤维素、木质素、果胶、水溶性物质、脂蜡质、灰分等物质。

纤维素的性质在棉纤维部分已作过介绍。麻纤维大分子的聚合度一般在1万以上，其中亚麻纤维的聚合度在3万以上，从而决定了麻纤维具有较大的强力及湿态强力。麻纤维的结晶度和取向度很高，使纤维的强度高、伸长小、柔软性差，一般硬而脆。

半纤维素：半纤维素也是由单糖脱水聚合而成的聚糖类高分子化合物，但与纤维素不同的是半纤维素是由许多不同的单糖，如木糖、甘露糖、葡萄糖等脱水聚合而成的"不均一单糖"。半纤维素的聚合度很小，分子链很短，并且有支链。半纤维素的分子结构决定半纤维素难以产生氢键和结晶区，从而易溶于碱溶液中；易吸水膨胀，呈现黏滑性；比纤维素更易发生水解反应，氧化和光解的反应速度也较快。因此，半纤维素的稳定性要比纤维素差。

木质素：木质素是一种以苯基丙烷为结构单元，具有网状空间立体结构的高分子化合物。木质素不溶于水，在常温下不溶于稀碱、稀酸溶液；在高温下一定浓度的酸或碱可与木质素作用而使其溶解。木质素容易氧化，尤其在光照条件下，氧化更快。在纺织前脱胶过程中木质素会部分去除。

果胶物质：麻皮中含有果胶物质，它是一种含有酸性、高聚合度、胶状碳水化合物的混合物，化学成分较为复杂，与半纤维素一样属于多糖类物质。

其他成分：麻皮中还含有脂肪、蜡质和灰分等。脂肪、蜡质一般分布在麻皮表层。灰分大多为金属和非金属的氧化物及无机盐类。

2. 麻纤维的形态结构

麻纤维大多成束聚集于植物的茎部或叶中，单纤维呈管状，与棉纤维不同的是麻纤维的细胞两端封闭，纤维与纤维之间依靠果胶黏结，经脱胶后纤维分离。麻纤维具有初生层、次生层和第三层，其内纤维素分层沉积。

黄麻、洋麻、蕉麻、剑麻纤维的横截面形态多为多角形或不规则的圆形，纵向有竖纹和横节。

3. 麻纤维的理化性质

由于麻纤维和棉纤维的主要化学成分均为纤维素，两者理化性质极为相似。但麻纤维比棉纤维粗硬，柔软性差；吸湿性、耐光性、耐热性比棉纤维好。

二、纺织品文物染色成分

早在 3000 年前，我国劳动人民就掌握了染色技术。当时的染色有石染和草染之分，石染是指用矿物颜料染色，因其在纤维上难以附着，所以后来较为少见。草染即是用植物染料染色，植物染料也称染草，到清代时植物染料的颜色已相当丰富，达数百种之多。

（一）矿物颜料

1. 矿物颜料的概念和性质

无机矿物颜料通常是金属的氧化物、硫化物、汞化物，硫酸盐、铬酸盐、铅盐等盐类以及炭黑等，是不溶于水和有机溶剂的有色细小颗粒物，它与被着色材料没有亲和力，是通过颗粒分散于材料表面和中间而着色的。其着色力主要取决于化学结构、晶体结构以及在介质中的分散性。无机矿物颜料的耐光坚牢度较好，一般为 5 级、6 级，最高达 8 级。坚牢度是指有色物质受到外界理化因素的损害，所具有的抵抗能力。矿物颜料还具有耐酸、耐碱、耐热等性能。

2. 古代纺织品常用矿物颜料

据考证，北京山顶洞人已使用天然的赤铁矿粉（Fe_2O_3）涂染串珠贝和筋绳，直至春秋战国时期，仍然用这种红色颜料涂染麻织品，用这种麻布制作的衣服当时称为衣，无领的赭衣则为罪犯的囚衣。从远古到西汉，织物染色除使用红色天然赤铁矿粉（赭石）外，还有其他天然矿物颜料。

（二）植物染料

古代的植物染料主要是从植物的花、叶、果实、树皮和根中提取的色素，通过 Ca、Al、Fe、Cu 的盐类作媒染剂进行染色，或对织物纤维进行还原染色。例如：从植物靛青的叶中提炼出蓝色染料，从槐树及姜根中可提炼出黄色染料，苏木及五倍子等可加工制成黑色染料，红色染料则是由茜草中提炼出来的。

1. 染料的概念

染料是指采用适当的方法能将纤维材料或其他物质染成具有鲜明而坚牢颜色的有机化合物，其分子中的发色体系结构能保证染料对可见光的吸收特性。一般可溶于水和有机溶剂，或可转变成溶液而染色；化学性质不稳定，不耐酸、不耐碱。

我国是使用染料在织物上染色较早的国家，最先的染料就来源于天然植物。植物染料可分为直接染料、媒染染料和还原染料。

2. 直接染料

（1）直接染料的概念

直接染料是指具有水溶性基团的染料，在染纤维素纤维和蛋白质纤维时，不需要媒染剂的帮助即可直接染色，直接染料可溶于水，多以—SO_3H和 —COOH 为水溶性基团。

（2）古代纺织品常用的直接染料

据《史记》《齐民要术》记载，栀子、黄蘗树是使用较早的直接性染料。秦汉时期，古人盛行用栀子浸染天然纤维，栀子中主要成分是藏红花酸，是一种黄色色素，用它可直接在纤维上染出鲜艳的黄色。

南北朝时期又盛行用黄蘗树来直接染丝帛。这是因为黄蘗树中富含小藥碱，为多种黄酮类化合物，不但可在丝绢、羊毛等动物纤维上染黄色，还具有杀虫防蠹的功效，小藥碱属盐基性染料。

3. 媒染染料

（1）媒染染料的概念

媒染染料是一种不能直接在纤维上着色或着色后不耐久，需与不同媒染剂作用生成不溶性色淀而固着在纤维上的染料。

（2）古代纺织品常用的媒染染料

①茜素

《诗经》就记载有茜草的媒染方法。茜草根中含有红色的茜素，为红色针状晶体，几乎不溶于水，溶于乙醇和乙醚；具有良好的耐洗性。在长沙马王堆 1 号汉墓中出土的深红绢和长寿绣袍底色，就是用茜素媒染而成的。

茜草与不同的媒染剂作用，可形成不同的色泽。

②苏木红素（又名苏木精）

苏木红素由苏木或红色树木的木材中提取，是一种无色菱形晶体，遇光氧化后变为红色，难溶于冷水和乙醚，易溶于热水和热乙醇、碱、氨和硼砂等溶液。古代常用于丝、毛、棉、皮革的染色，染色的成分主要是氧化苏木精。用不同的媒染剂可得不同颜色。

③芸香苷

芸香苷是从槐花中提取的黄色植物染料，为黄色粉末或结晶粉末，略溶于冷水，易溶于热水。

④姜黄色素

从姜黄和郁金香的根中可以提取姜黄色素，为橙黄色结晶粉末，不溶于水，微溶于乙醚和苯，加热时溶于乙醇，易溶于冰醋酸和碱溶液。

媒染法使很多色素得到了广泛的应用。染草除了茜草、苏木、槐花外，还有染紫的紫草；染黄的荩草；染褐色的桑树皮，染黑的橡树、柿子、冬青叶、鼠尾草、乌桕叶、石榴皮，还有柘、槐树的花蕾等。

值得一提的是，古时服色与人的尊贵地位紧密相关，统治者穿的是当时最高贵的染料服，如非瑟酮染出的织物，在日光下呈带红色的黄色，在烛光下却呈光辉的赤色，这种神秘性光照色差，曾为帝王将相所青睐。相反，单宁质和媒染剂硫酸亚铁染出的黑色，成了古时的平民服色。

4.还原染料

（1）还原染料的概念

还原染料是指在碱性溶液中，以强还原剂进行还原才能使织物染色的染料。这种染料对棉纤维没有直接性，上染纤维后的隐色体经空气或其他氧化剂的氧化，转变成原来不溶性的还原染料而固着在纤维上。

（2）古代纺织品常用的还原染料

靛蓝是天然还原染料。从蓝草叶子中提取的靛蓝素，俗称靛青，为蓝色粉末或红蓝色糊状物，不溶于水和乙醇。有顺、反式两种结构。

靛蓝的具体染色过程是通过还原反应，将靛蓝素还原成靛白素，使其附着于纤维之上，然后再利用空气中的氧气将其再氧化成靛蓝素而显蓝色。周代以前大量直接用蓝草着色，春秋战国时期，采用了发酵法还原蓝靛成靛白，而得青色染料，故有"青，取之于蓝而青于蓝"。长沙马王堆1号汉墓出土的青罗类染色织物，有棕色等染料套染靛蓝的藏青和藏青黑。

古代用于织物染色的还原性染料还有秘蓝、马蓝、木蓝、蓼蓝等。

第二节 纺织品文物的保护

遗存到今天的古代纺织品文物数量不多，其主要原因是麻纤维和棉纤维是由 β－葡萄糖脱水聚合组成的植物天然高分子化合物，而丝纤维和毛纤维是由 α－氨基酸脱水聚合组成的动物天然高分子化合物，这些高分子化合物在一定条件下会起水解反应，聚合度下降，纤维强度和质量降低；而高分子化合物内含有的活泼基团也在一定条件下会发生氧化、中和、光解、光敏等反应，其耐久性不如无机质文物。即使深埋在古墓内，地下环境条件较为稳定，出土后也会立即发生质变和色变。如1958年，我国文物考古部门曾有计划地发掘明定陵，出土了几百匹足以代表中华民族纺织和刺绣艺术水平的织锦布料，专家们曾采用了当时世界上最为先进的保护方法，希望能将其永久保存下来，可是出土不久几乎全部损坏或变黑，有的甚至化成一摊污水。即使有些纺织品文物得以留传下来，也难以避免霉变和虫蛀。

一、纺织品文物的糟朽原因

（一）棉麻纤维化学腐蚀

1. 水解反应

棉麻纤维的主要成分纤维素在一定条件下会和水发生水解反应。从纤维素分子的结构式可以看出，纤维素分子是由若干个葡萄糖基通过氧桥连接而成的。纤维素水解反应的中间产物是水解纤维素，水解纤维素是指纤维素加水分解断链以后，生成比原来纤维素分子链短的一群物质的总称。纤维素一旦发生水解，聚合度下降，分子内和分子间的键能均减弱，纺织品的强度也就下降，寿命缩短。

棉麻纤维抵抗碱的能力要强于抵抗酸的能力，纤维素水解反应与酸的种类、浓度、纤维种类和温度有关，棉纤维比麻纤维不容易水解。

2. 氧化反应

纤维素的氧化反应发生在纤维素分子的羟基上，每个葡萄糖基上存在着三个自由的羟基，根据反应时氧化剂的种类及反应条件，可相应生成含醛基（—CHO）、酮基或羟基的氧化纤维素。氧化纤维素的结构、性质与纤维素不同，是一群易于老化泛黄的物质。纤维素氧化时也容易使葡萄糖基环破裂，导致聚合度下降，这种现象称为氧化降解。纤维素氧化的最终结果是生成小分子的酸。因此棉麻纤维中一旦发生纤维素氧化反应，则强度下降，酸性上升，耐久性变差。纤维素氧化反应在有光、水的条件下反应加剧。

（二）丝毛纤维化学腐蚀

1. 水解反应

在组成蛋白质的各种氨基酸结构中，同时存在着碱性的氨基和酸性的羟基，所以蛋白质同时兼有酸碱两重性，蛋白质在酸或碱的催化作用下能水解成一系列的中间产物，最后生成各种组分的 α - 氨基酸混合物。水解反应主要是由两个相邻氨基酸之间的肽键断裂，水分子加入。

丝毛蛋白质抵抗酸的能力要强于抵抗碱的能力，碱催化蛋白质纤维发生水解与碱的种类、浓度、时间、温度有关。

2. 光氧化反应

丝纤维对日光或紫外线的作用很敏感，易发生光氧化降解作用及光化学作用，从而泛黄、发脆。丝是高分子聚合物，当光的能量等于或超过分子间氢键、原子间共价键结合力的能量时，会使蛋白质分子发生变性、断裂，特别是当肽链上存在叔碳（即支链碳）时，更易发生光敏反应，造成链的解离。蛋白质大分子的光老化是紫外光和氧参与下的一系列复杂反应的结果，它们是一个由光能引发的自动氧化过程。空气中的氧在光激发下产生活泼的游离态氧，引起蛋白质氧化变质，此活泼氧同时与水蒸气作用形成过氧化氢，更进一步促使蛋白质氧化。

有关专家曾对现代丝绸和5件出土丝织品进行氨基酸定量分析，发现古代丝织品文物在长年埋藏过程中氨基酸总含量大幅下降，其中丝织品中主要氨基酸成分丝氨酸、甘氨酸、丙氨酸的含量下降最为明显。陕西宋墓出土的丝织品状况最差，无柔软性，脆化、酥粉现象严重。

（三）古代纺织品的生物腐蚀

1. 微生物腐蚀

（1）微生物的酶降解

在微生物的生长过程中，菌体会分泌出各种水解酶（蛋白酶、纤维素酶）对织物纤维进行水解，水解的小分子物质即成为微生物繁殖的营养物质，从而使纺织材料受微生物侵蚀而降解。

（2）色泽污染

微生物的菌落和孢子大多有色，有些细菌和霉菌还分泌各种色素，当霉菌与纺织品上微量金属元素作用时，常会在纺织品表面形成黄、绿、青、褐、黑色的霉斑，污染文物。

（3）代谢产物污染

微生物生命过程中的代谢产物甲酸、乙酸、乳酸、琥珀酸等有机酸长期积累在织物上，会催化加速纤维素和蛋白质的水解反应。有些细菌如纤维黏菌、蚀孢黏菌在代谢过程中产生大量水和黏液，内含糠醛和糠醛酸成分，再加上织物有水浸泡、尘埃堆积会使纺织品相互粘连。微生物代谢废物会使纺织品发臭。

（4）纺织品文物微生物种类

一般说来，能在纺织材料上生长、繁殖使材料发生降解的微生物有霉菌、细菌、放线菌和某些藻类。对不同的纺织材料，使之霉变侵蚀的微生物，主要有以下种类。

棉：纤维杆菌、棒状杆菌、绿色木霉、烟曲霉、土曲霉、球毛壳霉、镰刀菌、淡黄青霉、蜡叶芽枝霉。

麻：黄曲霉、烟曲霉、黑曲霉、土曲霉、木霉。

毛：铜绿色极毛杆菌、普通变形杆菌、产碱杆菌、芽孢杆菌、变色曲霉、黄曲霉、烟曲霉、土曲霉、球毛壳霉、青霉、镰刀菌。

一般情况下，植物纤维比动物纤维容易受微生物侵蚀。蚕丝纤维由丝素和丝胶组成，丝胶属分子量较低的蛋白质，结构较松散，极易受微生物的侵蚀，但在丝绸加工中，这种蛋白质大部分被脱去，这就使丝织品耐微生物侵蚀的能力得到增强。但在适宜条件下，残留的少量丝胶蛋白也可能引起丝绸的霉变和色变。

羊毛的表层是含硫极高的鳞片层，结构紧密，受微生物侵蚀较慢，在不干净的羊毛表面若附有微生物生长的养料，加之适宜温、湿度条件，微生物就在羊毛上生长、繁殖，并分泌出水解蛋白酶，渗入羊毛内部，将羊毛内部皮质层蛋白质大分子水解，则羊毛纤维强力大大降低，并发生严重的色变。

2. 有害昆虫蛀蚀

纺织纤维的主要成分纤维素和蛋白质是昆虫的理想营养源，纺织品文物保管稍有不慎便会遭害虫蛀蚀，危害纺织品文物的昆虫主要有：衣物蠹虫、地毯蠹虫、蟑螂、臭虫、蜗牛、棕色狗虱、大理窃蠹、白蚁等。

（四）染色材料糟朽原因

史料记载表明，早期洗染所用的矿物颜料虽然性质比较稳定，但细度有限，胶料易于洗掉，染色后的织物色牢度差，不能长久留存；而植物染料和织物之间以化学键结合，色牢度大大高于矿物颜料，故而现今发现的西汉以后的纺织品多以植物染料染色为主。

二、纺织品文物的保护

（一）纺织品文物出土时注意事项

纺织品文物的来源主要有两类。一类是传世珍品，如故宫博物院收藏的御用龙袍、锦被、地毯等，由于所处的温、湿度条件相对稳定，较少暴露于强光下，因此织品的老化速度较缓慢。另一类是出土织品，在中国西北部地区埋葬环境干燥、密闭条件好，织品基本保持古代原貌，易于提取，但污物泥垢仍要暂时保留，对叠压成块状的织品要整体提取。

如果埋葬环境温度高、湿度大，土壤酸碱度对织品腐蚀严重，导致纺织纤维和染料的化学性质和结构改变，发生断裂、酥脆甚至矿化腐烂。在此情况下，从墓内取出纺织品时要掌握时机，防止织物因急剧干燥而更脆弱。方法是：在织品尚潮湿的情况下，于其表面敷贴棉纸，依靠棉纸的强度，将纺织品取出。如织品已腐烂成团，整体取出后，放置在衬有棉纸的木板上，再覆盖棉纸，装入塑料袋中密闭，带回实验室进行揭取、清洗、灭菌、固定等保护技术处理。

出土之后纺织品所处环境温、湿度升高、见光、遇氧，迅速激起各种理化变化。在考古现场经常遇到刚打开棺盖时的那种质地优美、色彩艳丽的织物不久后就会变得面目全非，不仅色泽褪变，而且质地也迅速地炭化。所以，有经验的考古人员在发掘出织品后会及时地将其置于低温环境中，并绝对避光保存。

法门寺唐代地宫的发现震惊了世界，该地宫内珍藏了大量武则天、唐懿宗、惠安皇太后等御用的丝绸文物。由于没有良好的保护技术和条件，这些国宝至今仍放在冰箱里低温、密闭、避光保存。

（二）除污

出土的纺织品文物一般不可避免地黏附有大量泥土杂质，去除这部分杂质是对纺织品文物进行保护的首要步骤。

1.除尘

大多数的陈年纺织品上面都附有许多灰尘，可使用洗耳球轻轻从中间向四周吹去微尘。大一些的杂质选用镊子小心夹去，镊子需尽可能拿得平稳，动作要轻，因金属尖头极易碰伤表面纤维。

2.除泥垢

出土纺织品文物大多附有难以去除的泥垢，可用酒精（CH_3CH_2OH）将其溶解，黏土和酒精都是极性分子，容易相互溶解。采用酒精替代蒸馏水是因为其张力小于水分子，可避免使炭化纤维造成塌陷。用小羊毫毛笔蘸75%酒精溶解泥垢，当露出织品以后，羊毫笔尖要向同一个方向移动，否则会使泥浆嵌入到织品的纹理中去，造成织品图案模糊不清，从而影响观赏效果。

（三）消毒

出土的纺织品文物，尤其是随葬品，有些在入葬时就已沾染有病毒、细菌，埋葬后又受到地下各种微生物的侵蚀，所以纺织品文物出土后一般要先进行消毒，一方面避免人体接触受到病毒和有害菌的感染，危害人体健康；另一方面也可以消除或减少有害微生物对出土纺织品文物的进一步损害。一般采用的方法是在发掘取出纺织品文物后，立即放入准备好的复合塑料袋，通入配好的环氧乙烷与二氧化碳混合气体（环氧乙烷与二氧化碳的重量比为 1 ∶ 9），然后把塑料袋封好，放置 24h 后取出。也可将出土的大批纺织文物集中放入一密封熏蒸室，然后通入环氧乙烷与二氧化碳混合气体，密闭12 ~ 24h 后取出。

环氧乙烷杀虫灭菌广谱性好，对细菌及其芽孢、病毒、真菌及其孢子等都有较强的杀伤力，对纺织纤维无腐蚀作用，也不会使染料褪色。它有很强的穿透力，不仅对纺织品表面的微生物和害虫有杀灭效果，而且能穿透到纺织品内部。环氧乙烷灭菌机理是其烷基能与菌体蛋白质内的氨基、羟基、酚基、巯基结合，造成菌体细胞代谢产生不可逆的破坏作用。

（四）清洗

1. 清洗前试验

对有色织物进行清洗前，必须进行局部点滴掉色试验，以判断水或其他溶剂对色素的溶解程度。其方法可以在有颜色的次要部位滴上一滴试验溶剂，湿润 1 分钟后，用棉球或吸湿纸沾拭，若发生颜色转移，这种现象称为"流淌"，表明这种溶剂能使织物掉色，应改用其他溶剂。也可以用 5%NaCl 水溶液或 2% ~ 5% 的醋酸溶液先进行颜色固定，必要时可以增大醋酸浓度，最高可达 20%。然后再做点滴试验，经固色后若无流淌现象，方可使用此种溶剂。

蛋白质纤维对于碱性溶液很敏感，而植物纤维对酸性溶液很敏感，水洗过程中一般不加入其他化学试剂，有时为了固定颜色可采用 1% 的 NaCl 水溶液。在水洗过程中，必要时应加入表面活性剂，一般以非离子表面活性剂为好，有时也可加入阳离子活性剂。通常加入表面活性剂量在 0.2% 左右，对溶液的酸碱性影响不大。

天津历史博物馆的科研人员对 100 多年前的清代氅衣进行水洗、去霉斑处理前，先用脱乙酰化甲壳质（壳聚糖）的稀酸水溶液进行固色。这件丝织文物表面布满了雨点状霉斑，霉菌孢子深嵌在纤维中间，黑色面料色牢度很差，丝纤维脆化。固色后丝纤维强度增强，质感挺而不硬，用手触摸仍有丝绸的滑爽感和柔韧性，外观无变化。再用酸性离子水清洗霉斑和污物，因形成的小集团分子水容易浸入丝纤维中间，去霉彻底。

2. 水洗

出土织物由于自然界的综合腐蚀作用，纤维已变得非常脆弱。纤维的抗拉强度、耐折度都很小，再加上黏结成团，必须用大量的水才能清洗干净，但又不能直接放入水中清洗，可用托网和斜面平台托衬糟朽织物，避免织物进一步损坏。

（1）托网清洗法

托网是采用木质边框的尼龙网。清洗池可用平底搪瓷浅方盘或不锈钢浅方盘，采用去离子水或蒸馏水清洗织物，而不直接用自来水，以防止自来水中残留的氯或次氯酸盐对织物产生侵蚀和漂白作用。水温保持在25℃～30℃，水洗法对棉、麻、丝、毛织物均可。清洗时将托网在水中轻轻晃荡，但不能用力过猛，每次托网入水和出水时都要缓慢。利用托网清洗时，对于质地较好的织物，可以利用两张托网对扣的办法，将织物从一张托网转移到另一张托网上，来回转洗织物的另一面。

目前已将超声波方法应用于古代丝织品的水洗过程，应使用能量较小的超声波波源，因为有些织物老化得很厉害，过分的振荡会加速纤维的断裂。

（2）斜面平台清洗法

对一些老化严重的织物，应将其放在脱脂纱布衬垫的斜面玻璃平台上，在上面薄敷一层棉花或纱布，用温热蒸馏水把污渍浸湿，使污物溶解被底垫吸收，直至玻璃上流下来的水干净时为止。

还可利用高温水蒸气的强穿透力溶化黏结物，使块状织物变软、脱胶而慢慢疏解开来，每通一次蒸汽流，织物上的污物落在棉垫上。

其方法是用纱布和脱脂棉铺成薄片做底垫，将待洗的织物放在底垫上，织物上面再覆盖同样的棉垫，然后通入蒸汽流清洗，这样每清洗一次，织物上的污物就会落在棉垫上。然而此法温度较高，会对古代织物本身产生一定的影响。

3. 干洗

点滴掉色试验表明不能水洗的织物可换用有机溶剂清洗（同样需做掉色试验），常用的有机溶剂有丙酮、石油醚、四氯乙烯、四氯化碳等，也可采用几种有机溶剂混合液清洗。

无论用何种方法清洗污垢后，一般不得采用烘晒的方法，而应置于通风阴凉处晾干，以避免古代织物的热氧老化、光氧老化。

（五）加固

1. 丝网加固

所谓丝网加固，就是将涂有树脂胶粘剂的蚕丝网，热压覆盖在织物上，从而起到对破损织物加固的作用。丝网亮丽透明，薄而轻，手感好，加固后对织物的原始纹理及图案影响不大。具体方法：先将丝网平铺在毛毡上，然后把织物放在丝网上，再在织物上铺上一层丝网，形成一种三明治结构，最后将织物和丝网一体物放在两张聚四氟乙烯薄膜中，用可调温电熨斗（温度设在丝挡，约80℃左右）稍用力有顺序地移动，将丝网与织物紧密地粘在一起。丝网加固实际上是一种改进的树脂"热加膜法"——在热塑性树脂薄膜中，压粘有丝网。在此，树脂不只是粘接剂，更是主要的成膜物质，与一般树脂膜相比，它不是密膜，而是网状膜。由于蚕丝的理化性能较植物纤维素低，是一种不耐久的天然纤维材料，现国内外多采用合成纤维来做衬托。

2. 高分子化合物渗透加固

高分子化合物渗透加固是应用浸泽、喷雾或软毛笔蘸溶液涂刷等方法，将某些高分子材料涂布于织物表面，逐渐渗透进入织物纤维内部，以达到增加其强度的一种方法。

（1）高分子加固剂性能要求

所用的加固剂应符合以下要求：①化学性质稳定，耐老化性能好，不黄变，不会加速织物材料的老化或褪色。②具有柔韧性，并能增加织品的强度。③无色透明，不会改变织物的色泽、质地和外观，不会使纤维膨胀。④尽可能具有可逆性，分解时不会产生有害产物。⑤黏度适中，以确保良好的渗透性，不发黏，不吸尘。

（2）高分子加固剂种类

聚烯烃及其缩醛类：聚乙烯、聚乙烯醇、聚乙烯醇缩丁醛等。

丙烯酸酯类：聚甲基丙烯酸甲酯、聚甲基丙烯酸丁酯、丙烯酸丁酯等。

聚酯类：聚对苯二甲酸乙二酯。

纤维素类：乙基纤维素，羧甲基纤维素，醋酸纤维素，羟丙基甲基纤维素等。

在上述加固材料中，以聚甲基丙烯酸丁酯和羟丙基甲基纤维素性能较为优良。

丙烯酸酯类具有透明性好、耐热、耐光和耐氧化降解的特性，而且通过调整丙烯酸及其共聚单体的种类、比例、聚合物的分子量以及聚合工艺等一系列措施，可制得性能和应用范围非常广泛的高分子材料。聚丙烯酸酯类纺织品加固剂能够形成柔软且富有弹性的薄膜，聚合物中的酯基具有相当强的氢键结合力，对织物产生一定的黏附性，使其能固化在纺织品上。

（3）有机硅高分子加固剂

某些高分子加固剂有其难以克服的弊端，如低分子量聚乙烯醇会使纺织品颜色加深，发黏、吸湿性增强，易于吸尘及沾上其他污物。用聚乙烯醇或聚乙烯醇缩丁醛处理的织物发硬，织物会受到老化后坚硬、开裂的加固剂锋利的边缘的摩擦损伤。

近年，采用一种有机硅改性的丙烯酸树脂加固糟朽丝织品。有机硅改性的丙烯酸树脂材料具有良好的理化性能，在一定程度上减小了加固剂对织物的不利影响。通过向丙烯酸酯乳液中引入有机硅的方法而制得的有机硅改性丙烯酸酯乳液也称为硅丙乳液，其耐候性远优于纯丙烯酸树脂。其中有机硅起到改性丙烯酸酯的作用，提高其耐沾污、耐老化和耐水性能。

3. 接枝加固

接枝加固是利用接枝反应达到增强文物材料强度的一种方法。接枝反应的研究始于 20 世纪 50—60 年代，其反应机理一般认为是自由基链式加聚反应。在加热条件下，引发剂分解，产生初级自由基，进而引发单体形成自由基，然后与丝素大分子发生接枝共聚反应。

通过接枝反应一方面将能改善材料性能的分子或基团结合到丝纤维上，另一方面使线状纤维彼此间发生交联，增加织品的强度。

丝织文物丙烯酰胺接枝加固以丙烯酰胺作为丝纤维的接枝单体，以过硫酸铵为引发剂，按单体用量 4 ~ 6g/L，浴比 1 ：50 配制反应液，将丝织品投入于恒温水浴锅中升温至 70℃ ~ 75℃，按 1.5g/L 比例加入引发剂过硫酸铵,恒温反应120分钟左右,然后用温水清洗,漂净后置于通风干燥处晾干。

对两件清代传世的和一件出土的明代的，颜色分别为蓝色、橙色、棕色的织品进行接枝加固，处理后颜色未见变化，三件织品的接枝率分别为 10.4%、37.7%、29.3%，重量有所增加，但质感较好，强度增大，而且可以清洗。

4. 丝胶加固

生丝主要由丝素和丝胶组成，丝胶是丝素的保护物质，具有黏合和维持丝素强度的功能。据测定，一般桑蚕茧中的丝胶含量约占生丝总量的 20% ~ 30%。可从生丝中提取丝胶，利用其黏合特性加固糟朽纺织品文物，此种加固既可以提高颜料的附着力，又可增加织物的强度。

具体方法是将未脱胶的生丝洗净，放入烧杯加入蒸馏水，水浴法加热，温度控制在 90℃ ~ 100℃，数小时后，外层丝胶溶解，加入30% 乙醇蒸馏水液体，配制成丝胶含量1% ~ 1.5%的混合液。将混合液装入手捏式喷枪中，均匀喷涂织物表面。喷涂同时保持一定的温度，以防丝胶冷凝。

我国曾用丝胶加固法对马王堆汉墓出土的一幅完整的泥金银火焰纹印花纱进行保护处理，取得较好效果。该织物褶皱多，质地强度下降，表面色彩脱落严重。方法是：首先理平褶皱，将织物平展于铺垫棉布的工作台上，用干净的滤纸吸水后轻轻置于褶皱处，待织物湿润后揭去滤纸，理平褶皱；个别难于理平的大褶皱，用包覆纸张的熨斗温度控制在80℃左右熨平。然后用1% 丝胶液均匀喷涂织物两面数次。织物晾干后两面衬垫中性纸，用2mm 厚的有机玻璃平压。

三、纺织品文物库房保管环境要求

纺织品文物的强度降低及颜色褪变，除本身的材料、染料结构等内在因素外，还受到外界温湿度、光线、空气污染物等自然因素的影响。为营造出一个适合纺织品文物保存的小环境，阻止或延缓文物的劣化变质而采取必要的防护措施，最大限度地减少文物糟朽，是永久保存文物的一项重要工作。

（一）严格控制库房温度

织物材料在自然环境中起化学反应，就意味着文物受到损害。而化学反应的速度与温度有关，一般认为温度每上升10℃，化学反应的速度加快

1～3倍。纺织品文物的保存环境要求以低温干燥环境为最好，文物库房温度，以控制在16℃～20℃为宜，夏季不高于25℃，日温度变化控制在2℃～5℃，高于25℃库房则会有害虫繁殖，霉菌滋生。

（二）严格控制库房湿度

纺织品文物的含水量与相对湿度有关，纺织品文物在高湿环境下纤维会发生水解，且颜色褪变速度增快。沙漠干燥地域出土的染织物色彩鲜明，说明低湿环境对保持色泽有很大作用。文物库房应配备去湿机，一般情况下，库房相对湿度应控制在55%～65%，日湿度变化不应超过2%～5%，空气过于干燥会引起织物失水而开裂脆化，过湿会加速织物老化和褪色。特别重要或糟朽较严重的织物应放置于干燥器内，干燥器下面平铺硅胶、无水氯化钙、氧化钙等吸湿剂，也可将包有吸湿剂的纱布袋放置于存放织物的箱柜内。

（三）避光保存

纺织品文物无论存放于库房，还是陈列于展厅，我们都要注意将其展开放平，绝对不要折叠，且严格防止采光中的光线照射，尽可能减少曝光时间和降低照度。紫外光波长短、能量大，是造成纺织品文物糟朽的主要原因之一，因此在保管过程中，应对环境进行滤紫外光处理，较为理想的滤光措施是在窗户玻璃和荧光灯管上涂布紫外线吸收剂。

（四）防尘

灰尘对纺织品文物的危害极大。灰尘是固体杂质，形态不规则，且多带有棱角，落在织物上，在使用过程中会引起对文物的摩擦，使织物产生机械损伤和污染。灰尘一般易吸收空气中的水分，在文物表面形成一层相对湿度较空气为高的灰尘层，它能吸附空气中的有害化学杂质，落在织物表面上可产生酸解、碱解、变色、褪色及酥脆等破坏作用。灰尘是各类微生物的载体，是霉菌孢子的传播者，是微生物寄生和繁殖的场所，可使文物受到霉烂、腐朽。因此，洁净的环境是做好纺织品文物保护的关键。

减少文物库房颗粒污染含量的有效措施就是在库房的通风口设置空气过滤器，过滤器按微粒捕集的位置可分为表面过滤器和深层过滤器。

深层过滤器又分为高填充率深层过滤器和低填充率深层过滤器两种，微粒的捕集发生在表面和内层。高填充率深层过滤器结构多样，有颗粒填充层、各种多孔质材料、各种后层滤纸等，这些孔隙在厚度方向相当于毛细管。

低填充率深层过滤器，有各种纤维填充层过滤器、薄层滤纸高效过滤器和发泡性材料过滤器等。深层过滤器捕集微粒的效果比表面过滤器好。

（五）防有害气体

有害气体是指人类活动和自然过程引起某些物质进入空气中，呈现足够的浓度，达到足够的时间，改变了大气正常组成。当其达到一定浓度时，就会对物质产生不利影响。有害气体对文物产生的危害日益严重，尤其是硫化物具有腐蚀作用，对纤维素、蛋白质等均起腐蚀破坏作用，并对染料褪色有重大影响。

由于空气中的有害气体多呈酸性，因此可以让其通过碱性材料，经过中和作用使其生成盐类而从空气中分离出来，这样就会使进入库房的空气中含有有害气体的浓度大大地降低。可将空气通入 $NaOH$、Na_2CO_3 溶液中，使其净化后再导入库房。也可与去尘措施结合在一起进行，如在滤层中放入碱性物质，这样既能消除空气中的有害气体，又能阻止大气尘通过，经过这种处理的空气就比较洁净了。

（六）防霉防虫

纺织品纤维原料主要成分纤维素和蛋白质是微生物和害虫的理想营养源，纺织品文物保管库房环境污染，温、湿度控制不当，就会发生霉烂虫蛀灾害。纺织品文物入库前要进行消毒处理，入库后需定期检查，发现发霉生虫隐患应及时处理。根据纺织品文物性质及霉菌、害虫的生命特征，常用的灭菌杀虫方法有：冷冻法、去氧充氮法、微波法、射线辐射法、化学熏蒸法等。

第十一章 数字时代文物保护技术

第一节 3D 打印技术与文物保护

一、3D 打印简介

3D 打印技术出现在 20 世纪 90 年代中期，实际上是利用光固化和纸层叠等技术的最新快速成型装置。它与普通打印工作原理基本相同，打印机内装有液体或粉末等"打印材料"，与计算机连接后，通过计算机控制把"打印材料"一层层叠加起来，最终把计算机上的蓝图变成实物，该打印技术称为 3D 立体打印技术。

日常生活中使用的普通打印机可以打印计算机设计的平面物品，而所谓的 3D 打印机与普通打印机工作原理基本相同，只是打印材料有些不同，普通打印机的打印材料是墨水和纸张，而 3D 打印机内装有金属、陶瓷、塑料、砂等不同的"打印材料"，是实实在在的原材料，打印机与计算机连接后，通过计算机控制可以把"打印材料"一层层叠加起来，最终把计算机上的蓝图变成实物。通俗地说，3D 打印机是可以"打印"出真实的 3D 物体的一种设备，比如打印一个机器人、打印玩具车，打印各种模型，甚至是食物等。之所以通俗地称其为"打印机"是参照了普通打印机的技术原理，因为分层加工的过程与喷墨打印十分相似。这项打印技术称为 3D 立体打印技术。

3D 打印存在着许多不同的技术。它们的不同之处在于以可用的材料的方式，并以不同层构建创建部件。3D 打印常用材料有尼龙玻纤、耐用性尼龙材料、石膏材料、铝材料、钛合金、不锈钢、镀银、镀金、橡胶类材料。

二、3D 打印的原理

（一）三维设计

3D 打印的设计过程：先通过计算机辅助设计（CAD）或计算机动画建模软件建模，再将建成的三维模型"分割"成逐层的截面，从而指导打印机逐层打印。

设计软件和打印机之间协作的标准文件格式是 STL 文件格式。一个 STL 文件使用三角面来大致模拟物体的表面。三角面越小，其生成的表面分辨率越高。PLY 是一种通过扫描来产生三维文件的扫描器，其生成的 VRML 或者 WRL 文件经常被用作全彩打印的输入文件。

（二）打印过程

打印机通过读取文件中的横截面信息，用液体状、粉状或片状的材料将这些截面逐层地打印出来，再将各层截面以各种方式黏合起来从而制造出一个实体。这种技术的特点在于其几乎可以造出任何形状的物品。

用传统方法制造出一个模型通常需要数小时到数天，根据模型的尺寸以及复杂程度而定。而用 3D 打印的技术则可以将时间缩短为数个小时，当然其是由打印机的性能以及模型的尺寸和复杂程度而定的。

传统的制造技术如注塑法可以较低的成本大量制造聚合物产品，而 3D 打印技术则可以以更快、更有弹性以及更低成本的办法生产数量相对较少的产品。一个桌面尺寸的 3D 打印机就可以满足设计者或概念开发小组制造模型的需要。

（三）完成

目前 3D 打印机的分辨率对大多数应用来说已经足够（在弯曲的表面可能会比较粗糙，像图像上的锯齿一样），要获得更高分辨率的物品可以通过如下方法：先用当前的 3D 打印机打出稍大一点的物体，再稍微经过表面打磨即可得到表面光滑的"高分辨率"物品。

有些技术可以同时使用多种材料进行打印。有些技术在打印的过程中还会用到支撑物，比如在打印出一些有倒挂状的物体时就需要用到一些易于除去的东西（如可溶的东西）作为支撑物。

三、3D 打印技术

3D 打印有三种主流技术，熔融沉积成型技术（Fused Deposition Modeling，FDM）、立体平版印刷（Stereo Litho Graphy，SLG）、选择性激光烧结（Selective Laser Sintering，SLS）。

熔融沉积成型法这种工艺是通过将丝状材料如热塑性塑料、蜡或金属的熔丝从加热的喷嘴挤出，按照零件每一层的预定轨迹，以固定的速率进行熔体沉积。每完成一层，工作台下降一个层厚进行叠加沉积新的一层，如此反复最终实现零件的沉积成型。FDM 工艺的关键是保持半流动成型材料的温度刚好在熔点之上。其每一层片的厚度由挤出丝的直径决定，通常是0.25 ～ 0.50mm。有些 3D 打印机使用"喷墨"的方式，整个流程是在喷头内熔化塑料，然后通过沉积塑料纤维的方式才形成薄层。

FDM 的优点是成型精度更高、成型实物强度更高、可以彩色成型。缺点是精度低、成型后表面粗糙、复杂构件不易制造、悬臂件需加支撑，表面质量差。该工艺适合于产品的概念建模及形状和功能测试，中等复杂程度的中小原型，不适合制造大型零件。

立体平版印刷快速原型又称为光敏液相固化法、光固化成形、立体光刻等，是最早出现的技术最成熟和应用最广泛的快速原型技术。它是在树脂槽中盛满液态光敏树脂，使其在激光束或紫外线光点的照射下快速固化。这种工艺方法适用于制造中小型产品，能直接得到塑料产品。它还能代替蜡模制作浇铸模具，以及作为金属喷涂模、环氧树脂模和其他软模的母模，是目前较为成熟的快速原型工艺。其优点是精度高、可以表现准确的表面和平滑的效果，精度可以达到每层厚度 0.05 ～ 0.15mm。缺点则为可以使用的材料有限，并且不能多色成型。

选择性激光烧结法采用红外激光器作能源，使用的造型材料多为粉末材料。加工时，首先将粉末预热到稍低于其熔点的温度，然后在刮平棍子的作用下将粉末铺平；激光束在计算机控制下根据分层截面信息进行有选择的烧结，一层完成后再进行下一层烧结，全部烧结完后去掉多余的粉末，则就可以得到一烧结好的零件。用高强度的 CO_2 激光器在刚铺的新层上扫描出零件截面；材料粉末在高强度的激光照射下被烧结在一起，得到零件的截面，并与下面已成形的部分粘接；当一层截面烧结完后，铺上新的一层材料粉末，选择烧结下层截面。目前成熟的工艺材料为蜡粉及塑料粉，用金属粉或陶瓷粉进行烧结的工艺还在研究之中。

选择性激光烧结比立体平版印刷要结实得多，通常可以用来制作结构功能件；激光束选择性地熔合粉末材料：尼龙、弹性体，未来还有金属；优于 SLA 的地方主要表现在材料多样且性能接近普通工程塑料材料；无碾压步骤，因此 Z 向的精度不容易保证好；工艺简单，不需要碾压和掩模步骤；使用热塑性塑料材料可以制作活动钗链之类的零件；成型件表面多粉多孔，使用密封剂可以改善并强化零件；使用刷或吹的方法可以轻易地除去原型件上未烧结的粉末材料。

四、3D 打印技术在文物保护方面的应用

3D 打印技术其实已经被应用到国内一些博物馆的文物保护工作中。博物馆里的 3D 打印技术主要应用在两个方面：一是对于无法翻模或不适于翻模的文物进行复制。二是用于局部残缺文物的修复。业内人士称传统的文物复制一般直接在文物上翻模，这种复制方法会造成两种不利影响，首先是翻模材料残留在文物表面，对文物造成污染；其次塑形与文物不能达到百分之百的一致。相关专业人士认为结合三维扫描技术的 3D 打印可以很好地解决这些问题。首先使用三维扫描技术获得复制文物的三维模型，然后使用 3D 打印获得复制品，再在复制品上翻模复制，就可以批量制作。

三维扫描是集光、机、电和计算机技术于一体的高新技术，主要用于对物体空间外形和结构及色彩进行扫描，以获得物体表面的空间坐标。它的重要意义在于能够将实物的立体信息转换为计算机能直接处理的数字信号，为实物数字化提供了相当方便快捷的手段。三维扫描技术能实现非接触测量，且具有速度快、精度高的优点。而且其测量结果能直接与多种软件接口，这使它在 CAD、CAM、CIMS 等技术应用日益普及的今天很受欢迎。在发达国家的制造业中，三维扫描仪作为一种快速的立体测量设备，因其测量速度快、精度高、非接触、使用方便等优点而得到越来越多的应用。用三维扫描仪对手板、样品、模型进行扫描，可以得到其立体尺寸数据，这些数据能直接与 CAD/CAM 软件接口，在 CAD 系统中可以对数据进行调整、修补，再送到加工中心或快速成型设备上制造，可以极大地缩短产品制造周期。三维扫描作为新兴的计算机应用技术在文物保护行业已经得到越来越多的应用，特别是在文物形态记录、虚拟修复及展示方面的应用已日趋成熟。

按照所使用的三维扫描技术的不同，三维扫描系统可以进行不同方式

的分类。按照是否接触被测物体，三维扫描系统可以分为接触式和非接触式两类；按照扫描使用的介质，可以分为激光扫描系统和非激光扫描系统；按照扫描范围大小，可分为大场景扫描系统和普通扫描系统；按照扫描系统是否同时获取纹理信息又可分为普通三维扫描系统和彩色三维扫描系统。由命名方法可知，接触式扫描仪在扫描过程中需要接触物体，而非接触式不需要接触物体，在对文物进行三维扫描时，接触文物是被禁止的，所以在文物三维数字化应用中，主要使用非接触式三维扫描系统。再根据文物的大小选择精度和扫描视场合适的三维扫描系统，比如，针对一般文物可以选择普通的三维扫描系统，而针对一些古建筑等较大的文物数字化任务，则需要采用大场景的三维扫描系统。在文物的数字化过程中，文物模型的表面材质非常重要，需要在记录文物三维信息的同时，记录文物的表面纹理信息，彩色三维扫描系统满足了这种需求，减少了文物数字化的工作量。

快速成型技术（Rapid Prototyping，RP）是 20 世纪 90 年代发展起来的一项先进制造技术，RP 技术是在现代 CAD/CAM 技术、激光技术、计算机数控技术、精密伺服驱动技术以及新材料技术的基础上集成发展起来的。不同种类的快速成型系统因所用成型材料不同，成型原理和系统特点也各有不同。但是，其基本原理都是一样的，那就是"分层制造，逐层叠加"，类似于数学上的积分过程。形象地讲，快速成型系统就像是一台"立体打印机"。自美国 3D 公司 1988 年推出第一台商品光敏材料固化法的快速成型机以来，目前按照这种分层加工、逐层叠加成型原理开发出的快速成型机已经有十几种，主要的有液态光敏聚合物选择性固化、薄型材料选择性切割、丝状材料选择性熔复、粉末材料选择性烧结或黏结。

对于残缺文物的修复，业内人士表示首先要获得残缺处的三维模型。例如，陶俑有一足缺失，根据分析，应与另一足形状相同，可以扫描另一足外形打印后用作补全的依据。再如，瓷碗口沿缺失局部，而缺失处整体弧度与其他部分是完全相同的，也可通过复制其他部分来进行文物修复，个别材质的文物（如瓷器）还可直接利用打印品进行文物补全。

采用三维修复技术进行文物补全，因需要进行大量的计算机数据处理进行缺失部位的三维模型构建，所以是此项工作中最复杂的过程。对于此件文物的补全，首先使用美能达 VIVID 9i 激光扫描仪进行文物三维模型采集（扫

描仪精度可达 $\pm 50\mu m$，能够很好地捕捉到文物表面的细节），之后采用 Rapidform 或者 Geomagic Studio 等逆向工程软件，构建出文物缺失处的三维模型。将制作的三维模型以"STL"格式保存后，通过 Objet Studio 添加到三维层析系统的模型中。此高足杯的修复采用的是 Object30 光敏树脂三维打印机，层积厚度为 0.03mm，可打印尺寸为 290mm × 190mm × 150mm。打印过程中，打印喷头喷出的材料有两种：一种是用于构成模型的模型材料，即光敏树脂，通过紫外光照射后固化形成所需的结构；另一种是用于填补模型中空白位置的支持材料，这部分材料通过紫外光照射后具有一定的强度，能在打印过程中对整个构件予以支持，并在打印结束后用高压水枪完全清除掉。通过喷头往复的喷涂、固化，最终打印出总重 6g 的补全模型。考虑到补全模型本身较轻而缺失处的修复要求是可去除，最终使用与补全材料相同的物质——光敏树脂进行缺失处的补全粘接。具体方法是将打印出的补全模型与缺口处比对，用刮刀修正模型制作时的偏差。将 UV 光敏树脂均匀地涂抹于文物断面及补全模型上，对接后使用 380nm 紫外灯照射一分钟，补全处的粘接即完成。

五、3D 打印技术的市场发展前景分析

随着 3D 打印机的普及，其应用领域也在不断扩展和延伸。随着市场需求的扩大，3D 打印将呈现以下几个方面的发展趋势：一是随着技术的成熟，打印速度和打印效率将逐步提高；二是随着新材料的研发，打印材料更加丰富，成本更低；三是打印设备价格会越来越低；四是 3D 打印的应用领域将进一步扩大。

可以预见，3D 打印前景广阔，将对社会生活及生产方式带来一场革命性的变革。而作为主导作用的政府，应具备高瞻远瞩的战略眼光，重点从以下几个方面进行推进。首先，针对当前 3D 打印产业发展的热潮，政府应明确提出产业的整体目标，从战略的高度确定 3D 打印产业发展的整体规划，将 3D 打印产业作为重要的战略性产业，对推进步骤、重点领域和具体措施都做详尽的规划。其次，相关部门应加强产研互动和统筹协作，共同打造提升 3D 打印技术的研发水平。最后，政府必须逐步完善 3D 打印知识产权保护机制，保护知识产权拥有者的合法权益，坚决打击复制抄袭者的违法行为，促进 3D 打印技术向良性循环的方向发展。

3D 打印技术如今被各国所认可，并不断有业内人士、学者评论"3D 打印技术作为一项前沿性、先导性非常强的新兴技术，对传统制造业的工艺改造和新材料的广泛应用具有颠覆性的意义和作用"。面对新的生产方式的变革和发达国家再工业化战略，我国应该高度重视 3D 打印这一新技术可能带来的制造业革命，深入分析全球 3D 打印技术的市场发展趋势，研究建立 3D 打印的基础理论和技术体系，加大人才培养、市场培育和应用推广力度，制订符合中国国情的 3D 打印产业中长期发展战略规划。同时，加快 3D 打印的试点示范，选择诸如高端汽车零部件、医疗器械、文物保护等重点行业领域进行推广应用，探索和积累 3D 打印的市场运营和行业管理经验，积极有效地应对 3D 打印技术并使之为实现中国梦和中华民族伟大复兴而服务。

第二节 数字技术与文物保护

我国是一个古老文明的国家，文化遗产非常丰富。而文物作为历史的陈述者，由于常年受到风蚀、氧化，会慢慢地损坏、腐朽。保护文物是一件非常复杂而困难的事情。如今数字技术遍布生活和研究的各个领域，数字技术以其丰富多样的表现形式获得了迅猛发展。用于军事、医学、政治、经济、艺术、科技等各个领域，在考古及文物修复的领域中也是大放异彩，为文物保护和修复的工作提供了先进的数字科技支持，也为文物保护开辟了一条新的途径。

一、数字技术在文物修复中的应用

数字技术辅助文物修复是利用计算机的数字化技术为文物修复、复原工作提供先进的技术支持，利用数字化的设备在文物修复的每一个环节辅助修复工作，进行资料调查、数据存储及模拟复原和实验等。主要是利用数字化设备扫描测量文物残片的数据，在计算机中输入相关数据，再储存记录碎片所处的位置及次序，模拟碎片，创建缺损部件的模型，为文物的拼接复原及最终修复提供帮助。数字技术修复文物，可以降低文物修复的难度，加快文物复原的速度，减少或避免传统修复过程中文物的损坏，而复原过程中的数字模型还可以用于数字图书和博物馆数字化建设的检索和展示中，实现文物资源的共享。这种新型的数字技术对于文物修复的重要意义还不止于此，对于全方位的文物保护和更深层次的文化传承其作用更是不可估量的。

文物数字修复技术是利用定点或非定点的三维扫描仪扫描文物，将文物的形态、纹理、色彩、材质都转变成数字信息，在计算机中形成一个模型。这个模型是三维立体的。三维扫描仪的精度可以达到 0.001mm，连文物上落着的一粒沙子都会被扫描进计算机里。数字信息采集完成之后，可以通过数字雕刻软件来对文物的碎片、残片或者缺失的部分进行数字修复，在计算机中将这件文物完整地重新呈现出来。这样既可以省略掉文物专家大部分的手工工作，也可以避免在文物修复过程中对文物的二次破坏。

目前比较流行的数字雕刻软件有 Pixologic Zbrush 和 Autodesk Mudbox 两款软件。3dmax 也是贴图和初期草模格式修改和贴图渲染过程中不可或缺的工具。数字软件修复的步骤为：①三维扫描仪扫描出的数字信息数据，通过扫描仪自带的软件可以将数据转换成多种格式，更加有利于其他雕刻生成修改软件的读取。目前比较流行的三维数据格式有 OBJ、DXF。这些格式在主流的三维软件中都可以打开。②将生成的 OBJ 等格式的模型导入 3dmax 中，用多边形建模的方式重新对其进行布线控制，以生成最佳的模型布线走向。如果有残损的文物，我们可以将残片进行拼贴和重组，以生成一个新的文物模型。③将重新布线和重组的模型转化成 OBJ 格式导入数字雕刻软件 Zbrush 或者 Mudbox 中，使用雕刻工具修整布线模型并雕刻出不清晰的纹理和铭文等重要细节。④在 Zbrush 雕刻完成之后的模型重新导入 3dmax 中，进行 UV 贴图坐标的编辑，要求 UV 贴图坐标的接缝尽量在文物器皿的阴角和不显眼的部位。⑤结合 Photoshop 等软件来拓扑文物所需要的材质和贴图。⑥绘制完文物表面纹理之后，结合 3dmax 的纹理烘焙功能和 Photoshop，制作光照贴图和高光贴图。通过 3dmax 先进的拓扑贴图技术，将文物的纹理、颜色及图案贴在数字模型上，即达到一个高度一致的文物数字个体。⑦可以通过 3dmax 软件的光学模拟渲染器 vray，对数字模型进行渲染和最后的虚拟现实生成处理。那么文物的软件修复阶段的工作也就完成了。

我们可以将这些数字模型直接运用在动画、电影及网络互动媒体上，让更多的文物爱好者和研究者去了解文物自身的价值。通过数字技术，将文物以三维全息影像的方式呈现给对此文物感兴趣的人们。这种数字文物的好处是，文物以数字形式存储在计算机中不会腐朽，即使有一天某一件文物不存在了，那么后人也可以通过建立的数字全息影像档案去触摸历史。

数字技术修复文物可利用数字化二维图像智能编辑和三维虚拟技术。数字化二维图像保护修复工作能够将图像信息永久保存，并运用数字技术对画面进行虚拟修复。辅助收集整理画面资料的数字信息，其中可以在绘图中使用 Adobe Photoshop、Illustrator、Freehand 等软件进行信息的获取和制图、辅助进行图像远近景的立体拍摄然后经过扫描、数字摄影测量和数字图像色彩恢复、辅助进行碎片拼接、缺片填补、辅助进行画面临摹和图像保护、利用图像智能及三维虚拟技术对画面图像病损过程进行虚拟演示、实现画面真实感虚拟展示等工作。数字化二维图像处理技术为文物表面的物理保护修复过程提供了确实充足的科学依据，也为文物修复保护工作提供了科学的测试环境，提示、检测文物修复的正确性和可操作性，将保护工作的危险性降至最低，有效地减少和避免了修复保护工作中文物的再损坏。

二、博物馆展陈中数字技术的应用

目前博物馆的展陈多以展品配说明牌、图片的形式呈现给观众，但是随着社会的发展和人们知识水平的提高，观众不再满足于只欣赏美妙的展品，更多的是想探求藏品背后所蕴藏的文化积淀，甚至渴望将部分自己喜爱的文化层面移出博物馆，融入自己的生活中去。为了适应世界文化潮流，满足社会的文化需要，计算机技术的应用是最有效的手段之一，博物馆的数字化尤其是展列中数字技术的应用，代表着世界博物馆社会化发展的方向。

各种性质的博物馆因自身陈列内容的包罗万象（自然、科技、天文、地质等），展品的科技含量高、时代性强等诸多特点，使数字技术在展陈中的应用具有得天独厚的优势。数字展陈技术已经开始成为博物馆的主流。无论数字技术运用于什么领域，比如影像、声像资料，甚至博物馆的管理，它最终的成效是使应用对象更清晰、更高品质、更易于把握和传播。从展示静态的展品实物，到全方位介绍三维立体动态的展馆环境；从进入现实的博物馆空间，到进入变化的虚拟空间，这些都是从静态到动态的变化。这样，博物馆的展品在观众面前"活"起来了。

博物馆展陈中的数字技术多种多样，但是总结起来主要包括以计算机技术为基础的触摸屏系统、影院系统、悬浮成像系统、虚拟现实系统、语音导览系统、大屏幕显示系统、网络展示系统以及为展览提供辅助帮助的电子票务系统八个方面。此外，八个方面的应用又不是孤立存在的，相互之间有很多交叉和综合应用，构成了完整的数字技术的应用。

（一）触摸屏系统

博物馆展陈中应用触摸屏系统可以提高展览的生动、形象与互动性，具有操作简单、演示自由度高的优点。触摸屏系统一般包括两个部分：触摸检测装置和触摸屏控制器。触摸检测装置安装在显示器屏幕前面，用于检测用户触摸位置，接收后送触摸屏控制器；触摸屏控制器的主要作用是从触摸检测装置上接收触点信息，并将它转换成触点坐标，再送给CPU，它同时能接收CPU发来的命令并加以执行。

从技术原理角度来讲，触摸屏是一套透明的绝对定位系统。按照触摸屏的工作原理和传输信息的介质，把触摸屏分为四种，它们分别为电阻式、电容感应式、红外线式及表面声波式。触摸屏技术的发展趋势，具有专业化、多媒体化、立体化和大屏幕化等特点。随着信息社会的发展，人们需要获得各种各样的公共信息，以触摸屏技术为交互窗口的公共信息传输系统，通过采用先进的计算机技术，运用文字、图像、音乐、解说、动画、录像等多种形式，直观、形象地把各种信息介绍给人们，给人们带来极大的方便。在博物馆内触摸屏可以按照需求放置在展厅中需要的地方，对观众来说其操作简单、直观、互动性强，能够提供展品的来源、图片、影音资料、历史背景、相关知识等方面的信息。在中国科技馆、上海科技馆、北京天文馆、北京自然博物馆、中国地质博物馆等具有代表性的博物馆中，触摸屏已大量应用在展陈中。

触摸屏的引入同样也带来了一些问题。比如，参观人数多带来的触摸屏设备易损坏、播放资料易丢失、维护与管理分散；观众身高差异带来的触摸屏高度与人体高度之间的问题；场馆内触摸屏多、人员多带来的播放声音与观众声音互相干扰的问题。

（二）影院系统

影院系统是国际上新兴的一种电影院形式，是在传统的立体影院基础上发展起来的，具有主体突出、科技含量高、效果逼真等特点和优势。近年来，我国博物馆发展较快，中国科技馆新馆建设了包含3D动感影院、4D影院和SGI数字激光影院。北京天文馆在建馆之初就设计了3D动感影院、

4D 科普影院和 SGI 数字宇宙剧场，包括老馆改造增加的球幕影院，可谓是影院系统的大组合。影院系统的应用，一方面极大地改善了展陈中数字技术的应用，强烈吸引着观众的兴趣，创造出很好的社会效益；另一方面，在博物馆免费开放的新形势下，影院系统为博物馆带来一定的经济效益。

影院系统有多种形式，有 3D 与 4D 影院、球幕系统、水幕影院、气体投影影院、地面互动投影影院等方式。3D 与 4D 影院一般由四个要素构成：立体放映系统、特效系统、座椅系统、计算机控制系统。这四者协同作用，构成一个完整的娱乐系统，共同刺激观众的视觉、听觉、触觉、感觉等各个器官，再现影片主题所涉及的环境以及观众在特定环境内的遭遇等，营造出身临其境的整体效果。目前，上海科技馆、北京自然博物馆、北京天文馆都有自己的这类影院。球幕系统真正实现了 360 度超大画面展示，观众既可以在球幕的外部观看，也可以在球幕的内部观看。从球幕内部可以全方位体验动感球幕影院的超强震撼感觉。观众完全可以脱离立体眼镜和头盔形成立体视觉，如同真实般体验到天地翻转、地动山摇和疾速运动所带来的极度震撼感、眩晕感和强刺激。从球幕外部让观众能体验到一种新奇的感觉，播放动态画面时，会看到一个多彩的、转动的球体。中国科技馆、北京天文馆等馆都有球幕影院系统。水幕影院是由 3 或 4 个高压水泵通过专用的水幕喷头将水幕喷成一块半圆形的幕布状，普通的规格大约是 40 米长、30 米高。它的主要作用是作为一个载体，将激光和电影投到水幕上面才可以成像，因为激光和电影不可以空中成像，必须有载体。在室内水幕可以用白色的纱布或者水帘替代，当室内灯光暗下来时纱布就展开，激光将动画打在纱布上进行成像，让人感觉到图像成形在空中。当激光演示完灯光再次暗时将纱布收起来，灯光亮时就见不到纱布了。此类影院在我国博物馆内尚未建立，但在国内外的一些大型活动场所和水族馆内已经出现，将来会是在博物馆内的有益补充。气体投影影院是一种新型的影院系统，造价低，很适合在空间不大的地方实施。目前我国尚未有博物馆采用，由于其自身的优点，也是未来国内博物馆影院系统的一种形式。地面互动投影影院是参与者和投映在地面上的影像的真实互动。该系统由感应器、应用服务器和地面显示三部分组成。将展示空间内的观众与内容结合在一起，做到多名观众融入到内容场景中，就像大家同时参与游戏一样。多名观众的形体动作通过非接触式的感应设备，控制着地面投影或墙面投影的内容，产生互动。展示的内容随着参与者的路过或动作产生不同的变化。北京自然博物馆的植物展厅和北京市规划展览馆都有此类影院。

（三）悬浮成像系统

悬浮成像系统是利用光学成像、声光电控制、多媒体制作等高新技术来展示生物、珍品宝物、科技新产品、天体运动等的最新展示系统。系统可以使展示物品以真彩色三维影像逼真地在空中成像，在普通的光照环境下清晰可见。这种数字技术手段很早就在国内外的博物馆中使用。北京自然博物馆在 6 个展厅中采用了悬浮成像系统，分别再现了史前恐龙的生活、捕食等场景，胭脂鱼的生活等。这些都深受观众的喜爱。这一技术，在其他类的博物馆，比如中国人民抗日战争纪念馆、海淀公共安全馆中也有大量的应用。

（四）虚拟现实系统

虚拟现实系统（virtual reality system，VR；又译作灵境、幻真）是近年来出现的图形图像领域的高新技术，也被称为灵境技术或人工环境。虚拟现实是利用计算机模拟产生一个三维空间的虚拟世界，提供使用者关于视觉、听觉、触觉等感官的模拟，让使用者如同身临其境一般，可以及时、没有限制地观察三维空间内的事物。另外，虚拟现实系统，又称虚拟现实平台（virtual reality platform，VR-Platform 或 VRP）。VRP 是一项综合集成技术，涉及计算机图形学、人机交互技术、传感技术、人工智能等领域，它用计算机生成逼真的三维视、听、嗅觉等感觉，使人作为参与者通过适当装置，自然地对虚拟世界进行体验和交互。使用者进行位置移动时，计算机可以立即进行复杂的运算，将精确的 3D 世界影像传回产生临场感。该技术集成了计算机图形（CG）技术、计算机仿真技术、人工智能、传感技术、显示技术、网络并行处理等技术的最新发展成果，是一种由计算机技术辅助生成的高技术模拟系统。

一般来说，一个完整的虚拟现实系统由虚拟环境，以高性能计算机为核心的虚拟环境处理器，以头盔显示器为核心的视觉系统，以语音识别、声音合成与声音定位为核心的听觉系统，以方位跟踪器、数据手套和数据衣为主体的身体方位姿态跟踪设备，以及味觉、嗅觉、触觉与力觉反馈系统等功能单元构成。

利用虚拟现实技术，结合网络技术，可以将文物的展示、保护提高到一个崭新的阶段。首先，表现在将文物实体通过影像数据采集手段，建立起实物三维或模型数据库，保存文物原有的各项形式数据和空间关系等重要资源，实现濒危文物资源的科学、高精度和永久的保存。其次，利用这些技术来提高文物修复的精度和预先判断，选取将要采用的保护手段，同时可以缩短修复工期。通过计算机网络来整合统一大范围内的文物资源，并且通过网络在大范围内利用虚拟技术更加全面、生动、逼真地展示文物，从而使文物脱离地域限制，实现资源共享，真正成为全人类可以"拥有"的文化遗产。使用虚拟现实技术可以推动文博行业更快地进入信息时代，实现文物展示和保护的现代化。

（五）语音导览系统

博物馆采用的语音导览系统经历了大范围广播式、无线发射接收式、预录制存储式和无线感应式等发展阶段。大范围广播式导览是用磁带录音机录下资料后，接上喇叭在整个景区内进行循环式播放。无线发射接收式导览是由无线发射装置和接收器（收音机）两部分组成。按发射装置的数量来划分，该形式可被分为以下两类：①整个景区只有一台发射装置，又可通过向景区租用接收器来收听所发射的内容。②在一个景区的不同景点设置不同的发射装置，游客在不同的景点将接收来自不同发射装置的内容。预录制存储式导览是采用不同存储载体（磁带录音机、数字录音机）的录音器。无线感应式导览是应用红外线等无线传输技术后，导游器（接收器）会在某一景观的设定范围内接收到特定的信号，并因此播放与该景观相应的介绍资料。具有数字录音机的所有优点，且游客无须按键，只要走近景观就能听到相应的讲解。无线感应式语音导览是采用科技化手段，用随身电子设备模仿人工讲解和人工导游的新型导览/导游方式，具有费用低、多语种、自主性强、解说规范、环保等诸多优点，已有世界上各名胜古迹、博物馆、美术馆、艺术馆大量采用。

（六）大屏幕显示系统

大屏幕显示系统又称多媒体信息发布系统，主要依托网络技术和数字控制技术，对分布在展馆内的各处大屏幕显示屏进行集中控制和多媒体信息的发布与更新。随着我国大型博物馆新馆的不断建设，以上海科技馆、北京天文馆、中国电影博物馆、首都博物馆和中国科技馆新馆为代表，它们在建设新馆初期就充分考虑了数字技术的应用，网络综合布线遍布场馆内，这就为大屏幕显示系统的应用创造了可能和先决条件。

（七）网络展示系统

网络展示系统突破了时间、空间的局限，使得实时展示、异地展示、互动展示成为可能，为博物馆展陈手段带来变革。网络展示系统在博物馆内的应用可分为展馆内网络展示与互联网远程展示两种。

（八）电子票务系统

电子票务系统是博物馆信息化的主要组成部分，其主要表现在对参观人数的实时控制，各个展厅内人数的实时统计，在馆内消费额定电子钱包功能，网上预约与预售票，残障人士进入场馆的无障碍化，影院系统票与座位的对应等各个方面。利用计算机技术和信息技术的电子票务系统能够很好地解决观众疏散通道设置、残疾人通道等问题。电子票务系统的优势是能准确统计任一时刻馆内观众的人数，及时掌控馆内观众的情况，最大限度地保障最佳接待人数，及时有效地疏导滞留观众，减少安全隐患；科学地对参观人群统计分类，根据参观人群的年龄段进行统计与分析，更有针对性地做好展览设计与相关的科普工作。

三、博物馆中数字化展览的特点

博物馆展示随着数字技术的快速发展，其展览方式及特点也发生了很大的变化。通过数字技术，突破了实体博物馆的展示方式，利用交互艺术对观众的感官（视觉、听觉、触觉）进行信息刺激。观众可以达到身临其境的感受，同时可以根据个人爱好自主选择参观的导览路线、展品的主题。通过互动等方式，在达到展示的教育功能的同时，还可以增强展品的情趣，增强参观者主动探索的精神。数字化展览的特点是多方面的，主要体现在内容、设计等方面。下面针对这几方面对数字化展览的特点进行总结分析。

在内容方面，数字化展览是以现代数字技术为基础的展览方式，充分发挥了数字技术的潜力和优势，在内容方面主要表现在交互特性、感受特性、想象特性等方面的特点。

（一）交互特性

交互特性主要体现在全方位的人性化行为方式上，这里的人性化主要是突出观众的个性化选择方面，观众可根据参观的需求自主选择参观的方式和不同的参观路线。当观众进入展示空间，根据展示提供的相关信息，根据个人需求选择参观的内容，已不再是被动地接收展览的信息，而是主动地去探索展览信息。如果是虚拟的信息空间观众就更能发挥个人的空间想象力，观众可以多视角、多方位地参观展览，而且每次参观的感受也是不一样的，总是会给观众新奇感，调动了观众的积极性，激发了观众参与到展览中的兴趣。

（二）感受特性

数字化展览是让观众的各个感官都能感受展示所传递的信息，使观众有"身临其境"的感受。在虚拟仿真环境里，观众不仅能体会从视觉和听觉上感受展示的信息，而且也能够从触觉、嗅觉上感受不同展品的信息刺激。将观众置于全方位感受的仿真环境里，让观众去感受到真实的展示空间。

（三）想象特性

展示所涉及的学科之一就是心理学，展示的信息使观众的内心产生一定的心理反应，从而引起观众的注意。数字技术在展示上的应用更体现了心理学的作用。使展览更具人性化，让人产生更丰富的联想。数字化展示的信息环境空间多是虚拟的立体空间，虚拟空间突破了真实空间的限制，使空间的表现力更丰富，更具想象力，更自由。这样观众在参观展览时可将需要反馈的信息实时反馈给展览，观众和展览之间的信息交流就更真实了，观众的情感也能及时地反映出来，展览就能及时地调整展示的方式，使展览更能适应观众的要求，以达到展示信息传播的需求。

在设计方面，随着数字技术在博物馆展示中的应用，博物馆展览的设计也发生了很大的变化，在设计理念、设计空间、展览方式上都有新的特点。

1. 以动态为主导的展览方式

以数字媒体技术为主导的数字化展览方式改变了传统实体博物馆以静态为主的展览方式。在传统的实体博物馆中虽然也应用到声光电技术，但在运用上还局限在以静为主的方式上。在数字环境里，三维图形和时间的结合，形成了四维空间，使展览的运动成为形式的主导，使展览更加丰富、灵活。

2. 展览由"实体"向"数字"方向转换

传统的实体展览已经不能完全适应现代社会的需求，无论从信息量还是在展示空间上都对观众的参观有很多限制，而数字技术加大了展示信息量的传播，观众参观展览在一定程度上不必受到展示空间的限制，在虚拟的展示空间中可获得更多的展示信息，而且，网络博物馆还解决了博物馆地址、时间等方面的限制，数字化展览从某种程度上扩大了博物馆的教育功能，达到了寓教于乐的目的。

数字技术已经成为博物馆展示事业发展的重要组成部分，在第三次技术革命即计算机技术革命的推动下，促进展示设计和方式的发展，使博物馆展示的技术手段由传统的单一的静态的图片、模型的展览方式向以数字技术为主导的人性化的多维展示方式转变。展示设计作为数字化革命的实验点，随着计算机技术的快速发展，在竞争激烈的信息化时代，运用数字技术进行信息的传播已经成为展示设计方式的主流，对于博物馆数字化展览无论从展示方式还是展示技术上都已经离不开数字技术。虚拟博物馆展示建设中的数字技术是展示发展的重要技术手段和支撑，数字技术的快速发展必将给博物馆展示事业带来一场革命。

第三节 无酸纸包装与文物保护

文物是人类文化的宝贵遗产，随着时间的推移、年代的延续，作为物质的文物都会老化；有时不恰当的保存和不利的自然环境甚至会造成文物的消亡。然而，文物一旦损毁消亡，附着其身的文化历史内涵也就不复存在了，因此保护好文物就显得非常重要。随着人类社会的进步、文化艺术和科学技术的发达，人们对文化遗产的保护日趋重视。为了达到长久保存文物的目的，专业的保存与维护至为关键，保存材料和环境对文物的寿命有直接的影响。

一、无酸纸的背景

文物包装已经被公认为是馆藏珍贵文物预防性保护的关键之一。通过对文物包装的合理设计，可以保护文物免受诸如光、过快的温度和湿度变化及灰尘等环境因素的影响以及外力的损害。如果文物箱柜囊盒材料选择不当，在日后的文物保藏过程中这些材料不断地释放出有害气体，并在封闭的箱柜囊盒中积累，势必会对文物造成损坏。在众多的包装材料中，无酸纸因保存性能好、耐久、化学性稳定而在国际文物包装和展陈中被大量普遍地采用。

造纸术是我国四大发明之一，纸张是传播人类知识和文化最简便而廉价的工具，也是人类日常生活不可或缺的必需物品。传统手工纸主要以韧皮纤维为造纸原料，以草木灰或石灰蒸煮纸浆原料，采用日光自然漂白，所以手工纸具有耐久性的特点。但是随着纸的需求量日益增加和造纸原料等的限制，手工造纸已不能满足社会发展和日常生活的要求，19世纪中期西方的工业革命给造纸技术带来了突破性的发展，传统的手工造纸逐渐被现代化的机械制纸所替代。由于现代的造纸工艺和原料中含有酸性物质，加速了纸张的酸化。由于酸性造纸系统抄造的纸张 pH 值为 4 ~ 5，可知酸性纸问题十分严重。为解决酸性纸张的劣化问题，赫可立士公司在 20 世纪 50 年代首先研制成功碱性施胶，从而使无酸纸的制造成为可能。和酸性纸的生产相比较，碱性纸的制作过程更干净，对工厂设备腐蚀更小，碱性纸工厂比酸性纸工厂产生的污染少，而且可以再利用和被生物分解，这些都有利于保护环境。

二、无酸纸简介

无酸纸，是不含活性酸的纸。纸的定量和颜色依用途而定。纸质坚实、强度高，接近中性。由植物纤维纸浆采取特殊处理（消除其中存在的有机酸）后，在造纸机上抄造而成。用于包装某些物品或在制造某些设备中使用，保护与纸接触的材料不受酸的侵蚀。美国 TAPPI 标准对无酸纸有两种解释：①一种包装或保护性纸张，被包装物（产品）易受纸张包装材料酸度危害时，采用无酸纸；②一种耐久性的记录用纸，此种纸张不具酸性且可防止过早劣化的发生。

现在无酸纸主要用途有两个方面：一是照片输出介质。纯棉无酸纸输出的作品能够完全满足收藏级别的输出要求，进行彩色输出时，色调沉着优雅，含蓄而不失饱和，层次过渡分明，现场感强。而且纯棉无酸纸种类繁多，其表面的纹理、涂层皆不相同，可适合不同的题材表现。往往一个比较平淡的影调，在合适的纸张纹理上，就会得到艺术升华。进行黑白输出或单色调输出时，纯棉无酸纸所表现的过渡层次细腻，影调温润柔和，让人不忍释手，受环境光源影响也较小。二是目前国内使用比较多的无酸纸档案盒，用于文物保存。

三、无酸纸在文物保护中的应用

当前，国家对文物包装材料做出了以下原则要求：①安全性原则，要求包装材料确保文物安全。②真实性原则，保证文物本身所具备的各类信息的真实性和完整性，要求在选择内包装材料，尤其是直接接触文物的包装材料时，应避免选择可能对文物本体造成污染的材料，同时还应注意在包装操作过程中避免造成文物表面的摩擦和磨损。③选择性原则，指对包装对象的选择。④科学性原则。⑤环保性原则。因此，馆藏文物专用无酸纸和纸板，对于提升我国文物保护能力具有重要意义。

pH 值为中性（7 左右）或者偏碱性的纸。馆藏文物包装无酸纸指不含木质素、不含回收纸浆，呈中性或经弱碱性缓冲剂处理的纸。按是否加入缓冲剂可分为有缓冲剂无酸纸和无缓冲剂无酸纸两种。有缓冲剂馆藏文物保护无酸纸 pH 值为 8 ~ 9.5，常用来保存棉、麻、纸等非蛋白质制品和其他文物，常用的缓冲剂是碳酸钙等碱性物质，$CaCO_3$ 含量在 2% ~ 5%，用添加缓冲剂的保存材料来保存，可以防止酸性物质的迁移。无缓冲剂馆藏文物保护无酸纸 pH 值为 7 左右，常用来保存动物性的制品如羊毛、皮革、丝和其他含蛋白质的纺织品及特殊纸张（如蓝图）及相纸等。根据用途，无酸纸可分为文物箱衬纸和衬纸板、文物纸箱用纸板、文物囊盒用纸板、盒外装饰纸和内衬纸、保藏文物用纸袋和信封、陈列展览文物用的后背纸板和垫衬纸、包裹文物用的绵软纸等。

馆藏文物保护无酸纸内不能含有硫化物，为避免无酸纸包装材料在长期使用中变色，纸中尽量不用荧光增白剂，如果选用彩色无酸纸包装材料，需要进行相关色牢度实验。无酸纸在使用过程中应尽量避免使用胶粘剂，需要时胶粘剂中不能含有塑化剂、硫化物、铜离子、铁离子等有害成分，不含有或产生氧化物，不引起变色、分层。

纸张和纸板是文物保护中常用的一种包装材料，如主要包装材料瓦楞纸、纸箱、纸盒、纸板和起辅助包装作用的各种纸张如宣纸、绵纸等。文物无酸包装可进行无酸性耐久裱褶，再以无酸隔层保护纸覆盖，继而保存在无酸保存袋中，并装在无酸保存盒子里。无酸纸是纸质文物包装的安全材料之一，包装盒材料对存放于其内的纸质材料的影响，经过老化试验对比发现，存放于酸性盒中的纸质材料比存放于无酸纸盒中的纸质材料强度下降明显。

由于文物保护的特殊需要，对无酸纸提出了更高的要求。纸张或纸板在使用中和文物长期接触，在这一接触过程中，是否对文物安全是必须认真考虑的，必须做相关试验。例如，纸张中一定不能含有残余漂白剂残留的过氧化物、残留氯、残留酸、游离甲醛和金属颗粒等，甚至不能含有在日后会形成挥发性有害物质的成分，如木质素会在日后分解成为挥发性有机酸，挥发性有机酸会对文物造成破坏，也就是说草纸板、磨木浆纸、新闻纸、硫酸铝施胶纸、再生纸是绝对不能用作文物囊盒、文物袋、文物信封，也不能用于文物箱文物藏品柜和文物展柜中的。

文物包装产品直接接触到文物，如果含有酸性物质迁移到文物，会加速文物的衰化，不仅起不到保护的作用，反而会给文物带来永久性的伤害。因此包装纸 pH 值要求必须保持在 7 ~ 8.5，纸张生产过程一定采取中性或碱性施胶方法，含有 2% ~ 5% 的碳酸钙，这样做的目的除了在于包装材料寿命会长久外，更主要的目的在于用包装材料中的碱性碳酸钙去中和纸张文物中的酸性成分，以此延长文物的寿命。包装材料不能含有在日后会形成挥发性有害物质的成分，再生纸是绝对不能用作文物包装材料的。木质素会在日后分解成为挥发性有机酸，挥发性有机酸会对文物造成破坏；金属离子和硫化物会加速纸张的老化。浆料中需要严格控制相关成分。在大量无酸纸分析的基础上，本标准确定馆藏文物包装无酸纸卡伯值小于 5，铜离子含量小于 6ppm，铁离子含量小于 150ppm。

文物保护无酸纸制备方法，其具体制造步骤如下：①纸浆悬浮液的配制：将绝干纸浆纤维放入标准疏解器，加入去离子水，进行疏解得到纸浆悬浮液。②在上述疏解后的纸浆悬浮液中，按对绝干纸浆纤维原料质量比加入 0.01% ~ 10% 的腐蚀性气体吸附剂、0.5% ~ 5% 的湿度调节剂、0.5% ~ 5% 的 pH 缓冲剂及 0.1% ~ 3% 的湿增强剂，搅拌均匀。③将上述步骤②的纸浆悬浮液在纸页抄片器上成形网过滤脱水得到湿纸片，湿纸片经烘干得到文物保护无酸纸。上述纸浆纤维为全无氯漂白硫酸盐针叶木浆或阔叶木浆、过氧化氢漂白棉浆中的任一种或两种的混合浆。上述疏解纸浆纤维的水为去离子水。上述的腐蚀性气体吸附剂为白色活性炭或多孔磷酸钙，外观白色，表面积大，能吸附酸性腐蚀性气体。上述的 pH 缓冲剂为碳酸钙或多孔磷酸钙，它具有一定的碱度，能中和或缓冲因吸附酸性气体的酸度，维持在中性或弱碱性。上述的湿度调节剂为硅胶、白色活性炭或多孔磷酸钙中的一种，对微空间环境湿度有一定的调节功能。上述的湿增强剂为聚酰胺环氧氯丙烷树脂，保证纸在意外受潮后仍具有好的强度。

自制文物保护专用纸的厚度、松厚度、白度、抗张指数、湿强指数、吸水性都达到进口文物保护专用纸的指标。

无酸纸有以下优点：①不含酸性物质，不会因为酸性物质迁移对文物造成酸性损害，纸中的缓冲剂可以中和纸张文物中的酸性成分，同时，能缓冲环境中酸性气体对馆藏品的侵蚀，以此延长纸张文物寿命，起到更好的保护文化遗产的作用。②和酸性纸的生产相比较，无酸纸的制作过程更干净，对工厂设备腐蚀更小，而且可以再利用和被生物分解，用无酸纸还有利于保护环境。

我国有大量的文化遗产需要保护，无酸纸作为一种文物保护材料会发挥越来越重要的作用，具有广阔的应用前景。虽然国外已经有比较成熟的产品，但是价格过于昂贵，研制开发适合我国文物保护的无酸纸并建立相应的评价标准规范是无酸纸的发展趋势。

第四节 微环境控制技术与文物保护

博物馆展览陈列是艺术与科学的结合，形式的科学性体现在现代科技手段和新型材料的运用上，陈列柜是最基本的陈列设备。20世纪初，英国的博物馆工作者设计了一套标准化的陈列柜。整套陈列设备由三种基本类型的展柜组成，即立柜、中心立柜和桌柜，此外再配以展板和依墙屏风，作为辅助设备。20世纪40年代，随着商业橱窗式的大尺幅玻璃柜崭露头角，博物馆陈列进入了通柜式陈列。这种柜子具有制作简便、省工省料、整体感强、美观大方的优点，其玻璃面顶天立地，具有开阔的视野和宽敞的展示空间，并能使陈列空间布局获得更好的整体效果，有利于灵活组合陈列品。现代陈列柜的设计除了考虑展示内容因素之外，还需要根据不同展品特性，对灯光、温度、监控设施等进行特别设计。

文物展柜指用于展示、存放文物的柜子。文物展柜在设计的时候要坚持的总原则为：①协调性。展柜的外观、材料的使用、灯光的配置，要从展品的风格、特质出发，使展柜融入展览环境中，尽量隐形，重点突出展品。②耐用性。确保展馆结构在室内环境长期使用不会出现明显变化。③安全性。采用钢架结构保证整体结构的可靠性，材料符合防盗标准。④操作性。展柜的设计在保护文物的同时，提倡良好的操作性，每个展柜均可由一个人独立操作。⑤环保性。采用环保材料，以保证展品在展柜内不会因为化学反应而遭破坏。展柜背板、展台平面板、纺织衬料需环保材料，并对表面层进行阻燃处理。⑥照明控制性能。达到《博物馆照明设计规范》的要求，营造氛围，突出展品，兼顾辅助物品的照明。隐蔽出光点、调控照度及角度，过滤红外光、紫外光以及热量，以防对展品造成损害。⑦环境控制性能。展柜应具有良好的密封性，可以根据要求实现恒温恒湿控制，无氧小环境、空气过滤以及基于以太网的环境数据监测等功能。展柜是文物的舞台，同时也是文物最直接的保护者。

展柜的功能一是审美性，二是实用性，其最根本的特性是，既要解决"展"又要解决"藏"。珍贵文物应该配备相应的展柜，好马要有好鞍。好的展柜应该是设计制作美观协调，便于操作安全合理，材料环保耐用，照明温、湿度控制有度。

一、展柜的分类

根据展柜的形状可以分为桌柜、立式柜、卧式柜、落地柜、箱体柜、墙柜等；根据展柜所用材质可分为全玻璃展柜、金属玻璃展柜、木质玻璃展柜、有机玻璃展柜等；根据展柜性能可分为环境控制型展柜、光控制型展柜、安全级别类型展柜、特种密闭型展柜等。

二、展柜的技术要求

由于大部分展柜与文物直接接触，所以展柜所用材料含有硫、氯、其他酸性成分或使用过程中不断地释放有害气体，势必会对文物造成损害，展柜自身老化后释放出的有害气体包括甲醛、甲酸、乙酸、氮氧化物、硫化氢、二氧化硫等。对文物造成潜在危害的材料包括油漆、胶粘剂、皮革、木头等。通常情况下，展柜用不锈钢、铝合金和表面喷塑涂料钢板要比其他材料安全。对于展柜的内衬板、垫衬材料和装饰材料应当经过科学的测试和化学分析，得出确切结论不会对文物造成损害后才可用于文物展柜。一般情况展柜内部装饰材料采用棉织品、无酸纸张、无酸纸板、聚四氟乙烯材料、聚乙烯材料、聚丙烯材料、表面活性炭板材、硅胶和纤维混合板材等。

展柜应具有良好的密封性，展柜内应安装有相对湿度自动检测仪器或者湿度传感器和控制展柜内湿度的设备。对于大型联排展柜，可采用远程空调控制单元管道连接方式控制展柜内温、湿度，将空调系统的进出风口安装在展柜的顶部或底端，应用空调系统调节展柜内的温、湿度。直接应用空调系统控制展柜内的温、湿度是最方便也是最节能的选择。对于独立展柜一般在展柜内安装加湿和减湿系统，当湿度超过要求范围时，湿度控制仪器能自动开启除湿机降低湿度，当相对湿度低于要求范围时，湿度控制仪器能自动开启加湿机增加湿度。展柜湿度的另一种控制方法是在展柜内放置调湿材料，如硅胶。调湿材料在冬季干燥气候下可放出水分保持展柜内湿度稳定，在夏季潮湿气候下可以吸收潮气。但吸湿材料有一定的缺点，就是工作人员需要随时更换吸湿材料，并对吸湿材料进行一定的处理。加拿大博物馆内，每立方米展柜空间放入 2.5 千克硅胶就可以满足湿度要求，展柜下层硅胶箱体应该和上层文物展出部分留有足够的气孔进行气体交换。在展柜下层预留调湿缓冲材料箱体是为了在更换硅胶时不影响展柜中的展品，即不需要移动展品。展柜去湿和加湿水箱也应该和展品部分隔离，水箱应该置于展柜的下层位置，水箱门应该置于前部，方便拿出水箱加水。

展柜中的照明应该对文物是没有损害的，目前，博物馆展柜内的光源多采用冷光源，如光纤照明、LED 照明。光纤照明可将灯光送入展柜照明位置，将发光热源放于柜中箱体内较远位置，这种冷光照射有利于通风，将发光热量排出展柜外。

在安全技术方面，展柜必须具备物理稳定性和足够承重能力，展柜材料应具备自身防火性能；展柜的设计形式应具有防盗功能，展柜应该内置震动报警器和其他报警装置，展柜的玻璃应该具有足够抗冲击能力，展出珍贵文物的展柜内应安装电视监视器和防火报警器。

三、微环境密闭技术

展柜内的空气质量与展柜外的空气质量、展柜的密闭性、展柜内使用的材料以及有害气体成分的平均寿命有关。

文物展柜是展示文物的空间，同时也是保护文物、防止文物加速老化腐蚀的重要场所。密封的展柜能缓冲外界湿度的波动，减少外界各种有害气体、尘埃等对展柜内环境的污染，从而改善文物保存微环境的质量。目前，为了控制展柜内的环境质量，应用了多种微环境调控手段，如除氧充氮、被动调湿吸附、主动净化等。展柜的密封性能是发挥这些调控手段的基础，不同的调控手段对展柜的密封度要求也不同，通常以展柜每天的换气率作为评价指标。

根据密封程度的高低，本标准将文物展柜分为高密封展柜、密封展柜和一般展柜。该分类标准是在大量实地检测的基础上确定的。从文物等级上说，所有可移动文物均应放置在密封文物展柜内，一级文物应放置在高密封展柜内。从文物保存微环境调控措施上说，采用主动和被动调控措施的展柜，为了保证调控的效果，展柜密封度要求较高，对于采用惰性气体保存或缺氧保存的展柜，为了达到保存的效果，更要求采用高密封展柜。

（一）氮气微环境

氮气微环境是将文物放在密闭空间内，通过充氮置换，除去空间内的氧气和其他气体。这一技术具有防潮、防虫、防霉、防氧化的作用。氮气的化学性质不活泼，常温下很难跟其他物质发生反应，但在高温、高能量条件下可与某些物质发生化学变化，用来制取对人类有用的新物质。由于氮的化学惰性，常被用作保护气体，如瓜果、食品、灯泡填充气。为防止某些物体暴露于空气时被氧气所氧化，用氮气填充粮仓，可使粮食不霉烂、不发芽，长期保存。液氮还可用作深度冷冻剂。作为冷冻剂在医院做除斑、包、痘等的手术时常常也使用，即将斑、包、痘等冻掉，但是容易出现疤痕，并不建议使用。高纯氮气用作色谱仪等仪器的载气。用作铜管的光亮退火保护气体。跟高纯氮气、高纯二氧化碳一起用作激光切割机的激光气体。氮气也有作为食品保鲜保护气体的用途。在化工行业，氮气主要用作保护气体、置换气体、洗涤气体、安全保障气体。用作铝制品、铝型材加工、铝薄轧制等保护气体。用作回流焊和波峰焊配套的保护气体，提高焊接质量。用作浮法玻璃生产过程中的保护气体，防锡槽氧化。

氮气库系统主要由气密结构（库体）、制氮机系统、调温调湿系统、气体净化装置、监测控制系统组成。气密性是氮气库区别于其他类型库房的一个最重要的特点。氮气库不仅要求维护结构具有良好的隔热性能，减少外界热量对库内温度的影响，更重要的是要求维护结构具有很好的气密性，减少或消除外界空气对库内气体成分的影响，并能长时间地维持库内所要求的气体成分。制氮系统是为达到和保持库内氮气工况所必需的设备，是氮气库系统中最重要的组成部分。氮气库系统主要采用的碳分子筛制氮机是以碳分子筛为吸附剂，以空气为原料，利用变压吸附原理进行氮氧分离制取高纯度氮气的气体分离设备。碳分子筛制氮机具有产气量大、设备结构简单、操作灵活等特点，并且在去除氧气、产生氮气的同时，还能有效地去除其他有害气体成分，是目前最常用的制氮设备。调温调湿系统可以调节库内的温度湿度，达到恒温恒湿的要求。气体净化装置，可对进入库内的气体进行过滤和净化，滤除二氧化硫等有害气体和灰尘，使库内气体保持洁净状态。监测控制系统可对库内温度、湿度、氮气纯度进行检测，控制制氮系统、调温调湿系统的运行，现多采用的计算机控制系统，具有温度、湿度、氮气等数值的设定，数据的采集、显示、存储、查询、报警、打印等多种功能。

展柜密闭研究和设计是文物保护科学家要解决的最艰难的任务，因为框架玻璃部分和供电部分会造成氮气泄漏，一般来说，将展柜连接连续制氮机将能够解决氮气的泄漏，但是，这将造成成本和运行费用的增加。展柜内充入的氮气要含有一定水分，通入氮气时，部分气体经过水池，可将部分水分加入到通入的氮气中。检测氧含量和氮含量时都可以不开启展柜，通过连接下方阀门完成。另外，展柜内还放置了硅胶和活性炭，硅胶用于缓冲相对湿度的变化，活性炭用于吸附可能的有害气体。

（二）氩气微环境

氩气的化学性质极其稳定，即使在 2500℃ 超高温条件下，它的化学性质也不会发生变化。氩气是一种稀有气体，常用作电弧焊接（切割）不锈钢、镁、铝和其他合金的保护气体，还用于钢铁、铝、钛和锆的冶炼中。

（三）二氧化碳微环境

经过多年的研究与实践，国际文物保护领域已经成功应用了无毒气体，如氩气、氮气和二氧化碳等技术。虫害是有机文物的天敌，多少年来，人们经常使用化学杀虫剂处理虫害，但杀虫剂在杀死害虫的同时，不仅污染了文物和文物的保存环境，还对文物保护工作人员造成一定的伤害。随着人们环保意识的日益提高，摒弃传统杀虫方法，探寻不会造成环境污染和人体伤害的杀虫方法成为科学家们的主要任务。

二氧化碳密度较空气大，当二氧化碳少时对人体无危害，但其超过一定量时会影响人及其他生物的呼吸，原因是血液中的碳酸浓度增大，酸性增强，并产生酸中毒。在应用二氧化碳杀毒时，应安装二氧化碳泄漏报警器，注意操作间的浓度变化，防止对人体造成危害。

预防性保护是研究应用一切与博物馆环境及风险管理相关的科学技术和成果，对馆藏文物保存环境进行有效的监测和控制，抑制各种环境因素对文物的危害作用，努力使文物处于一个安全稳定的保存环境，尽可能阻止或延缓文物的物理和化学性质改变乃至最终劣化，达到长久保存馆藏文物的目的。文物的存储是预防性保护工作中一个重要的部分，存储装备的选择对于文物的预防性保护起了决定性的作用。

参考文献

[1] 黄小坚.论见结集 2017 中国文物艺术品拍卖国际论坛 [M].石家庄：河北美术出版社，2018.

[2] 郝平，北京大学政策法规研究室.燕园文物 [M].北京：外语教学与研究出版社，2018.

[3] 刘心亮.中国民间文物档案 [M].长沙：湖南美术出版社，2018.

[4] 李炳武.精彩纷呈的艺术宝库：西安博物院 [M].西安：西安出版社，2018.

[5] 徐华铛.建筑中的龙凤艺术 [M].上海：同济大学出版社，2018.

[6] 西沐.中国艺术品产业生态建构引论.基于平台化艺术品交易模式产业生态建构研究 [M].北京：中国书店，2018.

[7] 于在海.笔墨传承.新安画派、黄宾虹、赖少其艺术渊源研究 [M].合肥：安徽美术出版社，2018.

[8] 闫霞.美石美刻.北京石刻艺术博物馆导赏 [M].北京：华文出版社，2018.

[9] 朱良津.凝固的灿烂.贵州古代美术文物阐释 [M].贵阳：贵州人民出版社，2018.

[10] 杨瑾.汉唐文物与中外文化交流（上）[M].西安：陕西人民出版社，2018.

[11] 曾奇琦.浙江戏曲艺术资源的数字化保护和开发 [M].杭州：浙江大学出版社，2019.

[12] 吕品田.文化保护与传承中国艺术研究院 2016 届非物质文化遗产保护实践方向（上）[M].北京：文化艺术出版社，2019.

[13] 吕品田.文化保护与传承中国艺术研究院 2016 届传统技艺方向（下）

[M].北京：文化艺术出版社，2019.

[14] 卢爱华.民俗艺术应用论 [M].南京：东南大学出版社，2019.

[15] 苏珊·罗纳德.希特勒的艺术大盗 [M].上海：上海社会科学院出版社，2019.

[16] 崔勇.建筑文化与审美论集 [M].北京：北京时代华文书局，2019.

[17] 曹鸿星，杨桂莲.品牌管理和知识产权保护 [M].北京：知识产权出版社，2019.

[18] 郭洪远.现代艺术设计多元化研究 [M].长春：吉林美术出版社，2019.

[19] 张中波.中国民间艺术的产业化研究 [M].济南：山东大学出版社，2019.

[20] 王佐.多元化声乐艺术教学新视野：谈声乐艺术教学的探索与创新 [M].北京：光明日报出版社，2019.

[21] 龚钰轩.文物保护概论 [M].合肥：中国科学技术大学出版社，2020.

[22] 张兴斌，张文革.文物建筑预防性保护技术与工程实例 [M].北京：中国建材工业出版社，2020.

[23] 唐海波.让文物说话 [M].宁波：宁波出版社，2020.

[24] 木苏里.文物不好惹 [M].北京：北京时代华文书局，2020.

[25] 黄隽.艺术品市场消费与金融 [M].北京：中国金融出版社，2020.

[26] 郑劭荣."非遗"保护与湖南传统戏曲调查研究 [M].北京：中国书籍出版社，2020.

[27] 孙冀东.响堂山石窟的保护与开发 [M].秦皇岛燕山大学出版社，2020.

[28] 彼得·贝尔伍德.最早的农人 [M].陈洪波，等，译.上海：上海古籍出版社，2020.

[29] 何显耀.绿水青山记乡愁—— 云南省大理市湾桥镇古生村 [M].北京：民族出版社，2020.

[30] 艾智科.重庆抗战兵器工业遗址群研究 [M].重庆：重庆出版社，2020.